АНГЛО-РУССКИЙ СЛОВАРЬ-СПРАВОЧНИК ТАБУИЗИРОВАННОЙ ЛЕКСИКИ И ЭВФЕМИЗМОВ

ABC OF DIRTY ENGLISH

A. KUDRYAVTSEV
G. KUROPATKIN

ABC OF DIRTY ENGLISH

Approx.10000 words and expressions

KOMT PUBLISHERS
MOSCOW
1993

А. Ю. КУДРЯВЦЕВ
Г. Д. КУРОПАТКИН

АНГЛО-РУССКИЙ СЛОВАРЬ-СПРАВОЧНИК ТАБУИЗИРОВАННОЙ ЛЕКСИКИ И ЭВФЕМИЗМОВ

Около 10000 слов и выражений

МОСКВА
«КОМТ»
1993

ББК 81.2 Англ
К 88

Кудрявцев А. Ю., Куропаткин Г. Д.

К 88   Англо-русский словарь-справочник табуизированной лексики и эвфемизмов: Ок. 10 000 слов и выраж.— М.: «КОМТ», 1993. — 304 с. ISBN 5-900655-01-6

Данный оригинальный словарь-справочник содержит около 10.000 слов и выражений, используемых при неформальном общении на социально-неприемлемые, «непристойные» темы: секс, отправление естественных надобностей и т.п.
Словарь-справочник предназначен для профессиональных переводчиков, филологов, а также для всех, кто интересуется современным разговорным английским языком, широко представленным в английской и особенно американской литературе, кино, видео.
Большая часть предлагаемой лексики никогда не включалась в англо-русские словари, изданные в бывшем СССР
В словаре имеется ряд приложений.

К 4602030000-001 / П194(03)-93   без объявл.

ББК 81.2 Англ

ISBN 5-900655-01-6

© Фирма «ТРИ-А»
© Издательство «КОМТ», 1993

ПРЕДИСЛОВИЕ

В настоящий словарь включено около 10.000 слов и выражений, используемых при разговоре на социально-неприемлемые, "непристойные" темы: секс, отправление естественных надобностей и т.п. Этот огромный пласт английской лексики до сих пор упорно игнорировался официальной советской лексикографией, причем остракизму подвергались не только откровенно грубые слова и выражения, но и совершенно безобидные эвфемизмы. Не вдаваясь в анализ причин этого явления, можно констатировать, что сотни тысяч профессиональных переводчиков, учителей и просто людей, интересующихся английским языком, оказались не готовы к полноценному восприятию современного, далеко не всегда литературного разговорного языка, настойчиво проникающего в английскую и особенно американскую литературу и видеокультуру. Все более обычным становится и неформальное живое общение с носителями языка, которые также часто не стесняются в выражениях.

Составители словарей в Великобритании и США давно осознали тот факт, что табуизированная лексика является неотъемлемой частью словарного запаса, и искусственное изъятие ее из оборота ведет лишь к обеднению языка. Эрик Партридж, автор гигантского "Словаря сленга и нетрадиционного английского языка"("A Dictionary of Slang and Unconventional English"), считал, например, что англо-саксонские вульгаризмы, обозначающие половой член и женские половые органы, принадлежат к "аристократии языка" (см. "Usage and Abusage", с.357). К сожалению, английские и американские словари, в которых отражена эта лексика, очень мало распространены в нашей стране; к тому же, будучи англо-английскими, они часто недоступны для непрофессионалов. Таким образом, давно назрела необходимость в издании англо-русского словаря табуизированной лексики и эвфемизмов. Именно такой словарь предлагается вниманию читателей.

В силу необычайной гибкости и подвижности сленга, к которому принадлежит подавляющее большинство слов и выражений, включенных в словарь, справочник подобного типа не может быть ПОЛНЫМ, но лишь РЕПРЕЗЕНТАТИВНЫМ, поэтому задачей данного словаря является ознакомление читателей с инструментарием английского "мата" (словами и выражениями, описывающими табуизированные понятия) и основными закономерностями его функционирования.

В словарь включена практически вся релевантная лексика, бывшая в употреблении с начала 20 века по теперешнее время и зарегистрированная в словарях (см. список лексикографических источников), а также слова и выражения, собранные в современной англоязычной литературе, видеофильмах и в ходе бесед с носителями языка. Большая часть представленной лексики НИКОГДА НЕ ВКЛЮЧАЛАСЬ В АНГЛО-РУССКИЕ СЛОВАРИ, изданные в бывшем СССР.

Словарь является справочным изданием и дает не перевод, а нейтральное толкование соответствующих английских слов и выражений. Это обусловлено как цензурными соображениями, так и высокой степенью идиоматичности английских выражений, которая исключает эквивалентный перевод на русский язык.

В словаре имеется ряд приложений.

О ПОЛЬЗОВАНИИ СЛОВАРЕМ

Грамматические пометы

Грамматические пометы авторами словаря сведены до минимума - они позволяют пользователю определить, к какой части речи относится то или иное слово, выделенное в словаре как самостоятельная графема.

Еще две пометы, использованные авторами (pl и sing), предполагают, что то или иное слово используется только в форме множественного или единственного числа.

Стилистические пометы

Основными в словаре являются стилистические пометы. Некоторые лексикографы считают, что такие пометы нужны только в толковых словарях. Однако читатель, который еще недостаточно хорошо знаком с языком, может легко ошибиться при использовании стилистически окрашенного слова. В данном словаре стилистические пометы являются совершенно необходимыми, так как практически все слова стилистически окрашены. В связи с тем, что словарь предназначен в основном для того, чтобы пользователь мог *понимать* представленную лексику, авторы предостерегают от употребления слов и выражений с пометами *low* и *vulg* в общении с иностранцами (частое употребление вульгарной лексики героями фильмов и книг не означает, что такая лексика должна так же часто употребляться в живом общении).

Группировка значений

Слова в словаре даются в следующем порядке: существительное, глагол, остальные части речи (если данное слово выступает и в них). Затем следуют глагольные словосочетания и, наконец, другие сочетания с данным словом. При наличии у слова двух и более значений эти значения расположены в произвольном порядке, не отражающем частоту их употребления. Например, если слово **haybag** имеет четыре значения, то первое значение не обязательно является наиболее часто употребимым. В таких случаях пользователь должен обращать внимание на пометы, отражающие частоту употребления (*obs, rare*) или сферу употребления данного слова (*pros, mil, homos* и т.п.).

Словосочетания и фразеология

Все словосочетания вынесены в словарь и располагаются в следующем порядке: глагольные словосочетания, словосочетания с ключевым словом в роли существительного или прилагательного. Законченные предложения (чаще всего являющиеся фразеологизмами) вынесены в Приложение 2 и расположены в простом алфавитном порядке.

Сокращения и эксплетивы

Все чистые сокращения вынесены в Приложение 1 и расположены в алфавитном порядке. Большая часть эксплетивов вынесена в Приложение 4 и разбита на несколько групп согласно выражаемым ими значениям.

Рифмованный сленг

Отдельным приложением дается рифмованный сленг. В настоящем словаре представлена лишь небольшая его часть, имеющая непосредственное отношение к общей тематике словаря.

Словарная статья

Словарная статья начинается с заглавного английского слова или словосочетания, выделенного полужирным шрифтом. За ним курсивом дается указание на часть речи и (в скобках) пометы, характеризующие область применения и стилистическую окраску. Далее приводятся русские значения или системы значений, если слово многозначно. Значения, как уже указывалось, расположены в произвольном порядке. Если то или иное слово часто употребляется в определенном словосочетании, после русского значения в круглых скобках приводятся такие типичные словосочетания с пометой *usu.* Например, **hangout** *n* (*sl*) туалет (usu go to/visit the hangout).

Перед русским значением в круглых скобках обычным шрифтом может даваться помета, обозначающая к кому или к чему относится данное значение, например, **grant the favor** *v* (*euph*) (о женщине) совокупляться с мужчиной. Иногда после русского значения в круглых скобках дается дополнительное пояснение, особенно если русский вариант значения не позволяет полностью раскрыть идиоматичность выражения, например, gray ballocks n pl (mil sl) трезвомыслящий опытный мужчина (намек на появление лобковых волос как признак возмужания).

Английские пометы и сокращения, использованные в словаре

Air Force	военно-воздушные силы
Army	сухопутные силы
Austr (Australian)	употребительно в Австралии
baby talk	употребительно (в разговоре с) детьми
cant	воровской жаргон
cf. (confer)	сравни
Cockney	Кокни
coll (colloquial)	разговорное слово или выражение
college	университетский жаргон
euph (euphemistic)	эвфемизм
homos (homosexual)	жаргон гомосексуалистов
humor (humorous)	шутливое слово или выражение
Indian	употребительно в Индии
interj (interjection)	восклицание
liter (literary)	литературное слово или выражение
low	простонародное слово или выражение
med (medical)	медицинский жаргон
mil (military)	военный сленг
mod (modifier)	прилагательное (адъективное выражение), наречие (адвербиальное выражение)
movie	киножаргон
mus (musical)	музыкальный сленг
n (noun)	существительное (номинальное выражение)
Naval	военно-морские силы
Negro	негритянский сленг
obs (obsolete)	устаревшее слово или выражение
pig Latin	форма жаргона, когда первая и вторая половина слова меняются местами, после чего к образовавшемуся слову присоединяется суффикс "-ay" (например, **fag–f+ag–ag+f+ay–agfay**)
pl (plural)	употребляется во множественном числе
pron (pronoun)	местоимение (прономинальное выражение)
pros (prostitute)	жаргон проституток
q.q.v.	которые смотри
q.v.	который смотри
rare	редко употребляемое слово или выражение
relig (religious)	культовый термин
Scot (Scottish)	употребительно в Шотландии
sing (singular)	употребляется в единственном числе
sl (slang)	сленг
theater	театральный жаргон
UK	употребительно в Великобритании

US	употребительно в США
usu (usually)	обычно
v (verb)	глагол (глагольное выражение)
vulg (vulg)	вульгарное слово или выражение

Русские сокращения, использованные в словаре

араб.	из арабского языка
в т.ч.	в том числе
евр.	из иврита
исп.	из испанского языка
ит.	из итальянского языка
и т.д.	и так далее
и т.п.	и тому подобное
нем.	из немецкого языка
обыч.	обычно
особ.	особенно
п.	пункт
перен.	в переносном значении
см.	смотри
собир.	собирательно
сокр.	сокращение
фр.	из французского языка

СПИСОК ЛЕКСИКОГРАФИЧЕСКИХ ИСТОЧНИКОВ

1. Большой англо-русский словарь в 2-х томах. М., "Русский язык", 1979.
2. Геловани Г.Г., Цветков А.М. Русско-английский разговорник бытовой лексики и сленга. М., 1991.
3. Дополнение к Большому англо-русскому словарю. М., "Русский язык". 1980.
4. Квеселевич Д.И., Сасина В.П. Русско-английский словарь междометий и релятивов. М., "Русский язык", 1990.
5. Кунин А.В. Англо-русский фразеологический словарь. М., "Русский язык", 1984.
6. Маковский М.М. Английские социальные диалекты (онтология, структура, этимология). М., "Высшая школа". 1982.
7. Мюллер В.К. Англо-русский словарь. М., "Русский язык". 1985.
8. Убин И.И. Словарь усилительных словосочетаний русского и английского языков. М., "Русский язык", 1987.
9. Флегон А. За пределами русских словарей. Лондон, 1973.
10. Ayto J. The Longman Register of New Words. Special Edition. Moscow. 1990.
11. Berrey L., Bark M. The American Thesaurus of Slang. N.Y. 1976.
12. Claire E. A Foreign Student's Guide to Dangerous English. Rochelle Park, N.J., USA. 1980.
13. Clark J.O.E. Word Perfect. A Dictionary of Current English Usage. London. 1989.
14. Courtney R. Longman Dictionary of Phrasal Verbs. London. 1983.
15. Drummond D.A., Perkins G. Dictionary of Russian Obscenities. Oakland, California, USA. 1987.
16. Ellmore R.T. Mass Media Dictionary. Lincolnwood, Illinois, USA. 1992.
17. Franklin J. Dictionary of Rhyming Slang. London. 1960.
18. Freeman W. A Concise Dictionary of English Idioms. London. 1982.
19. Greenbaum S., Whitcut J. Longman Guide to English Usage. London. 1988.
20. Grose F. Classical Dictionary of the Vulgar Tongue. London. 1975.
21. Gulland D.M. The Penguin Dictionary of English Idioms. Harmondsworth, Middlesex, England. 1986.
22. Hill R.H. A Dictionary of Difficult Words. N.Y. 1971.
23. Hornby A.S. Oxford Advanced Learner's Dictionary of Current English. Oxford. 1988.
24. Longman Dictionary of Contemporary English. Bath. 1988.
25. Longman Dictionary of English Idioms. London. 1980.
26. McArthur T. Longman Lexicon of Contemporary English. London. 1981.
27. New Webster's Dictionary of the English Language. N.Y. 1988.
28. New Webster's Expanded Dictionary. N.Y. 1991.
29. Nicholson M. A Dictionary of American-English Usage. N.Y. 1971.

30. Partridge E. A Dictionary of Slang and Unconventional English (in two volumes). London. 1979.
31. Partridge E. Slang Today and Yesterday: With a Short Historical Sketch and Vocabularies of English, American and Australian Slang. London. 1979.
32. Partridge E. A Smaller Slang Dictionary. London and Boston. 1976.
33. Partridge E. Usage and Abusage. London. 1988.
34. Phythian B.A. A Concise Dictionary of English Slang. London. 1984.
35. Phythian B.A. A Concise Dictionary of Foreign Expressions. London. 1982.
36. Roget's Thesaurus of English Words and Phrases. N.Y. 1978.
37. Rothenberg R.E. The New American Medical Dictionary and Health Manual. N.Y. 1971.
38. Saussy III G.S. The Penguin Dictionary of Curious and Interesting Words. London. 1986.
39. Seidl J., McMordie W. English Idioms and How to Use Them. Oxford. 1989.
40. Sola R. Abbreviations Dictionary. N.Y. 1983.
41. Spears R.A. American Idioms Dictionary. Lincolnwood, Illinois, USA. 1991.
42. Spears R.A. Dictionary of Americal Slang and Colloquial Expressions. Lincolnwood, Illinois, USA. 1991.
43. Swan M. Practical English Usage. Oxford. 1980.
44. Webster's Encyclopedic Unabridged Dictionary of the English Language. N.Y. 1989.
45. Wentworth H., Flexner S.B. Dictionary of American Slang. N.Y. 1975.
46. Wheeler M. The Oxford Russian-English Dictionary. Oxford. 1982.
47. Wood F.T., Hill R.H. Dictionary of English Colloquial Idioms. London. 1979.
48. Young B., Moody M. The Language of Rock'n'Roll. London. 1985.

A

a-a *n (baby talk euph)* 1. экскременты, кал 2. испражнение, дефекация (usu do/have/take an a-a)

a-a *v (baby talk euph)* испражняться

abishag *n (sl)* 1. незаконнорожденный ребенок женщины, совращенной женатым мужчиной (от евр. "ошибка матери") 2. ублюдок

Able Gable *n (US sl)* физически привлекательный мужчина (часто употребляется как обращение)

Able Grable *n (US sl)* сексапильная девушка (часто употребляется как обращение)

able to kick ass off an emu *mod (Austr vulg)* в хорошей форме (вместо emu могут употребляться названия других животных; выражение сильно варьируется)

able to suck a watermelon through a/the garden hose *mod (sl)* (о женщине) опытная в оральном сексе, особенно в фелляции

about town *mod (sl)* (о женщине) профессионально занимающаяся проституцией

absoballylutely *mod (low)* абсолютно

absobloodylutely *mod (low)* absoballylutely q.v.

absofuckinglutely *mod (vulg)* absoballylutely q.v.

Abyssinian medal *n (Army sl obs)* пуговица, которая видна в расстегнувшейся ширинке

acceptress *n (sl)* женщина, которая охотно принимает откровенные ухаживания мужчины

accomodation house *n (coll euph)* публичный дом

ace *n (sl)* вагина, влагалище (сокр. ace of spades q.v.)

ace lane *n (sl)* 1. муж 2. любовник

Ace of Hearts *n (sl)* кавалер, поклонник (cf. ace of spades)

ace of spades *n (sl)* наружные женские половые органы (по цвету и форме расположения лобковых волос)

ache for somebody *v (US sl)* желать кого-либо сексуально

ack-Charlie *n (mil sl)* подхалим, лизоблюд (от названия букв "А" и "С" в фонетическом алфавите. A.C. сокр. ass-crawler, ass-creeper q.q.v.)

ack over tock *mod (mil sl)* вверх тормашками, шиворот навыворот (от названия букв "А" и "Т" в фонетическом алфавите. A.T. сокр. ass over tit q.v.)

acorn *n (sl)* головка полового члена

action *n (coll euph)* половой акт (usu do/have/take/get (some) action)

active citizens *n pl (US sl)* вши (в том числе лобковые)

Adam and Eve *v (US sl)* ходить нагишом

Adam and Eve's togs *n (US sl)* нагота, костюм Адама и Евы (cf. birthday suit)

Adamatical *mod (sl)* обнаженный (по аналогии с problematical)

Admiral Browning *n (Naval sl)* экскременты, кал (cf. brown n 2)

adulterer *n (coll)* неверный муж \любовник

adulteress *n (coll)* неверная жена\любовница

affair *n (coll euph)* 1. любовная связь, роман (usu have an affair (with somebody)) 2. мужские или женские половые органы

affy *mod* (*coll*) 1. похотливый 2. сексуально возбужденный

after *n* (*coll euph*) зад (часть тела)

after hair *mod* (*sl*) (о мужчине) ищущий женщину с целью совокупления

afternoon gig *n* (*US sl*) любовник замужней женщины (сокр. gigolo q.v.)

after one's end *mod* (*sl*) (о мужчине) ищущий женщину с целью совокупления (перен. следующий в направлении, указываемом эрегированным половым членом)

after one's greens *mod* (*low*) after hair q.v.

after one's hole *mod* (*sl*) after hair q.v.

afterpart *n* (*coll euph*) after q.v.

agfay *n* (*pig latin*) fag q.v.

agreeable rattle *n* (*sl*) дамский угодник

agreeable ruts of life *n pl* (*coll euph*) наружные женские половые органы

agricultural one *n* (*coll euph*) испражнение на открытом воздухе (usu do/have/take an agricultural one)

a-helling *mod* (*coll*) 1. быстро 2. рискованно, безоглядно

a-hole *n* (*sl*) анус, заднепроходное отверстие (сокр. ass-hole q.v.)

air one's pores *v* (*coll*) 1. раздеться донага 2. быть голым

air the dairy *v* (*low*) (о женщине) обнажить грудь

airdale *n* (*sl*) девушка с волосатыми руками и ногами

Ajax *n* (*sl*) туалет (usu go to/visit Ajax, от jakes q.v.)

a la natural *mod* (*coll euph*) обнаженный (от фр. "в естественном виде")

a la vache *n* (*coll euph*) позиция полового сношения "мужчина сзади" (от фр. "по-коровьи") cf. dog fashion

al fresco *n* (*coll euph*) половое сношение на открытом воздухе (usu do/have/get/take an al fresco) (от ит. "на открытом воздухе")

alive *mod* (*sl*) завшивевший

alki bum *n* (*sl*) пьяница cf. bum

all ass (and no body) *n* (*vulg*) толстый человек

all assed up *mod* (*vulg*) 1. разбросанный, в беспорядке 2. поломанный, испорченный 3. растерянный, в недоумении

all-balled-up *mod* (*US sl*) all assed up q.v.

all-ballsed-up *mod* (*UK sl*) all assed up q.v.

all behind in Melbourne *mod* (*Austr sl*) толстозадый

alley cat *n* (*sl*) 1. проститутка 2. распутная женщина, потаскуха

all face *mod* (*coll*) раздетый, обнаженный

all fussed up *mod* (*sl*) 1. похотливый 2. сексуально возбужденный

all het up *mod* (*sl*) all fussed up q.v.

all hot and bothered *mod* (*sl*) all fussed up q.v.

all in a sweat *mod* (*sl*) all fussed up q.v.

all-nighter *n* (*pros*) клиент проститутки, который остается на всю ночь

all over hell *mod* (*coll*) 1. в беспорядке 2. везде, повсюду 3. во всех направлениях

all over hell's halfacre *mod* (*coll*) all over hell q.v.

all pissed up and nothing to show *mod* (*vulg*) пропивший весь заработок (от all dressed up and nowhere to go)

all prick and breeches *mod* (*vulg*) (о мужчине) шумный, хвастливый

all prick and pants *mod* (*vulg*) all prick and breeches q.v.

all right *mod* (*coll*) 1. целомудренный, непорочный 2. девственный (физическая характеристика)

all sexed up *mod* (*sl*) all fussed up q.v.

all steamed up *mod* (*sl*) all fussed up q.v.

all that kind of crap *mod* (*vulg*) и так далее, и все такое

all that sort of crap *mod* (*vulg*) all that kind of crap q.v.

all that type of crap *mod* (*vulg*) all that kind of crap q.v.

all that kind of shit *mod* (*vulg*) all that kind of crap q.v.

all that sort of shit *mod* (*vulg*) all that kind of crap q.v.

all that type of shit *mod* (*vulg*) all that kind of crap q.v.

all the way *n* (*coll euph*) полное совокупление или полное сексуальное удовлетворение (в отличие от петтинга) cf. half-the-way

all tits and teeth *mod* 1. (*low*) (о женщине) с большой грудью и крупными зубами 2. (*low Cockney*) (о женщине) с деланой улыбкой и манерой выставлять напоказ грудь

all to buggery *mod* (*vulg*) разоренный, провалившийся, погубленный

all to cock *mod* (*vulg*) all to buggery q.v.

all to crap *mod* (*vulg*) all to buggery q.v.

all to fuck *mod* (*vulg*) all to buggery q.v.

all to hell *mod* (*low*) all to buggery q.v.

all to piss *mod* (*vulg*) all to buggery q.v.

all to shit *mod* (*vulg*) all to buggery q.v.

all wind and piss *mod* (*vulg*) хвастливый

all worked up *mod* (*sl*) 1. похотливый 2. сексуально возбужденный

almanach *n* (*sl*) наружные женские половые органы

almond *n* (*Cockney sl*) пенис, половой член

alreet gal *n* (*sl*) 1. физически привлекательная девушка 2. недотрога, девственница (искаженное all right girl) cf. all right

altar *n* (*cant*) 1. зад (часть тела) 2. унитаз, горшок

altar room *n* (*cant*) туалет (usu go to/visit the altar room)

alter somebody *v* (*sl*) выхолостить, кастрировать животное (шутл. человека)

alter cocker *n* (*sl*) похотливый старик (из еврейского)

alter koker *n* (*sl*) alter cocker q.v.

altogether *n* (*coll*) нагота

always in trouble like a Drury Lane whore *mod* (*low Cockney*) всегда в беде, осаждаемый неприятностями

amateur *n* (*sl*) 1. женщина, которая совокупляется со многими мужчинами "из спортивного интереса" 2. непрофессиональная проститутка

amateur night *n* (*sl*) совокупление мужчины с малознакомой женщиной (не проституткой)

ambidexter *n* (*coll*) бисексуал

ambidextrous *mod* (*coll*) бисексуальный

ambisexual *n* (*coll*) ambidexter q.v.

ambisexual *mod* (*coll*) ambidextrous q.v.

American letter *n* (*sl rare*) презерватив cf. French letter

ammunition *n* (*coll*) 1. гигиенический женский пакет/пакеты 2. туалетная бумага

amourette *n* (*coll*) легкий флирт

Amy-John *n* (*sl*) лесбиянка (особ. играющая мужскую роль) искаж. Amason

anatomical *mod* (*euph*) непристойный

anchor one's ass *v* (*low*) сесть

angel *n* (*sl*) 1. гомосексуалист (особ. играющий доминирующую роль) 2. женоподобный мужчина 3. физически привлекательная девушка

angel cake *n* (*sl*) физически привлекательная девушка

angel face *n* (*sl*) 1. женоподобный мужчина 2. физически привлекательная девушка

Angelina *n* (*cant*) мальчик-гомосексуалист (пассивный партнер)

Angelina sorority *n* (*cant*) собир. пассивные гомосексуалисты

angel-maker *n* (*sl*) мужчина, ухаживающий за женщиной намного моложе его или берущий в жены женщину намного моложе его

angel tit *n* (*sl*) выдержанный виски с хорошим букетом

angle somebody on *v* (*coll*) соблазнять кого-либо

angler *n* (*coll*) ухажер

animal *n* (*coll*) 1. вульгарный, физически непривлекательный мужчина; сексуально агрессивный мужчина 2. женщина легкого поведения

ankle *n* (*sl*) 1. мать незаконнорожденного ребенка 2. физически привлекательная женщина

Ann Atomy *n* (*US sl*) физически привлекательная девушка (часто употребляется в качестве обращения)

anorchid *n* (*liter euph*) кастрат, евнух

anorchid *mod* (*liter euph*) не имеющий яичек

another bull in the pasture *n* (*coll*) соперник в любовном романе

answer a call to the warden's office *v* (*cant*) сходить в туалет

answer to a maiden's prayer *n* (*coll*) приличный молодой холостяк "пригодный" для женитьбы

answer to a man's prayer *n* (*coll*) сексапильная молодая женщина

ansypay *n* (*pig latin*) pansy n q.v.

anty-baby medicine *n* (*sl euph*) противозачаточное средство

anticipatering *mod* (*sl*) ожидающий рождения ребенка (игра слов на anticipating q.v. и pater отец)

anticipating *mod* (*coll*) беременная

anticipating a blessed event *mod* (*coll*) anticipating q.v.

anticipating expense *mod* (*coll*) anticipating q.v.

anticipating a vital statistic *mod* (*coll*) anticipating q.v.

Antipodes *n* (*sl*) наружные женские половые органы

ants (in the pants) *n pl* (*sl*) похотливость, сексуальное возбуждение (usu have ants in the pants)

antsy *mod* (*sl*) сексуально возбужденный

Anty *n* (*sl*) Auntie q.v.
A over T *mod* (*euph*) ass over tit q.v.
apache *n* (*sl*) грубый, агрессивный любовник
ape *mod* (*euph*) ape shit q.v.
apcray *n* (*pig latin*) crap n q.v.
ape shit *mod* (*vulg*) 1. разъяренный 2. увлеченный, полный энтузиазма (usu go ape shit over something)
apparatus *n* (*euph*) гениталии
apple *n* (*US sl*) сексуальная привлекательность (игра слов на (sex) appeal)
apples *n pl* (*low*) 1. лички 2. женская грудь
apply the arm *v* (*sl*) гладить, ласкать
approachable *n* (*sl*) женщина легкого поведения
approachable *mod* (*sl*) (о женщине) распутная
apron-up *mod* (*euph*) беременная
arbor vitae *n* (*liter sl*) пенис, половой член (от лат. "древо жизни")
arithmetic bugs *n pl* (*sl*) вши (в том числе лобковые)
Arkansas lizards *n pl* (*US sl obs*) вши
arm *n* (*sl*) пенис, половой член
armful *n* (*sl*) полная женщина
Armstrong heater *n* (*sl*) 1. ловелас, дамский угодник 2. мужчина, который любит заниматься петтингом
Army Form blank *n* (*mil sl*) туалетная бумага
arse *n* (*UK vulg*) ass n q.v.
Arsetralia *n* (*mil sl*) Австралия
Arsie *n* (*mil sl*) австралиец
arsie-varsy *mod* (*vulg*) вверх тормашками, беспорядочный
arsie-versy *mod* (*vulg*) arsie-varsy q.v.

arsy-varsy *mod* (*vulg*) arsie-varsy q.v
arsy-versy *mod* (*vulg*) arsie-varsy q.v.
article *n* 1. (*sl*) женщина, проданная в публичный дом в Южной Америке 2. (*coll*) ночной горшок
article of virtue *n* (*coll*) девственница
artillery *n* (*sl*) пища, вызывающая газы
artist *n* (*sl*) второй компонент сложных слов, обозначающий человека, который мастерски или с удовольствием занимается каким-либо делом e.g. fuck-artist
artist's model's working togs *n* (*coll*) нагота
as a bastard *mod* (*coll*) очень (употребляется для усиления)
as all get out *mod* (*euph*) as hell q.v.
as damn *mod* (*coll*) очень (употребляется для усиления) см. также Приложение 5
as good a man as ever pissed *n* (*vulg*) очень хороший человек
as hell *mod* (*oll*) очень (употребляется для усиления)
as much use as somebody's ass *mod* (*low*) совершенно ненужный
aspro *n* (*low*) гомосексуалист-проститутка
ass *n* (*vulg*) 1. зад (часть тела) 2. анус, задний проход 3. вагина, влагалище 4. лобок 5. женщина как объект и инструмент сексуального наслаждения 6. совокупление (usu have/get some ass) 7. глупец, болван 8. хамство, наглость
ass about *v* (*vulg*) слоняться, бездельничать

ass about with something *v* (*vulg*) неумело обращаться с чем-либо, приводить что-либо в беспорядок

ass along *v* (*vulg*) двигаться вперед медленно и спокойно (обычно в машине)

ass around *v* (*vulg*) ass about q.v.

ass around with something *v* (*vulg*) ass about with something q.v.

ass off *v* (*vulg*) уходить, убираться (часто в повелительном наклонении) см. также Приложение 6

ass out *v* (*vulg*) 1. отступать 2. уходить (часто в повелительном наклонении)

ass out from something *v* (*vulg*) 1. бросать какое-либо дело, работу 2. выгонять машину задом (из гаража, со стоянки)

ass somebody *v* (*vulg*) 1. бить кого-либо ногой в ягодицы 2. выгонять кого-либо (особ. с работы)

ass something up *v* (*vulg*) 1. приводить что-либо в беспорядок, разбрасывать что-либо 2. портить что-либо, приводить в негодность 3. портить дело

ass the car up *v* (*vulg*) подниматься на машине вверх задним ходом

ass about face *mod* (*vulg*) в беспорядке, наоборот, шиворот навыворот

ass and corporation *n* (*vulg*) толстый человек

ass-a-peak *mod* (*vulg*) в беспорядке, перепутанный

ass backwards *mod* (*vulg*) задом наперед, перепутанный, в беспорядке cf. bassackwards, backasswards

ass bandit *n* (*low*) агрессивный, активный гомосексуалист

ass-brain *n* (*vulg*) глупец, тупица

ass-brained *mod* (*vulg*) глупый, тупой

ass brigand *n* (*vulg*) ass bandit q.v.

ass-crawl *v* (*vulg*) подхалимничать

ass-crawler *n* (*vulg*) подхалим

ass-crawling *n* (*vulg*) подхалимаж

ass-crawling *mod* (*vulg*) 1. подхалимский 2. чертов, проклятый

ass-creep *v* (*vulg*) ass-crawl q.v.

ass-creeper *n* (*vulg*) ass-crawler q.v.

ass-creeping *n* (*vulg*) ass-crawling n q.v

ass-creeping *mod* (*vulg*) ass-crawling mod q.v.

assed up *mod* (*vulg*) 1. в беспорядке 2. сломанный 3. озадаченный 4. испорченный (о деле); расстроенный (о плане)

ass-end *n* (*US sl*) 1. зад (часть тела) 2. задняя часть любого предмета

ass-end *mod* (*US sl*) задний, последний

ass-end Charlie *n* (*Army sl*) тот, кто прикрывает тыл от атаки противника

ass-ender *n* (*sl*) падение на спину, особ. на ягодицы

asser *n* (*sl*) ass-ender q.v

ass-fuck *n* (*vulg*) анальный секс

ass-fuck *v* (*vulg*) заниматься анальным сексом

ass-fucker *n* (*vulg*) 1. мужчина, предпочитающий заниматься с женщиной анальным сексом 2. гомосексуалист

ass-fucking *n* (*vulg*) процесс анального секса

ass-fucking *mod* (*vulg*) 1. относящийся к анальному сексу 2. чертов, проклятый

ass-head *n* (*vulg*) тупица, идиот

ass-headed *mod* (*vulg*) глупый
ass-hole *n* (*vulg*) 1. заднепроходное отверстие 2. глупец, тупица 3. любая вещь, предмет достойный презрения, сожаления; что-либо низкого качества, второсортное 4. неприятное, грязное место, район, город и т.п. 5. (ирон.) близкий друг (часто употребляется в качестве обращения)
ass-hole somebody *v* (*vulg*) 1. уволить кого-либо с работы 2. отправить кого-либо на пенсию по возрасту (особ. против воли) 3. прекратить половые отношения с мужчиной из-за его старого возраста
ass-hole bandit *n* (*vulg*) ass bandit q.v.
ass-hole buddy *n* (*vulg*) близкий друг
ass-hole crawler *n* (*vulg*) ass-crawler q.v.
ass-hole creeper *n* (*vulg*) ass-crawler q.v.
ass-holed *mod* (*vulg*) совершенно пьяный
ass-hole of the world *n* (*mil sl obs*) Персидский залив
ass-holes *mod* (*vulg*) ass-holed q.v.
ass-holes to breakfast time *mod* (*Cockney low*) в полном беспорядке, неудовлетворительный cf. from ass-hole to brekfast time
ass-holey *mod* (*vulg*) раболепный, подобострастный
assignation house *n* (*euph*) публичный дом, дом свиданий
assignator *n* (*euph*) проститутка из дома свиданий; девушка "по вызову"
ass-inine *mod* (*coll*) глупый, смехотворный (игра слов на asinine)
ass-kick *v* (*vulg*) 1. бить ногой по ягодицам 2. ругать cf. kick ass

ass-kicker *n* (*vulg*) 1. суровый начальник 2. вышибала (в баре, ресторане)
ass-kicking *n* (*vulg*) 1. драка (особ. ногами), избиение 2. ссора 3. нагоняй, взбучка
ass-kicking *mod* (*vulg*) 1. несдержанный, темпераментный 2. чрезмерно суровый
ass-king *n* (*homos*) агрессивный гомосексуалист
ass-kiss *v* (*vulg*) ass-crawl q.v.
ass-kisser *n* (*vulg*) ass-crawler q.v.
ass-kissing *n* (*vulg*) ass-crawling n q.v.
ass-kissing *mod* (*vulg*) ass-crawling mod q.v.
ass-lick *v* (*vulg*) ass-crawl q.v.
ass-licker *n* (*vulg*) ass-crawler q.v.
ass-licking *n* (*vulg*) ass-crawling n q.v.
ass-licking *mod* (*vulg*) ass-crawling mod q.v.
ass man *n* (*vulg*) 1. мужчина, много времени уделяющий женщинам (обычно с целью совокупления) 2. мужчина, помешанный на сексе 3. мужчина, для которого самой привлекательной частью тела у женщины являются ягодицы
ass of the ship *n* (*Naval sl*) корма корабля
ass over ballocks *mod* (*vulg*) вверх ногами, кувырком, шиворот навыворот
ass over kettle *mod* (*vulg euph*) ass over ballocks q.v.
ass over tea-kettle *mod* (*vulg euph*) ass over ballocks q.v.
ass over tip *mod* (*vulg euph*) ass over ballocks q.v.
ass over tit *mod* (*low*) ass over ballocks q.v.
ass over tock *mod* (*mil sl*) ass over ballocks q.v.

ass over top *mod* (*vulg*) ass over ballocks q.v.

ass over tuck *mod* (*mil sl*) ass over ballocks q.v.

ass over turkey *mod* (*low*) ass over ballocks q.v.

ass party *n* (*Naval sl*) члены команды корабля, известные как гомосексуалисты

ass-peddle *v* (*vulg*) 1. заниматься проституцией 2. заниматься сутенерством

ass-peddler *n* (*vulg*) 1. проститутка (женщина или мужчина) 2. сутенер

ass-peddling *n* (*vulg*) 1. проституция 2. сутенерство

ass-peddling *mod* (*vulg*) характерный для проститутки или сутенера

ass-perisher *n* (*low*) короткая куртка, пиджак

ass-perishing *mod* (*low*) (о верхней одежде) короткий

ass-polisher *n* (*mil sl*) штабной работник, бюрократ

ass-polishing *n* (*mil sl*) штабная работа

ass-polishing *mod* (*mil sl*) штабной, канцелярский, бюрократический

ass-suck *v* (*vulg*) ass-crawl q.v.

ass-sucker *n* (*vulg*) ass-crawler q.v.

ass-sucking *n* (*vulg*) ass-crawling n q.v.

ass-sucking *mod* (*vulg*) ass-crawling mod q.v.

ass-talk *n* (*sl*) ass-fuck n q.v.

ass-talk *v* (*sl*) ass-fuck v q.v.

assteriors *n* (*US sl*) зад (часть тела) (игра слов на posterior q.v.)

ass-up *n* (*low*) беспорядок, неразбериха

ass-up *mod* (*low*) беспорядочный, перепутанный

ass upwards *mod* (*low*) счастливый, удачливый (часто в выражении rise with one's ass upwards)

ass-up-with-care *mod* (*low*) в полнейшем беспорядке, хаосе

ass-wipe *n* (*vulg*) туалетная бумага, любая бумага, используемая вместо туалетной

ass-wiper *n* (*vulg*) 1. ass-wipe q.v. 2. ass-crawler q.v.

ass-wiping *n* (*vulg*) ass-crawling n q.v.

ass-wiping *mod* (*vulg*) ass-crawling mod q.v.

ass-wise *mod* (*low*) неуместный, нелепый; неуместно, нелепо, в неправильном порядке, наоборот

ass-worm *n* (*sl obs*) 1. маленький, невзрачный, неказистый человек 2. мелкая сошка

assy *mod* (*low*) 1. злобный, упрямый; невежливый 2. блестящий (о задней части юбки или брюк) 3. счастливый, удачливый

Athenaeum *n* (*liter euph obs*) пенис, половой член

at number one *mod* (*Cockney euph*) (о женщине) менструирующая

at sparrow fart *mod* (*low humor*) на рассвете cf. sparrow fart

attend parkology *v* (*US college sl*) ласкать, заниматься петтингом

attend petology *v* (*US college sl*) attend parkology q.v.

attend sexology *v* (*US college sl*) attend parkology q.v.

at the races *mod* (*low*) (о проститутке) на панели, в поисках клиента

attic *n* (*low obs*) женские наружные половые органы

aunt *n* 1. (*coll euph*) женский туалет (usu go to/see/visit one's aunt) 2. (*sl*) старая проститутка 3. (cant) сутенерша 4. (homos) пожилой гомосексуалист

Auntie n 1. (sl) пожилой мужчина, питающий нездоровый интерес к юношам и мальчикам 2. (cant) сутенерша 3. (homos) пожилой гомосексуалист, выступающий в роли пассивного партнера 4. (sl) старая проститутка

Aunt Maria n (low obs) женские наружные половые органы

Aunt Minnie n (sl) месячные, менструация (usu my Aunt Minnie is here/home)

autobum n (sl) бездомный бродяга, путешествующий на старом автомобиле cf. bum

automobum n (sl) человек, путешествующий автостопом cf. bum

automobum v (sl) путешествовать автостопом cf. bum

away the trip mod (Scot sl) беременная

awful shit n (vulg) сволочь, дрянь, подлец

awkward mod (euph) беременная

awkwardness n (euph) беременность

Aztec two-step n (US sl) расстройство желудка (особ. во время поездки в Мексику)

B

baa-lamb n (sl) bastard q.v

babe n (coll) 1. физически привлекательная женщина (часто употребляется как обращение) 2. гомосексуалист 3. любовница 4. женоподобный мужчина

baby n (coll) babe q.v.

baby somebody v (coll) оплодотворить женщину

baby blimp n (sl) полная, тучная женщина

baby-bound mod (sl) беременная

baby bunting n (sl) физически привлекательная женщина

babycakes n (sl) baby bunting q.v.

baby doll n (sl) baby bunting q.v.

babyed mod (coll) беременная

baby face n (sl) 1. физически привлекательная женщина 2. любовница 3. женоподобный мужчина 4. гомосексуалист

baby farmer n (UK sl) мужчина, ухаживающий за женщиной значительно моложе его

babyland shopping mod (US sl) беременная

baby-maker n (euph) пенис, половой член

baby-puller n (sl) гинеколог, акушер

baby-pulling n (sl) акушерство, гинекология

baby-snatcher n (sl) 1. мужчина, который женится на женщине значительно моложе его 2. старуха, женившая на себе молодого

baby's pub n (coll) женская грудь

baby-stealer n (UK sl) baby farmer q.v.

baby's yellow n (baby talk) экскременты, кал

baby-vamp n (sl) соблазнительница cf. vamp

bach (it) v (sl) жить холостяком (от bachelor)

bachelor girl n (coll) девушка, живущая одна или с другой девушкой

bachelor mother n (coll) мать-одиночка

bachelor of hearts n (sl) ухажер, любовник

bachelor's baby n (sl) незаконнорожденный ребенок

bachelor's wife n (sl) 1. любовница 2. проститутка

back *n* (*euph sl*) туалет
backasswards *mod* (*vulg*) ass backwards q.v.
back-door *n* (*sl*) анус, задний проход
back-door man *n* (*sl*) 1. женатый любовник 2. любовник замужней женщины
back-door trot *n* (*sl*) расстройство желудка, понос
back-door work *n* (*sl*) содомия, анальный секс
back friends *n pl* (*US sl*) вши (в том числе лобковые)
back in circulation *mod* (*sl*) (о женщине) разведенная, овдовевшая, брошенная
back in the saddle *mod* (*US sl*) менструирующая
back-scuttle *n* (*low*) содомия, анальный секс (usu do/have a back-scuttle)
back-scuttle somebody *v* (*low*) заниматься с кем-либо анальным сексом
backseat *n* (*US sl*) зад (часть тела)
back-sheet abortion *n* (*sl*) подпольный аборт
backside *n* (*US sl*) 1. backseat q.v. 2. туалет
back teeth are afloat *mod* (*US sl*) испытывающий сильное желание опорожнить мочевой пузырь, помочиться
back teeth are floating *mod* (*US sl*) back teeth are afloat q.v.
back-up *n* (*sl*) совокупление нескольких мужчин с одной женщиной
back-up pills *n pl* (*low*) афродизиак, сексуально возбуждающее средство
backway *n* (*cant*) анус, задний проход
backy *n* (*sl*) туалет
bacon *n* (*US sl*) тело (особ. обнаженное)

badass *n* (*vulg*) неприятный человек
badassed *mod* (*vulg*) неприятный, отталкивающий
bad disease *n* (*US euph*) венерическое заболевание
badger *n* (*sl*) участник badger game q.v.
badger somebody *v* (*sl*) шантажировать кого-либо в ходе badger game q.v.
badgerer *n* (*sl*) badger q.v.
Badger family *n* (*sl*) мужчина и женщина, участвующие в badger game q.v.
badger game *n* (*sl*) вид шантажа, когда женщина соблазняет мужчину, а в решающий момент появляется сообщник ("муж") и, угрожая скандалом, требует деньги
badger wife *n* (*sl*) женщина, участвующая в badger game q.v.
badger worker *n* (*sl*) мужчина, участвующий в badger game q.v.
bad job *n* (*sl*) физически непривлекательная девушка
Bad Lands *n pl* (*euph*) название района города, в котором расположены игорные и публичные дома
bad shape *n* (*euph*) беременность
bad shit *n* (*vulg*) 1. опасное задание, ситуация 2. лгун 3. неудача
bad way *n* (*euph*) bad shape q.v.
bad week *n* (*euph*) месячные
bag *n* (*sl*) 1. пакет с жидкостью для спринцевания 2. проститутка 3. женщина, рассматриваемая только как объект совокупления 4. мошонка 5. презерватив 6. женский резиновый контрацептив 7. старая женщина (иногда старая проститутка) 8. женский лобок
bag ass *v* (*Naval sl*) поспешно уходить, спешить

baggage *n* (*sl*) женщина легкого поведения
bagged *mod* (*euph*) беременная
bagnio *n* (*euph*) публичный дом
bag of snakes *n* (*sl*) 1. жизнерадостная, физически привлекательная девушка 2. отвислая женская грудь
bag of tricks *n* (*sl*) пенис и яички; мошонка
bags *n pl* (*sl*) яички
bag shanty *n* (*Naval sl*) публичный дом
bag-swinger *n* (*sl*) проститутка, работающая на улице
bag with a sag *n* (*sl*) хорошо сложенная женщина
Bahama-mama *n* (*US sl*) тучная негритянка
bait *n* (*sl*) 1. привлекательный женоподобный мужчина, страдающий от притязаний гомосексуалистов 2. привлекательная мужеподобная женщина, страдающая от притязаний лесбиянок 3. сексапильная девушка cf. bedbait, jailbait, johnnybait
bake it *v* (*low*) терпеть, не идти в туалет по "большой нужде"
baker *n* (*euph*) bitch, bastard q.q.v (от названия буквы "В" в английском фонетическом алфавите)
balcony *n* (*sl*) женская грудь (особ. нависающая над декольте)
bald as a coot *mod* (*sl*) полностью обнаженный
bald as an egg *mod* (*sl*) bald as a coot q.v.
bald-headed hermit *n* (*sl obs*) пенис, половой член
baldy *n* (*sl*) женщина с выбритым лобком cf. shaven heaven
ball *n* (*sl*) 1. вечеринка, на которой юноши и девушки занимаются петтингом 2. сексуальная оргия см. также balls

ball *v* (*vulg*) 1. совокупляться 2. вводить в тело наркотики или стимулянты через половые органы
ball off *v* (*vulg*) мастурбировать
ball somebody *v* (*vulg*) совокупляться с кем-либо
ball somebody up *v* (*vulg*) 1. надоедать кому-либо, действовать кому-либо на нервы 2. неправильно кого-либо понимать 3. обманывать кого-либо
ball something up *v* (*vulg*) 1. приводить что-либо в беспорядок, ломать 2. портить дело cf. balls something up
ball with somebody *v* (*vulg*) совокупляться с кем-либо
ball and chain *n* (*coll humor*) 1. жена 2. (*rare*) любовница
ball-breaker *n* (*vulg*) 1. очень трудная работа, задача и т.п. 2. человек, ставящий такие задачи 3. женщина, унижающая мужчину, его мужское достоинство
ball-buster *n* (*vulg*) ball-breaker q.v.
balled up *mod* (*vulg*) перепутанный; сбитый с толку; с ошибками; в беспорядке
ballicks *n pl* (*US sl*) яички
ballies *n pl* (*baby talk*) ballicks q.v.
balling *n* (*sl*) вечеринка, на которой танцуют, выпивают и занимаются сексом
ballock about *v* (*sl*) болтаться без дела
ballock around *v* (*sl*) ballock about q.v.
ballock somebody *v* (*sl*) ругать кого-либо, делать выговор
ballock something up *v* (*sl*) ball something up q.v.
ballocking *n* (*sl*) нагоняй (usu get a ballocking, give somebody a ballocking)

ballock-naked *mod (low)* (о мужчине) полностью обнаженный

ballocks *n pl (low)* 1. яички 2. мужская потенция 3. храбрость

ballocks about *v (low)* •ballock about q.v.

ballocks around *v (low)* ballock about q.v.

ballocks something (up) *v (sl)* ballock something up q.v.

ballocks in brackets *n (low)* кривоногий мужчина

ballocks'd *mod (low)* 1. обманутый 2. храбрый, мужественный

ballocky *mod (low)* обнаженный

ball-off *n (low)* мастурбация

ball-off *v (low)* мастурбировать

ball of fire *n (sl)* страстная, соблазнительная женщина

balls *n pl (vulg)* 1. яички 2. смелость, мужество 3. глупость

balls something up *v (UK vulg)* ball something up q.v.

balls-aching talk *n (vulg)* утомительное обсуждение, разговор

balls and bat *n (US sl)* мошонка и пение

balls of steel *n pl (vulg)* balls n 3 q.v.

balls-up *n (UK low)* беспорядок, неразбериха, путаница

balls-up somebody *v (UK low)* ball somebody up q.v.

balls-up something *v (UK low)* ball something up q.v.

ballsy *mod (sl)* смелый

ball-up *n (US sl)* balls-up q.v.

ball-up somebody *v (US sl)* ball somebody up q.v.

ball-up something *v (US sl)* ball something up q.v.

ball-wracker *n (vulg)* ball-breaker q.v.

bally *mod* 1. *(euph)* bloody q.v. 2. *(sl)* великолепный, первоклассный

baloney *n (US sl)* 1. мужской лобок 2. женщина легкого поведения

banana *n* 1. *(sl)* физически привлекательная мулатка или светлокожая негритянка 2. *(vulg rare)* пенис, половой член 3. *(vulg rare)* совокупление 4. *(vulg rare)* момент эякуляции

bananas *mod (sl)* 1. извращенный 2. гомосексуальный

banchoot *n (Ind vulg obs)* наружные половые органы

band *n* 1. *(sl)* проститутка 2. *(cant)* физически привлекательная девушка

band somebody *v (sl)* совокупляться с кем-либо

banding *n (coll)* целомудренные, "родственные" объятия

bandit *n (cant)* агрессивный гомосексуалист cf. ass bandit

bang *n (low)* 1. совокупление (usu have a bang) 2. половой партнер (usu good/bad bang) 3. публичный дом

bang *v (low)* 1. совокупляться 2. вступать во внебрачную связь

bang like a hammer on a nail *v (low)* (о мужчине) часто совокупляться

bang like a rattle snake *v (low)* bang like a hammer on a nail q.v.

bang like a shit-house door (in a gale) *v (low)* (о женщине) часто совокупляться

bang somebody *v (low)* совокупляться с кем-либо

bang somebody up *v (low)* оплодотворить женщину

bang with somebody *v (low)* совокупляться с кем-либо

banger *n (sl)* бабник, распутник

bang-up babe *n (sl)* физически привлекательная девушка

banjo *n (sl)* подкладное судно для лежачего больного

bank *n (sl rare)* туалет
bank-note *n (sl)* обрывок туалетной бумаги
barbecue *n (sl)* физически привлекательная девушка
barber's sign *n (low)* пенис и мошонка (иногда изображение ножниц вешалось над дверями публичного дома)
Barbie doll *n (sl)* сексапильная девушка
bardash *n (sl)* гомосексуалист-проститутка
bare-all *n (US sl)* нудист
bare-ass *n (vulg)* 1. нудист 2. обнаженный человек 3. бедняк, нищий
bare-ass(ed) *mod (vulg)* 1. нагой (звучит вульгарно по отношению к женщине, но не по отношению к мужчине) 2. нищий
bare-back *mod (vulg)* (о мужчине) совершающий совокупление без презерватива
bareback rider *n (vulg)* мужчина, совершающий половой акт без презерватива (часто употребляется юмористически, показывая, что совокупление было неожиданным и поспешным)
bareskinema *n (sl)* порнографический фильм (от bare skin и cinema)
bareskin game *n (sl)* нудизм
barge-ass *n (low)* толстозадый человек
barnchoot *n (Ind vulg obs)* banchoot q.v.
barnyard *mod (sl)* непристойный, скабрезный
barnyard language *n (sl)* непристойная речь
barrel ass *v (vulg)* 1. быстро вести машину 2. упасть на ягодицы
barrel house bum *n (sl)* алкоголик cf. bum

barren Joey *n (low)* проститутка
bar steward *n (humor euph)* bastard q.v.
bash *n (low)* совокупление
bash *v* 1. *(low)* заниматься проституцией 2. *(Air Forse sl)* прелюбодействовать
bash somebody *v (low)* совокупляться с кем-либо
bash the bishop *v (Army sl)* (о мужчине) мастурбировать
basher *n (Air Force sl)* прелюбодей
bashing *n (low)* проституция
basis *n* 1. *(pros)* проститутка, на которой сутенер собирается жениться после того, как он отойдет от дел 2. *(sl)* ягодицы, зад
basket *n* 1. *(coll)* низ живота 2. *(US sl)* женские наружные половые органы 3. *(vulg homos)* мужские половые органы (особ. хорошо видимые через брюки) 4. *(vulg rare)* мошонка
basket of oranges *n (sl)* физически привлекательная девушка
Basra belly *n (sl)* расстройство желудка, понос (особ. во время турпоездки на Ближний Восток)
bassackards *mod (vulg)* assbackwards q.v.
bassackwards *mod (vulg)* assbackwards q.v.
bassinet shopping *mod (US sl)* babyland shopping q.v.
bastard *n (low)* 1. незаконнорожденный ребенок 2. презираемый человек, негодяй (одно из наиболее часто употребляемых ругательных слов) 3. тяжелое положение, работа
bat *n (sl)* 1. проститутка; женщина легкого поведения 2. пенис, половой член 3. сексапильная негритянка 4. неприятный человек

bat *v (sl)* заниматься проституцией
bat and bowl *v (sl)* быть бисексуальным
batch (it) *v (sl)* жить одиноко, холостяковать (от bachelor)
bate up *v (UK low)* совокупляться
bat house *n (sl)* публичный дом
bathroom *n (US sl)* туалет
bathroom stationery *n (US sl)* туалетная бумага
batster *n (sl)* развратный человек
batter *n (sl)* batster q.v.
batter *v (low)* совокупляться
batting and bowling *n (sl)* бисексуальное поведение
batting and bowling *mod (sl)* бисексуальный
battler *n (sl)* проститутка, работающая самостоятельно (не на публичный дом или сутенера)
bauble *n (sl)* вибратор для стимуляции влагалища
baubon *n (sl)* bauble q.v.
bawd *n (sl)* 1. содержательница публичного дома 2. *(rare)* проститутка
Bawdstrot *n (sl)* bawd 1 q.v.
bawdy-house *n (coll)* публичный дом
bazoom *n (sl)* женская грудь (искаж. bosom)
bazoongies *n pl (sl)* большие женские груди (искаж. bosom)
bazzom *n (sl)* bazoom q.v.
beam-ends *n pl (sl)* ягодицы
bean *n (low)* пенис, половой член
beanpoles *n pl (US sl)* длинные худые женские ноги
bean-tosser *n (low obs)* пенис, половой член
bear *n (sl)* 1. физически непривлекательная девушка 2. сексуальное, страстное объятие 3. сексапильная женщина

bearcat *n (sl)* привлекательная, страстная женщина
bearded clam *n (US vulg)* вульва
beard-jammer *n (vulg)* 1. пенис, половой член 2. мужчина, часто пользующийся услугами проституток
beard-splitter *n (vulg)* beard-jammer q.v.
bear with the women *n (sl)* мужчина, любящий женское общество
beast *n (sl)* 1. дешевая проститутка 2. девушка, бегающая за мужчинами 3. физически непривлекательная девушка 4. девушка, молодая женщина 5. грубый, сексуально агрессивный мужчина
beast of/with two backs *n (euph)* совокупляющаяся пара
beat *n (sl)* участок работы проститутки
beat deuce *v (sl)* быть необычным, удивительным
beat devil *v (sl)* beat deuce q.v.
beat hell out of somebody *v (sl)* сильно избивать кого-либо
beat off *v (vulg)* (о мужчине) мастурбировать
beat off the meat *v (vulg)* beat off q.v.
beat (somebody's) time *v (sl)* 1. ухаживать за "чужой" девушкой, молодым человеком 2. "отбить" чужую девушку, молодого человека
beat the dummy *v (vulg)* beat off q.v.
beat the gun *v (sl)* (о женщине) спать с женихом (особ. если женщина беременеет от него до свадьбы)
beat the meat *v (vulg)* beat off q.v.
beat the shit out of somebody *v (vulg)* сильно избивать кого-либо

beatle *n (cant)* физически привлекательная девушка (особ. ведущая себя независимо)
beat moll *n (sl)* проститутка cf. beat, moll
beau (boy) *n (sl)* ухажер, любовник
beausom *n (US sl)* красивая женская грудь (игра слов на bosom и beau (фр.) красивый)
beaut *n (sl)* сексапильная молодая женщина (сокр. beauty)
Beautiful *n (sl)* физически привлекательная молодая женщина, красотка
beaut of a looker *n (sl)* beaut q.v.
beauty parlor *n (euph)* публичный дом
beaver *n (vulg)* женские половые органы, вагина
beaver-shooter *n (vulg)* мужчина, любящий разглядывать женские половые органы
beaver shot *n (vulg)* 1. откровенная порнофотография, показывающая наружные женские половые органы 2. вид женских половых органов (особ. раскрытых половых губ)
beazel *n (sl)* девушка
bed with somebody *v (coll)* совокупляться с кем-либо
bedbait *n (sl)* jailbait q.v.
bed bug *n (sl)* любвеобильный мужчина
bed bunny *n (sl)* 1. женщина легкого поведения 2. девушка, любящая петтинг
beddable *n (coll)* сексапильная женщина
beddable *mod (coll)* (о женщине) сексуально привлекательная
bedding anniversary *n (sl)* годовщина начала совместной половой жизни (игра слов на wedding anniversary годовщина свадьбы) cf. holy bedlock

bed-fag(g)ot *n (coll)* проститутка
bed house *n (Negro sl)* публичный дом
bed-pan alley *n (mil euph)* shit-pan alley q.v.
bed-piece *n (sl)* проститутка
bed-presser *n (sl)* bed-piece q.v.
bedroom eyes *n pl (US sl)* кокетливый взгляд
bed-sister *n (sl)* bed-piece q.v.
bed-swerver *n (sl obs)* неверная жена
bedtime story *n (sl)* совокупление
bed-warmer *n (sl)* 1. проститутка 2. женщина легкого поведения 3. любовница
bed-wetter *n (coll)* 1. ребенок, который мочится в постель (после четырехлетнего возраста) 2. глупец, дурак
bedworthy *mod (sl)* сексуально привлекательный
bee *n (euph)* bastard, bugger q.q.v. (от названия буквы "B" в английском алфавите)
beef *n (sl)* 1. сексапильная женщина 2. крупный, мускулистый мужчина 3. половой член 4. половая потенция
beefcake *n (sl rare)* 1. фотография полуобнаженного мужчины (cf. cheesecake) 2. демонстрация мужчиной мускулов 3. мускулистый, физически привлекательный мужчина
beefcakery *n (sl rare)* собир. фотографии полуобнаженных мускулистых мужчин
bee-fool *n (euph)* bloody fool q.v. (от B-fool q.v.)
beefsteak *n (pros)* проститутка, которая сожительствует с сутенером
beef to the heels *n (sl)* толстые женские лодыжки
beefy *mod (sl)* обладающий большой половой потенцией

beefy dame *n (sl)* крупная, сексуально активная женщина
beep *v (US sl)* выпускать газы из кишечника
beer, bum and bacca *n (euph)* выпивка, секс и курение, представляемые как любимые развлечения мужчин
beetle *n (cant)* физически привлекательная девушка
beeveedees *n pl (sl)* мужское нижнее белье (особ. трусы) (BVD торговая марка одной из фирм, выпускающих нижнее белье)
beggar *n (euph)* bugger n q.v.
beguin *n (US sl)* желание (в том числе сексуальное)
beguin somebody *v (US sl)* желать кого-либо сексуально
behind *n (euph)* зад (часть тела), ягодицы
behind the behind *n (sl)* анальный секс
belle-boy *n (sl)* дамский угодник (игра слов на belle (фр.) красивый и bell-boy - коридорный в гостинице, появляющийся по первому зову)
bell-end *n (sl)* головка пениса
belly *n (euph)* матка
belly-binder *n (sl)* пища, вызывающая запор
belly-bound *mod (sl)* страдающий запором
belly-bump *v (sl)* совокупляться
belly-cement *n (sl)* belly-binder q.v.
belly dance *n (sl)* танец живота с неприличными телодвижениями, часто исполняемый в стриптиз-шоу
bellyful of marrow pudding *n (low)* беременность
belly-glue *n (sl)* belly-binder q.v.
belly gum *n (sl)* belly-binder q.v.
bellyrub *v (sl)* танцевать, тесно прижимаясь друг к другу cf. crab exchange

belly to belly *mod (vulg)* совокупляющийся
belly up *mod (low)* беременная
below the (dead)line *mod (euph)* находящийся в квартале игорных и публичных домов
belt *n (low)* 1. совокупление 2. проститутка
belt *v (low)* (о мужчине) совокупляться
belt one's batter *v (low)* 1. совокупляться 2. мастурбировать
bend down for somebody *v (euph)* согласиться на анальный секс (добровольно или вынужденно)
bender *n (euph)* 1. неприятный человек 2. гомосексуалист
bending drill *n (Army sl)* испражнение на открытом воздухе
benedick *n (sl)* молодожен, особ. женившийся убежденный холостяк (игра слов на Benedictus (лат.) благословенный, персонаж комедии В.Шекспира Much Ado About Nothing) cf. dick
benedict *n (sl)* benedick q.v.
bent *mod (sl)* гомосексуальный
berdache *n (sl)* bardache q.v.
Berkeley *n (Cockney sl)* вагина, влагалище (сокр. Berkeley Hunt, см. Приложение 3)
Berkeleys *n pl (sl)* женская грудь
berries *n pl (US sl)* яички
berry *n (euph)* raspberry q.v.
best leg of three *n (low obs)* пенис, половой член
bet one's ass *v (vulg)* быть абсолютно уверенным
beteechoot *n (Ind vulg obs)* banchoot q.v.
better hole *n (mil sl obs)* половые органы жены или любовницы
better than a kick in/up the ass (with a frozen boot) *mod (US sl)* лучше, чем ничего
betty *n (sl)* женоподобный мужчина

bewitcher *n (sl)* физически привлекательная молодая женщина

bewitcheress *n (sl)* bewitcher q.v.

B-fool *n (euph)* bloody fool q.v.

B-girl *n (sl)* 1. непрофессиональная проститутка, ищущая клиентов в баре (сокр. bar-girl, усиленное коннотацией с grade B второсортный) 2. любая женщина легкого поведения cf. V-girl 3. девушка из бара/ночного клуба, получающая определенный процент от выручки за то, что побуждает клиента покупать ей выпивку (в действительности ей наливают подкрашенную воду, за которую клиент платит как за настоящий коньяк, виски и т.п.). Она может обслуживать клиентов сексуально, но это не входит в ее обязанности cf. percentage girl

bi *n (euph)* бисексуал

bi *mod (euph)* бисексуальный

bicho *n (vulg)* пенис, половой член (из испанского)

bicycle *n (low)* проститутка cf. ride

biff *n (sl)* физически привлекательная девушка

biffer *n (Negro sl)* некрасивая развратная девушка

biffy *n (US sl)* туалет

bi-fucking-zarre *mod (vulg)* странный, причудливый

big-ass *mod (vulg)* 1. толстый, тучный 2. заносчивый, хвастливый

big-assed *mod (vulg)* с большими ягодицами

bigass man *n (vulg)* ass man q.v.

big baby *n (sl)* тучная женщина

big-ballocks *n (sl)* заносчивый, хвастливый человек

big beef *n (sl)* половая потенция, секс

Big Bertha *n (sl)* сильная, тучная женщина; "бой-баба" (от названия гигантской пушки времен первой мировой войны)

big brown eyes *n pl (sl)* женская грудь

big bum(mer) *n (sl)* негодяй; идиот

big-dame hunter *n (sl)* бабник, волокита cf. big-game hunter

big-dame hunting *n (sl)* распутный образ жизни

big-end *n (sl)* зад (часть тела)

big-end bearing *n (sl)* big-end q.v.

big fart *n (vulg)* очень важная персона

big game *n (sl)* пожилой, богатый поклонник молодой женщины (от game дичь)

big-game hunter *n (sl)* женщина, ищущая богатого любовника или мужа cf. big-dame hunter

big-game hunting *n (sl)* поиски богатого любовника или мужа

bigger all *pron (euph)* bugger all q.v.

biggie *n (sl)* совокупление

biggies *n pl (baby talk)* 1. испражнение, дефекация (usu do/have biggies) 2. экскременты, кал

big hunk of crap *n (vulg)* неприятный человек, негодяй

big hunk of shit *n (vulg)* big hunk of crap q.v.

big hunk o'(f) man *n (sl)* физически привлекательный мужчина

big-mouthed son of a bitch *n (vulg)* болтун

big number *n (sl)* крупная женщина

big one *n (baby talk)* дефекация

big shit *n (vulg)* big fart q.v.

big thithy *n (sl)* женоподобный мужчина

big-time operator *n (sl)* донжуан, бабник cf. small-time operator

big truck *n* (*UK sl*) сексапильный мужчина
big wow *n* (*sl*) очень сексапильная женщина
bike *n* (*sl*) распутная женщина cf. bicycle, ride
bike ride to Brighton *n* (*UK sl*) совокупление
Bill Adams *pron* (*euph*) bugger all q.v. cf. Fanny Adams
bill and coo *v* (*sl*) заниматься петтингом
bill-and-cooers *n pl* (*sl*) парочка, занимающаяся петтингом
billy-doo *n* (*sl*) любовное письмо (от billet-doux (фр.)
billy-goat *n* (*sl*) пожилой любовник
billy-goat about *v* (*US sl*) (о мужчине) вести распутный образ жизни
billy-goat around *v* (*US sl*) billy-goat about q.v.
bim *n* 1. (*US cant*) проститутка 2. (*Scot sl*) зад (часть тела)
bimbo *n* 1. (*sl*) проститутка 2. (*cant*) девушка 3. (*sl*) распутная женщина 4. (*sl*) женский зад (часть тела) 5. (*sl*) сексапильный человек недалекого ума 6. (*sl*) женщина, состоявшая в половой связи с политическим лидером, которая предает эту связь огласке
bimbo *v* (*sl*) вступать в половую связь с известным человеком, политическим лидером, чтобы впоследствии предать этот факт огласке
bimph *n* (*UK college sl*) туалетная бумага cf. bumf
binder *n* (*sl*) пища, вызывающая запор
bingey *n* (*UK sl*) пенис, половой член
bingy *n* (*UK sl*) bingey q.v.
bint *n* (*sl*) 1. любовница 2. проститутка

bint *v* (*UK sl*) искать женщину для совокупления
biological urge *n* (*euph*) эрекция
bird *n* (*sl*) 1. неприличный жест (поднятый вверх средний палец руки, обозначающий fuck off q.v.)(usu give somebody the bird) 2. любовница 3. сексапильная молодая женщина 4. женоподобный мужчина 5. гомосексуалист
birdcage *n* (*sl rare*) публичный дом
bird-circuit *n* (*homos*) поход по барам гомосексуалистов
bird-dog *v* (*college sl*) (попытаться) отбить чью-либо девушку
birdie *n* (*sl*) bird q.v.
bird of a looker *n* (*sl*) сексапильная молодая женщина
birds and bees *n* (*euph*) объяснение ребенку вопросов отношения полов
bird's eye mapple *n* (*sl*) светлокожая, сексапильная мулатка
bird shit *n* 1. (*mil sl*) нашивка на воротнике курсанта, обозначающая звание 2. (*vulg*) bullshit q.v.
bird-tacker *n* (*sl*) гомосексуалист
birdturd *n* (*vulg*) негодяй, неприятный человек
bird-watcher *n* (*humor sl*) мужчина, любящий подсматривать за девушками
bird-watching *n* (*humor sl*) подсматривание за девушками
birth control *n* (*coll*) собир. противозачаточные средства
birthday clothes *n pl* (*euph*) полное отсутствие одежды, нагота
birthday suit *n* (*euph*) birthday clothes q.v.
biscuit *n* (*sl*) 1. распутная женщина 2. женщина, любящая петтинг

bitch *n (low)* 1. женщина (любая) 2. сексапильная женщина 3. любовница 4. неприятная женщина 5. шлюха 6. проститутка 7. пассивный гомосексуалист 8. трудная работа, задача 9. жалоба 10. приятное событие 11. вещь, название которой говорящий забыл 12. дама (в картах) 13. импровизированная лампа (фитиль, обычно свернутая тряпка, воткнутый в бутылку/банку с бензином)

bitch *v (low)* 1. сплетничать 2. жаловаться, ныть

bitch about somebody *v (low)* 1. оскорблять кого-либо у него за спиной 2. сплетничать о ком-либо

bitch somebody *v (low)* обманывать кого-либо

bitch something (up) *v (low)* ломать, портить что-либо

bitched, buggered and bewildered *mod (low)* см. like Barney's bull...

bitchen-twitchen *mod (US sl)* отличный, первоклассный

Bitches' Heaven *n (US coll)* г. Бостон

bitches' wine *n (sl)* шампанское

bitchey *mod (low)* bitchy q.v.

bitchin' *mod (low)* отличный, первоклассный

bitching *mod (low)* bitchin'

bitch in the heat *n (low)* сексуально агрессивная женщина

bitch kitty *n (low)* 1. упрямая женщина с тяжелым характером 2. трудная работа

bitch lamp *n (coll)* bitch n 13 q.v.

bitch party *n (coll)* девичник

bitch session *n (coll)* женские пересуды, сплетни

bitch with an itch *n (low)* распутная женщина

bitchy *mod (low)* 1. характерный для bitch n 1-8 q.q.v. 2. броский, "классный" 3. сексапильный 4. унылый, не в настроении

bitchy-bitchy *mod (low)* bitchy q.v.

bit of all right *n (coll)* физически привлекательная девушка

bit of bazooka *n (sl)* петтинг

bit of black velvet *n (mil sl)* совокупление с темнокожей женщиной (usu get/have a bit of black velvet)

bit of blue *n (coll)* неприличный анекдот cf. blue

bit of Braille *n (sl)* петтинг, страстные объятия (от Braille шрифт Брайля для слепых, где буквы обозначаются выпуклыми точками и считываются кончиками пальцев)

bit of brown *n (sl)* содомия, гомосексуализм cf. brown

bit of brush *n (low)* 1. совокупление (usu have a bit of brush) 2. привлекательная девушка

bit of crackling *n (sl)* физически привлекательная девушка

bit of crumb *n (sl)* привлекательная пухлая девушка

bit of crumpet *n (sl)* физически привлекательный человек

bit of cunt *n (vulg)* девушка, рассматриваемая как сексуальный объект cf. cunt

bit of fat *n (low obs)* совокупление с полной женщиной (usu have a bit of fat)

bit of fish *n (low obs)* совокупление (usu have a bit of fish)

bit of flat *n (low)* совокупление (usu do/have a bit of flat)

bit of fluff *n (coll)* 1. физически привлекательная женщина 2. девушка, особ. проститутка

bit of fresh *n (sl)* сексуальная привлекательность

bit of frippet *n (mil sl)* молодая женщина (особ. легкого поведения)

bit of fun *n (low)* bit of flat q.v. (usu have a bit of fun)

bit of goods *n (low)* женщина, рассматриваемая с точки зрения физической привлекательности

bit of hair *n (sl)* 1. сексапильность 2. bit of flat q.v.

bit of hard *n (low)* 1. пенис, половой член (эрегированный) cf. hard-on 2. совокупление с точки зрения женщины

bit of hard for a bit of soft *n (low)* совокупление

bit of hole *n (sl)* bit of flat q.v. (usu have a bit of hole) cf. hole

bit of homework *n (college sl)* девушка как сексуальный объект

bit of jam *n (sl)* 1. физически привлекательная девушка 2. совокупление (usu have a bit of jam)

bit of meat *n* 1. *(sl)* bit of flat q.v. (usu have a bit of meat) 2. *(low)* проститутка

bit of muslin *n (sl obs)* молодая женщина (особ. проститутка)

bit of mutton *n (coll obs)* женщина, обычно проститутка cf. bit of meat

bit of nifty *n (low)* bit of flat q.v. (usu have a bit of nifty)

bit of nonsense *n (coll)* любовница

bit of rough *n (low)* женщина, рассматриваемая как сексуальный объект

bit of share *n (low)* 1. совокупление (usu have a bit of share) 2. девушка, рассматриваемая как сексуальный объект

bit of skin *n (sl)* девушка

bit of skirt *n (sl)* 1. женщина, девушка (не обязательно с негативным оттенком) 2. проститутка 3. совокупление (usu do/have/look for a bit of skirt)

bit of snibley *n (low)* совокупление (особ. с точки зрения мужчины) (usu have a bit of snibley)

bit of snicket *n (sl)* девушка

bit of snug *n (low obs)* 1. половой акт 2. пенис, половой член

bit of soap *n (sl obs)* физически привлекательная, хрупкая девушка

bit of stiff *n (sl)* эрегированный пенис

bit of stuff *n (sl)* 1. женщина легкого поведения 2. молодая женщина 3. проститутка

bit of that there *n (low)* совокупление (usu have a bit of that there)

bit of the other *n (low)* bit of that there q.v.

bit of tickle *n (sl)* bit of cunt q.v.

bit of tit *n (vulg)* bit of cunt q.v.

bit on a fork *n (low)* женские половые органы

bit on the side *n (sl)* промискуитет, внебрачные половые связи

black as a cunt *mod (vulg)* очень грязный

black-ass *n (vulg)* 1. негр 2. чайник (от пословицы The teapot calling the kettle black-ass на себя посмотри)

black as Toby's ass *mod (vulg)* очень темный (особ. о ночи)

black bum *n (sl)* негодяй cf. bum

black meat *n (US sl)* 1. обнаженная негритянка 2. любовница-негритянка

black ring *n (sl rare)* женский лобок

black-silk barge *n (sl)* толстая женщина, одетая в черное, чтобы казаться стройнее

black velvet *n* (*sl*) "цветная" женщина как сексуальный объект
blade *n* (*homos*) гомосексуалист
blank *n* (*sl*) фригидная женщина
blankard *n* (*euph*) bastard q.v.
blanket drill *n* (*Air Force sl*) 1. совокупление (usu have a blanket drill) 2. мастурбация
blanket hornpipe *n* (*low obs*) совокупление (usu have a blanket hornpipe)
blankety-blank event *n* (*US sl*) рождение (нежеланного) ребенка
blasted event *n* (*US sl*) blankety-blank event q.v.
bleed one's turkey *v* (*sl*) (о мужчине) мочиться
blighter *n* (*euph*) bugger q.v.
blimp *n* (*sl*) 1. распутная девушка 2. проститутка
blind *mod* (*homos*) необрезанный (с закрытой головкой пениса)
blind alley *n* (*low*) наружные женские половые органы
blind cheeks *n pl* (*sl obs*) зад (часть тела), ягодицы
blind date *n* (*coll*) свидание с незнакомым человеком противоположного пола
blinder *n* (*sl*) физически привлекательная молодая женщина
blind eye *n* (*sl obs*) blind cheeks q.v.
blind fart *n* (*low*) бесшумное выпускание газов из кишечника
blissom(ing) *mod* (*sl*) 1. совокупляющийся 2. горящий желанием (к совокуплению)
blister *n* 1. (*Army sl*) распутная женщина 2. (*mil sl*) физически привлекательная женщина 3. (*US sl*) проститутка
blisterine *n* (*US sl*) blister 3 q.v.
blob *n* (*low*) гонорейная язвочка
block *n* (*sl*) холодная женщина

block somebody *v* (*low*) совокупляться с женщиной
block somebody up *v* (*sl*) (о пище) вызывать запор
blocked up *mod* (*sl*) страдающий запором
bloke *n* 1. (*sl*) мужчина 2. (*sl obs*) любовник 3. (*Naval sl*) пассивный партнер в гомосексуальном половом акте
blonde chaser *n* (*sl*) любвеобильный мужчина, волокита
blondes before eyes *n pl* (*sl*) романтическое увлечение женщинами
blossom *n* (*sl*) женщина, потерявшая девственность (соотносится с bud бутон, символизирующим девственность; цветок blossom - распустившийся бутон)
blood disease *n* (*US sl*) сифилис
bloody *mod* (*low*) чертов, проклятый
bloody bloater *n* (*sl*) негодяй, подлец
bloody bum *n* (*sl*) подлец cf. bum
bloody chit *n* (*mil sl*) отрезание мужских яичек (как форма пытки)
bloody fool *n* (*sl*) болван, идиот
bloody nuisance *n* (*sl*) помеха, что-либо раздражающее
blooming idiot *n* (*sl*) идиот, глупец
bloss *n* (*sl*) 1. девушка 2. проститутка (от blossom q.v.)
blot *n* (*low*) задний проход
blotty *mod* (*sl*) (о мужчине) сексуально возбужденный
blow *n* (*sl*) фелляция (удовлетворение мужчины орально)
blow *v* (*sl*) 1. испражняться 2. заниматься оральным сексом (фелляцией)
blow a fart *v* (*vulg*) выпускать газы из кишечника
blow cold *v* (*coll*) остужать чей-либо сексуальный пыл

blow off *v (euph)* blow a fart q.v.
blow one *v (euph)* blow a fart q.v.
blow one's brains out *v (US sl)* сморкаться
blow somebody *v (sl)* заниматься с кем-либо фелляцией
blow the bugle *v (US sl)* blow one's brains out q.v.
blow the foghorn *v (US sl)* blow one's brains out q.v.
blow the horn *v (US sl)* blow one's brains out q.v.
blow through *v (low)* (о мужчине) совокупляться
blowen *n (cant)* любая женщина, особ. распутная или проститутка
blow fish *n (sl)* blow job q.v.
blow job *n (vulg)* акт фелляции или кунилингуса
blown safe *n (sl)* женщина, лишенная девственности
blowse *n (sl)* 1. девушка 2. проститутка
blowtorch *n (cant)* пенис, половой член
blow-up doll *n (sl)* надувная кукла для сексуального удовлетворения
blowser *n (sl)* физически непривлекательная девушка
blubber *n (UK low)* женская грудь
blubbers *n pl (US sl)* blubber q.v.
bludge *v (pros)* жить за счет проститутки
bludgeoner *n (sl)* мужчина, участник badger game q.v.
bludgeonet *n (sl)* женщина, участница badger game q.v.
blue *n (sl)* 1. непристойная шутка, публикация 2. порнографический фильм 3. радио- или телевизионный диск-жокей, ведущий, использующий неприличные шутки cf. shock jock

blue mod *(sl)* вульгарный, оскорбительный, пошлый, непристойный
blue ball(s) *n (sl)* венерическое заболевание (особ. гонорея)
blue boar *n (sl)* blue ball q.v.
blue board *n (low)* мягкий шанкр
blue fever *n (Naval sl)* венерическое заболевание
blue flick *n (sl)* порнографический фильм
blue gag *n (US sl)* непристойная шутка
blue-light clinic *n (coll)* венерологическая клиника
blue-light outfit *n (mil sl)* противовенерическая аптечка, выдаваемая в армии
blue movie *n (sl)* blue flick q.v.
blue unction *n (mil sl)* серная мазь (для выведения вшей, в т.ч. лобковых)
blunt end *n (sl)* головка пениса
blurt *v (low)* с треском выпускать газы из кишечника
bo *n (cant)* мальчик-бродяга, особ. пассивный партнер взрослого мужчины (от hobo)
board *v (sl)* совокупляться
boarder *n (pros)* обитательница публичного дома
bob and peer *v (pros)* заглядывать в окна проезжающих машин в поисках клиента
bobbers *n pl (sl)* женская грудь
bobbing and peering *n (pros)* свидетельство в суде о занятии проституцией на улице
bobbles *n pl (sl obs)* яички (от архаичного baubles с тем же значением)
bod *n (sl)* красивое тело (особ. женское)
body *n (sl)* физически привлекательная женщина
body-beautiful *n (sl)* хорошо сложенная молодая женщина
body by Fisher *n (sl)* body q.v.

bodyguardy *n* (*sl*) пояс для чулок
body job *n* (*sl*) петтинг
body overhaul *n* (*sl*) body job q.v.
body-snatcher *n* (*sl*) 1. мужчина, ухаживающий за чужой девушкой 2. волокита, бабник
body wax *n* (*sl*) экскременты, кал
boff *v* (*vulg*) 1. совокупляться 2. мастурбировать
boffer *n* (*low*) 1. мастурбация, онанизм 2. мастурбатор, онанист
boffing *n* (*low*) boffer 1 q.v.
bog *n* (*sl*) 1. туалет (usu go to bog) 2. дефекация (usu have a bog)
bog *v* (*sl*) испражняться
bogey *n* (*sl*) комочек затвердевшей носовой слизи
boggard *n* (*sl*) туалет (от bog q.v.)
boggy *n* (*sl*) диарея, расстройство желудка
boghouse *n* (*sl*) bog 1 q.v.
bog shop *n* (*sl*) bog 1 q.v.
bog-trot *n* (*sl*) boggy q.v.
bog-trotter *n* (*sl*) человек, страдающий расстройством желудка
bohobo *n* (*cant*) bo q.v.
boiler *n* (*sl*) проститутка
boing *interj* (*sl*) восклицание при виде физически привлекательной женщины (имитирует звук распрямляющейся пружины, символизирующей эрекцию)
boing-boing *interj* (*sl*) boing q.v.
B.O. juice *n* (*sl*) дезодорант (см. B.O. в Приложении 1)
bollock somebody *v* (*vulg*) ругать кого-либо
bollocking *n* (*vulg*) суровый выговор
bollock-naked *mod* (*sl*) (о мужчине) полностью обнаженный
bollocks *n pl* (*vulg*) 1. яички 2. чепуха, ерунда

Bombay roll *n* (*vulg*) разновидность полового акта, когда мужчина эякулирует на грудь и шею партнера (usu give a Bombay roll) cf. pearl necklace
bombosity *n* (*sl rare*) ягодицы
bomb-shell *n* (*sl*) 1. сексапильная девушка 2. женщина, имеющая репутацию распутной
bone *n* (*vulg*) пенис, особ. эрегированный (usu have/get/give a bone)
boner *n* (*vulg*) эрекция
bone-on *n* (*vulg*) bone q.v.
bonk *n* (*sl*) совокупление (usu have a bonk)
bonk *v* (*sl*) совокупляться
bonk somebody *v* (*sl*) иметь половую связь с кем-либо
bonker *n* (*sl*) любовник
bonking *n* (*sl*) bonk n. q.v.
bonk journalism *n* (*sl*) статьи, материал, основанный на фактах предполагаемых половых связей известных людей
bonny lass *n* (*sl*) физически привлекательная девушка
booberine *n* (*sl*) сексапильная глупая женщина (от boob глупец)
boobies *n pl* (*UK sl*) женская грудь
boo-boo *n* (*baby talk*) зад (часть тела)
booboos *n pl* (*sl*) яички
boobs *n pl* (*sl*) boobies q.v.
boobys *n pl* (*US sl*) boobies q.v.
booby trap *n* (*sl*) лифчик (игра слов на boobys q.v. и booby trap мина-ловушка)
boodie *n* (*sl*) boody q.v.
boodle *v* (*sl*) заниматься петтингом
boodler *n* (*sl*) тот, кто занимается петтингом
boodling *n* (*sl*) петтинг
boody *n* (*sl*) зад (часть тела)

booey *n* (*sl*) комочек затвердевшей носовой слизи

booful *n* (*sl*) физически привлекательная молодая женщина (от beautiful)

booger *n* (*sl*) 1. комочек затвердевшей носовой слизи 2. вошь (в т.ч. лобковая)

booger bug *n* (*sl*) booger 2 q.v.

boogie *n* (*vulg*) 1. сифилис 2. booger 1 q.v.

boogie *v* (*vulg*) совокупляться

boogie-woogie *n* (*sl obs*) вторичный сифилис

boom the census *n* (*sl obs*) оплодотворить женщину cf. keep down the census

boom-boom *n* 1. (*baby talk*) дефекация (usu have/do/take a boom-boom) 2. (*baby talk*) фекалии, кал 3. (*sl*) совокупление

boom-boom *v* 1. (*baby talk*) испражняться 2. (*sl*) совокупляться

boomer *n* (*sl*) бабник, волокита

boondagger *n* (*sl*) агрессивная лесбиянка cf. bulldike

boong moll *n* (*sl*) проститутка, предпочитающая темнокожих мужчин

bootie *n* (*sl*) boody q.v.

booze bum *n* (*sl*) алкоголик cf. bum

boozle *n* (*sl*) совокупление

bordel *n* (*sl*) публичный дом (из французского)

bordello *n* (*sl*) bordel q.v. (из итальянского)

bore somebody shitless *v* (*vulg*) смертельно надоедать, докучать кому-либо

bore the ass off somebody *v* (*vulg*) bore somebody shitless q.v.

borette *n* (*sl*) физически непривлекательная девушка (от bore зануда)

born on the wrong side of the blanket *mod* (*sl*) незаконнорожденный

born with a horn *mod* (*sl*) (о мужчине) развратный, похотливый

bosiasm *n* (*US sl*) женская грудь

bosom buddy *n* (*sl*) beau q.v.

bosom chum *n* (*US sl*) вошь (в т.ч. лобковая)

bosom friend *n* (*sl*) bosom chum q.v.

bosom of the pants *n* (*US sl*) зад (часть тела)

bosom pal *n* (*sl*) beau q.v.

Boston bum *n* (*sl*) высокомерный бродяга cf. bum

bot *n* (*sl*) зад (часть тела)

bottle *n* (*homos*) проституция (особ. мужская) см. bottle and glass в Приложении 3

bottle somebody *v* (*low*) 1. совокупляться с женщиной 2. оплодотворить женщину 3. заниматься с женщиной анальным сексом

bottle-ass *n* (*low obs*) толстозадый человек

bottle-assed *mod* (*low obs*) толстозадый

bottle-assed type *n* (*polygr sl*) шрифт с буквами, расширяющимися книзу

bottleneck *v* (*sl*) заниматься петтингом (игра слов на neck q.v. и bottleneck горлышко бутылки)

bottlenecker *n* (*sl*) любитель петтинга

bottler *n* (*low*) гомосексуалист cf. bottle

bottom *n* (*sl*) зад (часть тела)

bottomless *mod* (*sl*) (об официантке) обнаженная ниже пояса cf. topless

bottomless bar *n* (*sl*) бар, в котором работают официантки обнаженные ниже пояса

bottomless pit *n (sl)* женский лобок

bottomless restaurant *n (sl)* bottomless bar q.v.

bottom's up *n (vulg)* половая позиция "мужчина сзади" (игра слов на популярном тосте bottoms up)

bottom-wetter *n (low)* совокупление с точки зрения женщины (usu do/have a bottom-wetter)

bottom woman *n (pros)* проститутка, работающая на сутенера, которая наиболее "популярна" и, следовательно, надежна

botty *n (baby talk)* зад ребенка

boudoir bandit *n (sl)* gold-digger q.v.

bouie *n (sl)* booey q.v.

boulder-holder *n (sl)* лифчик

boulevardier *n (sl)* мужчина, берущий проституток с улицы

bouncing *mod (sl)* похотливый

bouncy-bouncy *n (vulg)* половой акт

bouquet of ass-holes *n (vulg)* 1. что-либо невзрачное, плохого качества 2. неприятный человек

bouquet of pansies *n (homos)* группа гомосексуалистов

bovine excrement *n (euph)* bullshit q.v.

bowel movement *n (euph)* дефекация (usu have a bowel movement)

bow-wow *n (sl)* физически непривлекательная женщина (от dog n 4 q.v.)

box *n* 1. *(sl)* мужской туалет 2. *(UK low)* вагина, влагалище

box-up *n (euph)* ball-up n, balls-up n q.q.v.

box-up *v (euph)* ball-up v, balls-up v q.q.v.

boy *n (sl)* 1. пассивный гомосексуалист 2. ухажер, любовник

boy beautiful *n (sl)* физически привлекательный мужчина

boy-crazy *mod (sl)* (о женщине) любвеобильная, похотливая

boy-friend *n (sl)* 1. любовник 2. партнер-содомит

boy in a boat *n (low)* клитор

boyology *n (college sl)* искусство привлекать мужчин

boy scout *n (sl)* женоподобный мужчина

bozzimacoo *v (UK low obs)* kiss my ass q.v. в Приложении 6 (от фр. baise mon cul поцелуй мой зад)

bra *n (coll)* лифчик (сокр. brasserie)

brack *n (US sl)* raspberry q.v. (об. произносится с раскатистым "r" br-r-r-r-rack!)

brainless brawn *n (sl)* сексапильный, атлетически сложенный мужчина недалекого ума

brama *n (sl)* физически привлекательная девушка

brand *n (US sl)* задний проход

brasserie *n (coll)* bra q.v.

brasserie sluffer *n (sl)* артистка стриптиза

brawl *n (US sl)* вечеринка, на которой занимаются петтингом

bread *n (vulg rare)* вагина, влагалище

break a bit off *v (sl)* испражняться

break a lance with somebody *v (sl)* (о мужчине) совокупляться с кем-либо

break a leg *v (sl)* (о женщине) быть соблазненной, отдаться cf. break somebody's leg

break it off *v (US sl)* прекратить целовать(ся), заниматься петтингом

break one's balls *v (vulg)* 1. умирать от скуки 2. выполнять очень трудное задание, работу 3. страдать 4. очень стараться cf. break somebody's balls

break one's knee *v* (*coll obs*) 1. потерять девственность 2. забеременеть cf. break somebody's knee

break one's neck (for a piss) *v* (*coll*) очень хотеть помочиться

break somebody's balls *v* (*vulg*) 1. докучать, надоедать кому-либо 2. быть очень трудным (о работе, задании) 3. заставлять кого-либо страдать 4. унижать чье-либо мужское достоинство cf. break one's balls

break somebody's knee *v* (*coll obs*) сделать женщину беременной cf. break one's knee

break somebody's leg *v* (*sl*) соблазнить женщину

break the sound barrier *v* (*sl*) с треском выпустить газы из кишечника

break wind *v* (*euph*) break the sound barrier q.v.

breast and buttock *n* (*sl*) шоу, в котором принимают участие обнаженные женщины

breast work *n* (*sl rare*) ласкание женской груди

breastworks *n pl* (*sl*) женская грудь

breath-taking curve *n* (*sl*) 1. сексапильная молодая женщина 2. (*pl*) хорошая фигура

breeder *n* (*homos*) мужчина с обычным сексуальным поведением, не гомосексуалист

breeze *n* (*sl*) женщина легкого поведения

breezy *mod* (*sl*) неприличный

breezy one *n* (*US sl*) неприличный анекдот

brevet wife *n* (*coll obs*) любовница, наложница

brevities *n pl* (*sl*) женские трусики

Brewer's droop *n* (*sl*) импотенция, вызванная чрезмерным потреблением алкоголя

Brewer's limp *n* (*sl*) Brewer's droop q.v.

brick *n* (*sl*) физически привлекательная молодая женщина

brick of a looker *n* (*sl*) brick q.v.

bride *n* (*Cockney sl*) девушка; любовница

bridle string *n* (*low*) уздечка пениса

briefs *n pl* (*coll*) brevities q.v

briffin *n* (*sl*) девушка

Brigham Young *n* (*sl*) бигамист, двоеженец

bright bastard *n* (*low*) хитрец, ловкач

brilliant *mod* (*sl*) обнаженный

brilliant stark naked *mod* (*sl*) brilliant q.v.

brim *n* (*sl*) проститутка

brimmin' *mod* (*sl*) похотливый

brimstone *n* (*sl*) brim q.v.

bring it away *v* (*coll*) сделать аборт

bring one's ass to an anchor *v* (*Naval sl obs*) сесть

bring oneself off (by hand) *v* (*low*) (о мужчине) мастурбировать

bring on somebody's chime *v* (*low*) вызвать оргазм

bring somebody off (by hand) *v* (*coll rare*) (о женщине) удовлетворить мужчину путем мастурбации

bring somebody on *v* (*coll*) сексуально возбуждать кого-либо cf. turn somebody on

bring somebody up by hand *v* (*low*) (о женщине) вызывать эрекцию мануальной стимуляцией пениса

bris *n* (*relig*) обрезание еврейского мальчика (это происходит через семь дней после рождения. На торжественную церемонию приглашаются друзья семьи)

Bristols *n pl* (*Cockney sl*) женская грудь (см. Приложение 3)

broad *n* (*low*) 1. распутная женщина 2. проститутка 3. любовница (usu my broad) 4. (*cant*) девушка

broad-ass *n* (*low*) толстозадый человек

broad-ass(ed) *mod* (*low*) толстозадый

broad-bottomed *mod* (*coll*) broad-ass(ed) q.v.

broad-chaser *n* (*low*) бабник cf. broad

broad crack *n* (*US sl*) неприличный анекдот

broad crevisse *n* (*US sl*) broad crack q.v.

broad in the beam *mod* (*sl*) broad-ass(ed) q.v.

broad-jumper *n* (*sl*) 1. насильник 2. мужчина, бросающий женщину cf. broad

Broadway broad *n* (*US sl*) проститутка cf. broad

broiler *n* (*sl*) страстная молодая женщина

broken-kneed *mod* (*coll obs*) (о женщине) совращенная

broken leg *n* (*sl*) мать незаконнорожденного ребенка cf. break a leg

broken legged *mod* (*coll obs*) broken-kneed q.v.

bronc *n* (*homos*) катамит, пассивный гомосексуалист

bronco *n* (*homos*) bronc q.v.

bronk *n* (*homos*) bronc q.v.

bronstrap *n* (*sl*) 1. сводница 2. (*rare*) содержательница публичного дома

Bronx cheer *n* (*US sl*) raspberry q.v.

Bronx raspberry *n* (*US sl*) raspberry q.v. (usu give somebody/get the Bronx raspberry)

Bronx razoo *n* (*US sl*) raspberry q.v.

Bronx razzberry *n* (*US sl*) raspberry q.v.

bronza *n* (*low*) зад (часть тела)

bronze *n* (*low*) bronza q.v.

bronzer *n* (*low*) bronza q.v.

bronzo *n* (*low*) bronza q.v.

broomsticks *n pl* (*US sl*) длинные худые ноги

broomstick wedding *n* (*sl*) шутливая церемония, когда мужчина и женщина по очереди перепрыгивают через метлу, после чего они считаются "женатыми" и имеют право жить половой жизнью, не совершая при этом греха

brothel *n* (*coll*) публичный дом

brothel creepers *n pl* (*coll*) замшевые туфли

brother-in-law *n* (*sl*) сводник, сутенер

brown *n* (*sl*) 1. акт содомии (usu do a brown) 2. анус, заднепроходное отверстие

brown *v* (*sl*) 1. заниматься анальным сексом 2. предпочитать анальный секс 3. позволять анальный секс

brown somebody *v* (*sl*) совершать с кем-либо анальный половой акт

brown bombers *n pl* (*med sl*) слабительное

brown eye *n* (*sl*) анус, заднепроходное отверстие

brown eyes *n pl* (*US sl*) женская грудь

Brown family *n* (*sl*) собир. гомосексуалисты

brown finger *n* (*sl*) подхалимство

brown-hatter *n* (*Naval sl*) гомосексуалист

brown-hole *n* (*sl*) анус, задний проход

brown-hole (somebody) *v* (*sl*) заниматься анальным сексом (с кем-либо)

brownie *n* 1. (*cant*) задний проход 2. (*Naval sl*) гомосексуалист

brownie point *n* (*sl*) попытка выслужиться перед начальством
browning *n* (*sl*) гомосексуализм
Browning Sisters *n pl* (*sl*) собир. гомосексуалисты
brown-nose *n* (*vulg*) ass-kisser q.v. cf. brown
brown-nose *v* (*vulg*) подхалимничать
brown-noser *n* (*vulg*) ass-kisser q.v.
brown sugar *n* (*sl*) любовница-негритянка
brown-out Romeo *n* (*sl obs*) мужчина, нападающий на женщин на темных улицах (от brown-out частичное затемнение в городах во время войны. По аналогии с black-out полное затемнение)
brown-tongue *n* (*vulg*) ass-kisser q.v. cf. brown
brown-tongue *v* (*vulg*) brown-nose *v* q.v.
brunser *n* (*sl*) гомосексуалист
Bruswick *n* (*cant*) зад (часть тела) (игра слов на brown)
brush *n* (*sl*) 1. женщина 2. лобковые волосы
brutal breasting *n* (*sl*) танец, в котором партнеры тесно прижимаются друг к другу
bubbies *n pl* (*sl*) женская грудь (особ. красивой формы)
bubs *n pl* (*sl*) женская грудь (особ. крупная)
bucket *n* 1. (*cant*) зад (часть тела) 2. (*sl*) уродливая женщина 3. (*sl*) туалет 4. (*sl*) анус, задний проход
bucket broad *n* (*sl*) проститутка, занимающаяся анальным сексом cf. bucket 4, broad
bucklebury *n* (*euph*) buggery q.v.
buck-naked *mod* (*coll*) полностью обнаженный
bucko *n* (*sl*) распутный человек
buddy *n* (*sl*) любовник

budli-budli *n* (*Ind low*) содомия, анальный секс
budly-budly *n* (*Ind low*) budli-budli q.v.
buff *n* (*sl*) 1. нагота 2. сексапильная молодая женщина
buff *mod* (*sl*) нагой
buff-ball *n* (*low obs*) оргия cf. buff
buffers *n pl* (*low*) женская грудь
bug *n* 1. (*cant obs*) проститутка 2. (*vulg*) девственная плева 3. (*sl rare*) невинность 4. (*sl*) девушка 5. (*sl*) вошь (в т.ч. лобковая)
bugger *n* 1. (*vulg*) гомосексуалист 2. (*vulg*) мужчина, занимающийся анальным сексом с женщиной 3. (*sl*) комочек затвердевшей носовой слизи 4. (*coll*) шутливое обращение к ребенку 5. (*sl*) какая-либо вещь, названия которой говорящий не помнит 6. *pl* (*sl*) выпученные глаза 7. (*sl*) человек с выпученными глазами 8. (*sl*) тело 9. (*sl*) любой мужчина 10. (*sl*) ничтожный человек
bugger about *v* (*sl*) 1. нервничать 2. слоняться без дела
bugger about with somebody *v* (*sl*) причинять кому-либо неудобство
bugger about with something *v* (*sl*) приводить что-либо в беспорядок, портить что-либо
bugger around *v* (*sl*) bugger about 2 q.v.
bugger around with somebody *v* (*sl*) bugger about with somebody q.v.
bugger around with something *v* (*sl*) bugger about with something q.v.
bugger off *v* (*sl*) 1. bugger about 2 q.v. 2. уходить (обычно в повелительном наклонении)

bugger somebody *v (sl)* 1. заниматься с кем-либо анальным сексом 2. заниматься зоофилией 3. утомлять кого-либо 4. разорять кого-либо 5. причинять кому-либо беспокойство, неприятности

bugger somebody about *v (sl)* причинять кому-либо беспокойство

bugger somebody around *v (sl)* bugger somebody about q.v.

bugger somebody off *v (sl)* надоедать кому-либо

bugger somebody up *v (sl)* bugger somebody about q.v.

bugger something *v (sl)* приводить что-либо в беспорядок, портить, ломать

bugger something about *v (sl)* bugger something q.v.

bugger something around *v (sl)* bugger something q.v.

bugger something up *v (sl)* bugger something q.v.

bugger the play *v (sl)* bugger something q.v.

bugger the works *v (sl)* bugger something q.v.

bugger all *pron (sl)* ничего cf. fuck all

buggeration *n (sl)* проклятие

buggered *mod (sl)* 1. испорченный, сломанный 2. больной, раненый 3. усталый 4. разорившийся

buggered up *mod (sl)* buggered q.v.

bugger lugger *n (sl)* заводской рабочий

buggerlugs *n (sl)* приятель (обращение, обыч. грубое)

buggery *n (sl)* 1. содомия, анальный секс 2. сумасшедший дом

buggery *mod (low obs)* чертов, проклятый

buggy *mod (sl)* вшивый, завшивевший cf. bug 5

buggy bitchers *n pl (mil sl)* полевая артиллерия

bugle *v (euph)* suck q.v.

build up one's stagline *v (US sl)* иметь большое количество любовниц

build-up *n (US sl)* уговоры и обещания, предшествующие совращению

built like a brick outhouse *mod (sl)* хорошо сложенный физически, атлетичный

built like a brick shit-house *mod (low)* built like a brick outhouse q.v.

bulbs *n pl (US sl)* женская грудь

bull *n* 1. *(low)* bulldike q.v. 2. *(euph)* bullshit q.v. 3. *(sl)* пожилой любовник

bull somebody *v* 1. *(low)* спать с женщиной 2. *(sl)* обманывать кого-либо, лгать кому-либо 3. *(euph)* bullshit somebody q.v.

bull-artist *n (euph)* bullshit-artist q.v.

bull-bitch *n (vulg)* мужеподобная женщина; женщина, ведущая себя как мужчина

bull-dagger *n (sl)* bull-bitch q.v.

bulldike *n (sl)* 1. лесбиянка, играющая роль мужчины 2. мужеподобная женщина

bull-diker *n (sl)* bull-dike q.v.

bull-dust *n (euph)* bullshit 1 q.v.

bulldyke *n (sl)* bulldike q.v.

bull-fiddler *n (euph)* bullshit-artist q.v.

bull-fuck *n (vulg)* заварной крем

bullin' *mod (sl)* страстный, похотливый

bull-pucky *n (euph)* bullshit 1 q.v.

bullsh *n (euph)* bullshit 1 q.v.

bullshit *n (vulg)* 1. ложь, преувеличение, хвастовство 2. что-либо неприятное, ненужное, бесполезное 3. грязная, тяжелая работа (cf. chicken shit n) 4. сырая нефть

bullshit (somebody) *v (vulg)* 1. лгать (кому-либо) 2. хвастаться (перед кем-либо) 3. говорить чепуху (кому-либо)

bullshit-artist *n (vulg)* 1. лгун 2. болтун 3. хвастун

bull-shitter *n (vulg)* bullshit-artist q.v.

bullshot *n (euph)* bullshit *n* q.v.

bullshot (somebody) *v (euph)* bullshit somebody q.v.

bullskate somebody *v (euph)* bullshit somebody q.v.

bully *n (coll)* сутенер

bully baby *n (sl)* сексапильная молодая женщина

bulsh *n (euph)* bullshit 1 q.v.

bum *n (coll)* 1. зад (часть тела) (от bottom q.v.) 2. нищий, бродяга 3. дешевая проститутка 4. распутная женщина 5. бездельник 6. чернорабочий 7. второклассный боксер 8. сирота 9. что-либо плохое 10. вещь низкого качества 11. просьба о займе 12. вечеринка

bum *v (coll)* 1. быстро, спешно уходить 2. пить (крепкие напитки) 3. слоняться без дела 4. попрошайничать 5. бродяжничать

bum *mod (coll)* 1. вышедший из строя, сломанный 2. больной 3. фальшивый, лживый

bum about *v (coll)* 1. бездельничать 2. бродяжничать

bum along *v (coll)* двигаться медленно, ровно (usu bum along the road/path)

bum around *v (coll)* bum about q.v.

bum one's way *v (coll)* путешествовать автостопом

bum somebody *v (sl)* 1. заниматься с кем-либо анальным сексом 2. просить у кого-либо взаймы 3. жить за чей-либо счет

bum somebody out *v (coll)* 1. обескураживать кого-либо 2. приводить кого-либо в отчаяние 3. раздражать кого-либо

bum something *v (coll)* украсть что-либо

bum something up *v (coll)* испортить что-либо, привести что-либо в негодность

bum bass *n (mus sl)* виолончель

bum beef *n (sl)* 1. лживые обвинения или показания в суде 2. лживая информация о ком-либо (usu give somebody the bum beef)

bum-beef *v (sl)* давать лживые показания, информацию

bum-beef somebody *v (sl)* давать лживые показания против кого-либо

bumber up(per) *n (sl)* сутенер

bum biology *n (mil sl)* занятия по обращению с зажигательными бомбами

bum boatman *n (mil sl)* портовый торговец сувенирами, безделушками

bum-boy *n (low)* катамит, мальчик-педераст

bum chuck *v (sl)* просить поесть

bumclick *n (coll)* некачественное или испортившееся пиво

bum creeper *n (sl)* подхалим

bum dogs *n pl (sl)* слабые ноги

bumf *n (sl)* туалетная бумага (сокр. bum fodder q.v.)

bum factory *n (sl)* 1. дешевая гостиница 2. религиозная миссия

bum finger *n (sl)* 1. неправильная информация 2. плохой совет (usu give somebody a bum finger)

bum-finger *v (sl)* 1. давать неправильную информацию 2. давать плохой совет
bum-finger somebody *v (sl)* bum-beef somebody q.v.
bum fodder *n (sl)* 1. туалетная бумага 2. газета
bum for looks *mod (sl)* некрасивый, уродливый
bum-freezer *n (sl)* короткая куртка, пиджак
bum-fuck *n (vulg)* 1. массаж простаты пальцем через анус и ректум при лечении гонореи 2. анальный половой акт
bum-fuck somebody *v (vulg)* заниматься с кем-либо анальным сексом
bum-fucker *n (vulg)* педераст
bum gang *n (cant)* собир. заключенные, выполняющие самую тяжелую работу
bumhemia *n (sl)* собир. бродяги (игра слов на Bohemia)
bumhole *n (US sl)* задний проход
bumhole somebody *v (sl)* 1. запугивать кого-либо 2. заниматься с кем-либо анальным сексом
bum hunch *n (sl)* 1. ошибочная идея 2. ложное предчувствие
bum lamps *n pl (sl)* 1. слабые глаза 2. близорукий человек
bum-licker *n (low)* bum-creeper q.v.
bum looker *n (sl)* уродливый человек
bummatory *n (sl)* туалетная бумага
bummed out *mod (sl)* раздраженный, уставший
bummer *n (low)* 1. педераст 2. лентяй 3. бродяга, нищий 4. попрошайка 5. неудача, невезение
bum mug *n (sl)* 1. негодяй 2. ничтожный человек
bummy *n (sl)* зад (часть тела)

bummy *mod (sl)* 1. в плохом состоянии 2. сломанный, испорченный
bum-numb *mod (sl)* ощущающий онемелость и легкое покалывание в ягодицах после долгого неподвижного сидения
bum on the plush *n (sl)* богатый человек
bump *n (sl)* bumps q.v.
bump *v (sl)* делать резкие движения тазом и бедрами (во время танца или стриптиза)
bump somebody *v (sl)* оплодотворить женщину
bumpers *n pl (sl)* женская грудь
bumps *n pl (sl)* резкие движения тазом и бедрами во время танца или стриптиза
bum rap *n (cant)* 1. лживая информация, показания 2. несправедливый приговор
bum-rap (somebody) *v (cant)* 1. давать лживые показания (против кого-либо) 2. несправедливо осудить (кого-либо)
bum ride *n (sl)* путешествие автостопом
bum-ride *v (sl)* путешествовать автостопом
bum rock *n (cant)* бриллиант с дефектом
bum-rush somebody *v (sl)* вывести кого-либо силой (из бара, ресторана и т.п.)
bum's comforter *n (sl)* газета (как постель бродяги)
bum-shop *n (low obs)* 1. публичный дом 2. женский лобок
bum-sick *mod (sl)* враждебный к бродягам
bum simple *n (sl)* полицейский, враждебно относящийся к бродягам cf. bum, kid-simple

bum's mixture *n* (*med sl*) смесь эфира, ихтиола, асафетиды и валерьяны, заменяющая алкоголь при лечении от алкоголизма

bum squabbled *mod* (*sl*) испорченный

bum's rush *n* (*sl*) изгнание кого-либо из бара (ресторана) с помощью вышибалы (usu give somebody/get a bum's rush)

bum's rushing crew *n* (*sl*) собир. вышибалы

bum's special *n* (*sl*) рагу

bum steer *n* (*sl*) bum beef *n* q.v.

bum-steer *v* (*sl*) bum-beef *v* q.v.

bum-steer somebody *v* (*sl*) bum-beef somebody q.v.

bum-suck *v* (*coll*) пресмыкаться, подхалимничать

bum-sucker *n* (*coll*) подхалим

bum-sucking *n* (*coll*) подхалимаж

bum-tags *n* (*low*) 1. clinkers q.v. 2. bum-sucker q.v.

bum ticker *n* (*sl*) слабое, больное сердце

bum tip *n* (*cant*) bum rap q.v.

bum-tip (somebody) *v* (*cant*) bum-rap (somebody) q.v.

bum trip *n* (*sl*) 1. неприятное происшествие 2. прием наркотиков, во время и после которого наркоман плохо себя чувствует

bum wad *n* (*sl*) 1. газета (особ. местная) 2. туалетная бумага

bun *n* (*sl*) зад (часть тела)

bunch of charms *n* (*coll*) сексапильная девушка

bunch of sweetness *n* (*coll*) bunch of charms q.v.

bundle *n* (*sl*) физически привлекательная женщина

bundle bum *n* (*sl*) бродяга со спальным мешком cf. bum

bundle bunny *n* (*sl*) женщина, любящая петтинг

bun-duster *n* (*sl*) недотепа cf. bun

bung *n* (*low*) анус, задний проход

bung hole *n* (*vulg*) заднепроходное отверстие

bunghole *v* (*vulg*) заниматься анальным сексом

bunghole somebody *v* (*vulg*) 1. запугивать кого-либо 2. заниматься с кем-либо анальным сексом

bunghole dropper *n* (*sl*) рабочий бойни, отрезающий заднюю часть забитого животного для облегчения потрошения

bunghole flasher *n* (*sl*) рабочий бойни, обмывающий заднюю часть забитого животного

bung up and bilge free *mod* (*Naval sl*) (о женщине) совокупляющаяся (обычно фраза обозначает правильное положение бочонка с ромом) cf. bung

bunk up with somebody *v* (*sl*) совокупляться с женщиной

bunker *n* (*sl*) гомосексуалист

bunker-shy *mod* (*sl*) враждебный к гомосексуализму

bunk-up *n* (*sl*) совокупление (usu have a bunk-up)

bunnie *n* (*low*) bunny q.v.

bunny *n* 1. (*low*) женский лобок 2. (*sl*) женский гигиенический пакет 3. (*coll*) официантка в клубе, принадлежащем сети "Плейбой" 4. (*sl*) любовница 5. (*sl*) физически привлекательная девушка 6. (*vulg*) лесбиянка-проститутка 7. (*vulg*) гомосексуалист-проститутка 8. (*sl*) сексуально ненасытная женщина.

bunny fuck *n* (*vulg*) быстрое совокупление

bunny-fuck *v* (*vulg*) 1. терять время, мешкать 2. быстро совокупляться

bunny-hug *n* (*sl*) страстные объятия, петтинг

bunny-hug somebody *v* (*sl*) крепко обнимать кого-либо

bunny-hugger *n (sl)* человек, любящий заниматься петтингом

bunny-hugging *n (sl)* петтинг

buns *n pl (vulg)* ягодицы

burdel *n (sl)* публичный дом (от bordel q.v.)

burglar *n (homos)* гомосексуалист

burgle somebody *v (homos)* заниматься с кем-либо анальным сексом

Burlap Sisters *n pl (sl)* собир. проститутки (от названия фирмы, выпускающей пластиковые пакеты cf. bag)

burn *v (vulg)* заразиться венерической болезнью

burn bad powder *v (euph)* выпустить газы из кишечника

burn one's finger *v (US sl)* burn q.v.

burn one's poker *v (low)* burn q.v. cf. poker

burn somebody *v (vulg)* заразить кого-либо венерической болезнью

burn the grass *v (sl)* мочиться на улице

burned *mod (sl)* зараженный венерической болезнью (usu get/be burned)

burned bearing *n (sl)* холодная, фригидная женщина (от прямого значения "сгоревший подшипник, в котором кончилась смазка")

burner *n (sl)* венерическое заболевание

burning *n (sl)* burner q.v.

burnt *mod (sl)* burned q.v.

burp at both ends *v (sl)* (о ребенке) выпустить газы из кишечника и отрыгнуть одновременно

burst for somebody *v (US sl)* страстно желать кого-либо сексуально

bury a Quaker *v (UK sl obs)* испражняться

bury one's wick *v (low)* (о мужчине) совокупляться

bush *n* 1. *(low)* лобковые волосы 2. *(sl)* физически привлекательная девушка 3. *(vulg)* вагина, влагалище

bushel-cunted *mod (low)* (о женщине) изуродованная многочисленными родами или распутной жизнью

bush patrol *n (college sl)* 1. петтинг 2. совокупление 3. обыск отдаленных уголков университетского городка с целью найти парочки, занимающиеся петтингом

bush scrubber *n (sl)* деревенская проститутка

bushwa *n (euph)* bullshit 1 q.v.

Bushy Park *n (low)* bush 1 q.v.

business *n* 1. *(baby talk)* дефекация (usu do one's business) 2. *(baby talk)* испражнения, кал 3. *(euph)* пенис, половой член 4. *(euph)* вагина, влагалище 5. *(euph)* совокупление

business girl *n (pros)* проститутка cf. working girl

buss *n (US sl)* поцелуй

buss somebody *v (US sl)* целовать кого-либо

bust *n (sl)* 1. женская грудь 2. холодная женщина

bust a cherry *v (vulg)* лишать кого-либо девственности

bust one's ass *v (vulg)* стараться изо всех сил (выполнить работу, задание, достичь цели)

bust one's gut *v (euph)* bust one's ass q.v.

bust one's nuts *v (vulg)* bust one's ass q.v.

bust somebody's ass *v (vulg)* сурово наказывать кого-либо; шлепать (особ. ребенка)

buster *n (sl)* распутный человек

butch *n (sl)* 1. лесбиянка, играющая роль мужчины 2. сексуально агрессивный мужчина 3. мужеподобная женщина 4. активный гомосексуалист

butch *mod (homos)* активный; мужеподобный

butt *n (sl)* 1. зад (часть тела) 2. совокупление

butt-end *n (sl)* butt 1 q.v.

butter-and-egg fly *n (sl)* gold digger q.v.

buttercup *n (sl)* 1. женоподобный мужчина 2. физически привлекательная девушка

buttered bun *n (sl)* проститутка, совокупляющаяся с несколькими мужчинами подряд

butterfly kiss *n (sl)* щекотание щеки партнера ресницами

buttermilk *n (sl)* buttercup 2 q.v.

butt naked *mod (sl)* полностью обнаженный

buttock broker *n (pros)* сутенер

buttock-jig *n (low obs)* совокупление

button *n (low)* клитор

button factory *n (sl)* 1. публичный дом 2. постель (как место, где занимаются сексом)

button-hole *n (low)* наружные женские половые органы cf. button, hole

button worker *n (sl)* пенис, половой член cf. button

button working *n (sl)* совокупление cf. button

buttons *n pl (US sl)* фекалии небольшого размера (напр. у овцы)

butt-peddler *n (pros)* 1. проститутка 2. сутенер

buy the/that/this (bull)shit *v (vulg)* верить лжи

buzz about/around like a blue-assed fly *v (low)* 1. быть очень занятым 2. создавать иллюзию бурной деятельности

buzzard *n* 1. *(sl)* сутенер 2. *(cant)* мужчина, живущий за счет любовницы

buzzard-shit *n (mil vulg)* мелко нарезанная жареная говядина

by-blow *n (sl)* незаконнорожденный ребенок

by fits and starts as the hog pisseth *mod (low obs)* неровно, рывками, прерывисто

C

cab *n (sl)* молодая сексапильная женщина

cabbage *n* 1. *(Negro vulg)* женские половые органы 2. *(sl)* девушка

cab joint *n (sl)* публичный дом, в который клиентов поставляют водители такси (по договоренности с содержателем за определенные комиссионные)

cab moll *n (sl)* проститутка из cab joint q.v.

caboose *n (US sl)* зад (часть тела)

ca-ca *n (baby talk)* 1. дефекация (usu make/have/do/take a ca-ca) 2. фекалии, кал

ca-ca *v (baby talk)* испражняться

cack *n (low rare)* 1. дефекация (usu do/have/take a cack) 2. испражнения, кал

cack *v (low rare)* испражняться

cacky *n (baby talk)* ca-ca *n* 2 q.v.

cacky *mod (baby talk)* грязный, испачканный

cadet *n* 1. *(sl obs)* сутенер 2. *(sl)* мужчина, торгующий своей женой или любовницей

cake *n* 1. *(low)* проститутка 2. *(vulg)* женские половые органы 3. *(sl)* сексапильная девушка 4. *(sl)* cake-eater q.v.

cake-eater n (sl) бабник, волокита
cake shop n (sl) публичный дом
calf-love n (sl) романтическое увлечение
calico n (sl obs) 1. девушка, женщина 2. любовная связь
call n (sl) позыв к мочеиспусканию
call flat n (sl) дом свиданий
call for a damper v (Naval sl) с треском выпустить газы из кишечника
call girl n (sl) 1. проститутка "по вызову" (в отличие от проститутки, работающей на улице или в публичном доме) 2. проститутка, работающая в call-house q.v.
call house n (sl) 1. публичный дом 2. дом, где работают девушки "по вызову"
call of nature n 1. (US sl) позыв к дефекации 2. (UK coll) позыв к мочеиспусканию
call the spade a bloody shovel v (sl) называть вещи своими именами (от call a spade a spade с тем же значением)
calorific mama n (sl) страстная молодая женщина cf. hot, red-hot mam(m)a
calves gone to grass n pl (US sl) длинные худые ноги
calves' lesson in curve n (sl) хорошо сложенная молодая женщина
camera obscura n (humor sl) зад (часть тела)
camp n (homos) 1. собрание, встреча гомосексуалистов 2. публичный дом или место встречи гомосексуалистов 3. гомосексуальное поведение
camp v (homos) 1. быть гомосексуалистом/лесбиянкой 2. вести себя как гомосексуалист/лесбиянка

camp mod (homos) характерный для гомосексуалистов/лесбиянок
camp it up v (homos) 1. (о мужчине) вести себя как женщина 2. открыто показывать гомосексуальные привязанности 3. принимать участие в гомосексуальной оргии 4. состоять в гомосексуальной любовной связи
camp as a row of (pink) tents mod (sl) открыто гомосексуальный
campus queen n (college sl) физически привлекательная женщина
campy mod (sl) camp mod q.v.
can n 1. (US sl) туалет 2. (sl) зад (часть тела)(обыч. у мужчины) 3. (US sl) женский лобок 4. (sl) ночной горшок 5. (sl) стульчак 6. (sl) женская грудь (обыч. pl)
canary n (sl) сексапильная девушка
candle-basher n (low) старая дева (подразумевается мастурбация)
candles n pl (sl obs) застывшая носовая слизь, свисающая из ноздрей
candy ass n (vulg) 1. тихий, нерешительный человек 2. трус
candyass mod (vulg) 1. тихий, нерешительный 2. трусливый
candy-assed mod (vulg) candyass q.v.
candy-bag n (sl) сутенер
candy kid n (sl obs) бабник, волокита
candy leg n (sl) sugar-daddy q.v.
cane v (sl) совокупляться
can-house n (sl) публичный дом
canned goods n sing (sl) 1. девственник/девственница 2. человек, не имеющий сексуального опыта

Cannes *n sing (sl)* туалет (игра слов на can 1 q.v. и Канны известный водный курорт (watering place q.v.))
cannibal *n (sl)* содомит, гомосексуалист
canoe *n (sl)* вагина, влагалище
canoe *v (sl)* 1. совокупляться 2. страстно целоваться, обниматься 3. заниматься петтингом
canoe driver *n (sl)* клитор cf. canoe
canoe inspection *n (mil sl)* еженедельная проверка женщин-военнослужащих на венерические заболевания cf. short-arm inspection, canoe
canoodle *v (sl)* ласкать, заниматься петтингом
canoodler *n (sl)* любитель(ница) петтинга
canoodling *n (sl)* петтинг
cans *n pl (sl)* женская грудь
canteen-button *n (mil sl)* пуговица в расстегнутой ширинке cf. Abyssinian medal
cantilever bust *n (sl)* большая женская грудь
cap *n (sl)* колпачок (женский контрацептив)
capon *n (sl)* женоподобный мужчина (обыч. гомосексуалист)
captain of the latrine *n (mil sl)* солдат, получивший наряд на мытье туалета
captivatrix *n (sl)* 1. сексапильная молодая женщина 2. соблазнительница
carbolic naked *mod (sl)* полностью обнаженный (игра слов на stark-bollock naked q.v.)
card *n (sl)* распутный человек
carnal knowledge *n (euph)* совокупление
carezza *n (coll)* метод задержки оргазма путем замедления или полной остановки фрикций во время совокупления

carry all before her *v (sl)* 1. быть беременной 2. иметь большую грудь
carry on *v (sl)* быть в любовной связи
carry plenty of heat *v (sl)* быть весьма сексапильным
carsey *n* 1. *(Cockney low)* туалет 2. *(sl)* публичный дом
carve oneself a slice *v (Cockney sl)* (о мужчине) совокупляться
casa *n (sl)* публичный дом (от исп. casa дом)
Casanova *n (coll)* казанова, ловелас (Джованни Джакомо Казанова (1725-1798), итальянский писатель, автор "Мемуаров" в 12 томах, запечатлевших нравы современников и многочисленные авантюрные приключения самого автора)
case *n (sl)* 1. гомосексуальная связь между двумя юношами 2. венерическое заболевание 3. туалет 4. casa q.v.
cased-up *mod (low)* находящийся в публичном доме (от case 4 q.v.)
cased up with somebody *mod (sl)* живущий с любовницей
case-house *n (sl)* casa q.v.
case-keeper *n (sl)* содержатель(ница) публичного дома
caseo *n (low)* 1. ночь, проведенная с проституткой 2. публичный дом
casey *n* 1. *(sl)* туалет 2. *(cant)* публичный дом
cash a check *v (US sl)* сходить в туалет
caso *n (sl)* 1. проститутка, берущая мужчину на ночь 2. casa q.v.
Casper Milquetoast *n (sl)* женоподобный мужчина

casting-couch n (*movie sl*) диван в кабинете режиссера, на котором он соблазняет молодых актрис в обмен на роль в спектакле/фильме

cast-off n (*coll obs*) брошенная любовница

cat n 1. (*sl*) злая женщина 2. (*sl*) ловелас, одетый по последней моде 3. (*sl*) женский лобок 4. (*sl*) дешевая проститутка 5. (*US sl rare*) старая проститутка

cat v (*sl*) 1. ухаживать за женщинами с целью совокупления 2. искать связь с проститутками или распутными женщинами

catch n (*sl*) сексапильная молодая женщина

catch v (*sl*) забеременеть

catch a horse v (*sl*) помочиться

catch hell v (*sl*) получить взбучку

catch somebody under the pinny v (*sl*) совокупляться с женщиной

catch the bird v (*sl*) уговорить девушку покататься в машине (с целью последующего совокупления)

catch-as-catch-can n (*sl*) ласки, петтинг

catch-colt n (*sl*) незаконнорожденный ребенок

catching monk n (*sl*) catch-as-catch-can q.v.

catchy cutie n (*sl*) сексапильная девушка

catchy number n (*sl*) catchy cutie q.v.

cat flat n (*sl*) дешевый публичный дом

cat house n (*sl*) cat flat q.v.

cathouse cutie n (*sl*) дешевая проститутка

cat in hell's chance n (*sl*) полное отсутствие шансов

cat's ass n (*tech sl*) перегиб электрокабеля

cat's head cut open n (*low*) наружные женские половые органы

cattle v (*Cockney*) совокупляться (см. cattle-truck в Приложении 3)

cat wagon n (*sl*) передвижной публичный дом

caught mod (*sl*) беременная

caught short mod (*sl*) (о женщине) менструирующая в самом начале периода, когда под рукой нет тампона или гигиенического пакета cf. taken short

caught with rem in re mod (*low obs*) захваченный врасплох во время полового акта (лат. rem-in-re вещь в вещи)

caught with the goods mod (*sl*) caught q.v.

causey n (*low*) туалет

causy n (*low*) causey q.v.

Cavaliers n (*Naval sl*) необрезанный мужчина cf. Roundhead

caveman n (*sl*) 1. сильный, сексуально привлекательный мужчина 2. агрессивный, темпераментный любовник

cawsy n (*sl*) causey q.v.

caze n (*sl obs*) женский лобок

C.C. pills n pl (*med sl*) слабительные таблетки

cement mixer n (*sl*) девушка (обыч. проститутка), вертящая тазом и бедрами во время танца cf. coffee grinder

centre of bliss n (*coll*) наружные женские половые органы

chafer v (*low obs*) совокупляться

chain-fuck n (*vulg*) половой акт, в котором несколько мужчин по очереди совокупляются с одной женщиной (по аналогии с chain-smoke)

chain-fuck (somebody) v (*vulg*) участвовать в chain-fuck q.v.

chain-fucker *n* (*vulg*) мужчина или женщина участник chain-fuck *n* q.v.

chair-chair *n* (*baby talk*) детский стульчак

chamber lye *n* (*US sl*) моча

chamber music *n* (*sl*) звук используемого ночного горшка (игра слов на chamber pot q.v. и chamber music камерная музыка)

chamber of commerce *n* (*sl*) 1. туалет (usu go to/visit the chamber of commerce) 2. стульчак; ночной горшок 3. публичный дом

chamber pot *n* (*coll*) ночной горшок

champagne trick *n* (*pros*) богатый клиент проститутки cf. trick

chanck *n* (*sl*) chank q.v.

change *n* (*sl*) климакс

change one's luck *v* (*sl*) совокупляться с негритянкой (употребляется только белыми мужчинами)

change of life *n* (*sl*) change q.v.

chank *n* (*sl*) 1. шанкр 2. венерическое заболевание (обыч. сифилис)

chanticleer *n* (*liter obs*) пенис, половой член

chapel *n* (*sl*) туалет (usu go to/visit the chapel)

chapel of ease *n* (*sl*) chapel q.v.

charge *n* 1. (*sl*) сексуальное возбуждение (особ. в результате наблюдения за представителем противоположного пола) 2. (*vulg*) эрекция

charity dame *n* (*sl*) проститутка, сбивающая цены

charity girl *n* (*sl*) распутная молодая женщина (употребляется только по отношению к незамужним, внешне респектабельным женщинам)

charley *n* 1. (*sl*) гомосексуалист 2. (*low*) проститутка 3. (*Cockney*) вагина, влагалище (см. Charley Hunt в Приложении 3) 4. (*Cockney*) сутенер (см. Charley Ronce в Приложении 3)

charleys *n pl* 1. (*sl*) соски женской груди 2. (*low*) яички

charlie *n* (*sl*) charley q.v.

charlies *n pl* (*sl*) charleys q.v.

charmer *n* (*mil sl*) 1. любовница 2. соблазнитель 3. физически привлекательная девушка

charming handful *n* (*sl*) charmer 3 q.v.

charming lapful *n* (*sl*) charmer 3 q.v.

charms *n pl* (*sl*) женская грудь

charver *n* (*theater sl*) страстные объятия

chase about *v* (*sl*) ухаживать за женщинами с целью совокупления

chase around *v* (*sl*) chase about q.v.

chase skirts *v* (*sl*) волочиться за женщинами

chase somebody *v* (*sl*) chase about q.v.

chase the hares *v* (*sl*) chase skirts q.v.(игра слов на hair q.v.)

chasee *n* (*sl*) объект ухаживаний

chaser *n* (*sl*) 1. бабник, волокита 2. похотливый мужчина 3. любовник 4. флиртующий мужчина или женщина

chassis *n* (*sl*) тело (особ. женский торс)

chat *n* 1. (*US sl*) вошь 2. (*sl obs*) женский лобок, наружные половые органы (от фр. chat кошка)

chat somebody up *v* (*sl*) уговаривать женщину вступить в половую связь

chatty *mod* (*sl*) вшивый cf. chat 1

chauver somebody *v (low)* совокупляться с кем-либо
chauvering *n (low)* совокупление
chauvering donna *n (low)* проститутка
chauvering moll *n (low)* chauvering donna q.v.
cheap horn *n (sl)* сексуальное возбуждение в результате чтения порнографических книг, журналов или непристойной беседы cf. horn
cheat *n (sl)* 1. мужчина, изменивший жене или любовнице 2. женщина, изменившая мужу или любовнику
cheat *v (sl)* 1. (о мужчине) изменять жене или любовнице 2. (о женщине) изменять мужу или любовнику
cheat (on) somebody *v (sl)* cheat *v* q.v.
cheat the starter *v (sl)* (о молодожёнах) родить первого ребёнка раньше, чем через девять месяцев после свадьбы
cheater *n (sl)* cheat *n* q.v.
cheaters *n pl (sl)* 1. накладная грудь 2. любые приспособления для искусственного улучшения женской фигуры 3. женские трусики
cheating *n (sl)* измена в любви
cheating *mod (sl)* неверный в браке или любовной связи
check (out) the plumbing *v (euph)* сходить в туалет
check up on somebody *v (sl)* 1. смотреть на кого-либо с любовью 2. оценивать взглядом женские прелести
checks *n pl (coll)* зад (часть тела), ягодицы
cheek-to-cheek dancing *n (sl)* танец, во время которого партнёры тесно прижимаются друг к другу

cheese *n (low)* 1. смегма 2. эротические или порнографические фотографии 3. сексанильная женщина 4. вызывающая одежда или поза
cheesecake *n (sl)* 1. показ женского тела (часто обнажённого) 2. физически привлекательная женщина cf. beefcake
cheesecake *mod (sl)* эротический, возбуждающий (о фотографиях)
cheesecakery *n (sl rare)* cheesecake 1 q.v.
cheeser *n (low)* громкое выпускание газов из кишечника (особ. с неприятным запахом)
cheesy helmet *n (sl)* 1. головка пениса, покрытая смегмой 2. идиот, тупица
cherry *n (vulg)* 1. невинность в физическом плане (как мужская, так и женская) 2. девственная плева (usu (still) have one's cherry)
cherry blossom *n (sl)* сексапильная японка
cherry picker *n (vulg)* мужчина, предпочитающий девственниц
cherub *n (sl)* 1. физически привлекательная девушка 2. любовница
chestnuts *n pl (sl)* женская грудь
chest toupee *n (US sl)* волосы на груди у мужчины, как признак мужественности
chew face *v (humor sl)* целоваться
chew somebody out *v (euph)* chew somebody's ass out q.v.
chew somebody's ass out *v (vulg)* ругать, наказывать
chew somebody's ballocks off *v (low)* chew somebody's ass out q.v.
chew the balls off somebody *v (mil low)* chew somebody's ass out q.v.

chica n (sl) девушка
chi-chi n (Army vulg) 1. женская грудь, рассматриваемая как сексуальный объект 2. сексуально возбуждающий предмет 3. сексапильная женщина (от искаж. яп. chisai chichi маленькая грудь)
chichy n (sl) любовница
chick n 1. (sl) любовница 2. (homos) гомосексуалист-проститутка 3. (cant) физически привлекательная молодая женщина
chickee n (sl) chicken q.v.
chicken n 1. (sl) сексапильная молодая женщина 2. (mil sl) любовница 3. (sl) женоподобный мужчина 4. (homos) неопытный гомосексуалист-проститутка 5. (homos) мальчик как гомосексуальный партнер 6. (homos) пассивный гомосексуалист
chicken butcher n (sl) бабник
chicken dinner n (cant) девушка
chicken fancier n (sl) chicken butcher q.v.
chickenhawk n (sl) взрослый гомосексуалист, ищущий мальчиков или подростков с целью совокупления cf. chicken 5
chicken shit n (vulg) 1. неприятная ситуация, беспорядок, отсутствие дисциплины 2. что-либо незначительное, маловажное, несущественное 3. неприятная работа 4. ложь, попытка обмана 5. злоупотребление властью 6. чрезмерный педантизм, чересчур строгая дисциплина 7. трусливое поведение
chicken-shit v (vulg) 1. лгать 2. терять время; лениться 3. бояться, трусить
chicken-shit mod (vulg) 1. незначительный, малоценный 2. скучный 3. лакейский, раболепный 4. трусливый
chicken shits n (vulg) диарея, расстройство желудка

chicken with the fixin's n (sl) хорошо сложенная молодая женщина
chickey n (sl) chicken q.v.
chickie n (sl) chicken q.v.
chicklet n (sl) chicken q.v.
chick sale n (US sl obs) туалет на улице
chicky n (sl) chicken q.v.
chilly proposition n (sl) холодная женщина
chinese fashion n (mil sl) половая позиция, когда партнеры лежат на боку
ching doll n (sl) сексапильная китайская девушка
chingus n (US sl) мужской лобок
chink n (low) женский лобок
chin-strap n (Cockney low) ягодицы
chin-up girl n (sl) женщина, любящая петтинг
chippie n (sl) chippy q.v.
chippy n (sl) 1. распутная женщина 2. полупрофессиональная проститутка 3. любая девушка
chippy v (sl) 1. заниматься проституцией 2. забавляться (в сексуальном плане)
chippy mod (sl) распутный
chippy around v (sl) заниматься промискуитетом, иметь много половых партнеров
chippy on somebody v (sl) (о женщине) изменить одному мужчине с другим
chippy chaser n (sl) бабник, волокита
chippy house n (sl) публичный дом
chippy joint n (sl) chippy house q.v.
chiseler n (sl) мужчина, уводящий чужую девушку
chiselette n (sl) gold-digger q.v.
chiselling cutie n (sl) gold-digger q.v.

chocha *n* (*vulg*) вагина, влагалище (из испанского)
chocolate *n* (*sl*) кал, фекалии
chocolate bonbons *n pl* (*med sl*) слабительные таблетки
chocolate drop *n* (*sl*) сексапильная негритянка
chocolate speedway *n* (*sl*) анус, задний проход
chocolate speedway racer *n* (*sl*) гомосексуалист
choice *mod* (*sl*) непристойный
choice bit of calico *n* (*sl*) физически привлекательная девушка
choice bit of dirt *n* (*sl*) непристойная шутка/анекдот
chocker *n* (*sl*) пища, вызывающая запор
chookie *n* (*sl*) 1. любовница 2. молодая, привлекательная женщина
chopper *n* (*low*) пенис, половой член
chopping *mod* (*sl obs*) сексуально возбужденный
chordee *n* (*sl*) воспаленный эрегированный пенис, изгибающийся вниз (особ. в результате гонореи)
chorus boy *n* (*sl*) женоподобный мужчина (по аналогии с chorus girl хористка, артистка кордебалета, символ доступной женщины)
chromo *n* (*sl*) проститутка
chuck a tread *v* (*low*) (о мужчине) совокупляться
chuck a turd *v* (*low*) испражняться
chuckle chick *n* (*sl*) сексапильная женщина недалекого ума
chuff *n* (*low*) 1. стимуляция пениса движением крестцового отдела позвоночника женщины во время совокупления 2. пассивный гомосексуалист 3. задний проход 4. зад (часть тела)
chuff-box *n* (*low*) женский лобок

chuff-chums *n pl* (*low*) приятели-гомосексуалисты
chuff-nuts *n pl* (*low*) засохшие фекалии, висящие на волосках возле анального отверстия cf. dingleberry 1
chunk *n* (*sl*) совокупление
chunk of crap *n* (*low*) неприятный человек, негодяй
chunk of lead *n* (*sl*) холодная женщина
chutney *n* (*Naval low*) содомия, гомосексуализм
cinch *n* (*sl*) женщина легкого поведения
cinemarotic *mod* (*sl*) (о кино) эротический
circle jerk *n* (*vulg*) групповая мастурбация (в которой участвуют только юноши или юноши и девушки)
circulate *v* (*sl*) иметь много любовников/любовниц
circus *n* (*sl*) 1. непристойное шоу 2. танец в обнаженном виде
circy *n* (*med sl*) 1. обрезание 2. обрезанный ребенок (от circumcision обрезание)
cis-cis *v* (*baby talk*) мочиться
cissie *n* (*sl*) sissie n q.v.
cissy *n* (*sl*) sissie n q.v.
clamour girl *n* (*sl*) ненасытная (в сексуальном плане) женщина
clamour puss *n* (*sl*) clamour girl q.v.
clap(з) *n* (*vulg*) венерическое заболевание (особ. (US) сифилис или (UK) гонорея)
clap(p) somebody *v* (*vulg*) заразить кого-либо венерической болезнью
clappers *n pl* (*mil sl*) яички
clappy *mod* (*UK sl*) зараженный гонореей или сифилисом

clapster *n (sl)* 1. человек, часто болеющий венерическими заболеваниями 2. распутный мужчина

clap threads *n pl (med sl)* гной в моче больного гонореей

classis chassis *n (sl)* сексапильная девушка

classy article *n (sl)* classis chassis q.v.

classy chassis *n (sl)* classis chassis q.v.

classy chassy *n (sl)* classis chassis q.v.

classy dish *n (sl)* classis chassis q.v.

classy job *n (sl)* classis chassis q.v.

classy lot *n (sl)* classis chassis q.v.

classy member *n (sl)* classis chassis q.v.

classy number *n (sl)* classis chassis q.v.

classy piece of merchandise *n (sl)* classis chassis q.v.

classy piece of work *n (sl)* classis chassis q.v.

classy proposition *n (sl)* classis chassis q.v.

classy stuff *n (sl)* classis chassis q.v.

clear to hell and gone *mod (sl)* очень далеко

cleft *n (coll euph)* женский лобок

clever Dick *n (low)* самодовольный человек cf. dick

click *n (sl)* 1. удачная встреча с незнакомой женщиной (мужчиной), как правило заканчивающаяся половой близостью 2. нежелательная беременность

click *v (sl)* 1. (о мужчине) добиться половой близости с женщиной 2. (о женщине) забеременеть

client for Rouen *n (mil sl obs)* солдат, заболевший венерической болезнью (в Руане во время первой мировой войны находился госпиталь)

climb a tier *v (homos)* искать пассивного партнера

climb out of one's clothes *v (sl)* раздеваться

clinch *n (US sl)* долгое, страстное объятие (термин из бокса)

clinging vine *n (sl)* женщина, любящая петтинг

clinkers *n pl (low)* кусочки фекалий или засохшей спермы на волосах около анального отверстия или женских половых органов cf. dingleberry 1

clip somebody *v (sl)* совокупляться с кем-либо

clip dick *n (vulg)* clipped dick q.v.

clipped dick *n (vulg)* еврей (обрезанный)

clit *n (vulg)* клитор

clitoris *n (liter)* клитор

cloakroom *n (euph)* туалет

close with somebody *v (sl)* совокупляться с женщиной

close as a shirt and shitten ass *mod (vulg obs)* очень близкий, очень близко

close as God's curse to a whore's ass *mod (vulg obs)* close as a shirt and shitten ass q.v.

close to the bone *mod (sl)* (о шутке, анекдоте) почти неприличный

close to the knuckle *mod (sl)* close to the bone q.v.

close to the mark *mod (sl)* close to the bone q.v.

closet queen *n (homos)* гомосексуалист, скрывающий свои наклонности

closet queer *n (homos)* closet queen q.v.

clout *n* (*low obs*) женский гигиенический пакет

clucky *mod* (*sl*) беременная (сравнение с курицей, снесшей яйцо)

clue *n* (*sl*) девушка

clumsy as a cub bear handling his prick *mod* (*vulg*) крайне неловкий, неуклюжий

coachman *n* (*Cockney*) сифилис (см. coachman on the box в Приложении 3)

cobblers *n pl* (*Cockney*) 1. яички 2. глупость, ерунда (как выражение несогласия)(см. cobbler awls в Приложении 3)

cobra *n* (*movie sl*) девушка с большим сексапилом

cobs *n pl* (*low*) яички (от cobblers q.v.)

cocat *n* (*sl*) кокетка (игра слов на cat q.v. и coquette)

cocattish *mod* (*sl*) кокетливый (игра слов на cat q.v. и coquettish)

cock *n* 1. (*vulg*) пенис, половой член (особ. эрегированный) 2. (*sl*) хвастливый мужчина 3. (*sl*) глупости, белиберда, чушь

cock *v* (*low obs*) совокупляться

cock *mod* (*sl*) мужской

cock-block somebody *v* (*sl*) отбить девушку у кого-либо

cock-cheese *n* (*low*) смегма cf. cheese 1, cock n 1

cock-eyed bastard *n* (*low*) негодяй

cock-hall *n* (*sl obs*) женский лобок cf. cock n 1

cock-inn *n* (*sl obs*) cock-hall q.v.

cock-lane *n* (*sl obs*) cock-hall q.v.

cockles *n pl* (*low*) малые половые губы

cock-pit *n* (*sl obs*) cock-hall q.v.

cocksman *n* (*vulg*) 1. мужчина, постоянно ищущий половую близость с женщинами 2. assman q.v. (игра слов на coxswain рулевой и cock n 1 q.v.)

cock-smitten *mod* (*low*) (о женщине) любвеобильная cf. cock n 1

cock-stand *n* (*vulg*) эрекция (usu give/get/have the cock-stand)

cock-sucker *n* (*vulg*) 1. человек, занимающийся фелляцией 2. пассивный гомосексуалист 3. подхалим 4. негодяй, дрянь

cock-sucking *mod* (*vulg*) отвратительный, гнусный

cocktail *n* (*sl*) проститутка (игра слов на cock n 1 и tail q.q.v.)

cocktail hour *n* (*med sl*) время для приема слабительного

cock-tails *n* (*sl*) расстройство желудка, понос

cock-tax *n* (*sl*) алименты cf. cock n 1

cock-tease(r) *n* (*vulg*) 1. женщина, многое позволяющая мужчине, но отказывающая в совокуплении 2. женский лобок

cock-up *n* (*sl*) ошибка

cock-up something *v* (*sl*) испортить что-либо

cod *n* (*vulg*) мошонка

cods *n pl* (*vulg*) яички

coffee grinder *n* (*sl*) 1. танцовщица или артистка стриптиза, которая во время исполнения танца вертит тазом и бедрами cf. cement mixer 2. проститутка

coffee-house *n* (*sl obs*) туалет

coffee-shop *n* (*sl obs*) coffee-house q.v.

coil *n* (*coll*) спираль (противозачаточное средство)

coke frame *n* (*sl*) физически привлекательная девушка (чьи формы напоминают бутылку от кока-колы)

cokitten *n* (*sl*) кокетка (игра слов на kitten и coquette) cf. cocat

cold *mod* (*sl*) 1. фригидный 2. не показывающий интереса к сексу

cold as a bastard *mod (low)* очень холодный, очень холодно

cold as a bitch *mod (low)* cold as a bastard q.v.

cold as a well-digger's ass *mod (vulg)* cold as a bastard q.v.

cold as a witch's tit *mod (low)* cold as a bastard q.v.

cold bisquit *n (sl)* 1. физически непривлекательный человек 2. холодная женщина

cold coffee *n (sl)* cold bisquit 2 q.v.

cold cookie *n (sl)* cold bisquit 2 q.v.

cold enough to freeze the balls off a brass monkey *mod (vulg)* cold as a bastard q.v.

cold fish *n (sl)* cold bisquit 1 q.v.

cold pan *n (sl)* cold bisquit 2 q.v.

cold shoulder *n (sl)* cold bisquit 2 q.v.

cold shudder *n (sl)* cold bisquit 2 q.v.

cold-storage chicken *n (sl)* cold bisquit 2 q.v.

cold tea *n (sl)* cold bisquit 2 q.v.

collar ad *n (sl)* физически привлекательный мужчина

collar and cuff *n (sl)* женоподобный мужчина

collar-and-cuff *mod (sl)* женоподобный

college widow *n (US college sl)* девушка, которая имеет половые связи со студентами, но сама не учится в данном колледже

column of fuck-up *n (mil vulg)* долгий, изнурительный марш

column of muck-up *n (mil euph)* column of fuck-up q.v.

combined operations *n (mil sl)* половой акт

combined ops *n (mil sl)* combined operations q.v.

come *n (vulg)* 1. сперма 2. оргазм 3. жидкость, выделяемая женскими половыми органами во время оргазма

come *v (vulg)* 1. эякулировать 2. испытывать сильное возбуждение, оргазм

come across *v (vulg)* (о женщине) отдаться

come around *v (vulg)* начать менструировать после долгой задержки

come off *v (vulg)* испытать оргазм

come one's cocoa *v (low)* эякулировать

come one's mutton *v (low)* мастурбировать, онанировать

come one's turkey *v (low)* come one's mutton q.v.

come out *v (homos)* начать активную жизнь гомосексуалиста

come out of the closet *v (homos)* открыто заявить о своих гомосексуальных наклонностях cf. closet queen

come outside *v (vulg)* практиковать прерванный половой акт

come through the side door *v (US sl)* быть незаконнорожденным

come to a striking end *v (sl)* мастурбировать, онанировать

come-bucket *n (vulg)* дрянь (очень грубое ругательство по отношению к женщине) cf. come *n* 1

come-by-chance *n (sl)* незаконнорожденный ребенок

comehither *mod (US sl)* соблазнительный

comehither eyes *n pl (US sl)* совращающий, кокетливый взгляд

comehither girl *n (coll)* 1. gold-digger q.v. 2. соблазнительная девушка

comehither look *n (coll)* comehither eyes q.v.

come-on n (sl) 1. сексапил 2. флирт 3. бабник, волокита 4. сексуальное возбуждение (usu give somebody the come-on)
come-on eye n (sl) comehither eyes q.v.
come-on-eyed mod (sl) соблазнительный
come-on racket n (sl) соблазнение как бизнес
come-up-and-see-me-sometime look n (US sl) вызывающе кокетливый взгляд
comfortable mod (coll) (о женщине) посетившая туалет
comfort for the troops n (mil sl) пассивный гомосексуалист
comfort station n (US euph) туалет (в Великобритании может быть понято неправильно)
coming mod (coll) (о женщине) распутная
comings n pl (low) сперма
commfu n (vulg) см. Приложение 1
commissionaire n (pros) высококлассная проститутка
commit trigonometry v (sl) 1. (о мужчине) иметь две семьи 2. (о женатом мужчине) иметь любовницу 3. (о замужней женщине) иметь любовника
common as cat shit (and twice as nasty) mod (Cockney vulg) (о человеке или вещи) незначительный, мелкий, неважный
common dry fuck n (Naval vulg) здравый смысл (часто употребляется как сокращение C.D.F.)
common jack n (mil sl obs) проститутка
common woman n (mil sl obs) common jack q.v.
con n (low cant) уборщик в общественном туалете (сокр. convenience q.v.)
concern n (sl) половые органы (мужские или женские)

condom n (coll) презерватив
condomania n (sl) преувеличенный интерес к презервативам
condom fatigue n (sl) упадок интереса к презервативам из-за частого их упоминания (напр. в кампании против СПИДа)
condommed mod (sl) употребляющий презерватив
congress n (sl) совокупление (usu be in congress)
connie n (sl) презерватив
constant companion n (euph) любовник, любовница
consult Mrs Jones v (sl) посетить туалет
convenience n (euph) туалет (обыч. общественный)
cooch n 1. (sl) танец, во время которого полуобнаженная танцовщица вращает тазом и бедрами 2. (vulg rare) наружные женские половые органы
cooch dance n (sl) cooch 1 q.v.
cook somebody v (sl rare) возбуждать кого-либо сексуально
cookee n (sl) cookie q.v.
cooker n (college sl) физически привлекательная девушка
cookey n (sl) cookie q.v.
cookie n 1. (sl) физически привлекательная молодая женщина 2. (Negro vulg) женские половые органы
cooky n (sl) любовница
cool out v (vulg) совокупляться
cooler n (sl) холодная женщина
coolie n (baby talk) зад (часть тела)
coot n (US sl) вошь (в т.ч. лобковая)
cootch n (sl) cooch 1 q.v.
cootie n (US sl) coot q.v.
cooze n (vulg) 1. женщина как сексуальный объект 2. вагина, влагалище 3. совокупление
coozie n (vulg) cooze q.v.

cop a cherry *v* (*vulg*) лишить девственности
cop a dose *v* (*low*) заразиться венерической болезнью
cop a feel *v* (*vulg*) ласкать женские половые органы руками, не предпринимая попыток вступить в половую связь
cop her cherry *v* (*vulg*) cop a cherry q.v.
cop it *v* (*sl*) 1. забеременеть 2. cop a dose q.v.
cop somebody's cherry *v* (*vulg*) cop a cherry q.v.
copper-ass *n* (*low*) таксист, работающий сверхурочно
copper bolts *n pl* (*low*) экскременты, кал
copper stick *n* (*low obs*) пенис, половой член
coral branch *n* (*low obs*) copper stick q.v.
corey *n* (*Cockney sl*) пенис, половой член
corie *n* (*Cockney sl*) corey q.v.
cork-sacking *mod* (*euph*) cocksucking q.v.
corn-fed *mod* (*sl*) сексуально активный, с большой половой потенцией
corn-hole *n* 1. (*vulg*) педерастия, анальный секс 2. (*US sl*) заднепроходное отверстие
corn-hole *v* (*vulg*) заниматься анальным сексом (как гомо-, так и гетеросексуально)
corn-hole somebody *v* (*vulg*) заниматься с кем-либо анальным сексом
corn-holer *n* (*vulg*) педераст
cornute somebody *v* (*sl*) наставить кому-либо рога
cosh-carrier *n* (*cant obs*) сутенер
cot betty *n* (*sl*) женоподобный мужчина
cottage *n* (*euph*) туалет (usu go to/visit the cottage)
cou *n* (*sl*) девушка (от couzie q.v.)

counter *n* (*pros*) совокупление
country cousins *n pl* (*euph*) месячные (usu my/her country cousins have come)
country matters *n* (*sl obs*) вагина, влагалище (игра слов на cunt q.v.)
courteer *n* (*coll*) любовник
couzie *n* (*sl*) физически привлекательная девушка
couzy *n* (*sl*) couzie q.v.
cover *v* (*low*) совокупляться с женщиной (букв. "покрывать"; обыч. употребляется по отношению к животным)
cover one's ass *v* (*vulg*) оправдываться; делать себе алиби
cover somebody *v* (*vulg*) cover q.v.
cover somebody's ass *v* (*vulg*) 1. следить за кем-либо 2. покрывать чьи-либо грехи
cow *n* (*pros*) старая проститутка
cowcattish *mod* (*sl*) кокетливый (игра слов на cow, cat и coquettish) cf. cocattish
cow confetti *n* (*euph*) bullshit q.v.
cow-cunted *mod* (*low*) (о женщине) изуродованная многочисленными родами или распутным образом жизни
cow son *n* (*euph*) son of a bitch q.v.
cow-turd *n* (*vulg*) 1. коровья лепешка 2. негодяй, подлец
coyote *n* (*sl*) флиртующая женщина
coyote-ugly *mod* (*sl*) (о женщине) физически безобразная
crab exchange *n* (*low*) танец, во время которого партнеры тесно прижимаются друг к другу cf. crabs 1
crab ladder *n* (*low*) волосы, растущие у мужчины от лобка до пупа cf. crabs

crab on the rocks *n* (*low*) зуд в яичках
crabs *n pl* (*vulg*) 1. лобковые вши 2. (*rare*) сифилис
crack *n* (*vulg*) 1. вагина, влагалище 2. совокупление (usu have/get a crack)
crack a Judy *v* (*low obs*) лишить женщину девственности
crack a pitcher *v* (*sl obs*) crack a Judy q.v.
crack dirty *v* (*US sl*) рассказать неприличный анекдот
crack it *v* (*sl*) добиться половой связи с женщиной
crack Judy's cup *v* (*low obs*) crack a Judy q.v.
crack one's pitcher *v* (*low obs*) потерять невинность
cracked (in the ring) *mod* (*low*) (о женщине) лишенная невинности
crack-haunter *n* (*low*) пенис, половой член
crack-hunter *n* (*low*) crack-haunter q.v.
crack salesman *n* (*low*) 1. проститутка 2. сутенер
cracksman *n* (*low obs*) пенис, половой член
cradle snatcher *n* (*US sl*) человек, ухаживающий за значительно более молодым представителем противоположного пола; человек, который женится на значительно более молодом представителе противоположного пола
cram *v* (*low*) совокупляться
cram it *v* (*vulg*) (о мужчине) совокупляться
cramps *n pl* (*sl*) боли внизу живота (напр. в начале менструации)
cranny *n* (*low obs*) 1. женский лобок 2. наружные женские половые органы
cranny-hunter *n* (*low obs*) пенис, половой член

crap *n* 1. (*low*) фекалии 2. (*vulg*) чушь, глупости 3. (*vulg*) ложь 4. (*vulg*) что-либо малоценное, низкого качества 5. (*vulg*) негодяй 6. (*low*) некачественная пища 7. (*mil sl*) порция в столовой 8. (*sl*) мусор, отбросы 9. (*sl*) остатки жидкости, осадок 10. (*sl*) мелочи, маловажные детали 11. (*low*) что-либо неприятное, вызывающее отвращение 12. (*sl*) залежалый товар 13. (*low*) прибор, приспособление, название которого говорящий забыл 14. (*cant*) деньги 15. (*cant*) виселица
crap *v* 1. (*vulg*) испражняться 2. (*low*) хвастаться 3. (*low*) говорить ерунду 4. (*cant*) быть повешенным
crap along *v* (*low*) говорить ерунду
crap out *v* 1. (*sl*) быть невезучим 2. (*sl*) проиграть, потерпеть поражение 3. (*college sl*) провалиться на экзамене 4. (*sl rare*) проиграть деньги в споре 5. (*low*) устать, потерять энтузиазм 6. (*low*) струсить 7. (*sl*) увиливать от работы 8. (*sl*) потерять здоровье 9. (*sl*) сойти с ума 10. (*sl*) умереть 11. (*low*) испортиться, выйти из строя
crap barge *n* (*Naval sl*) корабль с неопытной и недисциплинированной командой
crap can *n* (*low*) 1. туалет 2. стульчак
craphouse *n* (*low*) crap can 1 q.v.
crap joint *n* (*coll*) казино; место, где играют в кости
crap-list *n* 1. (*low*) список людей, которые считаются ненадежными 2. (*sl*) список работников, подлежащих увольнению 3. (*mil sl*) рапорт о дисциплинарных нарушениях cf. shit-list

crap-list somebody *v* (*sl*) включить кого-либо в crap-list q.v. cf. shit-list somebody

crap-out *n* 1. (*sl*) проигрыш, поражение 2. (*sl*) поломка, неисправность 3. (*sl*) смерть 4. (*sl*) болезнь 5. (*sl*) сумасшествие 6. (*college sl*) неудача на экзамене (usu do a crap-out)

crapped-out *mod* 1. (*low*) усталый 2. (*sl*) спящий 3. (*sl*) сломанный, в нерабочем состоянии 4. (*sl*) мертвый 5. (*sl*) больной 6. (*sl*) сумасшедший 7. (*college sl*) провалившийся на экзамене

crapper *n* 1. (*low*) туалет 2. (*sl*) хвастун 3. (*US sl*) зад (часть тела) 4. (*cant*) тюрьма 5. (*sl*) полицейский участок

crapper can *n* (*sl*) 1. туалет 2. стульчак 3. ночной горшок

crapper dick *n* (*sl*) полицейский, контролирующий общественные туалеты

crappery *n* (*sl*) туалет

crapping casa *n* (*low*) crappery q.v.

crapping case *n* (*low*) crappery q.v.

crapping castle *n* (*low*) crappery q.v.

crapping ken *n* (*low*) crappery q.v.

crappy *mod* (*low*) 1. испуганный 2. плохого качества 3. жалкий, ничтожный 4. хвастливый 5. больной, нездоровый

craps *n pl* (*low*) понос

crapshoot *n* (*sl*) рискованный шаг

crap-shooter *n* (*sl*) 1. хвастун 2. разбрасыватель навоза (как агрегат, так и человек)

crap-shooting *n* (*sl*) хвастовство

crap-yaller *n* (*sl*) crap-yellow q.v.

crap-yeller *n* (*sl*) crap-yellow q.v.

crap-yellow *n* (*sl*) мулат, светлокожий негр

crawl somebody *v* (*sl*) (о мужчине) совокупляться с кем-либо

crawling *mod* (*sl*) вшивый, завшивевший

cream *n* (*vulg*) сперма

cream *v* (*vulg*) 1. быть в возбужденном состоянии (обыч. сексуально) 2. эякулировать

cream (in) one's jeans *v* (*vulg*) 1. быть чрезвычайно сексуально возбужденным 2. возбудиться от одного вида кого-либо

cream (in) one's pants *v* (*vulg*) cream (in) one's jeans q.v.

cream puff *n* (*sl*) женоподобный мужчина

cream-stick *n* (*low*) пенис, половой член

create a shitstorm *v* (*vulg*) create fuck q.v.

create fuck *v* (*vulg*) выражать неудовольствие, устраивать скандал

credentials *n pl* (*humor coll*) мужские половые органы

creeper *n* 1. (*sl*) мужчина, вступающий в половую связь с женой своего друга, "друг семьи" 2. (*pros*) проститутка, обворовывающая клиента

creep joint *n* (*pros*) публичный дом, в котором обворовывают клиентов

creep pad *n* (*pros*) creep joint q.v.

crevice *n* (*coll*) наружные женские половые органы

crib *n* (*sl*) 1. дешевый публичный дом 2. комната в публичном доме, в которой помещается только кровать

cro *n* (*low*) проститутка

crock *n* 1. (*sl*) физически непривлекательная женщина 2. (*sl*) холодная женщина 3. (*euph*) crock of shit 2, 3 q.v.

crock of shit *n* (*vulg*) 1. ложь, преувеличение 2. лгун 3. pile of shit q.v.

cromagnon *n* (*sl*) физически непривлекательный, уродливый мужчина
crop *n* (*euph*) crap *n* q.v.
croppen *n* (*sl*) туалет
croppie *n* (*sl*) croppen q.v.
croppin *n* (*sl*) croppen q.v.
cross *v* (*sl obs*) совокупляться с женщиной
cross-dress *v* (*sl*) практиковать трансвестизм
cross-dresser *n* (*sl*) трансвестит (обыч. не гомосексуалист)
crotch *n* (*sl*) промежность
crotch-pheasant *n* (*sl*) лобковая вошь
crotch-rot *n* (*coll*) воспаление кожи между ягодицами и в промежности
crow *n* (*sl*) физически непривлекательная девушка
crown and feathers *n pl* (*low*) женские половые органы
crud *n* 1. (*vulg*) засохшая сперма на теле или одежде 2. (*vulg*) венерическое заболевание (особ. сифилис) 3. (*sl*) любое тяжелое заболевание 4. (*sl*) крайне неприятный человек 5. (*sl*) неприятная, грязная вещь
cruise *v* 1. (*sl*) ненавязчиво ухаживать за женщиной 2. (*sl*) искать связи с представителем противоположного пола (обыч. с целью совокупления) 3. (*pros*) искать клиента 4. (*homos*) искать партнера
cruise for trade *v* (*pros*) cruise 3 q.v.
cruise somebody *v* (*sl*) cruise q.v.
cruiser *n* 1. (*sl*) проститутка 2. (*homos*) гомосексуалист, ищущий партнера
crum *n* (*US sl*) вошь (в т.ч. лобковая)
crum *mod* (*US sl*) 1. вшивый, завшивевший 2. отвратительный, неприятный
crumb *n* (*sl*) 1. crum *n* q.v. 2. физически непривлекательная женщина
crumby *mod* (*sl*) crum *mod* q.v.
crummy *mod* (*sl*) 1. (о женщине) физически привлекательная, полная, большегрудая 2. crum *mod* q.v.
crumpet *n* 1. (*low*) женщина как объект сексуального удовлетворения 2. (*sl*) женский сексапил 3. (*sl*) мужчина, рассматриваемый только с точки зрения секса 4. (*low*) совокупление (usu get/have a piece of crumpet)
crupper *n* (*humor coll*) зад (часть тела)
crush *n* (*sl*) объект ухаживаний
crushee *n* (*sl*) crush q.v.
crusher *n* (*sl*) 1. любовник, ухажер 2. бабник, волокита 3. (о мужчине) партнер в петтинге
crut *n* (*vulg*) crud q.v.
crystal *n* (*sl*) туалет (usu go to/visit the crystal)
c-sucker *n* (*euph*) cock-sucker q.v.
c-to-c dancing *n* (*sl*) cheek-to-cheek dancing q.v.
cuckoo *n* 1. (*sl*) рогоносец 2. (*sl obs*) пенис, половой член
cuckoo's nest *n* (*sl*) 1. женский лобок 2. наружные женские половые органы
cucumber *n* (*US sl*) пенис, половой член
cuddle up *v* (*US sl*) ласкать, заниматься петтингом
cuddle bug *n* (*sl*) человек, любящий петтинг
cuddle-bunny *n* (*sl*) 1. любовница 2. распутная женщина
cuddlecat *n* (*sl*) женщина, любящая петтинг
cuddlecutie *n* (*sl*) cuddlecat q.v.
cuddler *n* (*sl*) cuddle bug q.v.
cuddlers and cooers *n pl* (*sl*) пара, занимающаяся петтингом

cuddle-seat *n* (*coll*) сдвоенное сиденье в кинотеатре (специально для влюблённых пар)

cuddlesome cutie *n* (*sl*) физически привлекательная девушка

cufuffle *n* (*US sl*) страстные объятия

cullions *n pl* (*humor sl*) яички

culo *n* (*vulg*) 1. задний проход 2. ягодицы (из испанского)

cum *n* (*vulg*) come *n* q.v.

cunnilingus *n* (*liter*) кунилингус, оральное возбуждение женских половых органов

cunning cutie *n* (*sl*) физически привлекательная девушка

cunning linguist *n* (*humor sl*) мужчина, опытный в кунилингусе

cunny *n* (*low*) 1. женский лобок 2. наружные женские половые органы (от латинского cunnus)

cunny-haunted *mod* (*low obs*) распутный, развратный

cunt *n* (*vulg*) 1. вагина, влагалище 2. женщина (в зависимости от тона говорящего может обозначать физически привлекательную или уродливую) 3. совокупление

cuntable *mod* (*vulg*) (о женщине) физически привлекательная

cunt and a half *n* (*vulg*) крайне неприятный человек

cunt cap *n* (*Army vulg*) пилотка

cunt-chaser *n* (*vulg*) 1. бабник 2. мужчина, помешанный на сексе

cuntface *n* (*vulg*) некрасивый человек (более оскорбительный термин, чем shit-face q.v.)

cunt hat *n* (*low*) мягкая фетровая шляпа

cunt hole *n* (*vulg*) вагина, влагалище

cunt hooks *n pl* (*vulg*) пальцы

cunting *mod* (*vulg*) плохой, неприятный

cunt-itch *n* (*vulg*) активное половое влечение (у женщины)

cunt-lapper *n* (*vulg*) мужчина, занимающийся с женщиной оральным сексом

cunt-licker *n* (*vulg*) cunt-lapper q.v.

cunt man *n* (*vulg*) мужчина, которого в межполовых отношениях интересует только секс

cuntocracy *n* (*vulg*) матриархат, доминирование женщин

cunt peddler *n* (*vulg*) проститутка

cunt-pensioner *n* (*vulg*) мужчина, живущий за счёт проститутки

cunt-stand *n* (*vulg*) cunt-itch q.v.

cunt-struck *mod* (*vulg*) (о мужчине) помешанный на сексе

cupcake *n* (*sl*) 1. женоподобный мужчина 2. физически привлекательная женщина (форма обращения)

cupid *n* 1. (*sl*) сексапильная девушка 2. (*pros obs*) сутенёр

cupid's arms *n pl* (*low obs*) 1. женский лобок 2. наружные женские половые органы

cupud's hotel *n* (*low obs*) cupid's arms q.v.

cupid's itch *n* (*US sl*) венерическое заболевание

curbstone sailor *n* (*sl*) проститутка

cure the horn *v* (*low*) совокупляться cf. horn

curl paper *n* (*sl*) туалетная бумага

curse *n* (*humor euph*) менструация (usu have the curse)

curse of Eve *n* (*coll*) curse q.v.

curse rag *n* (*sl*) женский гигиенический пакет

curvacious cutie *n* (*sl*) 1. хорошо сложенная молодая женщина 2. полная женщина

curvaciousness *n* (*sl*) хорошие формы, красивое женское тело
curve *n* (*sl*) curvacious cutie q.v.
curves *n pl* (*sl*) хорошая женская фигура
curviferous *mod* (*sl*) хорошо сложенный
curviferousness *n* (*sl*) curvaciousness q.v.
cush *n* (*sl*) 1. половой акт 2. женский лобок 3. наружные женские половые органы (из арабского)
cut *v* (*US sl*) перестать целоваться
cut a *v* (*euph*) cut ass q.v.
cut a fart *v* (*vulg*) с треском выпустить газы из кишечника
cut a finger *v* (*low*) cut a fart q.v.
cut a nice figure *v* (*sl*) иметь хорошую фигуру
cut ass *v* (*vulg*) 1. сбежать 2. устраниться от выполнения обязанностей
cut one *v* (*vulg*) cut a fart q.v.
cut out the eye-chatter *v* (*US sl*) прекратить флиртовать
cut quite a figure *v* (*sl*) cut a nice figure q.v.
cut the cheese *v* (*sl*) cut a fart q.v.
cut the crap *v* (*vulg*) перестать говорить глупости (обыч. в повелительном наклонении)
cut the horseshit *v* (*vulg*) cut the crap q.v.
cut the mustard *v* (*sl*) cut a fart q.v.
cut the shit *v* (*vulg*) cut the crap q.v.
cut-and-come-again *n* (*low*) 1. женский лобок 2. наружные женские половые органы
cute cinch *n* (*sl*) женщина легкого поведения
cute kisser *n* (*US sl*) красивое лицо
cute legs *n pl* (*US sl*) красивые женские ноги
cute little trick *n* (*sl*) cuteness q.v.
cutems *n* (*sl*) любовница
cuteness *n* (*sl*) физически привлекательная женщина
cute trick *n* (*sl*) cuteness q.v.
cuticle cutie *n* (*sl*) нудистка
cuticleer *n* (*US sl*) нудист
cuticular *mod* (*US sl*) обнаженный
cutie *n* (*US sl*) 1. физически привлекательная девушка 2. вошь (в т.ч. лобковая)
cutie-pie *n* (*sl*) cutie 1 q.v.
cut off the joint *n* (*sl*) совокупление (с точки зрения мужчины)
cut out to be a gentleman *mod* (*sl*) (о мужчине) обрезанный
cuts *n pl* (*US sl*) яички
cuz *n* (*sl*) дефекация (usu do/have/take a cuz)
cuzzez *n pl* (*sl*) туалет
cuzzy *n* (*vulg*) 1. совокупление 2. вагина, влагалище
cylinder *n* (*sl*) вагина, влагалище

D

dab *n* (*pros*) сутенер
daddle *v* (*low*) dadle q.v.
daddy *n* (*sl*) 1. любовник (особ. оплачивающий любовную связь) 2. ухажер
dadle *v* (*low*) (о женщине) тереться лобком о ягодицы девушки или юноши
daffodil *n* (*homos*) женоподобный юноша
daffy dame *n* (*sl*) физически привлекательная девушка недалекого ума

daffy darter *n* (*sl*) daffy dame q.v.
daffy daughter *n* (*sl*) daffy dame q.v.
"Daily Male" *n* (*humor sl*) любимая газета женщин (игра слов на "Daily Mail" популярная газета в Великобритании)
dainties *n pl* (*sl*) нижнее белье
dairies *n pl* (*low*) женская грудь
dairy arrangements *n pl* (*low*) dairies q.v.
daisy *n* 1. (*sl*) физически привлекательная девушка 2. (*homos*) пассивный гомосексуалист 3. (*sl obs*) ночной горшок
daisy chain *n* (*homos*) несколько гомосексуалистов, занимающихся групповой содомией
damadged goods *n* (*sl*) женщина, лишенная девственности
dame *n* (*sl*) 1. распутная женщина 2. физически привлекательная женщина 3. холодная женщина 4. старая, уродливая женщина (все вышеперечисленные значения различаются в контексте или интонацией в устной речи) 5. любовница (usu my dame)
dame-dazed *mod* (*US coll*) (о мужчине) похотливый
dame-erie *n* (*sl*) публичный дом
dame-on-the-make *n* (*sl*) gold-digger q.v.
damfool *n* (*homor coll*) damn fool q.v.
damn somebody *v* (*coll*) проклинать кого-либо см. также Приложение 5
damn something *v* (*coll*) проклинать что-либо см. также Приложение 5
damn *mod* (*coll*) проклятый; полный; безнадежный (употребляется для усиления) см. также Приложение 5

damn *interj* (*coll*) употребляется для выражения раздражения, злости см. также Приложение 4, 5
damnable *mod* (*coll*) damn mod q.v.
damnably *mod* (*coll*) очень (употребляется для усиления прилагательных)
damn all *pron* (*coll*) ничего cf. bugger all, fuck all
damnasty *n* (*cant*) амнистия
damnation *n* (*coll*) проклятие
damnation *interj* (*coll*) damn interj q.v.
damnationed *mod* (*coll*) damn mod q.v.
damned *mod* (*coll*) damn mod q.v.
damnfino *interj* (*coll*) см. Приложение 4
damn fool *n* (*coll*) тупица
damn fool chatter *n* (*coll*) пустой, глупый разговор
damn foolish *mod* (*coll*) глупый
damn foolishness *n* (*coll*) глупость, чепуха
damn-sel *n* (*coll*) молодая женщина (игра слов на damsel)
damn sight *mod* (*coll*) значительно, намного (употребляется для усиления прилагательных)
damn tootin' *mod* (*coll*) конечно, безусловно, абсолютно
damn well *mod* (*coll*) безусловно
damphoole *n* (*coll*) damn fool q.v.
damphule *n* (*coll*) damn fool q.v.
Dan *n* (*sl*) служащий в мужском туалете
dance the miller's reel *v* (*UK low obs*) совокупляться
dance the reel of bogie *v* (*UK low obs*) dance the miller's reel q.v.
dance the reel o'stumpie *v* (*UK low obs*) dance the miller's reel q.v.
dandy *n* (*sl*) гомосексуалист
dandy *mod* (*sl*) гомосексуальный

dang *n* (*vulg*) пенис, половой член

dang *mod* (*vulg*) сексуальный, сексуально привлекательный см. также Приложение 5

dange *n* (*vulg*) dang *n* q.v.

dange *mod* (*vulg*) dang *mod* q.v.

dange broad *n* (*low*) физически привлекательная негритянка

dangerous curve *n* (*sl*) женщина легкого поведения (особ. молодая и привлекательная)

danger signal *n* (*sl*) сексапильная девушка см. также Приложение 2

dangler *n* (*sl*) 1. соблазнитель, совратитель 2. эксгибиционист

dansettes *n pl* (*sl*) женские трусики и лифчик

darb of a looker *n* (*sl*) физически привлекательная молодая женщина

Dark Gable *n* (*sl*) темнокожий сексапильный мужчина

dark meat *n* (*vulg*) 1. негритянка как сексуальный объект 2. влагалище негритянки cf. meat *n* 2

dark-setting *n* (*sl*) 1. петтинг с негритянкой 2. петтинг в полной темноте

dark velvet *n* (*sl*) физически привлекательная темнокожая женщина

darnfoolski *n* (*sl*) глупец, тупица

darnfoolski *mod* (*sl*) глупый

dash up the channel *n* (*UK sl rare*) совокупление (usu have/take a dash up the channel)

date *n* (*sl*) 1. человек, которому назначено любовное свидание 2. любовное свидание

date somebody *v* 1. (*coll*) назначать кому-либо свидание 2. (*low*) ласкать чьи-либо ягодицы

date bait *n* (*sl*) физически привлекательная девушка

date mate *n* (*sl*) постоянный половой партнер

date rape *n* (*sl*) изнасилование девушки, приглашенной на свидание

daughter of joy *n* (*sl*) проститутка

day the eagle shits *n* (*US vulg*) день выплаты заработной платы (от орла, изображенного на долларе)

dazzler *n* (*sl*) физически привлекательная девушка

dead ass *n* (*vulg*) тупой, скучный, бесполезный человек

dead-ass *v* (*vulg*) уходить; быть вынужденным уйти

dead ass(ed) *mod* (*vulg*) 1. тупой, скучный 2. изгнанный, выброшенный из какого-либо места

dead battery *n* (*sl*) холодная женщина

dead beat of one's heart *n* (*sl*) dead battery q.v.

dead easy *n* (*Cockney coll*) женщина (не проститутка), легко соглашающаяся вступить в половую близость с мужчиной

dead-end street *n* (*sl*) 1. женский лобок 2. наружные женские половые органы

dead meat *n* (*sl*) проститутка cf. fresh meat

dead picker *n* (*sl*) проститутка, грабящая пьяного клиента

dead soldier *n* (*US sl*) комок экскрементов, кала

dean of the latrine *n* (*mil sl*) солдат, получивший наряд на чистку туалета

dearest member *n* (*humor coll obs*) пенис, половой член

dearie *n* (*sl*) 1. вульгарно-ласковое обращение к человеку 2. женоподобный мужчина

dearie-boy *n* (*sl*) dearie 2 q.v.

dear John (letter) *n* (*US sl*) письмо, в котором девушка пишет молодому человеку, что полюбила другого

Deauville *n* (*sl*) туалет (usu go to/visit Deauville) (от Deauville знаменитый водный курорт (watering place q.v.))

de-ball somebody *v* (*sl*) кастрировать кого-либо

debutart *n* (*sl*) новая проститутка (игра слов на debutante и tart q.v.)

dedigitate *v* (*sl*) перестать бездельничать и приступить к работе (от лат. digit палец) cf. take one's finger out

deer-stalking *n* (*sl*) "охота" за женщинами (игра слов на dear)

deft and dumb *n* (*sl*) идеальная жена/любовница (игра слов на deaf and dumb глухонемой)

Dehli belly *n* (*sl*) расстройство желудка (в осн. употребляется туристами в Индии)

delo diam *n* (*sl*) старая дева

delovable *mod* (*sl*) (о женщине) физически привлекательная (игра слов на delightful и lovable)

delta *n* (*sl*) 1. женский лобок 2. вагина, влагалище (от названия греческой буквы, которая по форме напоминает женские лобковые волосы)

demi-rep *n* (*US sl*) женщина с сомнительной репутацией

depth charge *n* (*low*) совокупление

derrick *n* (*low*) пенис, половой член

derriere *n* (*euph*) зад (часть тела) (из французского)

despatch one's cargo *v* (*euph*) испражняться

destroyer *n* (*mil and college sl*) физически привлекательная женщина

detrimental *n* (*coll*) мужчина-извращенец

develop somebody *v* (*US sl*) ласкать кого-либо, заниматься с кем-либо петтингом (игра слов на прямом значении develop проявлять фото; намек на темноту)

devilette *n* (*sl*) женщина легкого поведения (уменьшительно-ласкательная форма от devil дьявол)

dewdrops *n pl* (*low*) засохшая носовая слизь

dialog somebody *v* (*sl*) пытаться совратить кого-либо

diamond cutter *n* (*US sl*) эрегированный пенис

diamond digger *n* (*sl*) gold-digger q.v.

diamonds *n pl* (*sl*) яички

Diana dip *n* (*college sl obs*) купание полностью обнаженным

diaper *n* (*sl*) женский гигиенический пакет

dick *n* 1. (*vulg*) пенис, половой член 2. (*vulg*) глупый человек 3. (*sl*) полицейский

dick-end *n* (*vulg*) dick 1 q.v.

dickey *n* (*sl*) dick q.v.

dickey dido *n* (*low obs*) 1. женский лобок 2. наружные женские половые органы

dickhead *n* (*vulg*) глупец

dicky licker *n* (*vulg*) человек, занимающийся фелляцией с гомосексуалистом

diddies *n pl* (*low*) женская грудь

diddle *n* (*college sl*) пенис, половой член

diddle *v* (*vulg*) 1. совокупляться 2. мастурбировать

diddle somebody *v* (*sl*) возбуждать кого-либо сексуально пальцами

diddly *pron* (*euph*) diddly-shit pron q.v.

diddly-pout *n* (*low obs*) женский лобок

diddly-shit *n* (*vulg*) shit *n* (1-4, 7) q.v.

diddly-shit *mod* (*vulg*) бесполезный

diddly-shit *pron* (*vulg*) ничего

differential *n* (*sl*) зад (часть тела)

dig dirt *v* (*sl*) говорить непристойности

digger *n* (*coll*) gold-digger q.v.

dight *v* (*sl*) совокупляться

dike *n* (*sl*) 1. мужеподобная женщина 2. лесбиянка (особ. играющая мужскую роль) 3. туалет

dikey *n* (*sl*) dike (1, 2) q.v.

dilberries *n pl* (*low*) кусочки засохшего кала на волосах возле заднего прохода

dilberry bush *n* (*low*) лобковые волосы cf. bush

dildo *n* (*vulg*) 1. глупец 2. пенис, половой член 3. (*rare*) искусственный пенис, используемый женщинами для самоудовлетворения

dilly *n* (*sl*) любовница

dimback *n* (*mil sl*) вошь (в т.ч. лобковая)

dim bulb *n* (*sl*) холодная женщина

dimpled darling *n* (*sl*) сексапильная девушка

dimple-dizzy *mod* (*US college sl*) похотливый

dine-dance-drink-dice-dope-dame joint *n* (*sl*) публичный дом, предоставляющий все перечисленные услуги

dingbats *n pl* (*US sl*) 1. гениталии, половые органы 2. dilberries q.v.

dingdong daddy *n* (*sl*) ухажер, любовник

dinger *n* (*low*) анус, заднепроходное отверстие

dingleberry *n* (*vulg*) 1. кусочек засохшего кала на волосах возле заднего прохода 2. глупый человек, тупица

dingle-dangle *n* (*sl*) пенис, половой член

dingus *n* (*sl*) мужской лобок

dink *n* (*low*) 1. пенис, половой член 2. тупица, глупец

dinner *n* (*cant*) девушка

dip *n* (*euph*) dipshit q.v.

dip one's dick *v* (*low*) (о мужчине) совокупляться

dip one's wick *v* (*sl*) dip one's dick q.v.

dip somebody in shit *v* (*vulg*) унизить кого-либо

diphead *n* (*euph*) dipshit q.v.

dippy dame *n* (*sl*) глупая женщина

dipshit *n* (*vulg*) глупый, невоспитанный человек

dipstick *n* 1. (*euph*) dipshit q.v. 2. (*low*) пенис, половой член

dirk *n* (*low*) пенис, половой член

dirt *n* 1. (*sl*) оскорбление 2. (*sl*) книга или произведение искусства, в котором широко представлены сексуальные отношения 3. (*euph*) фекалии, кал (об. животных) 4. (*sl*) негомосексуалисты, посещающие гомосексуальные вечеринки

dirt road *n* (*cant*) анус, задний проход cf. dirt 3

dirt shoot *n* (*cant*) dirt road q.v.

dirty *mod* (*sl*) 1. неприличный 2. сексуального или порнографического содержания

dirty bird *n* (*sl*) 1. негодяй, подлец 2. dirty old man q.v.

dirty bum(mer) *n* (*coll*) dirty bird q.v.

dirty crack *n* (*US sl*) неприличный анекдот

dirty-crack *v* (*US sl*) рассказать неприличный анекдот

dirty darter *n (sl)* dirty daughter q.v.

dirty daughter *n (sl)* дешевая проститутка

dirty dancing *n (sl)* "грязные танцы", в основе которых лежит мамбо и которые используют движения, когда бедра партнеров тесно прижаты друг к другу (напр. ламбада)

dirty dog *n (humor coll)* dirty bird 1 q.v.

dirty dozens *n (sl)* ссора, во время которой участники используют выражения, оскорбляющие родственников друг друга (mother-fucker и т.п.)

dirty old man *n (sl)* 1. похотливый мужчина (особ. пожилой) 2. гомосексуалист, имеющий партнера намного моложе себя 3. эксгибиционист (особ. пожилой)

dirty old men (in mackintoshes) *n pl (sl)* собир. похотливые старики (особ. подозреваемые в эксгибиционизме)

dirty shoot *n (low)* dirt shoot q.v.

dirty spot *n (sl)* публичный дом

dirty week-end *n (sl)* уик-энд, проведенный с любовницей

dirty work at the crossroads *n (sl)* 1. совокупление с женщиной 2. ухаживание за женщиной (с целью последующего совокупления)

discharge *n (coll)* выделения из гениталий (признак инфекции обыч. венерической)

dish *n* 1. *(US sl)* физически привлекательная девушка cf. eat somebody 2. *(homos)* зад (часть тела) 3. *(sl)* физически привлекательный человек любого пола

dish delish *n (sl)* dish 1 q.v.

dishy *mod (sl)* привлекательный, желанный (физически)

dishybilly *n (sl)* раздевание (от фр. deshabille)

dissa and data *n (US sl)* сексапил (искаж. this and that)

distillery bum *n (low)* алкоголик cf. bum

dive in the dark *n (low)* половой акт

diving suit *n (sl)* презерватив

divorce *v (sl)* потерять любовницу/любовника

dizzy *n (sl)* глупая женщина

dizzy dame *n (sl)* dizzy q.v.

dizzy Lizzie *n (sl)* dizzy q.v.

dnude ranch *n (sl)* колония нудистов

do *n (euph)* испражнение, дефекация

do *v (euph)* испражняться

do a back scuttle *v (low)* 1. заниматься анальным сексом 2. совокупляться с женщиной в положении "мужчина сзади"

do a bunk *v (low obs)* испражняться

do a fadeout *v (US sl)* целоваться

do a flop *v (low)* совокупляться в положении "женщина сверху"

do a flutter *v (coll)* совокупляться "из спортивного интереса"

do a good turn to somebody *v (humor coll)* удовлетворить женщину (в сексуальном плане)

do a grind *v (sl)* 1. (об артистке стриптиза) вертеть бедрами 2. (о мужчине) совокупляться

do a grouse *v (coll obs)* ухаживать за женщиной (с целью последующего совокупления)

do a hoist *v (low)* (о мужчине) совокупляться

do a job *v (sl)* испражняться

do a job for oneself *v (sl)* do a job q.v.

do a jottle *v (sl)* совокупляться

do a kindness to somebody *v* (*sl*) do a good turn to somebody q.v.

do a knock with somebody *v* 1. (*sl*) приглашать кого-либо на свидание 2. (*low*) ухаживать за девушкой

do a mash *v* (*vulg*) ухаживать за женщиной с целью последующего совокупления

do an Adam and Eve *v* (*sl*) ходить обнаженными

do an inside worry *v* (*low obs*) совокупляться

do a push *v* (*low*) do a jottle q.v.

do a rasp *v* (*low*) do a jottle q.v.

do a rear *v* (*sl*) do a job q.v.

do a rub up *v* (*sl*) мастурбировать, онанировать

do a rural *v* (*coll obs*) испражняться/мочиться на улице

do September Morn *v* (*sl*) ходить обнаженным

do a shift *v* (*low obs*) испражняться

do a slide up the broad *v* (*low obs*) (о мужчине) совокупляться

do a slide up the straight *v* (*low obs*) do a slide up the broad q.v.

do a shoot up the straight *v* (*low*) совокупляться с женщиной

do a spread *v* (*low*) отдаться мужчине

do a squeeze and a squirt *v* (*low*) do a slide up the broad q.v.

do a strip *v* (*sl*) раздеваться (не обязательно в чьем-либо присутствии)

do a striptease *v* (*coll*) исполнять стриптиз

do a sweet-pea *v* (*sl*) (о женщине) мочиться

do a thigh grind *v* (*sl*) вертеть бедрами (в стриптизе)

do a tread *v* (*low obs*) (о мужчине) совокупляться

do a tumble *v* (*low*) do a spread q.v.

do a wet 'un *v* (*low*) (о женщине) совокупляться

do a woman's job for her *v* (*low*) удовлетворить женщину сексуально

do fun *v* (*sl*) заниматься сексом

do hooky *v* (*sl obs*) сморкаться в руку

do ill to somebody *v* (*coll obs*) do a tread q.v.

do it *v* (*coll*) совокупляться

do ones *v* (*sl*) мочиться

do one's balls on somebody *v* (*low*) (о мужчине) быть влюбленным в кого-либо

do one's damnedest *v* (*coll*) сделать все возможное

do one's homework *v* (*US college sl*) ласкать, заниматься петтингом

do right by our Nell *v* (*US sl*) (о мужчине) жениться на женщине, с которой он жил половой жизнью cf. do wrong by our Nell

do right by poor blind Nell(y) *v* (*US sl*) do right by our Nell q.v.

do right by somebody *v* (*US sl*) do right by our Nell q.v.

do somebody *v* 1. (*sl*) соблазнить кого-либо 2. (*low*) совокупляться с женщиной 3. (*low*) заниматься с кем-либо анальным сексом

do somebody over *v* (*low*) do somebody 2 q.v.

do somebody's business *v* (*low*) do somebody 2 q.v.

do somebody wrong *v* (*sl*) 1. изменить кому-либо 2. соблазнить кого-либо

do some good for oneself *v* (*sl*) (о мужчине) иметь успех в любви

do something on the b.h. *v* (*coll euph*) сделать что-либо без труда (b.h. сокр. bloody head)

do the bear *v* (*sl*) страстно обнимать кого-либо

do the bump(s) *v* (*sl*) вертеть тазом и бедрами (в стриптизе)

do the dirty on somebody *v* (*sl*) соблазнить кого-либо и бросить

do the gentleman *v* (*sl*) (о мужчине) мочиться

do the hootchy-cootchy *v* (*sl*) чесаться (особ. при заражении лобковыми вшами)

do the naughty *v* (*low obs*) (о женщине) совокупляться

do the strip act *v* (*sl*) раздеваться (не обязательно в стриптиз-шоу)

do the trick *v* 1. (*sl*) (о мужчине) совокупляться 2. (*sl*) (о женщине) потерять невинность 3. (*low obs*) оплодотворить женщину

do the two-backed beast *v* (*low*) совокупляться

do things to somebody *v* (*sl*) возбуждать кого-либо (сексуально)

do wrong by our Nell *v* (*sl*) соблазнить женщину cf. do right by our Nell

do wrong by poor blind Nell(y) *v* (*sl*) do wrong by our Nell q.v.

docker's ABC *n* (*UK sl*) выпивка, табак, женщины (ABC сокр. Ale, Baccy, Cunt)

dodads *n pl* (*US sl*) гениталии, половые органы

do-do *n* (*baby talk*) 1. испражнение, дефекация (usu make/take a do-do) 2. комок кала

do-do *v* (*baby talk*) испражняться

do-do noise *n* (*baby talk*) выпускание газов из кишечника

dofunny *n* (*sl*) мужской лобок

dog *n* 1. (*Naval sl*) диарея, расстройство желудка 2. (*sl*) проститутка 3. (*sl*) распутная женщина 4. (*sl*) физически непривлекательная женщина

dog *v* (*low*) совокупляться в положении "женщина на коленях, мужчина сзади"

dog fashion *n* (*vulg*) 1. половая позиция "мужчина сзади" 2. (*rare*) анальный секс (не гомосексуальный)

dog-fucked mutton *n* (*mil vulg*) 1. объедки 2. баранье рагу

doggie position *n* (*low*) dog fashion q.v.

doghouse *n* (*sl*) туалет

dog's ballocks *n pl* (*polygr sl*) двоеточие и тире (:-) cf. dog's prick

dogshit *n* (*vulg*) bullshit q.v.

dog's prick *n* (*polygr sl*) восклицательный знак (!) cf. dog's ballocks

dog style *n* (*low*) dog fashion q.v.

dohickies *n pl* (*US sl*) половые органы

do-it-yourself *n* (*sl*) мастурбация, онанизм

dojiggers *n pl* (*US sl*) dohickies q.v.

dojohnie *n* (*US sl*) мужской лобок

dokus *n* (*sl*) зад (часть тела)(от евр. tokus)

doll *n* (*sl*) 1. физически привлекательная женщина (особ. блондинка с голубыми глазами) 2. любая девушка 3. любовница

doll-baby *n* (*sl*) doll q.v.

dollface *n* (*sl*) физически привлекательный (часто женоподобный) юноша

dolling *n* (*sl*) doll 3 q.v. (от doll и darling)

dolly *n* 1. (*sl*) doll q.v. 2. (*low obs*) пенис, половой член

dolly-bird *n* (*sl*) doll q.v.

dolly-mop *n* (*sl*) дешевая проститутка

domestic afflictions *n pl* (*coll*) менструация

domus *n* (*sl*) туалет

dona *n* (*sl*) любая женщина (от ит. donna)

donagher *n* (*circus sl*) туалет

donah *n* (*sl*) donar q.v.

dona jack *n* (*sl obs*) сутенер

donar *n* (*sl*) девушка (особ. невеста)

done *n* (*sl obs*) проститутка

donegan *n* (*circus sl*) donagher q.v.

donegar *n* (*circus sl*) donagher q.v.

done-over *mod* (*sl obs*) лишенная девственности

dong *n* (*vulg*) пенис, половой член

doniker *n* (*circus sl*) donagher q.v.

Don Juan *n* (*sl*) волокита

Don Juanness *n* (*sl*) женщина, любящая пофлиртовать

donkey('s) *n* (*low*) пенис большого размера

donkey-rigged *mod* (*low*) с большим пенисом

donnicker *n* (*circus sl*) donagher q.v.

don't-mention-its *n pl* (*sl*) нижнее белье

don't-mention-'ems *n pl* (*sl*) don't-mention-its q.v.

doob *n* (*sl*) пенис, половой член

doodah *n* (*euph*) туалет (usu go to/visit doodah)

doodee *n* (*baby talk*) doodoo q.v.

doodle *n* (*sl*) пенис (обыч. у ребенка)

doodle-dasher *n* (*low obs*) мастурбатор, онанист

doodle-sack *n* (*low obs*) 1. женский лобок 2. женские наружные половые органы

doodoo *n* (*baby talk*) 1. испражнение (usu have/make (a) doodoo) 2. фекалии, кал cf. do-do

doody *n* (*baby talk*) doodoo q.v.

door-pusher *n* (*sl*) женщина, отказывающаяся заняться петтингом или сексом в автомобиле

doozer *n* (*sl*) ловелас, дамский угодник (от фр. douce сладкий)

dope *n* (*US sl*) сексапил

dopey *n* (*cant*) содержанка

dork *n* (*vulg*) 1. пенис, половой член 2. глупец, идиот

dorkish *mod* (*vulg*) глупый

dorky *mod* (*vulg*) dorkish q.v.

dose *n* (*low*) венерическое заболевание (usu have/get/give a dose)

dose somebody *v* (*low*) заразить кого-либо венерическим заболеванием

dosed (up) *mod* (*vulg*) зараженный венерическим заболеванием

doss *n* (*sl*) публичный дом

doss house *n* (*sl*) doss q.v.

dot *n* (*low*) задний проход

double *n* (*coll*) 1. порнографическая фотография мужских или женских половых органов 2. туалет

double over like a dog fucking a foot-ball *v* (*mil vulg*) согнуться в три погибели

double up on somebody *v* (*sl*) изменить кому-либо в любви

double-ass *n* (*vulg*) толстозадый человек

double-assed *mod* (*vulg*) толстозадый

double-barreled *mod* (*sl*) бисексуальный

double-barreled slingshot *n* (*sl*) лифчик

double clock somebody *v* (*sl*) double up on somebody q.v.

D   ABC of Dirty English   DOU

double-clocker *n* (*sl*) человек, неверный своему половому партнеру

double-clutcher *n* (*euph*) motherfucker q.v.

double-clutching *mod* (*euph*) mother-fucking q.v.

double-cross somebody *v* (*sl*) double up on somebody q.v.

double-crosser *n* (*sl*) double-clocker q.v.

double-cunted *mod* (*vulg*) (о женщине) сексуально агрессивная, похотливая

double-diddied *mod* (*sl*) (о женщине) с большой грудью

double-dugged *mod* (*sl*) double-diddied q.v.

double dugs *n pl* (*sl*) большая женская грудь

double event *n* (*low*) 1. (о мужчине) одновременное заражение сифилисом и гонореей 2. (о женщине) потеря девственности одновременно с оплодотворением

double-gaited *mod* (*sl*) бисексуальный

double jug(g) *n* (*sl obs*) зад (часть тела)

double O *n* (*sl*) оценивающий взгляд (обыч. на лицо противоположного пола)(от once-over q.v.)

double-O somebody *v* (*sl*) оценивающе рассматривать кого-либо

double-ribbed *mod* (*low*) беременная

double scrud *n* (*sl*) scrud q.v.

double shung *mod* (*sl obs*) well hung q.v.

double-sucker *n* (*low obs*) сильно развитые большие половые губы

douche *v* (*US sl*) подмываться, спринцеваться (UK - принимать душ)

douche-bag *n* (*US sl*) 1. bag 1 q.v. 2. неприятный человек

doughed-up darling *n* (*sl*) sugar daddy q.v.

douse the duds *v* (*sl*) раздеваться

down a woman *v* (*low obs*) физически приготовить женщину к совокуплению

downstairs *n* (*baby talk*) down there q.v.

down there *n* (*euph*) 1. половые органы 2. вагина, влагалище

downy bit *n* (*low obs*) физически привлекательная девушка

doxey *n* (*sl*) doxy q.v.

doxy *n* (*sl*) 1. женщина легкого поведения 2. любовница

dozed (up) *mod* (*US sl*) dosed (up) q.v.

drab *n* (*sl*) проститутка

drack *n* (*sl*) Dracula q.v.

Dracula *n* (*sl*) физически непривлекательная девушка, дурнушка

drag *n* (*sl*) 1. вечеринка гомосексуалистов, участники которой одеты в костюмы противоположного пола 2. вечеринка трансвеститов 3. одежда представителя противоположного пола

drag *v* (*sl*) надевать одежду представителя противоположного пола

drag *mod* (*sl*) носящий одежду представителя противоположного пола (особ. о трансвеститах и гомосексуалистах в женской одежде)

drag (one's) ass *v* (*vulg*) 1. грустить, быть в тоске 2. уходить (особ. в спешке) 3. устать, утомиться

drag one's ass along the ground *v* (*vulg*) drag (one's) ass 3 q.v.

drag-assed *mod* (*vulg*) 1. медленный 2. ленивый 3. скучный

draggletail *n* (*sl*) дешевая проститутка

dragon *n (sl)* старая проститутка
drag party *n (sl)* drag 1, 2 q.v.
drag queen *n (sl)* 1. гомосексуалист, одевающийся женщиной 2. гомосексуалист, ведущий себя как женщина (в манере говорить, жестах и т.п.)
drain *v (US sl)* мочиться
drain one's radiator *v (sl)* drain q.v.
drain one's snake *v (sl rare)* drain q.v.
drape shape *n (sl)* 1. сексапильная женщина 2. привлекательная фигура
draw *n (US sl)* сексуальная привлекательность
draw off *v (coll euph)* мочиться
draw somebody's fireworks *v (low obs)* довести кого-либо до оргазма мануально
draw somebody off *v (low obs)* draw somebody's fireworks q.v.
drawer *n (US sl)* draw q.v.
drawing card *n (US sl)* draw q.v.
draw power *n (US sl)* сексапил
dreadnought *n (low)* мужской пессарий
dream *n (sl)* физически привлекательный человек
dream bait *n (sl)* dream q.v.
dream beam *n (sl)* dream q.v.
dream boat *n (sl)* физически привлекательный мужчина
dream boy *n (sl)* dream boat q.v.
dream of a looker *n (sl)* сексапильная женщина
dream puss *n (sl)* dream q.v.
dreck *n (sl)* фекалии, кал (из немецкого)
dribblepuss *n (sl)* сильный насморк
drill somebody *v (sl)* возбуждать женщину
drink-dice-dame joint *n (sl)* публичный дом с баром и игорными залами cf.dine-dance-drink-dice-dope-dame joint

drip *n (sl)* физически непривлекательная женщина
drip chick *n (sl)* drip q.v.
drip for it *v (low)* (о женщине) быть сексуально возбужденной
drive into somebody *v (low)* (о мужчине) совокупляться
droddum *n (low obs)* ягодицы
drool *v (sl)* сексуально возбуждаться при виде женщины
drool all over somebody *v (sl)* drool q.v.
drooly *n (sl)* физически привлекательный юноша
drooly *mod (sl)* весьма привлекательный физически, вызывающий восхищение представителей противоположного пола
droopers *n pl (vulg rare)* отвислая женская грудь
drop a ballock *v (mil sl)* совершить грубую ошибку
drop a ballock for somebody *v (mil sl)* подвести кого-либо
drop a turd *v (low)* испражняться
drop beads *v (homos)* 1. использовать в разговоре определенные слова, с помощью которых можно определить, является ли собеседник гомосексуалистом 2. непреднамеренно раскрыть в разговоре свою гомосексуальность
drop hairpins *v (homos)* drop beads q.v.
drop one's guts *v (low)* с треском выпустить газы из кишечника
drop one's load *v (vulg)* 1. эякулировать 2. drop a turd q.v.
drop of titty *n (sl)* выпивка
drugstore cowboy *n (US sl)* 1. женоподобный мужчина 2. мужчина, надеющийся познакомиться с девушкой в закусочной, в аптеке
drum *n (low)* публичный дом
drumstick *n (low obs)* пенис, половой член

drunk as a cunt *mod* (*vulg*) очень пьяный

drunk as a fart *mod* (*vulg*) drunk as a cunt q.v.

drunk as a fiddler's bitch *mod* (*low*) drunk as a cunt q.v.

drunk as a piss ant *mod* (*low*) drunk as a cunt q.v.

drunk as a rolling fart *mod* (*vulg*) drunk as a cunt q.v.

drunk as ass holes *mod* (*vulg*) drunk as a cunt q.v.

dry as a nun's gash *mod* (*sl*) (о женщине) холодная

dry bob *n* (*sl obs*) незавершенный половой акт

dry fuck *n* (*vulg*) 1. имитирование полового акта без фактического введения полового члена во влагалище (часто не снимая одежды) 2. быстрый половой акт, который обычно не завершается оргазмом или эякуляцией

dry-goods *n* (*sl obs*) женщина, обыч. девственница

dryhole *n* (*low*) холодная женщина

dry hump *n* (*vulg*) dry fuck q.v.

dry run *n* (*sl*) совокупление с применением контрацептива

dry-run somebody *v* (*sl*) совокупляться с кем-либо, применяя контрацептив

dubby *n* (*baby talk*) туалет (usu go to/visit the dubby)

dubs *n pl* (*sl*) соски женской груди

duck *n* (*sl*) 1. девушка 2. подкладное судно

duck butt *n* (*sl*) невысокий коротконогий человек

duckeroo *n* (*sl*) физически привлекательная девушка

duckie *n* (*sl*) женоподобный мужчина

ducko looker *n* (*sl*) duckeroo q.v.

duck's ass *n* (*vulg*) мужская прическа (длинные волосы зачесаны назад и их укладка напоминает перья на утином хвосте)

duck tail *n* (*euph*) duck's ass q.v.

ducky *n* (*sl*) duckeroo q.v.

ducky dame *n* (*sl*) duckeroo q.v.

dud *n* (*sl*) dryhole q.v.

duff *n* (*sl*) зад (часть тела)

duds *n pl* (*US sl*) женская грудь

dumb-ass *n* (*vulg*) тупица, глупец

dumb-ass *mod* (*vulg*) 1. глупый 2. скучный

dumb belle *n* (*sl*) сексапильная женщина недалекого ума

dumb dame *n* (*sl*) глупая женщина

dumb doll *n* (*sl*) dumb belle q.v.

dumb dora *n* (*sl*) dumb dame q.v.

dumb trick *n* (*sl*) dumb dame q.v.

dummock *n* (*low obs*) зад (часть тела)

dummy *n* 1. (*sl*) холодная женщина 2. (*vulg rare*) пенис, половой член

dump *n* (*sl*) испражнение, дефекация

dump *v* (*sl*) испражняться

dump one's load *v* (*vulg*) dump q.v.

dumpling shop *n* (*sl obs*) соски женской груди

dunnagan *n* (*low*) dunnaken q.v.

dunnaken *n* (*low*) туалет

dunnakin *n* (*low*) dunnaken q.v.

dunneken *n* (*low*) dunnaken q.v.

dunnekin *n* (*low*) dunnaken q.v.

dunny *n* (*low*) dunnaken q.v.

dunnyken *n* (*low*) dunnaken q.v.

dunnykin *n* (*low*) dunnaken q.v.

durex *n* (*sl*) презерватив (торговая марка)

duster *n* (*sl*) зад (часть тела)

dusty butt *n* (*sl*) duck butt q.v.

Dutch cap *n* (*sl*) колпачок (женский контрацептив)

Dutch fuck *n (mil vulg)* прикуривание одной сигареты от другой
Dutch kiss *n (low)* совокупление
Dutch-kiss *v (low)* совокупляться
dyke *n (sl)* dike q.v.
dykey *n (sl)* dike q.v.
dykey *mod (sl)* (о лесбиянке) мужеподобная, играющая мужскую роль
dynamite pills *n pl (med sl)* слабительное

E

ears *n pl (euph)* яички
ease nature *v (US sl)* 1. испражняться 2. совокупляться
ease oneself *v (coll euph)* эякулировать
eastman *n (pros)* сутенер
easy *v (low)* приготовиться к страстным объятиям
easy *mod (coll obs)* (о женщине) легко соблазняемая
easy as a damn *mod (sl)* очень легко
easy as kiss my ass *mod (vulg)* easy as a damn q.v.
easy as pissing the bed *mod (vulg)* easy as a damn q.v.
easy as shaking the drops off your John *mod (low)* easy as a damn q.v. cf. john 3
easy make *n (vulg)* женщина, которая легко соглашается на половую близость
easy mark *n (sl)* easy make q.v.
easy meat *n (sl)* easy make q.v.
easy rider *n (sl)* бабник, волокита
eat it raw *v (sl)* заниматься оральным сексом
eat shit *v (vulg)* 1. унижаться 2. верить во что-либо неправдоподобное
eat somebody *v (vulg)* заниматься оральным сексом
eat somebody up with a spoon *v (vulg)* eat somebody q.v.
eatin' stuff *n (sl)* физически привлекательная женщина (особ. ее грудь, ноги, вагина) cf. eat somebody
ecdysiast *n (sl)* артистка стриптиза
ecnop *n (pros)* сутенер (перевертыш от ponce q.v.)
Edie *n (sl)* дешевая проститутка
educated fox *n (sl)* бабник, волокита
eerquay *n (pig latin)* queer *n* q.v.
eerquay *mod (pig latin)* queer *mod* q.v.
eerquay Indian *n (sl)* queer *n* q.v.
eff *n (euph)* fuck *n* q.v.
eff *v (euph)* fuck *v* q.v.
eff and blind *v (sl)* ругаться, употреблять нецензурные выражения
effay *pron (euph)* fuck all q.v. (от F.A. q.v. в Приложении 1)
effie *n (sl)* 1. женоподобный мужчина 2. гомосексуалист
effie *mod (sl)* гомосексуальный
effing and blinding *n (sl)* ругань, нецензурные выражения
effing and blinding *mod (sl)* ругающийся, употребляющий нецензурные выражения
Egypt *n (sl)* туалет (usu go to/visit Egypt)
ejectment in love lane *n (low obs)* совокупление
elders *n pl (sl)* женская грудь
elrid *n (sl)* девушка
empennage *n (US sl)* зад (часть тела)
empty one's bladder *v (coll)* мочиться

empty the manure spreader v (sl) испражняться

end n (sl) головка полового члена

en dishibilly mod (sl) голый, обнаженный (от фр. en deshabille)

endless belt n (sl) проститутка

end of the Sentimental Journey n (low obs) 1. женский лобок 2. наружные женские половые органы

enob n (vulg) пенис, половой член (перевертыш от bone q.v)

en puris naturabilis mod (sl) обнаженный

enter for gelding's stakes v (sl) быть евнухом

enter somebody for gelding's stakes v (sl) кастрировать кого-либо

enthusiastic amateur n (coll) распутная женщина, занимающаяся сексом из "спортивного интереса" (не проститутка)

envelope n (coll) презерватив

equipment n (US sl) гениталии, половые органы

Eric, or little by little n (sl obs) скромный, нерешительный (в сексуальном плане) юноша, который постепенно превращается в законченного развратника (от популярного одноименного романа Ф.В.Фаррара)

erotica n (sl) сборник рассказов и рисунков на сексуальные темы

ersatz girl n (mil sl obs) проститутка

es-ay n (US sl) сексапил (от S.A. q.v. в Приложении1)

escort service n (euph) жиголо

escutcheon n (sl) 1. пах четвероногого животного 2. женские наружные половые органы

essence of pig-shit n (Naval vulg) похотливая женщина

essoel mod (euph) shit out of luck q.v. (от S.O.L. q.v. в Приложении 1)

Ethel n (sl) женоподобный мужчина

ettie n (UK low) девушка

etty n (UK low) ettie q.v.

evie n (sl) любовница (от Eve)

ewe-mutton n (pros obs) 1. старая проститутка 2. неопытная проститутка

ewscray v (pig latin) screw q.v.

ex n (coll) 1. бывшая жена/любовница 2. бывший муж/любовник

exchange spits v (low) 1. целоваться 2. совокупляться

exclamation marks n pl (US sl) стройные женские ноги

exhaust pipe n (US sl) анус, задний проход

exhibeesh n (sl) совокупление при зрителях (от exhibition)

exhibicion n (sl) exhibeesh q.v. (из испанского)

expecting mod (US sl) беременная

expecting a bundle from Heaven mod (US sl) expecting q.v.

expecting an Act of God mod (US sl) expecting q.v.

explorer n (sl) мужчина, занимающийся петтингом

explore somebody's frillery v (low) ласкать женщину

explore the waists v (US sl) ласкать женщину

exploring expedition n (sl) вечеринка, участники которой занимаются петтингом

extract the urine from somebody v (mil humor euph) take the piss out of somebody q.v.

extracurricular mod (sl) неприличный, аморальный

extracurricular activities n pl (coll) адюльтер, супружеская измена

eye *n* (*US sl*) кокетливый взгляд
eye-catcher *n* (*sl*) физически привлекательная девушка
eye-chatter *n* (*sl*) eye q.v.
eye doctor *n* (*sl*) гомосексуалист
eye filler *n* (*sl*) eye catcher q.v.
eyeful *n* (*sl*) 1. eye catcher q.v. 2. нечаянно увиденная нагота (обыч. лица противоположного пола) (*usu* get an eyful)
eye-gazer *n* (*sl*) бабник, повеса
eye-giver *n* (*sl*) 1. бабник 2. кокетливая женщина
eye-hole *n* (*low*) выходное отверстие мочеиспускательного канала на пенисе
eye opener *n* 1. (*sl*) гомосексуалист 2. (*sl*) сексапильная девушка 3. (*low obs*) пенис, половой член
eye popper *n* (*sl*) eye catcher q.v.
eyes *n pl* (*vulg rare*) женская грудь
eye salve *n* (*sl*) eye catcher q.v.
eye treat *n* (*sl*) eye catcher q.v.
eye widener *n* (*sl*) eye catcher q.v.

F

fabulous drop *n* (*sl*) физически привлекательная девушка
face *n* (*US sl*) зад (часть тела)
face somebody *v* (*sl*) отказать представителю противоположного пола (обыч. в половой близости)
facilities *n pl* (*euph*) туалет
facts of life *n pl* (*euph*) факты о половой жизни (в изложении для детей)
fade *n* (*Negro sl*) негр/негритянка, предпочитающий белых половых партнеров, друзей
fag *n* 1. (*sl*) гомосексуалист 2. (*sl*) женоподобный мужчина 3. (*US sl*) мужской лобок
fag *mod* (*cant*) гомосексуальный
fag bag *n* (*homos*) женщина замужем за гомосексуалистом
fag-busting *mod* (*sl*) враждебный по отношению к гомосексуалистам
fag factory *n* (*sl*) место сбора гомосексуалистов
faggart *n* (*UK sl*) 1. извращенец 2. гомосексуалист
faggot *n* (*US sl*) faggart q.v. (в Великобритании это слово обозначает "вязанка хвороста")
faggotry *n* (*sl*) гомосексуальность
faggot's moll *n* (*sl*) fag bag q.v.
fag hag *n* (*sl*) fag bag q.v.
fagot *n* (*UK sl*) faggart q.v. (в США это слово обозначает "вязанка хвороста")
fair *n* (*sl*) 1. любовница 2. сексапильная женщина
fair charmer *n* (*sl*) физически привлекательная девушка
fair bastard *n* (*sl*) 1. трудная, безвыходная ситуация 2. человек с тяжелым характером
fair, fat and farty *mod* (*low obs*) (о женщине) в расцвете лет (от fair, fat and forty)
fair hell *n* (*sl*) энергичный, удачливый человек
fairy *n* (*sl*) 1. пассивный гомосексуалист 2. женоподобный мужчина 3. физически привлекательная женщина
fairy glen *n* (*sl*) туалет (*usu* go to/visit the fairy glen)
fairy lady *n* (*sl*) лесбиянка, играющая пассивную роль
fairy land *n* (*sl*) fag factory q.v.
fall *v* (*coll obs*) зачать ребенка
fall in the shit *v* (*vulg*) попасть в неприятное положение
fall into (a cart/dump/heap/load/pile of) **shit and come out with a gold watch/with a suit**

on/smelling violets *v* (*Cockney vulg*) быть необыкновенно удачливым, везучим

fall off the roof *v* (*sl*) начать менструировать

fall to pieces *v* (*sl*) тужиться во время родов

fallos *n* (*sl*) пенис, половой член

fallus *n* (*sl*) fallos q.v.

faloosie *n* (*sl*) floogy q.v.

faloozie *n* (*sl*) floogy q.v.

falsie *n* (*sl*) 1. лифчик с подкладкой, используемой для того, чтобы грудь казалась больше 2. подкладка (как для груди, так и для других частей тела, напр. бедер)

fam a donna *v* (*sl obs*) 1. заниматься петтингом с женщиной 2. интимно ласкать женщину

family jewels *n pl* (*humor sl*) лички

famous watering place *n* (*sl*) туалет (*usu* go to/visit the famous watering place)

fan *n* (*vulg*) женский лобок (сокр. fanny 2 q.v.)

fan one's butt *v* (*sl*) бежать

fan one's butt away *v* (*sl*) быстро уходить

fan the butt *v* (*sl*) fan one's butt q.v.

fanad *pron* (*euph*) ничего (сокр. Sweet Fanny Adams q.v.)

fancy *n* (*sl*) мужчина, живущий за счет проститутки

fancy bloak *n* (*sl*) 1. сутенер 2. любовник/муж проститутки

fancy bloke *n* (*sl*) fancy bloak q.v.

fancy Dan *n* (*sl*) модно одетый ухажер

fancy face *n* (*US sl*) 1. красивое лицо 2. физически привлекательная девушка

fancy frail *n* (*sl*) 1. любовница 2. сексапильная девушка

fancy girl *n* (*sl*) содержанка

fancy house *n* (*sl*) публичный дом

fancy lady *n* (*sl*) женщина легкого поведения

fancy-lady presser *n* (*sl*) мужчина, любящий петтинг

fancy-man *n* (*sl*) 1. любовник проститутки 2. fancy q.v.

fancy-piece *n* (*sl*) любовник/любовница

fancy woman *n* (*sl*) fancy girl q.v.

fancy work *n* (*euph*) мужские половые органы

fannitosis *n* (*US sl*) неприятный запах после выпускания газов из кишечника (от fanny 1 q.v. и halitosis)

fanny *n* 1. (*US sl*) зад (часть тела) 2. (*UK low*) женские наружные половые органы 3. (*euph*) Fanny Adams q.v.

Fanny Adams *pron* (*mil sl*) ничего (от fuck all q.v.) cf. Sweet Fanny Adams

fanny artful *n* (*UK sl rare*) fanny 2 q.v.

fanny bumper *n* (*US sl*) событие, привлекающее большое количество людей (их так много, что они сталкиваются друг с другом) cf. fanny 1

fanny cooler *n* (*US sl*) короткая куртка cf. ass perisher

fanny dipper *n* (*US sl*) пловец (в отличие от серфера)

fanny dunking *n* (*US sl*) плавание

fanny fair *n* (*UK sl rare*) fanny 2 q.v.

fanny flop *n* (*US sl*) падение на спину или ягодицы

fanny hat *n* (*UK sl*) мужская фетровая шляпа

fanny heater *n* (*US sl*) телесное наказание

fanny-man n (UK low) волокита cf. ass man
fanny rag n (UK low) женский гигиенический пакет
fanny rest n (US sl) стул, кресло
fanny shaker n (US sl) танцовщица, крутящая тазом и бедрами
fanny shakes n (US sl) танец, в котором исполнительница крутит тазом и бедрами
fanny wobbler n (US sl) fanny shaker q.v.
fanny wobbles n (US sl) fanny shakes q.v.
farmer's daughter n (sl) женщина легкого поведения
fart n (vulg) 1. громкое выпускание газов из кишечника 2. неприятный человек
fart v (vulg) громко выпускать газы из кишечника
fart about v (vulg) бездельничать, терять время
fart around v (vulg) fart about q.v.
fart off v (vulg) 1. уходить (часто употребляется в императиве) 2. fart about q.v.
fart somebody off v (vulg) досаждать кому-либо
fartass n (vulg) fart n 2 q.v.
fartass about v (Army vulg) 1. ехать на машине без определенной цели 2. бездельничать
fartass around v (Army vulg) fartass about q.v.
fart-assed mechanic n (UK vulg) неловкий человек
fart-catcher n (low) 1. гомосексуалист 2. слуга, лакей 3. (mil) адъютант 4. подхалим
fart daniel n (low obs) вагина, влагалище
farting mod (vulg) чертов, проклятый
farting clapper n (low) зад (часть тела)
farting shot n (vulg) уход после размолвки, ссоры (игра слов на parting shot)
fartleberries n pl (low obs) кусочки засохшего кала на волосах возле анального отверстия cf. dingleberry
fart-sack n (low) постель
fart-suck v (vulg) подхалимничать
fart-sucker n (vulg) подхалим cf. ass-kisser
fart tape n (mus sl) кассета с записью громкого выпускания газов из кишечника (записывается музыкантами в свободное время и используется при проверке аппаратуры перед концертом)
fascinatress n (sl) физически привлекательная девушка
fast mod (sl) 1. аморальный 2. совокупляющийся (в осн. о животных)
fast-and-loose liver n (sl) распутный человек
fast-and-loose player n (sl) fast-and-loose liver q.v.
fast crack n (US sl) неприличный анекдот
fast-crack v (US sl) рассказать неприличный анекдот
fast-fuck n (pros vulg) быстрое совокупление, часто совершаемое стоя
fast-fucker n (pros vulg) участник fast-fuck q.v.
fast girl n (sl) распутная женщина
fast house n (sl) публичный дом
fastie n (sl) 1. неприличный анекдот 2. распутный человек 3. любовник, который перед совокуплением почти не занимается предварительными ласками
fast liver n (sl) fast-and loose liver q.v.

fast man n (sl) fastie 3 q.v.
fast one n (sl) fastie 1 q.v.
fast operator n (sl) бабник, волокита
fast party n (sl) 1: вечеринка, участники которой занимаются петтингом 2. fastie 2 q.v.
fast player n (sl) fastie 3 q.v.
fast stepper n (sl) fastie 2 q.v.
fast worker n (sl) 1. fastie 3 q.v. 2. бабник, волокита
fat-ass n (vulg) толстяк
fatass mod (vulg) толстозадый
fat-ass around v (vulg) бездельничать
fat-assed mod (vulg) fatass q.v.
fat-assed son of a bitch n (vulg) очень толстый человек
fat-bottomed mod (sl) fatass q.v.
fat cock n (humor sl obs) полный пожилой мужчина cf. cock
fat-fancier n (low) мужчина, предпочитающий полных женщин
father-fucker n (homos vulg) mother-fucker q.v.
father-stuff n (humor euph) сперма
faunet n (homos) подросток, рассматриваемый как сексуальный объект
faunlet n (homos) faunet q.v.
Fauntleroy n (sl) женоподобный мужчина
faustie mod (sl) (о женщине) сладострастная
fearnought n (Naval sl) мужской пессарий cf. dreadnought
feather n (euph obs) 1. женский лобок 2. лобковые волосы
feather-bed n (low obs) feather q.v.
feather-bed and pillows n (low obs) толстая женщина cf. fether-bed и pillows
feather-bed jig n (low obs) совокупление
feather doll n (sl) глупая сексапильная женщина

federate v (sl) совокупляться
feed one's pussy v (low) (о женщине) совокупляться
feed somebody (a line of) crap/shit v (vulg) рассказывать кому-либо глупости, лгать кому-либо
feed somebody that (line) crap/shit v (vulg) feed somebody (a line of) crap/shit q.v.
feed the dog v (US sl) посетить туалет
feeding bottles n pl (sl) женские соски
feel n (vulg) ласка рукой женских половых органов
feel v (vulg) ласкать рукой женские половые органы
feel bum v (sl) 1. чувствовать себя больным 2. грустить cf. bum
feel hairy v (low obs) быть сексуально возбужденным
feel horny v (low) быть сексуально возбужденным
feel like hell v (coll) feel bum q.v. см. также Приложение 4
feel like H.E. double L v (euph) feel bum q.v.
feel one's way to heaven v (low obs) ласкать женщину
feel somebody v (low) позволять себе вольности с представителем противоположного пола
feel somebody up v (low) feel somebody q.v.
feeler n (vulg) (средний) палец, используемый для стимуляции вагины
feelthy pictures n pl (humor coll) порнографические открытки и т.п. (игра слов на feel q.v. и filthy q.v)
feelthy pitchers n pl (humor coll) feelthy pictures q.v.
feel-up n (low) петтинг
feetesick wallah n (mil sl) мужчина-проститутка (из арабского)

felcher n (vulg) 1. вид полового акта, когда мужчина эякулирует на лицо партнерши, которая глотает сперму 2. тот, кто глотает сперму во время вышеописанного полового акта 3. неприятный человек

fellatio n (liter) фелляция, вид орального секса

fell of a hix n (humor coll) неприятное положение, трудная ситуация (перевертыш от hell of a fix q.v.)

fellow n (sl) ухажер, любовник

fem n 1. (sl) женщина 2. (sl) любовница 3. (homos) лесбиянка, играющая пассивную роль 3. (homos) пассивный гомосексуалист

fem follower n (sl) бабник, волокита

feminine eyeful n (sl) физически привлекательная женщина

feminine gender n (college sl obs) 1. женский лобок 2. женские наружные половые органы

feminine heart pumper n (sl) 1. дамский угодник 2. любовник

feminology n (college sl) искусство привлекать внимание женщин

femme n (sl) fem q.v. (из французского)

femme crusher n (sl) мужчина, занимающийся петтингом

femme fatale n (sl) любовница (от фр. "роковая женщина")

femme looker n (sl) feminine eyeful q.v.

femme shill n (cant) gold digger q.v.

fempire n (sl) соблазнительница (от fem (1) q.v. и vampire)

fen n (sl) распутная женщина

fer somebody v (euph) совокупляться с кем-либо

ferblet n (sl) женоподобный мужчина

ferk n (euph) fuck n q.v.
ferk v (euph) fuck v q.v.
ferking n (euph) fucking n q.v.
ferking mod (euph) fucking mod q.v.
ferry n (sl) проститутка
fetch n (coll) сперма
fetch v (coll) эякулировать
fetcher n (sl) сексапильная молодая женщина
fettle v (sl) (о мужчине) совокупляться
fever n (sl) страстная женщина
fever frau n (sl) fever q.v.
fice n (low obs) бесшумное выпускание газов из кишечника с неприятным запахом
fiddle n (low obs) женский лобок
fiddle (about) v (coll) ласкать женщину
fiddle-ass about v (low) терять время, бесцельно ходить
fiddle-bow n (low obs) пенис, половой член cf. fiddle
fiddlestick n (low obs) fiddle-bow q.v.
fie-fie mod (sl) неприличный
fie-for-shame n (sl obs) женские половые органы
fifas см. Приложение 1
fifth freedom n (US sl) нагота
fig n 1. (sl obs) фига, кукиш 2. (low obs) женский лобок; наружные половые органы
fig somebody v (euph) fuck somebody q.v.
fig-fig n (euph) совокупление
fig of Spain n (sl obs) fig q.v.
figure n (coll obs) женская грудь и ягодицы
figure-fancier n (low obs) мужчина, которому нравятся крупные женщины
fill somebody in v (sl) оплодотворить женщину
fill somebody up v (sl) (о мужчине) совокупляться

fille de joie *n* (*sl*) проститутка (фр. "дочь радости") cf. daughter of joy
filly *n* (*sl*) молодая женщина
filly-hunting *n* (*low*) поиски женщин с целью совокупления
filthy *mod* (*coll*) развратный, непристойный
find a haven *v* (*US sl*) сходить в туалет
find a refuge *v* (*US sl*) find a haven q.v.
find a rest *v* (*US sl*) find a haven q.v.
fine as a cow-turd stuck with primroses *mod* (*humor vulg*) очень красивый (обыч. иронично)
fine dinner *n* (*sl obs*) физически привлекательная девушка cf. eat somebody
finger somebody *v* (*low obs*) возбуждать женские половые органы рукой/пальцем
fingerer *n* (*coll*) 1. мужчина, который возбуждает женщину, лаская рукой ее наружные половые органы 2. женщина, занимающаяся мастурбацией
finger-fuck *v* (*vulg*) 1. finger somebody q.v. 2 (о женщине) мастурбировать
finger smith *n* (*med sl*) гинеколог cf. finger·somebody
finger wave *n* (*US sl*) неприличный жест (выставленный средний палец, означающий fuck off q.v.)
finish *v* (*euph*) достичь оргазма
Finn *n* (*sl*) Mickey Finn q.v.
fire a shot *v* (*low*) (о мужчине во время совокупления) выпустить газы из кишечника
fire blanks *v* (*sl*) совокупляться, не оплодотворяя женщину (когда пара хочет зачать ребенка)
firk *n* (*euph*) fuck *n* q.v.
firk *v* (*euph*) fuck *v* q.v.

first game ever played *n* (*coll*) совокупление
fish *n* 1. (*low obs*) женские половые органы 2. (*homos*) гетеросексуальная женщина 3. (*sl rare*) проститутка
fish for a sucker *v* (*US sl*) соблазнять, искушать (обыч. мужчину) с целью обмана, кражи, ограбления
fishing-rod *n* (*sl*) пенис, половой член
fish-kiss *n* (*sl*) поцелуй сжатыми губами
fish pond *n* (*US sl*) женские половые органы
fishwife *n* (*homos*) законная жена гомосексуалиста
fist it *v* (*low*) (о женщине) взять в руку мужской половой член (с сексуальными намерениями)
fist fuck *n* (*vulg*) мастурбация, онанизм
fist-fuck *v* (*vulg*) (о мужчине) мастурбировать, онанировать
fist-fucker *n* (*vulg*) мужчина-мастурбатор, онанист
fist-fucking *n* (*vulg*) fist fuck *n* q.v.
fit ends *v* (*low obs*) совокупляться
fit end to end *v* (*low obs*) fit ends q.v.
five-letter woman *n* (*euph*) bitch (4-6) q.v.
fix somebody up *v* (*sl*) 1. назначить кому-либо свидание 2. договориться о встрече кого-либо с проституткой 3. совокупляться с кем-либо 4. оплодотворить женщину
fizgig *n* (*sl*) распутная женщина
flack *n* (*sl*) flak q.v.
fladge friend *n* (*low*) мазохист (от flagellation бичевание)
flag *n* (*sl obs*) женский гигиенический пакет

flag somebody *v* (*pros*) искать клиента (от flag a car (down) остановить автомобиль, термин автогонщиков)

flag somebody down *v* (*pros*) flag somebody q.v.

flag in the wind *n* (*coll obs*) край рубашки, видный через расстегнутую ширинку

flagrant delight *n* (*sl*) совокупление (игра слов на лат. in flagrante delicto в момент совершения преступления)

flak *n* (*sl*) матерщина, бранные слова

flame *n* 1. (*sl*) любовник, любовница 2. (*euph*) fuck *n* q.v.

flame *v* (*euph*) fuck *v* q.v.

flamer *n* (*euph*) fucker q.v.

flaming *mod* (*euph*) fucking *mod* q.v.

flaming asshole *n* 1. (*vulg*) неприятный человек 2. (*mil vulg obs*) красный круг на фюзеляже японских боевых самолетов во время второй мировой войны

flange *n* (*sl*) крайняя плоть

flankey *n* (*low obs*) зад (часть тела)

flap *n* (*coll obs*) распутная женщина

flap it into somebody's face *v* (*low*) (о проститутке) обнажиться перед клиентом

flapper *n* (*sl*) очень молодая проститутка (у которой еще не появились лобковые волосы)

flash *n* (*sl*) 1. момент во время стриптиза, когда артистка снимает с себя последний предмет одежды 2. эксгибиционист 3. кратковременное обнажение половых органов в общественном месте

flash *v* (*low*) обнажиться в чьем-либо присутствии

flash it *v* (*low*) flash *v* q.v.

flash one's charms *v* (*sl*) (о женщине) обнажить грудь

flash the meat *v* (*low*) flash *v* q.v.

flash the red rag *v* (*low*) менструировать

flash-case *n* (*low obs*) публичный дом

flash doll *n* (*sl*) физически привлекательная молодая женщина

flash dona *n* (*low obs*) ярко одетая проститутка

flasher *n* (*sl*) эксгибиционист

flash girl *n* (*low obs*) flash dona q.v.

flash-house *n* (*low obs*) flash case q.v.

flash in the pan *n* (*low*) (о мужчине) совокупление без эякуляции

flash man *n* (*sl obs*) сутенер

flash moll *n* (*low obs*) flash dona q.v.

flash mollisher *n* (*low obs*) flash dona q.v.

flash panney *n* (*sl obs*) flash case q.v.

flash piece *n* (*low obs*) flash dona q.v.

flash woman *n* (*low obs*) flash dona q.v.

flat *n* (*sl*) холодная женщина

flatbacker *n* (*sl*) проститутка

flat floosie *n* (*pros*) проститутка, работающая в комнате/квартире

flat-fuck *n* (*homos vulg*) трение лобков один о другой как форма полового удовлетворения

flat-fuck *v* (*homos vulg*) тереться лобком о лобок

flat heel *n* (*sl*) скромный, спокойный любовник

flat hoop *n* (*sl*) flat q.v.

flat on one's ass *mod* (*vulg*) 1. уставший 2. разоренный

flat tire *n* (*sl*) flat q.v.

flat wheeler *n* (*sl*) flat q.v.
flavor *n* (*Negro sl*) физически привлекательная девушка
fleece *n* (*low*) 1. женский лобок 2. женские наружные половые органы
fleece-hunter *n* (*low obs*) бабник, волокита
fleece-monger *n* (*low obs*) fleece-hunter q.v.
fleet-footed *mod* (*sl*) (о женщине) очень любящая моряков
flesh it *v* (*low obs*) (о мужчине) совокупляться
flesh-and-blood angel *n* (*sl*) сексапильная девушка
flesh-broker *n* (*sl*) сводник, сводница
flesh factory *n* (*sl*) публичный дом
flesh flick *n* (*sl*) порнографический фильм
flesh market *n* (*sl*) публичный дом
flesh-peddler *n* (*sl*) 1. сутенер 2. проститутка 3. человек, устраивающий шоу с показом обнаженного женского тела
fleshpot *n* (*sl*) 1. публичный дом 2. шоу с показом обнаженного женского тела
flesh session *n* (*sl*) совокупление
fleshy part of the thigh *n* (*sl*) ягодица
flick *n* (*euph*) fuck *n* q.v.
flick *v* (*euph*) fuck *v* q.v.
flicker *n* (*euph*) fucker q.v.
flicking *mod* (*euph*) fucking q.v.
flickering flame *n* (*sl*) несмелый любовник
flier *n* (*low obs*) совокупление без раздевания или не в постели
flimp *v* (*sl obs*) совокупляться
flimsies *n pl* (*sl*) нижнее белье
fling woo *v* (*sl*) ласкать, заниматься петтингом
flinging woo *n* (*sl*) петтинг

fling it into somebody's face *v* (*low*) (о проститутке) обнажиться перед клиентом
flip *n* (*euph*) fuck *n* q.v.
flip *v* (*euph*) fuck *v* q.v.
flip somebody off *v* (*low*) показать кому-либо неприличный жест, обозначающий fuck off q.v. cf. finger wave
flip somebody out *v* (*low*) flip somebody off q.v.
flip somebody the bird *v* (*low*) flip somebody off q.v.
flip somebody the finger *v* (*low*) flip somebody off q.v.
flip-flap *n* (*sl obs*) пенис, половой член
flip-flaps *n pl* (*sl*) 1. отвислая женская грудь 2. женщина с отвислой грудью
flip-flops *n pl* (*sl*) flip-flaps q.v.
flipper *n* 1. (*sl*) молодая проститутка 2. (*euph*) fucker q.v.
flippers *n pl* (*sl*) flip-flaps q.v.
flipping *mod* (*euph*) fucking q.v.
flirty Gerty *n* (*sl*) кокетка; молодая женщина, любящая пофлиртовать
flit *n* (*sl*) 1. гомосексуалист 2. женоподобный мужчина
flitty *mod* (*sl*) 1. гомосексуальный 2 женоподобный
float a log *v* (*sl*) испражняться
floating hell *n* (*Naval sl*) корабль с грубыми, жестокими офицерами
flog one's donkey *v* (*low*) (о мужчине) мастурбировать, заниматься онанизмом
flog one's mutton *v* (*low*) flog one's donkey q.v.
flog the bishop *v* (*low*) flog one's donkey q.v.
flog the dong *v* (*vulg*) flog one's donkey q.v.
flog the dummy *v* (*low*) flog one's donkey q.v.

flog the meat sausage *v (low)* flog one's donkey q.v.

floogy *n (cant)* 1. распутная женщина (особ. живущая на подачки мужчин) 2. проститутка

floor fuck *n (vulg)* совокупление на полу/ковре

floor-fuck somebody *v (vulg)* совокупляться с кем-либо на полу/ковре

floosie *n (cant)* floogy q.v.
floosy *n (cant)* floogy q.v.
floozie *n (cant)* floogy q.v.
floozy *n (cant)* floogy q.v.
flop *n (sl)* совокупление
flop *v (sl)* совокупляться
flop a judy *v (low obs)* возбуждать женщину
flop in *v (low)* ввести половой член во влагалище
flop somebody *v (low)* совокупляться с кем-либо
flopper *n (euph)* fucker q.v.
flopper-stopper *n (sl)* лифчик
flopping *mod (euph)* fucking q.v.
flops *n pl (sl)* flip-flaps q.v.
Flossie *n (sl)* проститутка
flossing *n (US sl)* флирт, ухаживания
flossy *n (cant)* девушка
flourish it *v (low)* обнажиться
flower *n* 1. *(homos)* гомосексуалист 2. *(low)* женский лобок, наружные половые органы

flower-fancier *n (low obs)* бабник, волокита cf. flower 2

flower of chivalry *n (sl)* flower 2 q.v.

flower pot *n (sl)* flower 2 q.v.
flowers *n pl (sl)* менструация
flub *n (euph)* fuck *n* q.v.
flub *v (euph)* fuck *v* q.v.
flubber *n (euph)* fucker q.v.
flubbing *mod (euph)* fucking q.v.
fluff *n (sl)* 1. физически привлекательная женщина (usu a bit/piece of fluff) 2. глупая женщина 3. женские лобковые волосы 4. женоподобный мужчина

fluff *v (sl)* выпускать газы из кишечника

fluff-fluff *n (sl)* fluff *n* 1 q.v.

fluff log *n (sl)* записная книжка мужчины с адресами и телефонами "доступных" женщин cf. fluff *n* 1

flugie *n (cant)* floogy q.v.
flush *v (coll)* спустить воду в туалете
flush a wild duck *v (sl)* найти женщину для ухаживаний
flusher *n (sl)* туалет
flute *n (sl rare)* 1. гомосексуалист 2. пенис, половой член
fluts *n pl (US sl)* заднепроходное отверстие
flutter a judy *v (low obs)* совокупляться с женщиной
flutter a skirt *v (low obs)* быть уличной проституткой
flutterbum *n (sl)* ухажер, любовник
fly like a shit in a hurricane *v (vulg)* беспокоиться, быть в нетерпении
fly the flag *v (low obs)* 1. (о проститутке) работать на улице 2. менструировать
fly the red flag *v (low obs)* fly the flag 2 q.v.
flyball *n (sl)* гомосексуалист
fly-blown *mod (low obs)* 1. лишенный девственности 2. зараженный венерической болезнью
fly-by-night *n (low)* 1. женский лобок, наружные половые органы 2. распутный человек 3. *(obs)* проститутка
fly-cage *n (low)* fly-by-night 1 q.v.
fly-catcher *n (low)* fly-by-night 1 q.v

flychick *n* (*sl*) физически привлекательная молодая женщина

flying asshole *n* (*Air Force vulg*) наблюдатель на боевом самолете

flying handicap *n* (*sl*) приступ диареи, понос

flying sixty-nine *n* (*sl*) sixty-nine q.v.

fly paper *n* (*sl*) туалетная бумага

fly trap *n* (*low*) fly-by-night 1 q.v.

foam at the mouth *v* (*sl*) (о мужчине) быть на грани эякуляции

fobus *n* (*sl obs*) вагина, влагалище

fodder *n* (*sl*) туалетная бумага

fogey *n* (*sl*) старая дева

fogy *n* (*sl*) fogey q.v.

foist *n* (*low obs*) бесшумное выпускание газов из кишечника

follower *n* (*sl*) ухажер, любовник

fomp *v* (*college sl*) флиртовать

fond of meat *mod* (*low*) помешанный на сексе

fool around *v* (*sl*) ласкать, заниматься петтингом

fool around with somebody *v* (*coll obs*) флиртовать с кем-либо

fool-ass about *v* (*vulg*) 1. слоняться, убивать время 2. лезть не в свое дело

fool for dames *n* (*US sl*) мужчина, помешанный на женщинах

fool-maker *n* (*low*) пенис, половой член

fool-sticker *n* (*low*) fool-maker q.v.

fool trap *n* (*low*) 1. проститутка 2. женский лобок, наружные половые органы

foot for thought *n* (*humor sl*) пинок под зад (игра слов на food for thought)

fore-and-aft *v* (*Naval sl obs*) совокупляться

fore-and-after *n* (*Naval sl obs*) толстозадая проститутка

fore-buttocks *n pl* (*sl obs*) женская грудь

forecastle *n* (*low obs*) вагина, влагалище

forecourt *n* (*low obs*) forecastle q.v.

forehatch *n* (*low obs*) forecastle q.v.

foreigner *n* (*cant*) заключенный, отбывающий наказание за преступление на сексуальной почве

foreplay *n* (*sl*) любовная игра, подготовка к половому акту

foreskin *n* (*coll*) крайняя плоть

foreskin hunter *n* (*low*) проститутка

forewoman *n* (*sl obs*) вагина, влагалище

for-free *n* (*pros*) проститутка, сбивающая цены

forget oneself *v* (*euph*) (о ребенке) непроизвольно помочиться или испражниться

forgotten woman *n* (*euph*) проститутка

fork *n* (*euph*) fuck *n* q.v.

fork *v* (*euph*) fuck *v* q.v.

forker *n* (*euph*) fucker q.v.

forking *mod* (*euph*) fucking q.v.

fornicate *v* (*euph*) распутничать, развратничать

fornicate the poodle *v* (*euph*) fuck the dog q.v.

fornicating engine *n* (*low obs*) пенис, половой член

fornicating member *n* (*low obs*) fornicating engine q.v.

fornicating tool *n* (*low obs*) fornicating engine q.v.

fornication *n* (*euph*) разврат, блуд

fornicator *n* 1. (*euph*) развратник, блудник 2. (*sl*) пенис, половой член

fornicator's hall *n* (*low obs*) вагина, влагалище

Fort Bushy *n* (*sl*) вагина, влагалище

for the ducks of it *mod* (*euph*) for the hell of it q.v.

for the hell of it *mod* (*coll*) просто так, без особой причины

Fotzepolitik *n* (*sl*) cuntocracy q.v. (из немецкого)

foul-mouth *n* (*coll*) человек, употребляющий в речи неприличные слова

foul-mouthed *mod* (*coll*) употребляющий неприличные слова

four F method *n* (*US sl*) потребительское отношение к женщине (от find, feel, fuck and forget нашел, приласкал, переспал и забыл или find, fuck, fool and forget нашел, переспал, обманул (бросил) и забыл)

four-legged frolick *n* (*low obs*) половое сношение

four-letter man *n* (*low*) 1. крайне неприятный человек 2. гомосексуалист (от homo)

four-letter words *n pl* (*sl*) вульгарная лексика (arse, cock, cunt, fart, fuck, piss, shit, turd q.q.v.)

fox *n* (*sl*) физически привлекательная женщина

fox trap *n* (*sl*) легковой автомобиль, который его владелец использует как приманку для женщин легкого поведения

foxy *mod* (*sl*) физически привлекательный

foxy lady *n* (*sl*) fox q.v.

frail *n* (*sl*) 1. физически привлекательная женщина 2. женщина легкого поведения 3. любовница

frail cel *n* (*sl*) frail 2 q.v.

frail flossie *n* (*sl*) frail 2 q.v.

frail job *n* (*sl*) 1. физически привлекательная, распутная женщина 2. совокупление с женщиной

frame *n* 1. (*homos*) гетеросексуальный женоподобный мужчина 2. (*euph*) fuck n q.v.

frame *v* (*euph*) fuck v q.v.

frame-dame *n* (*sl*) сексапильная глупая девушка

framer *n* (*euph*) fucker q.v.

framing *mod* (*euph*) fucking mod q.v.

frances *n* (*euph*) fanny q.v.

fraternize *v* 1. (*Army sl obs*) иметь половую связь с женщиной в оккупированной стране 2. (*sl*) вступать в половую связь

frau *n* (*sl*) 1. полная, строгая женщина 2. жена (из немецкого)

freak *n* (*sl*) 1. гомосексуалист 2. женоподобный мужчина 3. мужеподобная женщина 4. человек, страдающий одним из половых извращений 5. (*euph*) fuck *n* q.v.

freak *v* (*euph*) fuck *v* q.v.

freaker *n* (*euph*) fucker q.v.

freaking *mod* (*euph*) fucking q.v.

freak trick *n* (*pros*) клиент-извращенец

free-and-easy *n* (*US sl*) женщина легкого поведения

free-and-easy *mod* (*US sl*) (о женщине) распутная

free-fishery *n* (*low obs*) 1. женский лобок 2. женские наружные половые органы

free-for-all *n* (*sl*) женщина легкого поведения

free-fucking *n* (*vulg*) 1. половая распущенность 2. бесплатное совокупление

freeholder *n* (*pros*) 1. любовник проститутки 2. мужчина, материально поддерживаемый проституткой

free issue n (Naval sl) презерватив
free-lance n (US sl) 1. бабник, волокита 2. распутная женщина
free-lancer n (US sl) free-lance q.v.
free love n (sl) половая жизнь вне брака
free lunch n (sl) женщина легкого поведения
freeman n (sl) любовник замужней женщины
free neck n (sl) женщина, любящая петтинг
free of the bush mod (low obs) крайне интимный (в отношениях с женщиной)
free show n (sl) вид женских бедер, груди, обнаженного тела (особ. когда женщина не знает об этом)
free-wheeler n (sl) 1. женщина легкого поведения 2. распутный человек
free-wheeling mod (US sl) распутный
freeze n (sl) отказ жены в половой близости
freezer n (sl) холодная женщина
French n (vulg) 1. сексуальное удовлетворение, полученное при помощи орального секса 2. оральный половой акт
French v (vulg) заниматься оральным сексом
French mod 1. (sl) (о женских ногах) стройные 2. (vulg) (о половом акте) оральный
French ache(s) n (sl) сифилис
French curves n pl (sl) стройная фигура (обыч. женская)
French disease n (US sl) венерическое заболевание (особ. сифилис)
French fever n (sl) French ache(s) q.v.
Frenchie n (sl) French letter q.v.

French kiss n 1. (sl) страстный поцелуй (с использованием языка) 2. (vulg rare) оральный секс
French-kiss somebody v 1. (sl) страстно целовать кого-либо 2. (vulg rare) заниматься с кем-либо оральным сексом
French letter n (low) презерватив
French marbles n pl (sl) French ache(s) q.v.
French measles n pl (sl) French ache(s) q.v.
French mole n (sl) French ache(s) q.v.
French pig n (low obs) венерическая язвочка
French post card n (sl) порнографическая фотография
French pox n (sl) French ache(s) q.v.
French prints n pl (coll obs) неприличные рисунки, фотографии
French safe n (sl) French letter q.v.
French tricks n pl (sl) оральный секс
French way n (sl) French tricks q.v.
Frenchy n (sl) French letter q.v.
fresh mod (sl) 1. готовый пофлиртовать 2. сексуально агрессивный
fresh as a new-born turd mod (low obs) пышущий здоровьем, сильный
fresh bit n (low obs) новая любовница
fresh cow n (med sl) пациент, впервые заболевший гонореей
freshen somebody v (sl) сексуально возбудить кого-либо
fresh greens n (low obs) молодая проститутка

fresh meat *n (low)* 1. неопытная проститутка 2. порядочная женщина (в отличие от dead meat и frozen meat q.q.v.)
frick *n (euph)* fuck *n* q.v.
frick *v (euph)* fuck *v* q.v.
fricker *n (euph)* fucker q.v.
fricking *mod (euph)* fucking q.v.
fried chicken *n (sl)* страстная молодая женщина cf. hot
fried eggs *n pl (sl)* маленькая женская грудь
friend *n* 1. (*pros*) сутенер 2. (*US sl*) менструация (usu have a friend to stay)
friend-boy *n (sl)* boyfriend q.v.
friend-girl *n (sl)* girlfriend q.v.
friends to stay *n pl (US sl)* менструация (usu have friends to stay)
frig *n* 1. (*euph*) fuck *n* q.v. 2. (*sl*) мастурбация (обыч. о женщине)
frig *v* 1. (*euph*) fuck *v* q.v. 2. (*sl*) (о женщине) мастурбировать
frig somebody *v* 1. (*euph*) fuck somebody q.v. 2. (*sl*) доставлять кому-либо сексуальное удовлетворение мануально
frigger *n (euph)* fucker q.v.
frigging *mod (euph)* fucking q.v.
frighten the hell out of somebody *v (coll)* сильно испугать кого-либо
frighten the piss out of somebody *v (low)* frighten the hell out of somebody q.v.
frighten the shit out of somebody *v (vulg)* frighten the hell out of somebody q.v.
frigidaire *mod (coll)* фригидный, сексуально холодный
frigid midget *n (sl)* фригидная, холодная женщина
frigster *n (sl)* мастурбатор, онанист (как мужчина, так и женщина)
frigstress *n (sl)* онанистка (только о женщине)
frill *n (cant)* женщина
frillies *n pl (sl)* женское нижнее белье
frippet *n (mil sl)* физически привлекательная молодая женщина
frit *n (homos)* гомосексуалист
frisk somebody *v (low)* совокупляться с женщиной
frisky *mod (coll obs)* игривый (в сексуальном плане)
friz somebody *v (low)* frisk somebody q.v.
frizzer *n (euph)* fucker q.v.
frizzing *mod (euph)* fucking q.v.
frock *n (euph)* fuck n q.v.
frock *v (euph)* fuck v.q.v.
frocker *n (euph)* fucker q.v.
frocking *mod (euph)* fucking mod q.v.
frog *n (sl)* презерватив (от распространенного прозвища французов "лягушатник") cf. Frenchy
froggie *n (Naval sl)* frog q.v.
frog-skin *n (sl)* frog q.v.
from ass-hole to breakfast time *mod (low)* все время cf. ass-holes to breakfast time
from hell to breakfast *mod (coll)* полностью, от А до Я
front attic *n (low obs)* вагина, влагалище
front bottom *n (sl)* front attic q.v.
front-door mat *n (low)* front attic q.v.
front garden *n (low obs)* front attic q.v.
front gut *n (low obs)* front attic q.v.
front parlour *n (low obs)* front attic q.v.
front room *n (low obs)* front attic q.v.
front suspension *n (sl)* лифчик

front window *n* (*low obs*) front attic q.v.
froth at the mouth *v* (*US sl*) быть сексуально возбужденным
froth bugle *n* (*Naval sl*) презерватив
frozen meat *n* (*pros*) проститутка cf. dead meat, fresh meat
fruit *n* 1. (*sl*) гомосексуалист 2. (*sl obs*) распутный человек 3. (*cant*) женщина легкого поведения
fruit *v* (*sl rare*) распутничать
fruit cake *n* (*sl*) fruit 1 q.v.
fruiter *n* (*sl*) fruit 1 q.v.
fruit fly *n* (*homos*) женщина замужем за гомосексуалистом cf. fag bag
fruitful vine *n* (*low obs*) вагина, влагалище
fruit picker *n* (*homos*) мужчина, считающийся гетеросексуальным, но который время от времени занимается гомосексуализмом
fruity *mod* (*sl*) гомосексуальный
fubar см. Приложение 1
fubb см. Приложение 1
fubis см. Приложение 1
fuck *n* (*vulg*) 1. совокупление 2. женщина, рассматриваемая с точки зрения совокупления 3. сперма (особ. рассматриваемая как показатель мужской потенции) cf. full of fuck 4. негодяй, подлец
fuck *v* (*vulg*) совокупляться
fuck *interj* (*vulg*) выражает неудовлетворение, гнев
fuck about *v* (*vulg*) 1. валять дурака 2. распутничать
fuck about with something *v* (*vulg*) приводить что-либо в беспорядок
fuck anything from seventeen to seventy *v* (*vulg*) (о мужчине) быть чрезвычайно сексуально активным
fuck anything on two legs *v* (*vulg*) fuck anything from seventeen to seventy q.v.
fuck anything with a hole in it *v* (*vulg*) fuck anything from seventeen to seventy q.v.
fuck around *v* (*vulg*) 1. попусту терять время 2. бродяжничать 3. вести распутный образ жизни
fuck like a mink *v* (*vulg*) (о женщине) быть чрезвычайно распутной
fuck like a rattlesnake *v* (*vulg*) (о мужчине) весьма энергично совокупляться
fuck like a stoat *v* (*vulg obs*) вести активную половую жизнь
fuck off *v* (*vulg*) 1. уходить (обыч. употребляется в повелительном наклонении) 2. мастурбировать 3. бездельничать, впустую проводить время 4. ошибаться 5. увиливать от работы, от выполнения задания
fuck oneself *v* (*vulg*) 1. делать то, что хочется самому 2. (*rare*) мастурбировать
fuck over (with) somebody *v* (*vulg*) дурачить, обманывать кого-либо
fuck right off *v* (*vulg*) уходить (обыч. употребляется в повелительном наклонении)
fuck somebody *v* (*vulg*) 1. совокупляться с кем-либо (об обоих полах) 2. обманывать кого-либо
fuck somebody about *v* (*vulg*) относиться к кому-либо невнимательно, игнорировать кого-либо
fuck somebody around *v* (*vulg*) fuck somebody about q.v.
fuck somebody blue *v* (*vulg*) довести кого-либо до полного изнеможения в ходе полового акта
fuck somebody off *v* (*vulg*) раздражать, утомлять кого-либо

fuck somebody out of something *v (vulg)* обмануть кого-либо; выманить у кого-либо что-либо обманом

fuck somebody's brain(s) *v (vulg)* fuck somebody's mind q.v.

fuck somebody's mind *v (vulg)* запутывать кого-либо; "промывать мозги"

fuck somebody up *v (vulg)* 1. дразнить кого-либо 2. подвести кого-либо 3. обманывать кого-либо

fuck something up *v (vulg)* испортить что-либо

fuck the dog *v (vulg)* 1. увиливать от работы, бездельничать 2. бродяжничать 3. заниматься ненужной работой 4. изображать кипучую деятельность cf. fornicate the poodle

fuck up *v (vulg)* 1. несерьезно относиться к работе 2. портить что-либо 3. *(rare)* бездельничать

fuck with somebody *v (vulg)* 1. вмешиваться в чьи-либо дела, мешать кому-либо 2. действовать кому-либо на нервы, раздражать кого-либо 3. пытаться обмануть кого-либо

fuck with something *v (vulg)* 1. вмешиваться во что-либо 2. неумело с чем-либо обращаться

fuckable *mod (vulg)* (о женщине) сексуально привлекательная cf. fucksome

fuck-all *pron (vulg)* ничего

fuck-ass *n (vulg)* негодяй

fuck-beggar *n (vulg obs)* импотент или мужчина со сниженной потенцией

fuck book *n (vulg)* книга с большим количеством эротических сцен; порнографическая книга

fucked *mod (vulg)* 1. чрезвычайно усталый 2. очень пьяный 3. конченый (о человеке) 4. обманутый 5. (о предмете) испорченный, негодный

fucked and far from home *mod (mil vulg)* в очень плохом настроении, страдающий от ностальгии, грустный

fucked by the fickle finger of fate *mod (mil vulg)* невезучий

fucked out *mod (vulg)* уставший; разбитый (о физическом состоянии человека)

fucked up *mod (vulg)* 1. запутанный (о плане, работе, действии) 2. озабоченный 3. испорченный

fucked-up and far from home *mod (mil vulg)* fucked and far from home q.v.

fucker *n (vulg)* 1. любовник 2. любой мужчина 3. неприятный человек, негодяй

fuck-face *n (vulg)* некрасивый человек, урод

fuck-fest *n (vulg)* сексуальная оргия

fuck-film *n (vulg)* порнографический фильм

fuck-finger *n (vulg)* 1. средний палец руки cf.finger wave 2. *(obs)* (о женщине) онанистка

fuck-fist *n (vulg obs)* (о мужчине) мастурбатор

fuck-hole *n (vulg)* вагина, влагалище

fucking *n (vulg)* совокупление

fucking *mod (vulg)* 1. трудный 2. незначительный 3. уродливый, неприятный 4. чертов, проклятый 5. (в знач. наречия) очень

fuckish *mod (vulg)* (о женщине) распутная

fuck-off *n (vulg)* человек, который ничего не может сделать как следует, растяпа; неудачник

fuck-pig n (Cockney vulg) неприятный человек

fucksome mod (vulg) (о женщине) сексуально привлекательная cf. fuckable

fuckster n (vulg) мужчина, чрезвычайно любящий заниматься сексом

fuckstress n (vulg) женщина, чрезвычайно любящая заниматься сексом

fuck-up n (vulg) 1. беспорядок, путаница 2. ошибка

fucky mod (vulg) fucking mod q.v.

fuck(y)-fuck n (vulg) fucking n q.v.

fud n (coll obs) лобковые волосы

fuddyduddy n (sl) женоподобный мужчина

fudge somebody v (vulg) довести партнера до оргазма мануальной манипуляцией пениса или вагины

fudge-packer n (sl) гомосексуалист

fluff n (sl) fuddyduddy q.v.

fugitive from a daisy chain gang n (sl) 1. женоподобный мужчина 2. лесбиянка, играющая мужскую роль

fugle somebody v (sl) изменить кому-либо в любви

fugly mod (sl) толстый и некрасивый (от fat и ugly)

full-bottomed mod (coll) толстозадый

full-breeched mod (coll) full-bottomed q.v.

full-flavoured mod (US sl) неприличный

full-fledged mod (low) (о женщине) сексуально возбужденная

full hand n (sl) сифилис и гонорея одновременно

full house n (US sl) заражение несколькими венерическими заболеваниями одновременно

full in the belly mod (low) беременная

full of bull mod (sl) full of shit q.v.

full of crap mod (low) full of shit q.v.

full of 'em mod (low) больной педикулёзом, завшивевший

full of fuck mod (vulg) 1. смелый, мужественный 2. полный сил

full of fuck and half starved mod (vulg) (о мужчине) долгое время не имевший половых сношений

full of gism mod (sl) страстный

full of heir mod (sl) full in the belly q.v. (игра слов на air и heir)

full of it mod 1. (sl) full in the belly q.v. 2. (euph) full of shit q.v.

full of jism mod (sl) full of gism q.v.

full of piss and vinegar mod (vulg) 1. энергичный, пышущий здоровьем 2. интересный, забавный

full of shit mod (vulg) 1. глупый 2. дающий неверную информацию, лживый

full of shit as a cranberry merchant mod (vulg) full of shit q.v.

full of shit as a Christmas turkey mod (vulg) full of shit q.v.

full of vinegar mod (euph) full of piss and vinegar q.v.

full-pooped mod (coll) full-bottomed q.v.

full sail n (sl) женское нижнее белье, видное через вырез платья

fumble v (coll) ласкать женщину

fumbler *n (coll)* 1. импотент 2. муж, не способный выполнить свои супружеские обязанности
fumbler's hall *n (coll obs)* вагина, влагалище
fumbling *mod (coll obs)* сексуально несостоятельный
fumtu см. Приложение 1
fun and games *n (sl)* 1. совокупление 2. петтинг; любовная игра перед совокуплением
funk *n (euph)* fuck n q.v.
funk *v (euph)* fuck v q.v.
funker *n (euph)* fucker q.v.
funking *mod (euph)* fucking q.v.
funky-assed *mod (vulg)* унылый, в плохом настроении
funniment *n (sl obs)* вагина, влагалище
funny bit *n (low)* funniment q.v.
fur *n (vulg)* 1. вагина, влагалище 2. лобковые волосы
furbelow *n (sl obs)* fur 2 q.v.
furze *n (low)* fur 2 q.v.
furze-bush *n (low)* fur 2 q.v.
fuss *n (euph)* fuck n q.v.
fuss *v (euph)* fuck v q.v.
fuss somebody *v (coll obs)* заниматься с кем-либо петтингом, ласкать кого-либо
fuss somebody up *v (coll)* fuss somebody q.v.
fuss-ass *n (low)* суетливый, нервный человек
fussed up *mod (sl)* похотливый
fusser *n (sl)* 1. любитель петтинга 2. бабник, волокита 3. fucker q.v.
fussing *n (sl)* ласки, петтинг
fussing *mod (euph)* fucking mod q.v.
fuss-up *n (sl)* fussing n q.v.
futter *n (sl obs)* fucker q.v.
futter *v (sl obs)* совокупляться (от фр. foutre)
futterer *n (sl obs)* fucker q.v.
futtering *mod (sl obs)* fucking mod q.v.

future *n* 1. *(sl)* жених, невеста 2. *(vulg)* мошонка
futy *n (vulg)* вагина, влагалище
futy *v* 1. *(sl)* бездельничать 2. *(sl)* суетиться; ныть 3. *(vulg)* совокупляться
futz *n (vulg)* 1. вагина, влагалище 2. fuck n q.v.
futz *v (vulg)* fuck v q.v.
futz about *v (vulg)* 1. fuck up q.v. 2. бездельничать 3. сексуально дразнить кого-либо 4. вмешиваться, надоедать (usu futz about with something)
futz around *v (vulg)* futz about q.v.
futzed up *mod (vulg)* fucked up q.v.
futzing *n (sl)* совокупление
futzing *mod (euph)* fucking q.v.
fuzzface *n (sl)* катамит, мальчик-педераст
fuzzy *mod (sl)* похотливый
fyfas см. Приложение 1

G

gab goober *n (US sl)* поцелуй
gab room *n (sl)* туалет (usu go to/visit the gab room)
gadget *n* 1. *(Army sl)* девушка 2. *(sl)* лоскут ткани, пропущенный между ног и придерживаемый поясом (употребляется в стриптизе) cf. G-string
gadgets *n pl (US sl)* половые органы
gaff *n (low)* публичный дом
gaga girlie *n (sl)* глупая девушка
gal *n* 1. *(sl)* физически привлекательная девушка 2. *(sl)* любовница 3. *(sl obs)* проститутка
gal-boy *n (sl)* мужеподобная женщина

gallop one's antelope *v* (*sl*) (о мужчине) мастурбировать
gallop one's maggot *v* (*sl*) gallop one's antelope q.v.
galloping dandruff *n* (*sl*) вши (в т.ч. лобковые)
gal officer *n* (*sl rare*) лесбиянка
gal-sneaker *n* (*sl*) бабник, волокита
gam *n* 1. (*sl*) женский гигиенический пакет или тампон 2. (*mil sl*) gamaroosh(e) *n* q.v.
gam *v* (*mil sl*) gamaroosh(e) *v* q.v.
gamahuche *n* (*mil sl*) gamaroosh(e) *n* q.v.
gamaroosh(e) *n* (*low*) вид полового удовлетворения мужчины, при котором женщина облизывает половой член (из арабского)
gamaroosh(e) *v* (*low*) (о женщине) облизывать половой член
gamaruche *n* (*low*) gamaroosh(e) *n* q.v.
gamaruche *v* (*low*) gamaroosh(e) *v* q.v.
gambs *n pl* (*sl*) gams q.v.
gam cases *n pl* (*sl*) чулки (особ. на красивых ногах) cf. gams
game *mod* (*sl*) (о женщине) занимающаяся проституцией
gamp *n* (*med sl*) акушерка
gams *n pl* (*sl*) женские ноги (особ. стройные)
ganch somebody *v* (*humor sl*) совокупляться с кем-либо (букв.посадить на кол)
gang-bang *n* (*sl*) 1. девушка, совокупляющаяся с несколькими мужчинами подряд 2. половой акт, в котором участвуют много мужчин и женщин 3. групповое изнасилование
gang-bang *v* (*sl*) 1. совокупляться с несколькими мужчинами подряд 2. совершать групповое изнасилование

gang-fuck *n* (*vulg*) gang-bang *n* 1 q.v.
gang-fuck *v* (*vulg*) gang-bang *v* 1 q.v.
gangleshanks *n pl* (*US sl*) длинные худые ноги
gang party *n* (*vulg*) вечеринка, на которой несколько мужчин подряд совокупляются с одной женщиной
gang shag *n* (*vulg*) gang-bang *n* q.v.
gang shay *n* (*vulg*) gang-bang *n* q.v.
gaol-bait *n* (*sl*) jail-bait q.v.
gap *n* 1. (*sl*) ложбинка между женскими грудями 2. (*low*) женский лобок
gape *n* (*low obs*) наружные женские половые органы
gape over the garter *n* (*low obs*) gape q.v.
gaper *n* (*low obs*) gape q.v.
gaper over the garter *n* (*low obs*) gape q.v.
gapo см. Приложение 1
gap-stopper *n* (*low obs*) пенис, половой член
garbage can *n* (*sl*) 1. физически непривлекательная девушка 2. дешевая проститутка
garbage mouth *n* (*sl*) человек, употребляющий в речи вульгарные слова cf. foul mouth
garden *n* (*coll*) женский лобок, наружные половые органы
gardener *n* (*coll obs*) пенис, половой член
garden hedge *n* (*low obs*) женские лобковые волосы
Garden of Eden *n* (*euph*) garden q.v.
garrison-hack *n* (*mil sl*) гарнизонная проститутка
gas bum *n* (*sl*) бездомный автомобилист cf. bum

gash *n* 1. (*vulg*) женщина как сексуальный объект 2. (*vulg*) вагина, влагалище 3. (*sl*) проститутка 4. (*sl*) женщина легкого поведения 5. (*low*) женский лобок

gash bucket *n* (*cant and mil sl*) ведро, служащее как писсуар

gash hound *n* (*sl*) бабник, ловелас

gas-pain *n* (*euph*) pain in the ass q.v.

gate of horn *n* (*low*) женский лобок; наружные женские половые органы cf. horn

gate of life *n* (*euph*) gate of horn q.v.

gather lip rouge *v* (*US sl*) 1. целоваться 2. волочиться за женщинами

gaucho *v* (*sl*) показывать кому-либо голый зад (обыч. в окно автомобиля)

gaum somebody up *v* (*sl*) (о пище) вызывать у кого-либо запор

gaumed up *mod* (*US sl*) страдающий запором

gaunch *n* (*sl rare*) физически непривлекательная девушка

gay *n* (*sl*) гомосексуалист

gay *mod* (*sl*) гомосексуальный

gay as a row of (pink) tents *mod* (*sl*) явно гомосексуальный

gay as pink ink *mod* (*sl*) gay as a row of (pink) tents q.v.

gay bird *n* (*sl obs*) распутный человек

gay boy *n* (*sl*) gay *n* q.v.

gay deceivers *n pl* (*sl*) накладная грудь cf. falsies

gay dog *n* (*sl obs*) gay bird q.v.

gay freedom *n* (*sl*) gay lib q.v.

gay girl *n* (*sl obs*) женщина легкого поведения

gay house *n* (*sl obs*) публичный дом

gay in the ass *mod* (*vulg obs*) (о женщине) распутная

gay in the groin *mod* (*sl obs*) gay in the ass q.v.

gay in the legs *mod* (*sl obs*) gay in the ass q.v.

gay it *v* (*coll obs*) совокупляться

gay lib *n* (*sl*) борьба за права гомосексуалистов (от gay liberation) cf. gay

gay Lothario *n* (*US sl; UK sl obs*) бабник, волокита (по имени героя пьесы "The Fair Penitent" Николаса Роу)

gay old dog *n* (*sl obs*) gay bird q.v.

gay power *n* (*sl*) гомосексуалисты как организованная сила в борьбе за свои права

gay wench *n* (*sl obs*) gay girl q.v.

gay woman *n* (*sl obs*) gay girl q.v.

gazoo *n* (*sl*) 1. ягодицы 2. анус, задний проход

gazook *n* (*sl*) катамит, пассивный гомосексуалист

gazooney *n* (*sl*) gazook q.v.

gazoony *n* (*sl*) gazook q.v.

gee-dee *mod* (*euph*) god damn(ed) q.v.

gee-dee illegitimate *n* (*euph*) god damned bastard q.v.

gee-gee *n* (*vulg*) gigi q.v.

geep *n* (*sl*) дамский угодник

gee-whiz string *n* (*sl*) G-string q.v.

gel *n* (*Cockney sl*) девушка

geldind *n* (*sl obs*) евнух, кастрат.

gender-bender *mod* (*sl*) (об одежде, прическе) стирающая различие между полами

generating place *n* (*low obs*) женский лобок; наружные женские половые органы

generating tool *n* (*low obs*) пенис, половой член

generation tool *n* (*low obs*) generating tool q.v.

G

ABC of Dirty English

gentle art *n (sl)* петтинг
gentle craft *n (sl)* gentle art q.v.
gentleman of the back door *n (sl obs)* содомит; гомосексуалист
gentleman's pleasure-garden *n (humor coll obs)* женский лобок; наружные половые органы cf. garden
gentlemen's (room) *n (euph)* мужской туалет
gentlemiss *n (sl)* женоподобный мужчина (игра слов на gentleman и miss)
gents *n sing (UK sl)* мужской туалет (от gentlemen's (room) q.v.
geography *n (coll)* гениталии, половые органы
George *n (Naval sl)* 1. дефекация (usu have/take a George) 2. туалет (usu go to/visit the George) см. George the Third в Приложении 3
george somebody *v (sl)* соблазнять кого-либо
geranium *n (sl)* 1. физически привлекательная девушка 2. женоподобный мужчина
German pox *n (sl rare)* сифилис cf. French pox
German troilism *n (sl)* групповой половой акт, в котором участвуют один мужчина и две женщины cf. troilism
gerry *n (sl)* испражнение, дефекация
get a belly-bumber *v (low)* забеременеть
get a belly-buster *v (low)* get a belly-bumber q.v.
get a bit *v (low)* совокупляться
get about *v (low obs)* get a bit q.v.
get a couple of lengths in (somebody) *v (sl)* (о мужчине) совокупляться (с кем-либо)

GEN

get a fart off a dead man *v (low)* не получить ничего; не достичь ничего
get a haircut *v (cant)* заразиться венерической болезнью
get a knob *v (low)* get a haircut q.v.
get a leg over *v (low)* совокупляться
get a little *v (sl)* совокупляться
get a marked tray *v (cant)* заразиться венерической болезнью (в тюрьме такому больному приносят еду на специально помеченном подносе)
get an encore *v (low)* достичь второй эрекции во время полового акта
get any *v (sl)* совокупляться (часто употребляется при приветствии мужчин - Getting any?)
get a rise *v (coll)* испытать эрекцию
get a round of applause *v (sl)* заразиться гонореей (от clap q.v.)
get a rusty rifle *v (mil sl)* заразиться венерической болезнью
get a strangle hold on somebody *v (US sl)* ласкать кого-либо, заниматься с кем-либо петтингом
get a ticket *v (sl obs)* заразиться венерической болезнью (во время первой мировой войны венерические больные отправлялись в тыл с особым направлением - ticket)
get a wet bottom *v (low)* (о женщине) совокупляться
get caught *v (sl)* забеременеть
get down *v (sl)* совокупляться
get down on somebody *v (vulg)* заниматься с кем-либо оральным сексом
get down to it *v (coll)* get down q.v.

get 'em young, treat 'em rough and tell 'em nothing *v* (*US sl*) волочиться за кем-либо, распутничать

get fixed up *v* (*sl*) совокупляться

get hell *v* (*sl*) получить нагоняй

get home *v* (*low*) 1. довести женщину до оргазма 2. оплодотворить женщину

get hot *v* (*sl*) сексуально возбудиться

get in *v* (*US sl*) совокупляться

get in a woman's beef *v* (*low obs*) совокупляться с женщиной

get into her *v* (*low*) get in a woman's beef q.v.

get into her pants *v* (*low*) get in a woman's beef q.v.

get into somebody *v* (*low*) (о мужчине) совокупляться cf. get outside of somebody

get it *v* (*low obs*) заразиться венерической болезнью

get it off *v* (*vulg*) 1. эякулировать 2. довести кого-либо до эякуляции 3. совокупляться 4. мастурбировать

get it on *v* (*sl*) сексуально возбудиться

get it up *v* (*low*) испытать эрекцию

get Jack in the orchard *v* (*coll obs*) совокупляться cf. garden

get knocked up *v* (*sl*) забеременеть

get laid *v* (*sl*) (о женщине) совокупляться

get lip *v* (*sl*) целоваться

get more than bed and breakfast *v* (*sl*) (о жильце) спать с хозяйкой или ее дочкой

get next to somebody *v* (*sl*) ласкать кого-либо

get off *v* (*sl*) 1. (о мужчине) эякулировать 2. (о женщине) испытать оргазм 3. убедить представителя противоположного пола вступить в половую связь

get off at Redfern *v* (*Austr sl*) практиковать прерванный половой акт (Редферн - последняя железнодорожная станция перед Сиднеем)

get off one's ass *v* (*vulg*) приступить к работе

get off one's rear *v* (*euph*) get off one's ass q.v.

get off with somebody *v* (*sl*) хорошо провести время с представителем противоположного пола (включая совокупление)

get one's ashes hauled *v* (*sl*) совокупляться, получить сексуальное удовлетворение (обыч. с проституткой)

get one's ass in a bind *v* (*vulg*) 1. устать 2. расстроиться 3. попасть в неприятное положение

get one's ass in an uproar *v* (*vulg*) разозлиться

get one's ass in a sling *v* (*vulg*) get one's ass in a bind q.v.

get one's balls chewed off *v* (*vulg*) получить выговор, нагоняй

get one's balls in an uproar *v* (*vulg*) get one's ass in an uproar q.v.

get one's bowels in an uproar *v* (*euph*) get one's ass in an uproar q.v.

get one's end away *v* (*sl*) (о мужчине) совокупляться

get one's end in *v* (*sl*) get one's end away q.v.

get one's end wet *v* (*sl*) get one's end away q.v.

get one's finger out *v* (*euph*) get one's finger out of one's ass q.v.

get one's finger out of one's ass *v* (*vulg*) перестать бездельничать, начать работать cf. take one's finger out

get one's greens *v (low obs)* совокупляться

get one's hair cut *v (low)* пойти к женщине (с целью совокупления)

get one's hand on it *v (low obs)* ласкать женские половые органы

get one's head out of one's ass *v (low)* думать головой, начать вести себя рассудительно

get one's hooks into somebody *v (sl)* (о женщине) соблазнить мужчину (с целью последующей женитьбы)

get one's leg across *v (low)* совокупляться

get one's leg over *v (sl)* get one's leg across q.v.

get one's nuts cracked *v (vulg)* совокупляться

get one's nuts off *v (vulg)* эякулировать

get one's oats from somebody *v (sl)* совокупляться

get one's oil changed *v (vulg)* совокупляться

get one's rocks off *v (vulg)* get one's nuts off q.v.

get one's shit hot *v (vulg)* разозлиться, выйти из себя

get one's shit together *v (vulg)* собраться с мыслями; взять себя в руки, успокоиться

get on somebody's ass *v (vulg)* 1. напасть на чей-либо след 2. ругать кого-либо

get on the old fork *v (sl)* совокупляться

get on with the job *v (coll)* приступить к совокуплению, не теряя времени

get outside of somebody *v (low obs)* (о женщине) совокупляться cf. get into somebody

get over her garter *v (low obs)* допускать вольности с женщиной

get over the garter *v (low obs)* get over her garter q.v.

get shot in the tail *v (sl)* (о женщине) переспать с мужчиной

get some *v (sl)* совокупляться

get somebody by the short hair(s) *v (sl)* загнать кого-либо в угол cf. short hair(s)

get somebody's motor running *v (sl)* сексуально возбудить кого-либо

get somebody wrong *v (sl)* оплодотворить женщину

get some nookie *v (sl)* совокупляться

get some poontang *v (sl)* совокупляться

get some round eye *v (sl)* заниматься оральным сексом

get something going with somebody *v (sl)* состоять с кем-либо в половой связи

get stuck into somebody *v (sl)* совокупляться с женщиной

get the butt *v (sl)* разозлиться, выйти из себя

get the crap on *v (UK low)* испугаться

get the dirty water off one's chest *v (low)* (о мужчине) получить сексуальное удовлетворение путем поллюции

get the hell out of *v (sl)* уйти (часто употребляется в императиве)

get the lead out *v (euph)* get the lead out of one's ass q.v.

get the lead out of one's ass *v (vulg)* торопиться (обыч. употребляется в императиве)

get the lead out of one's pants *v (sl)* get the lead out of one's ass q.v.

get there *v (sl)* (о мужчине) совокупляться

get the shits up *v (vulg)* паниковать

get the shitty end (of the stick) v (vulg) попасть в неприятное положение
get through v (low) совокупляться с женщиной (первоначальное значение - лишать девственности)
get to first base v (sl) достичь определенного успеха с представителем противоположного пола (обыч. употребляется в негативном контексте) (термин из бейсбола)
get TV behind v (sl) растолстеть (обыч. употребляется по отношению к толстозадым женщинам, которые много времени проводят, сидя перед телевизором)
get up behind somebody v (sl) переспать с женщиной
get up somebody v (sl) совокупляться с кем-либо
get wrong v (sl) забеременеть
get-together principle n (US sl) сексапил, физическая привлекательность
ghost turd n (vulg) комок свалявшейся пыли под кроватью
ghoul n (sl) садист
giddy Gertie n (sl) глупая женщина
gidget n (sl) физически привлекательная женщина
gifted mod (homos) гомосексуальный
gig n 1. (vulg) задний проход 2. (vulg rare) вагина, влагалище 3. (sl) емкость с жидкостью для подмывания/спринцевания 4. (sl) мужчина, живущий за счет женщины 5. (sl) жиголо
giggle-gusher n (sl) физически привлекательная девушка недалекого ума
giggles n sing (sl) giggle-gusher q.v.
giggle-stick n (low) пенис, половой член
gigglette n (sl) giggle-gusher q.v.
giggling-pin n (low) giggle-stick q.v.
giggy n (low) анус, заднепроходное отверстие
gigi n (vulg) 1. вагина, влагалище 2. задний проход
gigolette n (sl) gold-digger q.v.
gigolo n (sl) жиголо, мужчина-проститутка (обслуживающий женщин)
gigolothario n (sl) распутник (от gigolo и Lothario q.q.v)
gill n (sl) женщина легкого поведения
Gill n (sl) любовница
gimme girl n (sl) gold-digger q.v.
gin n (sl) проститутка-негритянка
ginch n (sl rare) женщина, рассматриваемая как сексуальный объект
gingambobs n pl (sl obs) яички
ginger n (pros) проститутка, обворовывающая клиента
gingerer n (pros) ginger q.v.
ginger girl n (pros) ginger q.v.
ginger somebody v (pros) обворовывать клиента
gingumbobs n pl (sl obs) gingambobs q.v.
giraffe n (college sl rare) человек, любящий петтинг
giraffe somebody v (sl) ласкать кого-либо, заниматься с кем-либо петтингом
giraffer n (college sl rare) giraffe q.v.
giraffing n (sl) петтинг
girl n 1. (coll) любовница 2. (coll) проститутка 3. (homos) гомосексуалист 4. (coll) мужчина-проститутка 5. (sl) женоподобный мужчина
girl v (sl) бегать за женщинами
girl at ease n (sl) проститутка
girl below the line n (sl) girl at ease q.v.

girl-catcher *n (low obs)* пенис, половой член
girl-chaser *n (low)* girl-catcher q.v.
girl-crazy *mod (sl)* (о мужчине) чересчур увлекающийся женщинами
girlery *n (coll obs)* публичный дом
girl-friend *n (sl)* любовница
girlie *n (sl)* girl n q.v.
girlie mag(azine) *n (coll)* журнал, содержащий фотографии обнаженных и полуобнаженных женщин
girlie show *n (sl)* шоу с демонстрацией полуобнаженного или полностью обнаженного женского тела
girlometer *n (humor low obs)* пенис, половой член
girl on the turf *n (sl)* проститутка
girls *n pl (coll obs)* собир. проститутки
girl-shop *n (low obs)* публичный дом
girl-show *n (sl)* балет или варьете, в котором участвуют полуобнаженные женщины cf. girlie show
girl-spree *n (sl)* вечеринка, в которой принимают участие женщины легкого поведения
girl-trap *n (low. obs)* соблазнитель, волокита
girl who won't *n (sl)* респектабельная, приличная женщина
girl with a gold standard *n (sl)* gold-digger q.v.
girl with plenty of here and there *n (sl)* физически привлекательная молодая женщина
girl with plenty of these and those *n (sl)* girl with plenty of here and there q.v.

girl with plenty of this and that *n (sl)* girl with plenty of here and there q.v.
G.I. shits *n (mil vulg)* расстройство желудка (обыч. связанное с дизентерией)
gism *n (US sl)* 1. сперма 2. половая потенция
give a Chinaman a music lesson *v (US sl)* посетить туалет
give'em thisa and thata *v (US sl)* кокетливо смотреть на кого-либо (обыч. о женщине)
give fanny a rest *v (US sl)* встать
give hard for soft *v (low obs)* (о мужчине) совокупляться
give head *v (vulg)* заниматься оральным сексом (фелляцией)
give hell to somebody *v (sl)* 1. заставлять кого-либо тяжело работать 2. наказывать, отчитывать кого-либо
give it to somebody *v (vulg)* совокупляться с кем-либо
give juice for jelly *v (low)* (о женщине) испытать оргазм
give one's gravy *v (sl)* эякулировать
give one's greens *v (low obs)* (о представителях обоих полов) вступить в половую связь
give one's kingdom in hell for somebody *v (US sl)* испытывать по отношению к кому-либо сильное сексуальное желание
give somebody a body job *v (US sl)* ласкать кого-либо, заниматься с кем-либо петтингом
give somebody a body overhaul *v (US sl)* give somebody a body job q.v.
give somebody a frigging *v (vulg)* обмануть кого-либо
give somebody a fucking *v (vulg)* give somebody a frigging q.v.
give somebody a futzing *v (vulg)* give somebody a frigging q.v.

give somebody a lot of house v (US sl) позволять кому-либо вольности

give somebody a hot house v (sl) быть страстным с кем-либо

give somebody an overhaul v (US sl) give somebody a body job q.v.

give somebody a past v (sl) совокупляться с женщиной

give somebody a phutzing v (sl) give somebody a frigging q.v.

give somebody a rise in the world v (sl) ударить кого-либо ногой по ягодицам

give somebody a screwing v (vulg) give somebody a frigging q.v.

give somebody a shot v (sl) совокупляться с кем-либо

give somebody a shove v (sl) совокупляться с женщиной

give somebody a thrill v 1. (coll euph) вызвать у кого-либо оргазм 2. (low) совокупляться с кем-либо

give somebody head v (vulg) give head q.v.

give somebody hell v (sl) ругать кого-либо

give somebody one v 1. (coll) поцеловать кого-либо 2. (sl) совокупляться с кем-либо

give somebody shit v (vulg) лгать кому-либо, говорить чепуху

give somebody some head v (vulg) совокупляться с женщиной

give somebody the cock-stand v (humor vulg) вызывать у мужчины эрекцию (часто о еде или спиртных напитках)

give somebody the finger v (vulg) 1. грязно выругать кого-либо 2. сделать неприличный жест, обозначающий fuck off q.v. cf.finger wave

give somebody the fresh heir v (sl) оплодотворить женщину (игра слов на air и heir)

give somebody the glad v (coll) give somebody the glad eye q.v.

give somebody the glad eye v (coll) (о женщине) кокетливо смотреть на мужчину

give somebody the gold rush v (sl) (о женщине) стараться женить на себе мужчину (по расчету)

give somebody the heir v (sl) give somebody the fresh heir q.v.

give somebody the screaming shits v (mil vulg) действовать кому-либо на нервы

give somebody the shits v (vulg) give somebody the screaming shits q.v.

give somebody the time v (euph) give it to somebody q.v.

give the boys a treat v (sl) (о женщине) непреднамеренно показывать обнаженные ноги (напр. переходя через ручей)

give way v (coll obs) (о женщине) позволять мужчине страстные объятия

give-and-take gal n (sl) проститутка

give-and-taker n (sl) 1. give-and-take gal q.v. 2. женщина легкого поведения

giver of the bedroom eye n (sl) (о представителях обоих полов) волокита; кокетка

giver of the come-on n (sl) giver of the bedroom eye q.v.

giver of the eye n (sl) giver of the bedroom eye q.v.

glamor boy n (sl) физически привлекательный мужчина

glamor girl n (sl) 1. физически привлекательная женщина 2. профессиональная красавица (кинозвезда, манекенщица и т.п.)

glamor pants *n pl* (*sl*) glamor girl q.v.

glamor puss *n* (*sl*) glamor girl q.v.

globes *n pl* (*sl*) женская грудь

glue *n* (*sl*) пища, вызывающая запор

glue neck *n* (*sl*) дешевая проститутка

gluteus maximus *n* (*humor sl*) зад (часть тела)(из латинского)

glutz *n* (*sl*) 1. дешевая проститутка 2. женщина легкого поведения

gnat's pee *n* (*vulg*) пиво плохого качества

gnat's piss *n* (*vulg*) gnat's pee q.v.

go *n* (*low*) совокупление

go *v* (*sl*) 1. испражняться 2. мочиться 3. быть беременной

go a bit of beef *v* (*low*) (о женщине) совокупляться

go a-hellin' *v* (*sl*) 1. быть неосторожным 2. быстро двигаться спешить 3. шумно праздновать

go all the way *v* (*college sl*) пройти все этапы любовной игры от петтинга до совокупления включительно

go and catch a horse *v* (*sl*) помочиться

go and see a sick friend *v* (*low euph obs*) пойти к любовнице

go ape about something *v* (*euph*) go ape-shit about something q.v.

go ape over something *v* (*euph*) go ape-shit about something q.v.

go ape-shit about something *v* (*vulg*) 1. разозлиться по какому-либо поводу 2. иметь к чему-либо сильное расположение, обожать что-либо

go ape-shit over something *v* (*vulg*) go ape-shit about something q.v.

go around the world *v* (*vulg*) целовать или лизать все тело полового партнера (часто в качестве подготовки к оральному сексу)

go backwards *v* (*sl obs*) посетить туалет

go big-dame hunting *v* (*sl*) волочиться за женщинами

go binting *v* (*sl*) искать женщину (обыч. проститутку) для полового удовлетворения

go bush *v* (*sl*) мочиться/испражняться на улице (в кустах)

go case with somebody *v* (*low*) совокупляться с кем-либо

go caso *v* (*low*) (о проститутке) снять комнату или квартиру для приема клиентов

go down *v* (*sl*) 1. родить ребенка 2. заниматься оральным сексом

go down and do tricks *v* (*vulg*) 1. заниматься оральным сексом 2. заниматься анальным сексом с женщиной

go down on somebody *v* (*vulg*) 1. заниматься с кем-либо оральным сексом 2. заниматься с кем-либо анальным сексом

go down the line *v* (*sl*) посещать злачные районы города

go feed the goldfish *v* (*US sl*) посетить туалет

go fishing *v* (*sl*) волочиться за женщинами

go for a jump *v* (*sl*) (о женщине) быть уступчивой (в сексуальном плане)

go for a shit (with a rug round one) *v* (*mil vulg*) 1. (о солдате) быть мертвым; отсутствовать 2. (о вещах) потеряться

go for a walk with a spade *v* (*Army sl*) испражняться

go for it *v* (*sl*) (о женщине) быть сексуально возбужденной

go for one's greens *v (low obs)* (о мужчине) искать сексуальных приключений

go girling *v (low obs)* искать услуг проститутки или распутной женщины

go half-way *v (college sl)* целовать, заниматься петтингом, не доводя дело до совокупления cf. go all the way

go Hollywood *v (sl)* заниматься содомией, анальным сексом

go into a clinch *v (sl)* страстно обнимать(ся) (термин из бокса)

go into a huddle *v (US sl)* ласкать, заниматься петтингом

go into a love clinch *v (sl)* go into a clinch q.v.

go it *v (sl)* вести распутный образ жизни (обыч. употребляется в продолженных временах)

go jottling *v (sl)* совокупляться

go leather-stretching *v (sl)* совокупляться

go look at the crops *v (US sl)* посетить туалет

go off *v (coll)* эякулировать

go off at half-cock *v (low obs)* эякулировать при неполной эрекции

go off half-cocked *v (low obs)* go off at half-cock q.v.

go off the boil *v (sl)* (о женщине) потерять сексуальное желание

go on a girl-spree *v (US sl)* 1. заниматься промискуитетом 2. участвовать в вечеринке с распутными женщинами cf. girl-spree

go on an exploring expedition *v (sl)* ласкать кого-либо

go on a party *v (sl)* go on an exploring expedition q.v.

go on the bum *v (sl)* 1. просить милостыню 2. заболеть 3. испортиться, сломаться 4. бездельничать cf. bum

go on the piss *v (low)* пить запоем

go oops *v (baby talk)* выпускать газы из кишечника

go out and see a man *v (sl)* мочиться cf. see a man about a dog

go over *v (sl)* стать половым извращенцем

go over the heap *v (sl)* мочиться

go pop like a paper bag *v (sl)* энергично совокупляться

go post a letter *v* 1. *(sl rare)* посетить туалет 2. *(low obs)* совокупляться

go potty *v (baby talk)* 1. мочиться 2. испражняться

go powder the face *v (US sl)* (о женщине) посетить туалет

go round the corner *v (coll euph obs)* посетить туалет

go see Henry *v (US sl)* посетить туалет

go see Johnny *v (US sl)* go see Henry q.v.

go see Lulu *v (US sl)* go see Henry q.v.

go see Mrs Jones *v (US sl)* go see Henry q.v.

go see the baby *v (US sl)* go see Henry q.v.

go see widow Jones *v (US sl)* go see Henry q.v.

go sheik(h)ing *v (sl)* волочиться за женщинами

go star-gazing on one's back *v (low)* (о женщине) совокупляться

go tail-tickling *v (sl)* распутничать

go tail-twitching *v (sl)* go tail-tickling q.v.

go the limit *v* (*sl*) 1. добиться половой близости 2. (об участнице стриптиза) снять последний предмет одежды

go the route *v* (*sl*) совокупляться

go through a woman (like a dose of salts) *v* (*low*) совокупляться с женщиной

go through the change (of life) *v* (*sl*) (о женщине) переживать климакс

go to bed with somebody *v* (*coll*) совокупляться с кем-либо

go to Buenos Aires *v* (*coll*) стать проституткой (особ. работающей с сутенером)

go to Denmark *v* (*sl*) сделать операцию по изменению пола (в Дании была проведена первая успешная операция такого рода)

go to hell *v* (*sl*) 1. испортиться, сломаться 2. разориться 3. проиграть, потерпеть неудачу (см. также Приложение 6)

go to hell in a handbasket *v* (*sl*) пытаться самоутвердиться, делая это во вред себе (напр. напиться, не желая отставать от старших или настаивать на заведомо неверном утверждении, чтобы не признавать свою ошибку)

go to hell on a poker *v* (*sl*) go to hell q.v.

go to Hairyfordshire *v* (*low obs*) совокупляться (игра слов на Herefordshire) cf. hair

go to squat *v* (*low obs*) испражняться

go to somebody's tail *v* (*sl*) (о напитке) способствовать сексуальному возбуждению мужчины

go to town (with somebody) *v* (*sl*) 1. соблазнять, совращать кого-либо 2. совокупляться 3. (о гомосексуалисте) искать пассивного партнера

go to the bathroom *v* (*euph*) мочиться

go tromboning *v* (*low obs*) совокупляться

go uncling *v* (*Air Force sl*) ухаживать за замужней женщиной (дети которой называют незнакомого мужчину дядя uncle)

go up the old dirt road *v* (*sl*) заниматься анальным сексом

go water the lawn *v* (*US sl*) мочиться

go water the stock *v* (*US sl*) go water the lawn q.v.

go with somebody *v* (*low obs*) 1. быть с кем-либо в интимной связи 2. ухаживать за кем-либо

goat-milker *n* 1. (*sl obs*) проститутка 2. (*low obs*) женские наружные половые органы

gobble *n* (*sl*) фелляция

gobble *v* (*sl*) заниматься фелляцией

gobbler *n* 1. (*low*) человек, занимающийся фелляцией 2. (*vulg*) гомосексуалист 3. (*vulg*) извращенец

gobler *n* (*sl*) гомосексуалист, занимающийся фелляцией

gob-shite *n* (*mil sl*) глупец

god-damn(ed) *mod* (*coll*) чертов, проклятый см. Приложение 5

god-damned bastard *n* (*coll*) негодяй, подлец

God's gift to women *n* (*sl*) дамский угодник, волокита

goer *n* (*sl*) 1. человек, ищущий сексуального удовлетворения 2. сексуально возбужденный человек

go-go dancer *n* (*sl*) девушка, исполняющая эротические танцы в ночном клубе

go-go girl *n* (*sl*) go-go dancer q.v.

goldbrick *n* (*sl*) физически непривлекательная девушка

gold-dig v (sl) (о женщине) обхаживать мужчину с целью получить его деньги

gold-digger n (sl) 1. любовница (по расчету) 2. жена, вышедшая замуж по расчету 3. женщина, которая хочет женить на себе богатого мужчину

golden ballocks n (mil vulg) мужчина, которому везет в любви и в картах

golden rivet n (Naval sl) эрегированный пенис

golden shower n (vulg) вид полового удовлетворения, когда половой партнер мочится на партнера (обыч. употребляется проститутками и гомосексуалистами)

goldfinch's nest n (low obs) женский лобок, наружные половые органы

Goldielocks n (sl) женоподобный мужчина

gold mine n (sl) богатый пожилой мужчина, содержащий любовницу значительно моложе его cf. gold-digger

golg-mine v (sl) gold-dig q.v.

gold-miner n (sl) gold-digger q.v.

gone mod (sl) беременная (обыч. с указанием срока, напр. 6 months gone)

gonef n (sl) содомит; гомосексуалист

gonga n (mil sl) анус, заднепроходное отверстие

gonga pooch n (mil sl) gonga q.v.

gong girl n (sl) женщина, которую подбирает водитель с целью пофлиртовать

gonif n (sl) gonef q.v.
gonof n (sl) gonef q.v.
gonoph n (sl) gonef q.v.
gonsel n (sl) gunsel q.v.
gonsil n (sl) gunsel q.v.
gonzel n (sl) gunsel q.v.

gonzil n (sl) gunsel q.v.

gooball n (sl) женщина, любящая петтинг

goober n (US sl) поцелуй cf. gab goober

good as ever pissed mod (low obs) (о человеке) очень хороший

good as you would desire to piss (up)on mod (low obs) good as ever pissed q.v.

good at figures mod (sl) 1. способный оценить женские формы (игра слов на прямом значении - способный в математике) 2. (о женщине) хорошо сложенная

good at it mod (coll euph) (о любовнике) опытный

good at the game mod (coll) good at it q.v.

good body job n (sl) хорошая женская фигура

good eating mod (sl) (о женщине) очень привлекательная cf. eat somebody

good figure n (sl) хорошо сложенная молодая женщина

good front n (US sl) привлекательное лицо

good lay n (sl) 1. женщина легкого поведения 2. сексуально опытная женщина

good-looker n (sl) физически привлекательный человек (особенно женщина)

Good-Lookin' n (US sl) Красавчик (обычное прозвище физически привлекательного человека)

good make n (sl) good body job q.v.

good old brown n (sl) анальный секс, содомия cf. brown

good party n (sl) женщина, любящая петтинг

goods n pl (US sl) сексапил

good shit n (vulg) 1. хорошая сделка, выгодное деловое предложение 2. любая приятная вещь, особ. работа
good sort n (low) 1. девушка, особ. позволяющая некоторые вольности 2. физически привлекательный человек
good sport mod (sl) (о женщине) не отказывающая мужчине в его притязаниях
good-time Barney n (sl) мужчина, единственным интересом которого является хорошее времяпрепровождение с женщинами за их счет
good-time Charley n (sl) good-time Barney q.v.
good-time Charlotte n (sl) молодая женщина, которая предпочитает отдаваться военным (особ. в военное время) cf. V-girl
goody n (sl) 1. женоподобный мужчина 2. девушка-недотрога 3. любовница 4. физически привлекательная девушка
goody-goody n (sl) goody q.v.
goo eyes n pl (US sl) кокетливый взгляд (usu make goo eyes at somebody)
goof n (sl) ухажер
googly eyes n pl (US sl) goo eyes q.v.
goo-goo n (sl) любовница
goo-goo eyed mod (sl) кокетливый
goo-goo eyes n pl (US sl) goo eyes q.v.
gooh n (cant obs) проститутка
gook n (sl) дешевая проститутка
goolies n pl (low) яички
gooly chit n (mil sl) кастрирование как форма пытки
goon n (sl) физически непривлекательный человек
goona n (sl) 1. страсть 2. любовный напиток

goona-goona n (sl) goona q.v.
goonas n pl (US sl) женская грудь
goon bait n (sl) физически непривлекательная девушка
goon chile n (sl) goon bait q.v.
goose n (vulg) 1. неприличный жест 2. гомосексуальный половой акт (usu have a goose) 3. сифилитическая язвочка 4. попытка засунуть кому-либо палец в анальное отверстие
goose somebody v (vulg) 1. засунуть кому-либо палец в анальное отверстие или угрожать сделать это 2. шокировать кого-либо (напр. вызывающим поведением) 3. насмехаться над кем-либо 4. заниматься с кем-либо анальным сексом
gooseberries n pl (low obs) яички
gooseberry ranch n (sl) публичный дом
goose girl n (sl) лесбиянка
goose-grease n (low obs) смазка, выделяемая стенками влагалища до или во время совокупления
gooser n 1. (low) педераст 2. (low obs) пенис, половой член
goose's neck n (low) пенис, половой член
goosey mod (vulg) чувствительный в районе анального отверстия
goosing it n (sl) петтинг
goosing ranch n (sl) gooseberry ranch q.v.
gorgeous n (sl) красотка (часто употребляемое обращение)
go-to-hell window n (sl) дверной глазок, окошко в двери для переговоров с посетителями
gow n (sl) рисунки или фотографии физически привлекательных девушек на обложках книг,

журналов или упаковке товаров для привлечения внимания потенциального покупателя

grace before meat *n* (*sl*) поцелуй

graduate *n* (*sl*) 1. незамужняя женщина опытная в сексе 2. любой сексуально опытный человек

granny *n* (*med sl*) акушерка

granny doctor *n* (*med sl*) гинеколог

granny woman *n* (*med sl*) granny q.v.

grant the favor *v* (*euph*) (о женщине) совокупляться с мужчиной

grapefruits *n pl* (*US sl*) женская грудь средних размеров

grass *n* (*sl*) женские лобковые волосы

gravel bertie *n* (*sl*) физически непривлекательная девушка

gravy *n* (*low obs*) 1. сперма 2. вагинальные выделения во время полового акта

gravy-giver *n* (*low obs*) пенис, половой член

gravy maker *n* (*low obs*) мужские наружные половые органы

grayback *n* (*US sl*) вошь (в т.ч. лобковая)

gray ballocks *n* (*mil sl*) трезвомыслящий опытный мужчина (намек на появление лобковых волос как признак возмужания)

grayhound *v* (*sl*) (о темнокожем человеке) искать белого полового партнера

grease the wheel *v* (*low obs*) совокупляться

greaseball *n* (*sl*) ухажер-иностранец (обычно родом из Испании, Италии, Португалии или Греции)

Great Divide, great divide *n* 1. (*Austr sl*) ложбинка между женскими грудями 2. (*US sl*) развод

great pox *n* (*sl rare*) сифилис (в отл. от small pox оспа)

Greek *v* (*vulg*) заниматься анальным сексом с женщиной

Greek it *v* (*vulg*) Greek q.v.

Greek somebody *v* (*vulg*) Greek q.v.

Greek fashion *n* (*vulg*) анальный секс с женщиной

Greek way *n* (*vulg*) Greek fashion q.v.

green ass *n* (*vulg*) новичок, новобранец, неопытный человек

green-ass *mod* (*vulg*) неопытный, молодой

green-assed *mod* (*vulg*) green-ass mod q.v.

Green Man *n* (*UK sl*) туалет (в английских пивных туалет часто окрашен в зеленый цвет; usu go to/visit/see the Green Man)

green meadow *n* (*low obs*) женский лобок, наружные половые органы cf. grass, garden

greens *n* (*low obs*) совокупление

greyback *n* (*US sl*) grayback q.v.

grey ballocks *n* (*mil sl*) gray ballocks q.v.

greyhound *v* (*sl*) grayhound q.v.

grind *n* (*sl*) 1. вращательное движение тазом (особенно во время танца или совокупления) 2. сексуальная ласка 3. мастурбация 4. совокупление (usu do a grind)

grind *v* (*sl*) 1. (о женщине) вертеть бедрами и тазом при исполнении стриптиза, эротического танца, во время совокупления 2. ласкать женщину 3. мастурбировать 4. совокупляться

grind one's tool *v* (*low*) (о мужчине) совокупляться

grind and bump *v* (*sl*) (в стриптизе) делать резкие вращательные движения тазом и бедрами

grind and bumps *n* (*sl*) (в стриптизе) круговые движения бедрами с последующим движением таза вперед

grinder *n* (*sl*) танцовщица в стриптизе

grinding house *n* (*low obs*) публичный дом

grinding tool *n* (*low obs*) пенис, половой член

grinds *n* (*sl*) grind n q.v.

grindstone *n* (*low*) женский лобок

gripe somebody's ass *v* (*vulg*) причинять кому-либо беспокойство, раздражать кого-либо

gripe somebody's balls *v* (*vulg*) gripe somebody's ass q.v.

gripe somebody's shit *v* (*vulg*) gripe somebody's ass q.v.

gristle *n* (*low obs*) пенис, половой член

grizzly bear *n* (*US sl*) страстные объятия

grommet *n* (*sl*) девушка, особ. физически привлекательная

groovy *mod* (*sl*) физически привлекательный

grope *v* (*homos*) произнести условную фразу с целью определить, является ли собеседник гомосексуалистом

grope somebody *v* (*sl*) интимно ласкать женщину

grotto *n* (*sl*) женский лобок, наружные половые органы

grouce *n* (*sl*) физически привлекательная девушка, допускающая вольности со стороны мужчины

grounded *mod* (*sl*) (о мужчине) не имеющий возможность иметь половую связь на стороне

ground rations *n pl* (*Negro sl rare*) совокупление

group-grope *n* (*sl*) группа людей, занимающихся петтингом без совокупления

groupie *n* (*sl*) 1. девушка, путешествующая с группой музыкантов, часто живущая с ними половой жизнью 2. женщина, которая живет половой жизнью с несколькими мужчинами

grouse *n* (*sl*) 1. grouce q.v. 2. женщина, рассматриваемая как сексуальный объект

grouse *v* (*sl*) заниматься петтингом

grouse somebody *v* (*sl*) ласкать и целовать кого-либо

grouser *n* (*sl*) дамский угодник

grousing *n* (*low obs*) поиск женщин для сексуального удовлетворения

grovel *v* (*sl*) заниматься петтингом

growl *n* (*sl obs*) женский лобок

growl-biter *n* (*sl obs*) мужчина, удовлетворяющий женщину орально

growler *n* (*sl*) туалет

gruesome twosome *n* (*college sl*) пара влюбленных

grummet *n* (*low*) совокупление

grummit *n* (*low*) grummet q.v.

grunt *n* (*euph*) дефекация, испражнение

grunt *v* (*euph*) испражняться

grut *n* (*vulg*) crud q.v.

G-string *n* (*sl*) 1. узкая полоска ткани, прикрывающая пах (обыч. у исполнительницы стриптиза) 2. уздечка крайней плоти пениса

gull *n* (*sl*) проститутка, работающая рядом с военно-морской базой

gully *n* (*low obs*) женский лобок, наружные половые органы

gully-hole *n* (*low obs*) gully q.v.

gully raker n (low obs) пенис, половой член

gully wencher n (low obs) gully raker q.v.

gum it v (vulg) заниматься фелляцией, удовлетворять мужчину орально.

gumboot n (sl) презерватив

gum drop n (sl rare) физически привлекательная девушка, особ. пользующаяся дурной репутацией

gummed up mod (sl) страдающий запором

gum-sucking n (low) French kiss q.v.

gun n (sl) 1. пенис, половой член 2. гонорея

gun for seam squirrels v (sl) собирать вшей с одежды

guncel n (sl) gunsel q.v.

Gunga wallah n (mil sl) мужчина-проститутка (из хинди)

gunge n (sl) кожное раздражение в паху

gun moll n (sl) любовница гангстера

gunsel n (sl) катамит, пассивный гомосексуалист, часто неопытный

gunsil n (sl) gunsel q.v.

guntzel n (sl) gunsel q.v.

gurk v (Austr sl) выпустить газы из кишечника

gussie n (sl) женоподобный мужчина

gussie mollie n (sl rare) любовница

gut bucket n (sl) 1. сиденье в туалете 2. ночной горшок

gut butcher n (sl) активный гомосексуалист

gut concrete n (sl) пища, вызывающая запор

gut entrance n (low obs) женский лобок, наружные половые органы

gut-fucker n (vulg) гомосексуалист

gut-monger n (sl) gut-fucker q.v.

gut-reamer n (sl) gut-fucker q.v.

gut-reaming n (sl) содомия

guts n pl (sl) мужская потенция

gut-stick n (low obs) пенис, половой член

gut-sticker n (sl) активный гомосексуалист

gut-stretcher n (sl) gut-sticker q.v.

gut-stuffer n (sl) gut-sticker q.v.

gutter n (low obs) gut entrance q.v.

gutter alley n (sl obs) писсуар

gutter lane n (sl obs) gutter alley q.v.

gutter slut n (sl) дешевая проститутка

guy n (sl) ухажер, любовник

guy-goony mod (US college sl) (о женщине) помешанная на мужчинах

guzunder n (coll obs) ночной горшок

guzzle v (sl) заниматься петтингом

gymnasium n (low humor obs) женский лобок, наружные половые органы

gynie n (med sl) врач-гинеколог

G.Y.N. man n (med sl) gynie q.v.

gyppy tummy n (sl) расстройство желудка

gyvel n (Scot low obs) женский лобок, наружные половые органы (часто используется в произведениях Р.Бернса)

H

hack v (sl rare) заниматься петтингом

hag n (sl) физически непривлекательная, необщительная женщина

hag-bag *n* (*sl*) hag q.v.
haggy *mod* (*sl*) уродливый
ha-ha *n* (*sl*) дефекация, испражнение cf.a-a (usu have/do/take the ha-ha)
Hail Columbia *n* (*euph obs*) hell q.v.
hair *n* (*low*) 1. женщина, рассматриваемая как сексуальный объект 2. женский лобок, наружные половые органы
hairburger *n* (*sl*) вагина, влагалище
hair-divider *n* (*sl obs*) пенис, половой член
hair-monger *n* (*sl*) волокита
hair-pie *n* (*vulg*) вульва, влагалище (особ. рассматриваемое как объект кунилингуса)
hair-splitter *n* (*sl obs*) hair-divider q.v.
hair to sell *n* (*sl*) женщина, готовая отдаться за плату
hairy *mod* 1. (*sl rare*) с большой половой потенцией 2. (*low obs*) (о женщине) сексапильная, привлекательная
hairy ass *n* (*sl*) 1. пожилой опытный мужчина 2. мужчина с большой половой потенцией
hairy-ass *mod* (*sl*) 1. немолодой 2. обладающий большой половой потенцией 3. возбужденный, взволнованный
hairy-assed *mod* (*sl*) hairy-ass *mod* q.v.
hairy bit *n* (*low obs*) физически привлекательная девушка
hairy-bottomed tromp *n* (*UK college sl obs*) подлец, негодяй
hairy chest *n* (*sl*) зрелый мужчина с большой потенцией
hairy-chested *mod* (*sl*) обладающий большой половой потенцией

Hairyfordshire *n* (*UK low obs*) женский лобок, наружные половые органы (игра слов на Hartfordshire)
hairy oracle *n* (*low obs*) женские наружные половые органы
hairy ring *n* (*low obs*) hairy oracle q.v.
hairy story *n* (*sl*) неприличный анекдот
hairy wheel *n* (*low obs*) 1. hairy oracle q.v. 2. мужские половые органы
half-and-half *n* 1. (*pros*) фелляция, за которой следует обычное совокупление 2. (*sl*) женоподобный мужчина 3. (*sl*) мужеподобная лесбиянка
half-assed *mod* (*vulg*) 1. тривиальный, неважный 2. плохо спланированный, дезорганизованный 3. (о предметах) бесполезный, ненужный 4. трусливый 5. ленивый
half-hard *mod* (*low*) слабо эрегированный
half-mast *mod* (*low*) half-hard q.v.
half-pissed *mod* (*low*) слегка пьяный
half-screwed *mod* (*low*) пьяный
half-squarie *n* (*low*) проститутка
halo *n* (*US sl*) ареола вокруг соска
hammer *n* 1. (*vulg*) пенис, половой член 2. (*sl*) физически привлекательная девушка
hammock *n* (*sl*) лифчик большого размера
hammock for two *n* (*sl*) лифчик
hammocks *n pl* (*US sl*) большая женская грудь
hand somebody (that/that line of) shit/crap *v* (*vulg*) 1. говорить глупости, нести чушь 2. лгать
handful of sprats *n* (*low*) страстные объятья

hand job *n* (*sl*) 1. мастурбация, онанизм 2. доведение полового партнера до оргазма мануальным стимулированием

hand-picked peach *n* (*sl*) физически привлекательная девушка

hand-reared *mod* (*sl*) имеющий пенис больших размеров

hand-slapper *n* (*sl*) девушка, не любящая петтинг

handsome *n* (*sl*) красавчик (часто используется в качестве обращения)

Handsome Harry *n* (*sl*) волокита, бабник

handsome mayan *n* (*sl*) handsome q.v.

handstaff *n* (*coll obs*) пенис, половой член

hands trouble *n* (*sl*) (о мужчине) склонность к интимным ласкам

hand-warmers *n pl* (*sl*) женская грудь

handy man *n* (*sl*) ухажер

hang a goober *v* (*US sl*) целовать

hang a moon *v* (*sl*) выставлять в окно (обыч. автомобиля) обнаженные ягодицы

hang an/the arse *v* (*vulg obs*) колебаться, трусить

hang out of somebody *v* (*Naval sl*) 1. совокупляться с женщиной 2. заниматься анальным сексом

hang to the left/right *v* (*coll*) 1. (о пенисе) свисать немного влево/вправо 2. (о мужчине) иметь пенис, свисающий немного влево/вправо

hangers *n pl* (*sl*) женская грудь (особ. отвислая)

hanging johnny *n* (*low obs*) пенис (особ. у импотента или мужчины, зараженного венерическим заболеванием)

hangout *n* (*sl*) туалет (usu go to/visit the hangout)

hangover *n* (*humor sl*) толстые ягодицы (особ. которые буквально свисают (hang over) со стула)

hanker after somebody *v* (*US sl*) желать кого-либо сексуально

hanker for somebody *v* (*US sl*) hanker after somebody q.v.

hanky-panky *n* (*sl*) 1. страстные ласки 2. совокупление (особ. при измене любовнице или жене) 3. адюльтер, супружеская измена

Hans Carvel's ring *n* (*low rare*) женский лобок

ha'penny *n* (*coll*) женские наружные половые органы

happy as a pig in muck *mod* (*euph*) happy as a pig in shit q.v.

happy as a pig in shit *mod* (*vulg*) очень счастливый

happy as pigs in shit *mod* (*vulg*) happy as a pig in shit q.v.

happy valleys *n* (*sl*) женские половые органы

harbor *n* (*liter euph*) женский лобок, наружные половые органы

harbor of hope *n* (*liter euph*) harbor q.v.

hard *n* (*vulg*) 1. эрекция 2. эрегированный половой член

hard *mod* (*vulg*) 1. (о мужчине) сексуально возбужденный 2. (о пенисе) эрегированный

hard as nails *mod* (*sl*) обладающий большой половой потенцией

hard ass *n* 1. (*UK college sl*) жесткий деревянный стул 2. (*low obs*) скупец, скряга

hard-ass *mod* (*low obs*) жадный

hard-assed *mod* (*low obs*) hard-ass mod q.v.

hard baby *n* (*sl*) женщина легкого поведения

hard bit *n* (*sl*) 1. эрегированный пенис 2. совокупление с точки зрения женщины

hard-boiled baby *n* (*sl*) 1. женщина, имеющая большой сексуальный опыт 2. женщина легкого поведения

hard-boiled hussy *n* (*sl*) hard-boiled baby q.v.

hard-boiled moll *n* (*sl*) hard-boiled baby q.v.

hard-boiled sister *n* (*sl*) hard-boiled baby q.v.

hard-boiler *n* (*sl*) hard-boiled baby q.v.

hard-core *mod* (*sl*) (о фильме, шоу, фотографиях и т.п.) откровенно порнографический cf. soft-core

Hardened Artery *n* (*sl*) улица города, на которой расположены публичные дома

hard mouthful *n* (*sl*) эрекция (предполагает фелляцию)

hard-nosed cookie *n* (*sl*) 1. физически непривлекательная девушка 2. холодная женщина

hard-on *n* (*vulg*) 1. эрегированный пенис 2. эрекция (usu have/get/give a hard-on) cf. soft-off

hard-on *mod* (*vulg*) 1. (о пенисе) эрегированный 2. (о мужчине) сексуально возбужденный

hard on the ladies *mod* (*sl*) (о мужчине) физически привлекательный, но не поддающийся женским чарам

hard time *n* (*sl*) отказ в сексуальной близости (usu give somebody/get the hard time)

hard-up *n* (*vulg*) hard-on n q.v.

hard-up *mod* (*vulg*) hard-on mod q.v.

hard up for somebody *mod* (*vulg*) сексуально желающий кого-либо

harlot *n* (*sl*) дешевая проститутка

harp *n* (*cant*) девушка

harpie *n* (*sl*) проститутка

Harry Starkers *n* (*sl*) обнаженный

harumfrodite *n* (*Cockney sl*) гермафродит

hash *n* (*sl*) 1. женоподобный мужчина 2. активная лесбиянка

hashing *n* (*sl*) петтинг

hasty as a sheep *mod* (*euph*) страдающий преждевременной эякуляцией

hat *n* (*sl rare*) 1. жена 2. любовница

hatchet *n* (*sl*) физически непривлекательная женщина

hatchway *n* (*Naval sl*) женский лобок, наружные половые органы

hatrack *n* (*sl*) проститутка

hatter *n* (*homos*) половой партнер

haul ass *v* (*vulg*) 1. уходить 2. быстро вести машину

haul one's ashes *v* (*vulg*) совокупляться

haul one's ass out *v* (*vulg*) убегать

have a banana with somebody *v* (*sl*) совокупляться с женщиной

have a bar *v* (*low*) испытывать эрекцию

have a bar on *v* (*low*) have a bar q.v.

have a bit on *v* (*sl*) have a bar q.v.

have a benny *v* (*mil sl*) мочиться в постель (обыч. непроизвольно)

have a bit *v* (*sl*) (о мужчине) совокупляться

have a bit of beef *v* (*low*) (о женщине) совокупляться

have a bit of bum *v* (*low*) совокупляться с женщиной

have a bit off *v* (*Cockney sl*) совокупляться

have a bit of fun *v* (*sl*) совокупляться

have a bit of Navy cake *v* (*Army sl*) заниматься анальным сексом

have a bit of rabbit-pie *v* (*low obs*) совокупляться

have a bit of ship's *v* (*low*) заниматься анальным сексом

have a bit of slap and tickle *v* (*coll*) 1. заниматься петтингом 2. совокупляться

have a bit of the gut-stick *v* (*sl*) (о женщине) совокупляться

have a blow-through *v* (*low*) (о мужчине) совокупляться

have a b.m. *v* (*sl*) испражняться (сокр. bowel movement q.v.)

have a broom in one's ass *v* (*vulg*) 1. с энтузиазмом выполнять какую-либо работу, задание 2. упорно трудиться

have a broom in one's tail *v* (*vulg*) have a broom in one's ass q.v.

have a broom up one's ass *v* (*vulg*) have a broom in one's ass q.v.

have a broom up one's tail *v* (*vulg*) have a broom in one's ass q.v.

have a bug up one's ass *v* (*vulg*) быть чем-либо озабоченным

have a bug up one's nose *v* (*euph*) have a bug up one's ass q.v.

have a bun in the oven *v* (*low*) быть беременной

have a clear-out *v* (*low obs*) испражняться

have a cock in one's eye *v* (*sl obs*) сексуально желать женщину

have a dame complex *v* (*US sl*) (о мужчине) быть чрезмерно любвеобильным

have a dirty barrel *v* (*Naval sl*) быть зараженным венерическим заболеванием

have a dumpling on *v* (*sl obs*) быть беременной

have a face like the (back) end of a bus *v* (*sl*) (о женщине) быть очень физически непривлекательной

have a face like the side of a house *v* (*sl*) have a face like the (back) end of a bus q.v.

have a face like the rear end of a cow *v* (*sl*) have a face like the (back) end of a bus q.v.

have a face that would stop a bus *v* (*sl*) have a face like the (back) end of a bus q.v.

have a feather up one's ass *v* (*low*) have a hair up one's ass q.v.

have a feel *v* (*low*) позволять себе вольности с представителем противоположного пола

have a flutter *v* (*coll*) совокупляться

have a go *v* (*sl*) совокупляться

have a hair up one's ass *v* (*vulg*) волноваться, вести себя очень нервно

have a hell of a time *v* (*sl*) 1. хорошо проводить время 2. быть в неприятном положении

have a hoist *v* (*low*) (о мужчине) совокупляться

have a hot pudding for supper *v* (*low*) (о женщине) совокупляться cf. pudding

have a hundred up *v* (*sl*) совокупляться с женщиной

have a lot of what she's got *v* (*sl*) быть сексапильной

have a misfortune *v* (*coll*) родить внебрачного ребенка

have a mouth like a cow's cunt *v* (*Cockney vulg*) быть очень болтливым

have a mouth like the bottom of a pram -- all shit and biscuits *v (mil vulg)* говорить, пересыпая речь неприличными словами

have an affair with somebody *v (coll)* быть с кем-либо в интимных отношениях

have an Anglo-Indian back *v (sl)* (о женщине) вернуться с прогулки с опавшими листьями, приставшими сзади к одежде (предполагает совокупление)

have a nice pair of eyes *v (sl)* иметь хорошую фигуру

have an Irish shave *v (US cant)* сходить в туалет

have an itchy back *v (sl)* (о женщине) быть сексуально возбужденной

have appartments to let *v (sl)* заниматься проституцией

have a put-in *v (low obs)* совокупляться

have a rattle *v (low)* (о мужчине) совокупляться

have a regular piece *v (sl)* иметь любовника/любовницу

have a roaring Jack *v (low)* испытать мгновенную эрекцию

have a run-off *v (sl)* мочиться

have a run-out *v (sl)* have a run-off q.v.

have a rusty rifle *v (mil sl)* быть зараженным венерическим заболеванием (особ. сифилисом)

have a shitten look *v (coll)* 1. испытывать желание испражниться 2. быть сильно напуганным

have as much chance as a fart in a wind-storm *v (vulg)* не иметь никаких шансов

have a splash *v (sl)* (о мужчине) мочиться

have a taste of the gut-stick *v (sl)* (о женщине) совокупляться

have a way with women *v (coll)* быть привлекательным для женщин

have a wild hair up one's ass *v (low)* have a hair up one's ass q.v.

have Baker flying *v (vulg)* менструировать

have bails on one like a scoutmaster *v (sl)* быть активным гомосексуалистом

have been after the girls *v (low obs)* заразиться сифилисом или гонореей

have been among somebody's frills *v (sl)* познать женщину телесно

have been around *v (sl)* быть сексуально опытным

have been doing naughty things *v (coll)* (о молодоженах) зачать ребенка

have been playing tricks *v (coll obs)* быть беременной

have been sitting in the garden with the gate unlocked *v (sl obs)* забеременеть

have been there *v (sl)* (о женщине) быть сексуально опытной

have blonde trouble *v (sl)* have a dame complex q.v.

have blood like gnat's piss *v (low)* быть очень напуганным

have broken knees *v (sl obs)* (о женщине) быть соблазненной или лишенной девственности

have carnal knowledge of somebody *v (euph)* совокупляться с кем-либо

have clinkers in one's bum *v (sl)* нервничать

have contact with somebody *v (euph)* совокупляться с кем-либо

have elbows up one's ass *v (low)* быть неуклюжим

have'em *v (sl)* иметь большой сексапил

have eyes like cod's ballocks *v (low)* быть пучеглазым

have eyes like (two) piss-holes in the snow *v (low)* иметь глубоко запавшие глаза желтого цвета

have fifty up *v (sl)* совокупляться с женщиной

have finger trouble *v (sl)* быть ленивым, неспособным cf. take one's finger out

have gilded ballocks *v (Army sl)* быть очень везучим (особ. в картах)

have had a flutter *v (low obs)* 1. иметь сексуальный опыт 2. потерять девственность

have had it *v (low)* 1. (о женщине) иметь сексуальный опыт 2. (о женщине) быть соблазненной

have had more men than hot dinners *v (sl)* (о женщине) иметь очень богатый сексуальный опыт

have hair pie *v (vulg)* заниматься оральным сексом cf. hair pie

have high blonde pressure *v (US sl)* have a dame complex q.v.

have hot nuts for somebody *v (US sl)* страстно желать кого-либо

have hot pants for somebody *v (US sl)* have hot nuts for somebody q.v.

have it away (together) *v (sl)* совокупляться

have it in *v (sl)* совокупляться

have "it" in a big way *v (sl)* иметь большой сексапил

have "it" in large gobs *v (sl)* have "it" in a big way q.v.

have "it" in big helpings *v (sl)* have "it" in a big way q.v.

have it off *v (low)* совокупляться

have it up *v (low)* have it off q.v.

have kissed the Blarney stone *v (UK sl)* иметь способность разговорами склонить девушку к половой близости (около замка Бларни в Ирландии есть камень, который по легенде дает такую способность тому, кто его поцелует)

have lead in one's ass *v (vulg)* быть медлительным

have lead in one's pencil *v (vulg)* испытывать эрекцию

have more balls than brains *v (vulg)* иметь большую половую потенцию, но недалекий ум

have more bollocks than brains *v (vulg)* have more balls than brains q.v.

have no balls *v (vulg)* быть трусливым

have no bollocks *v (vulg)* have no balls q.v.

have no gism *v (sl)* have no balls q.v.

have no jism *v (sl)* have no balls q.v.

have no money in one's purse *v (low)* быть импотентом

have no spunk *v (sl)* have no balls q.v.

have not a stitch to one's back *v (sl)* быть полностью обнаженным

have one in the box *v (sl)* быть беременной

have one's ass hanging in the breeze *v (vulg)* находиться в опасности, быть в трудной ситуации

have one's ass in a crack *v (vulg)* have one's ass hanging in the breeze q.v.

have one's ass in a sling *v (vulg)* 1. быть грустным, усталым 2. быть в трудном положении (особ. в немилости у начальника)

have one's auntie with one *v (sl)* менструировать

have one's balls in the right place *v (vulg)* быть уравновешенным, трезвомыслящим

have one's banana peeled *v (sl)* 1. совокупляться 2. оголить головку полового члена

have one's bollocks in the right place *v (vulg)* have one's balls in the right place q.v.

have one's cut *v (low)* (о мужчине) совокупляться

have one's end away *v (sl)* have one's cut q.v.

have one's finger concreted *v (sl)* have finger trouble q.v.

have one's finger wedged *v (sl)* have finger trouble q.v.

have one's grandmother with one *v (low obs)* менструировать

have one's greens *v (low obs)* совокупляться

have one's little friend with one *v (sl)* менструировать

have one's mind in the gutter *v (sl)* быть непристойным

have one's nose open *v (sl)* страстно желать кого-либо сексуально

have one's nuts cracked *v (vulg)* (о мужчине) совокупляться

have one's oats *v (low obs)* заниматься блудом, вести распутный образ жизни

have one's run on *v (UK coll sl)* менструировать

have one's tit in a tight crack *v (vulg)* быть в неприятной ситуации

have plenty of here and there *v (sl)* иметь большой сексапил

have plenty of snap in one's garter *v (sl)* have plenty of here and there q.v.

have plenty of these and those *v (sl)* have plenty of here and there q.v.

have plenty of what it takes *v (sl)* have plenty of here and there q.v.

have relations with somebody *v (euph)* жить с кем-либо половой жизнью

have rhythm *v (sl)* (о женщине) быть привлекательной для мужчин

have round heels *v (sl)* (о женщине) быть распутной

have sex *v (coll)* совокупляться

have some *v (sl)* совокупляться

have somebody *v (low)* совокупляться с кем-либо

have somebody by the balls *v (vulg)* 1. иметь над кем-либо большую власть 2. причинить кому-либо большие неприятности

have somebody by the short hair(s) *v (sl)* have somebody by the balls q.v. cf.short hair(s)

have somebody by the tail *v (coll)* have somebody by the balls q.v.

have the decorators in *v (sl)* менструировать

have the eye *v (sl)* флиртовать

have the finger up *v (sl)* have finger trouble q.v.

have the finger well in *v (sl)* have finger trouble q.v.

have the flags flying *v (low)* менструировать

have the hots *v (sl)* быть сексуально возбужденным

have the inside track on the fem(me)s *v (sl)* (о мужчине) быть привлекательным для женщин

have the painters in *v (sl)* have the decorators in q.v.

have the rag on *v (sl)* have the flags flying q.v.

have these and those *v (sl)* иметь хорошую фигуру

haven of convenience *n (sl)* туалет

haven of refuge *n (sl)* haven of convenience q.v.

haven of rest *n.(sl)* haven of convenience q.v.

hawk it *v (low)* (о проститутке) работать на улице

hawk one's brawn *v (low)* 1. (о мужчине) быть проституткой для женщин 2. быть пассивным гомосексуалистом-проституткой

hawk one's meat *v (low)* (о женщине) показывать обнаженное тело (особ. грудь)

hawk one's mutton *v (Cockney low)* быть проституткой

hay-bag *n (US sl)* 1. женщина как сексуальный объект 2. физически непривлекательная женщина 3. дешевая проститутка 4. *(rare)* толстая неряшливая старая женщина

hay-tit *n (sl)* бродячая проститутка

haywire *mod (sl)* похотливый

head *n* 1. *(sl)* физически привлекательная и доступная женщина 2. *(vulg)* головка пениса 3. *(vulg)* эрегированный пенис 4. *(sl)* мужской туалет

head job *n (US vulg)* фелляция cf. blow job

headlights *n pl (sl)* упругая женская грудь красивой формы

head-marked *mod (low obs)* (о муже) обманутый, "рогатый"

heads *n pl (Naval coll)* туалет

head-turner *n (sl)* сексапильная девушка

heaped *mod (low)* совершающий половой акт

heart *n (vulg)* 1. головка пениса 2. эрегированный пенис 3. эрекция

heart bandit *n (sl)* мужчина, отбивающий чью-либо девушку

heartbreaker *n (sl)* 1. ухажер 2. физически привлекательная девушка

heart breaker-upper *n (sl)* heartbreaker q.v.

heart-crusher *n (sl)* heartbreaker q.v.

heart-flutter *n (sl)* heartbreaker 2 q.v.

heart-palpitator *n (sl)* heartbreaker 2 q.v.

heart-smasher *n (sl)* heartbreaker q.v.

heater *n (sl)* страстная молодая женщина

heat wave *n (sl)* heater q.v.

heavenly body *n (coll)* хорошая женская фигура

heaver *n (sl)* женщина

heavy *n (college sl)* девушка

heavy *mod (sl)* страстный, сексуально возбужденный

heavy ass *n (vulg)* толстозадый человек

heavy-ass *mod (vulg)* толстозадый

heavy-assed *mod (vulg)* 1. heavy-ass mod q.v. 2. безразличный, апатичный

heavy cake *n (sl)* волокита, бабник

heavy cream *n (sl)* толстая девушка

heavy love-maker *n (sl)* человек, занимающийся петтингом

heavy love-making *n (sl)* очень страстный петтинг

heavy lover *n (sl)* heavy love-maker q.v.

heavy necker *n (sl)* heavy love-maker q.v.

heavy necking *n (sl)* heavy love-making q.v.

heavy petter *n (sl)* heavy love-maker q.v.

heavy petting *n (sl)* heavy love-making q.v.

he-blooded *mod* (*sl*) обладающий большой половой потенцией

hedge-bit *n* (*low obs*) дешевая проститутка, работающая на открытом воздухе

hedge-whore *n* (*low obs*) hedge-bit q.v.

hefty hussie *n* (*sl*) полная женщина

he-hombre *n* (*sl*) сильный мужчина, обладающий большой половой потенцией (от исп. hombre мужчина)

heifer *n* (*sl*) сексапильная женщина

heifer barn *n* (*sl*) публичный дом

heifer den *n* (*sl*) heifer barn q.v.

heifer dust *n* (*euph*) bullshit n q.v.

he-ing and she-ing *n* (*humor sl*) совокупление

heinie *n* (*sl*) зад (часть тела)

heir-conditioned *mod* (*sl*) беременная (игра слов на air-conditioned)

heiring *mod* (*sl*) heir-conditioned q.v.

hell *n* 1. (*coll*) неприятная ситуация 2. (*sl*) игорный дом 3. (*low*) женский лобок 4. (*mil sl*) война 5. (*cant*) тюрьма

hell *mod* (*coll*) неприятный, плохой, вредный, отвратительный

hell *interj* (*coll*) см. Приложение 4

hell *v* (*coll*) 1. вести распутный образ жизни 2. быстро ехать

hell about *v* (*coll*) hell around 3 q.v.

hell around *v* (*coll*) 1. hell v q.v. 2. нарываться на неприятности 3. бездельничать, слоняться

hellacious *mod* (*sl*) 1. прекрасный, отличного качества 2. ужасный, отвратительный

hell-a-mile *interj* (*sl rare*) 1. да 2. нет

hell and half of Georgia *n* (*coll*) огромная территория

hell-arounder *n* (*sl*) 1. распутник 2. бездельник

hell beginning to boil *n* (*sl*) возбуждение (в т.ч. сексуальное)

hell-bender *n* (*sl*) 1. hell-arounder q.v. 2. алкоголик 3. тюремный священник

hell-bending *mod* (*sl*) распутный

hell-bending fool *n* (*sl*) безрассудный смельчак

hell-bent *mod* (*sl*) 1. распутный 2. упорный, настойчивый 3. влюбленный 4. быстрый, безудержный

hell-bent for election *mod* (*US sl*) hell-bent q.v.

hell-bent for leather *mod* (*US sl*) hell-bent q.v.

hell-bent for Lexington *mod* (*US sl*) hell-bent q.v.

hell broke(n) loose *n* (*sl*) скандал, шумиха

hell buggy *n* (*Army sl*) танк

hell cat *n* (*sl*) распутная женщина

hell-diver *n* (*mil sl*) военный летчик

hell-drive *v* (*sl*) (о начальнике) быть строгим, требовать неукоснительного соблюдения правил

hell-driver *n* (*sl*) 1. мотогонщик 2. строгий начальник

heller *n* 1. (*coll*) смельчак 2. (*coll*) распутник 3. (*coll obs*) выдающийся человек 4. (*coll obs*) агрессивно аморальный человек

hell-fired cuss *n* (*coll*) негодяй

hell for leather *mod* (*sl*) быстро, безоглядно

hell-giver *n* (*sl*) строгий, взыскательный человек

hell-hole *n* (*sl*) неприятное место

hellish *mod* (*sl*) великолепный, первоклассный

hellishly *mod* (*sl*) очень
hellin' *n* (*sl*) распутный образ жизни
hellin' around *n* (*sl*) hellin' q.v.
hello-dearie *n* (*sl*) проститутка
hell of a (something) *mod* (*sl*) 1. очень много, очень 2. первоклассный, замечательный 3. отвратительный, ужасный cf. helluva, hellova
hell of a fix *n* (*sl*) большая неприятность cf. fell of a hix
hell of a mess *n* (*sl*) 1. беспорядок, неразбериха 2. hell of a fix q.v. cf. mell of a hess
hell of a note *n* (*sl*) 1. что-либо очень необычное, из ряда вон выходящее 2. hell of a fix q.v.
hell of a time *n* (*sl*) 1. плохо проведенное время 2. хорошо проведенное время 3. что-либо замечательное, выдающееся
hell of it *n* (*sl*) неприятность, неприятная сторона события
hell on wheels *n* (*sl*) выдающийся человек/вещь
hell on wings *n* (*mil sl*) боевой самолет
hell-on-wings chamber *n* (*mil sl*) тренажер для зенитчиков
hellova *mod* (*sl*) hell of a (something) q.v.
hell pup *n* (*sl rare*) назойливый молодой человек
hell-raiser *n* (*sl*) 1. человек, доставляющий неприятности 2. прямой, открытый человек 3. человек, ведущий распутный образ жизни 4. крепкий коктейль/напиток
hell-raising *n* (*sl*) распутный образ жизни
hell-raising *mod* (*sl*) 1. распутный 2. веселый
hell-rider *n* (*sl*) член мотоциклетной банды
hell-roarer *n* (*sl*) распутник

hell-roaring *n* (*sl*) hell-raising n q.v.
hell-roaring *mod* (*sl*) 1. распутный 2. злой, угрюмый
hell-roarious *mod* (*sl*) раздраженный
hell's delight *n* (*sl*) 1. ссора 2. обман
hell's half acre *n* (*sl*) 1. кладбище 2. огромная территория
hell ship *n* (*Naval sl*) корабль с очень строгим командным составом
hell-shouter *n* (*sl*) священник
hell-shouting reformer *n* (*sl*) реформатор
hell's kitchen *n* (*sl*) автомастерская
hell's little acre *n* (*sl*) hell's half acre q.v.
hell to toot *mod* (*sl*) быстро
helluva *mod* (*sl*) hell of a (something) q.v.
hell-west-and-crooked *mod* (*sl*) 1. косой, искривленный 2. жестокий
helmet *n* (*sl*) головка пениса
he-madame *n* (*sl*) содержатель публичного дома
he-man *n* (*sl*) физически сильный мужчина с большой половой потенцией
he-man *mod* (*sl*) физически сильный, обладающий большой половой потенцией
he-mannified *mod* (*sl*) he-man mod q.v.
he-mannish *mod* (*sl*) he-man mod q.v.
hemispheres *n pl* (*euph*) женская грудь
hen *n* (*sl*) девушка
hen-hussy *n* (*sl*) женоподобный мужчина
hen-piss *n* (*vulg*) глупости, чепуха
hen's egg *n* (*sl*) бабник
he-pal *n* (*sl*) ухажер

hereafter *n* (*sl*) зад (часть тела)
hermaphy *n* (*humor med sl*) гермафродит
hermit *n* (*low obs*) пенис, половой член
herring *n* (*sl*) 1. девственница 2. неприятная женщина
hesh *n* (*sl*) 1. женоподобный мужчина 2. мужеподобная женщина (от сочетания he и she)
heshe *n* (*sl*) hesh q.v.
he-she *mod* (*sl*) женоподобный
hetero *n* (*sl*) гетеросексуал
hetero *mod* (*sl*) гетеросексуальный
het up *mod* (*sl*) похотливый, сексуально возбужденный
hickey *n* (*sl*) 1. долгий поцелуй, после которого на теле остается кровоподтек 2. кровоподтек после такого поцелуя
hicky *n* (*sl*) 1. hickey q.v. 2. женский лобок
hiding place *n* (*sl*) туалет
high *mod* (*sl*) (о женщине) неприступная, целомудренная
high-bellied *mod* (*low obs*) беременная
high-camp *mod* (*sl*) открыто гомосексуальный
high in the belly *mod* (*low obs*) high-bellied q.v.
highjack somebody *v* (*sl*) 1. соблазнить кого-либо 2. принудить мальчика к анальному сексу
high kicker *n* (*sl*) распутный человек
high lifer *n* (*sl*) high kicker q.v.
high liver *n* (*sl*) high kicker q.v.
highly-spiced *mod* (*coll*) high-seasoned q.v.
high-pooped *mod* (*low obs*) толстозадый
high-seasoned *mod* (*coll*) неприличный
high-spot hitter *n* (*sl*) high kicker q.v.

high stepper *n* (*sl*) 1. high kicker q.v. 2. женщина легкого поведения
high voltage *n* (*US sl*) сексапил
high-voltage mama *n* (*US sl*) страстная молодая женщина
high-waisted *mod* (*sl*) беременная
high yellow *n* (*sl*) сексапильная мулатка
high-yellow *mod* (*sl*) (о негритянке, мулатке) сексапильная
hike *n* (*sl*) hickey q.v.
hiki *n* (*sl*) hickey q.v.
him-her *n* (*sl*) hesh q.v.
him-her *mod* (*sl*) he-she q.v.
himmer *n* (*sl*) hesh q.v. (от him и (h)er)
hind end *n* (*sl*) зад (часть тела)
hind rails *n* (*sl*) hind end q.v.
hindside *n* (*sl*) hind end q.v.
Hindu *n* (*sl*) 1. женщина, не любящая петтинг, не позволяющая мужчинам вольности
hip-dance *n* (*sl*) танец, в котором танцующие (обыч. женщины) совершают вращательные движения тазом и бедрами
hip-dance *v* (*sl*) танцевать, вращая тазом и бедрами
hip-dancer *n* (*sl*) hip-flipper q.v.
hip duck *n* (*sl*) сексапильная девушка
hip-flip *n* (*sl*) 1. быстрое резкое движение бедрами во время танца 2. hip-dance n q.v.
hip-flipper *n* (*sl*) исполнительница hip-dance q.v.
hip-hurler *n* (*sl*) hip-flipper q.v.
hip-hurling *n* (*sl*) hip-dance n q.v.
hip-jiggler *n* (*sl*) hip-flipper q.v.
hip-juggler *n* (*sl*) hip-flipper q.v.
hip-juggling *n* (*sl*) hip-dance n q.v.
hip-kit *n* (*sl*) пояс для чулок
hip-peddler *n* (*sl*) 1. проститутка 2. сутенер

hippies *n pl (US sl)* бедра красивой формы
hippy *mod (US sl)* толстозадый, имеющий полные бедра
hippy hussy *n (sl)* крупная женщина
hip-shake *n (sl)* hip-dance n q.v.
hip-shaker *n (sl)* hip-flipper q.v.
hip-shaking *n (sl)* hip-dance n q.v.
hip-swing *n (sl)* hip-dance n q.v.
hip-swinger *n (sl)* hip-flipper q.v.
hip-swinging *n (sl)* hip-dance n q.v.
hip-swishy *mod (sl)* (о женщине) вращающая бедрами во время ходьбы
hip virtuoso *n (sl)* hip-flipper q.v.
His Royal Highness's throne *n (humor coll)* детский стульчак
hit and run *v (US sl)* волочиться за женщинами
hit it off *v (sl)* совокупляться
hit somebody where he'll feel it *v (euph)* ударить мужчину в пах
hit somebody where it hurts the most *v (euph)* hit somebody where he'll feel it q.v.
hit the fan *v (sl)* стать известным, выясниться (сокр. when the shit hit(s) the fan q.v. в Приложении 2)
hit the triangle *v (sl)* быть неверным в любви
hit-and-runner *n (sl)* волокита
hitchy-koo *n (sl)* женоподобный мужчина
hive *n (low obs)* женский лобок
hive it *v (low)* совокупляться
hock *n (sl)* hocky q.v.
hockey *n (sl)* hocky q.v.
hocky *n (sl)* 1. экскременты 2. сперма
hod *n (sl)* проститутка
hofie *n (sl)* дамский угодник
hog *v (low obs)* совокупляться
hog-eye *n (US sl)* женский лобок

hoggings *n pl (sl)* сексуальные удовольствия
holaholy *n (sl)* женщина, не позволяющая мужчинам вольностей
hold *v (coll obs)* зачать ребенка
hold it *v (coll obs)* hold q.v.
hold the kid *v (sl)* держать пассивного гомосексуалиста в зависимости
hold the kid down *v (sl)* hold the kid q.v.
hole *n (vulg)* 1. вагина, влагалище 2. женщина как сексуальный объект 3. (*rare*) анальное отверстие 4. туалет
hole it *v (low)* (о мужчине) начать совокупление
hole somebody *v (low)* hole it q.v.
holed *mod (low)* (о мужчине) совокупляющийся
holer *n (low obs)* бабник, волокита
holer-monger *n (low obs)* holer q.v.
holing *mod (low obs)* ведущий распутный образ жизни
Holloway *n (sl obs)* женский лобок
Hollywood Indian *n (sl)* женоподобный мужчина
holy bedlock *n (sl)* внебрачная половая связь (игра слов на holy wedlock)
holy iron *n (sl obs)* пенис, половой член (игра слов на hole q.v.)
holy of holies *n (sl)* туалет
holy poker *n (sl obs)* пенис, половой член (игра слов на hole, poker и poke somebody q.q.v.)
holy terror *n (sl)* распутный человек
Holy Week *n (sl)* менструация
home base *n (US sl)* зад (часть тела) (термин из бейсбола)
home blaster *n (sl)* волокита, бабник

home breaker *n* (*sl*) home blaster q.v.
home girl *n* (*sl*) женщина, не позволяющая вольностей мужчинам
home sweet home *n* (*low obs*) женский лобок
homework *n* (*US college sl*) 1. петтинг, иногда переходящий а совокупление 2. любая девушка 3. любовница
home wrecker *n* (*sl*) home blaster q.v.
homie *n* (*sl*) 1. гомосексуалист 2. лесбиянка 3. женоподобный мужчина 4. мужеподобная женщина
homie *mod* (*sl*) гомосексуальный
homo *n* (*sl*) homie n q.v.
homo *mod* (*sl*) homo mod q.v.
homo joint *n* (*sl*) бар гомосексуалистов, место встречи гомосексуалистов
homophobia *n* (*coll*) 1. боязнь гомосексуалистов 2. неприязнь, враждебность к гомосексуалистам
hon *n* (*sl*) honey 3 q.v.
hone after somebody *v* (*US sl*) желать кого-либо сексуально
hone for somebody *v* (*US sl*) hone after somebody q.v.
honey *n* (*US sl*) 1. экскременты 2. негритянка-проститутка 3. сексапильная молодая девушка
honey-boney *n* (*sl*) физически привлекательная женщина
honey-boy *n* (*sl*) ухажер
honey-bucket *n* (*mil sl*) унитаз
honey-bun *n* (*sl*) honey-boney q.v.
honey-bunch *n* (*sl*) honey-boney q.v.
honeycakes *n* (*sl*) 1. любовница 2. honey-boney q.v.
honey cart *n* (*sl*) 1. ассенизационная машина 2. повозка для перевозки навоза 3. аппарат для опорожнения туалетов в самолете
honey child *n* (*sl*) honeycakes q.v.

honeycool *v* (*sl*) honeyfuggle q.v.
honey cooler *n* (*sl*) поцелуй
honeyfogle *v* (*sl*) honeyfuggle q.v.
honey-fuck *v* (*vulg*) 1. совокупляться с очень молодой девушкой 2. совокупляться медленно, не спеша 3. совокупляться в романтическом месте или при романтических обстоятельствах (напр. во время медового месяца, на природе, в гостинице)
honey-fucking *n* (*vulg*) 1. совокупление с молодой девушкой 2. медленное совокупление 3. романтическое совокупление
honeyfuggle *v* (*sl*) обхаживать женщину/жену/любовницу, льстить ей с целью добиться совокупления
honeyfuggling *n* (*vulg*) honey-fucking q.v.
honey-house *n* (*sl*) туалет
honeylingus *n* (*humor sl*) кунилингус (по аналогии с cunnilingus)
honey man *n* (*sl*) жиголо, мужчина, живущий за счет женщины
honey star *n* (*sl*) любовница
honey thighs *n* (*sl*) honey star q.v.
honey wagon *n* (*sl*) honey cart q.v.
Hong Kong dog *n* (*sl*) диарея, расстройство желудка (особ. во время туристической поездки по странам Дальнего Востока)
honk the horn *v* (*US sl*) высморкаться
honk-tonk *n* (*sl*) публичный дом
hoo-bloody-rah *interj* (*low*) ура!
hoo-fucking-rah *interj* (*vulg*) hoo-bloody-rah q.v.
hoof somebody's bum *v* (*sl*) 1. ударить кого-либо ногой в ягодицы 2. выгнать кого-либо
hoo-ha *n* (*sl*) туалет
hoohah *n* (*sl*) hoo-ha q.v.

hook *n* (*sl obs*) проститутка
hook *v* (*sl*) заниматься проституцией
Hook Alley *n* (*sl*) район города, где расположены публичные дома
hooker *n* (*sl*) проститутка
hookey *n* (*sl*) hocky q.v.
hookshop *n* (*sl*) публичный дом, особ. дешевый
hooky *n* (*sl*) hocky q.v.
hoon *n* (*sl*) сводник, сутенер
hoop *n* 1. (*low obs*) женский лобок 2. (*cant*) заднепроходное отверстие
hoosegow *n* (*sl*) туалет (usu go to/visit the hoosegow)
hootchee *n* (*Army vulg obs*) пенис, половой член
hootchee-cootchee *n* (*sl*) 1. танец, во время которого женщина вращает бедрами 2. женщина, исполняющая такой танец
hootchie-kootchie *n* (*sl*) hootchee-cootchee q.v.
hootchy-kootchy *n* (*sl*) hootchee-cootchee q.v.
hootenanny *n* (*US sl*) зад (часть тела)
hop *v* (*sl*) совокупляться
hop on *v* (*low*) (о мужчине) совокупляться
hop the broomstick *v* (*sl*) jump over the broomstick q.v.
hope to hell *v* (*sl*) очень надеяться
hop-picker *n* (*low obs*) проститутка
hopping wife *n* (*low obs*) hop-picker q.v.
horizontal *n* (*coll*) обычная позиция совокупления (мужчина сверху)
horizontal exercise *n* (*Naval sl*) совокупление
horizontal hoola *n* (*US college sl*) позиция совокупления, когда женщина кладет ноги на плечи мужчине

horizontalize *v* (*low obs*) совокупляться
horizontal refreshment *n* (*low obs*) совокупление
horn *n* (*low*) 1. пенис, половой член (особ. эрегированный) 2. эрекция (usu give somebody/get a/the horn)
hornification *n* (*low obs*) распущенность, безнравственность
hornify *v* (*low*) 1. испытывать эрекцию 2. вести распутный образ жизни
horniness *n* (*sl*) похотливость, страсть
horn-mad *mod* (*low obs*) крайне распущенный
horn-pills *n pl* (*low*) афродизиаки, сильно возбуждающие средства
horny *mod* (*coll*) 1. сексуально возбужденный 2. похотливый 3. обладающий большой половой потенцией
horny bastard *n* (*sl*) похотливый мужчина
horny hussy *n* (*sl*) 1. страстная молодая женщина 2. дешевая проститутка
horse *n* 1. (*pros*) клиент проститутки 2. (*sl*) проститутка (рифмуется с whores) 3. женщина-партнер в случайной половой связи
horse *v* (*vulg*) иметь любовницу, изменять жене
horse around *v* (*vulg*) horse v q.v.
horse somebody *v* (*coll obs*) совокупляться с женщиной
horse apple *n* (*euph*) horse shit q.v.
horse cock *n* (*Naval vulg obs*) копченая колбаса cf. cock
horse collar *n* (*low obs*) женский лобок cf.horse's collar
horse piss *n* (*vulg*) слабое вино, кофе и т.п.

horses *n sing* (*sl*) мужчина-извращенец см. horse's hoof в Приложении 3

horse's ass *n* (*vulg*) 1. глупец, болван 2. упрямец 3. человек, упорствующий в своих заблуждениях 4. человек, ошибочно считающий себя находчивым, проницательным и т.п. 5. что-либо незначительное, не стоящее внимания 6. негодяй, подлец

horse's behind *n* (*euph*) horse's ass q.v.

horse's caboose *n* (*euph*) horse's ass q.v.

horse's collar *n* (*euph*) horse's ass q.v. cf. horse collar

horse's heel *n* (*euph*) horse's ass q.v.

horse's hips *n* (*euph*) horse's ass q.v.

horse shit *n* (*vulg*) bullshit q.v.

horseshit! *interj* (*vulg*) выражает негодование, недоверие и т.п.

horse-shoe *n* (*low obs*) horse collar q.v.

horse's neck *n* (*euph*) horse's ass q.v.

horse's rosette *n* (*euph*) horse's ass q.v.

horse's tail *n* (*euph*) horse's ass q.v.

horse's whatsis *n* (*euph*) horse's ass q.v.

horsin' *mod* (*sl*) похотливый

hose *n* (*sl*) совокупление

hose *v* (*sl*) совокупляться

hosing *n* (*sl*) hose n q.v.

hoss's ass *n* (*sl*) horse's ass q.v.

hot *n* (*sl*) страстная молодая женщина

hot *mod* (*sl*) 1. сексуально возбужденный 2. похотливый 3. неприличный 4. заражённый венерическим заболеванием

hot and bothered *mod* (*sl*) 1. сексуально возбужденный 2. обозленный, озабоченный

hot and heavy *n* (*sl*) страстная любовница

hot article *n* (*sl*) сексуально привлекательная женщина

hot as a fire-cracker *mod* (*sl*) 1. сексуально возбужденный 2. похотливый

hot as hell *mod* (*sl*) hot q.v.

hot as old Billy Hell *mod* (*sl*) hot q.v.

hot-ass *n* (*vulg*) 1. похотливая женщина 2. шлепок по ягодицам 3. падение на ягодицы

hot-ass *mod* (*vulg*) 1. похотливый 2. получивший наказание

hot-assed *mod* (*sl*) hot-ass mod q.v.

hot as the hinges of hell *mod* (*sl*) hot q.v.

hot baby *n* (*sl*) страстная девушка

hot beef injection *n* (*sl*) совокупление

hot book *n* (*sl*) порнографическая книга

hot-bot *n* (*sl*) чрезвычайно похотливая женщина

hot-box *n* (*sl*) 1. женский лобок 2. hot baby q.v.

hotcha *n* (*sl*) 1. страсть 2. сексапил 3. молодая страстная женщина

hotcha *mod* (*sl*) 1. похотливый, страстный 2. сексапильно привлекательный

hotcha *interj* (*sl*) выражает удовлетворение, одобрение при виде физически привлекательного человека

hotcha-honey *n* (*sl*) hotcha n 3 q.v.

hotcha-hotsy *n* (*sl*) hotcha n 3 q.v.

hotcha love-making *n* (*sl*) откровенный петтинг

hotchee *n* (*Army vulg obs*) hootchee q.v.
hot chocolate *n* (*sl*) страстная негритянка
hot date *n* (*sl*) страстная молодая женщина
hot dish *n* (*sl*) 1. hot date q.v. 2. сексапильная молодая женщина
hot dish of cold Circe *n* (*sl*) холодная женщина
hot dog *n* (*sl*) пенис, половой член см. также Приложение 4
hotel *n* (*low obs*) женские наружные половые органы
hotel flame *n* (*sl*) торопливый любовник
hotel hotsy *n* (*sl*) проститутка
hot flash *n* (*sl*) неожиданное резкое повышение температуры у женщины (симптом климакса)
hot for somebody *mod* (*sl*) желающий кого-либо сексуально
hot hell *n* (*sl*) энтузиазм
hot-hole *n* (*sl*) публичный дом
hot honey *n* (*sl*) hot date q.v.
hothouse *n* (*sl*) hot-hole q.v.
hot in the tail *mod* (*sl*) развратный
hot job *n* (*sl*) сексапильная женщина
hot joint *n* (*sl*) шумный публичный дом
hot lay *n* (*sl*) 1. страстная молодая женщина 2. женщина легкого поведения
hot looker *n* (*sl*) hot job q.v.
hot lot *n* (*sl*) hot job q.v.
hot love-making *n* (*sl*) hotcha love-making q.v.
hot lovin' *n* (*sl*) hotcha love-making q.v.
hot-lovin' *mod* (*sl*) похотливый, страстный
hot mama *n* (*sl*) 1. физически привлекательная девушка 2. сексапильная любовница
hot mamma *n* (*sl*) hot mama q.v.

hot meat *n* (*sl*) страстная женщина
hot member *n* (*sl*) 1. страстная молодая женщина 2. распутный человек 3. похотливый мужчина 4. сексапильная девушка
hot milk *n* (*low*) сперма
hot mutton *n* (*sl*) hot meat q.v.
hot number *n* (*sl*) 1. hot meat q.v. 2. сексапильная девушка
hot number daughter *n* (*sl*) hot number q.v.
hot nuts *n pl* (*sl*) 1. желание совокупиться 2. похотливый мужчина
hot one *n* (*sl*) hot date q.v.
hot pad *n* (*sl*) публичный дом
hot pants *n pl* (*sl*) hot nuts q.v.
hot pants *mod* (*sl*) страстный, похотливый
hot pepper *n* (*sl*) молодая страстная женщина
hot piece *n* (*sl*) hot pepper q.v.
hot piece of dark meat *n* (*sl*) страстная негритянка cf. hot piece of white meat
hot piece of merchandise *n* (*sl*) сексапильная молодая женщина
hot piece of white meat *n* (*sl*) страстная белая женщина cf. hot piece of dark meat
hot piece of work *n* (*sl*) hot piece of merchandise q.v.
hot-poo *n* (*euph*) hot shit q.v.
hot proposition *n* (*sl*) hot piece of merchandise q.v.
hot roll with cream *n* (*low*) совокупление
hots *n pl* (*sl*) 1. чувство любви 2. сексуальное желание
hot session *n* (*sl*) совокупление
hot sheet *n* (*sl*) порнографический журнал
hot shit *n* (*vulg*) 1. важная персона 2. самодовольный, самовлюбленный человек 3. везучий человек

hot-shit *mod* (*vulg*) прекрасный, смелый, умный

hotshot *n* (*sl*) 1. дамский угодник 2. неприличная фотография

hot sketch *n* (*sl*) сексапильная молодая женщина

hot skirt *n* (*sl*) страстная молодая женщина

hot skoit *n* (*sl*) hot skirt q.v.

hot spot *n* (*sl*) публичный дом

hot stuff *n* (*sl*) 1. страсть, похотливость 2. сексапильная молодая женщина 3. страстная молодая женщина 4. порнографические фотографии 5. неприличная шутка 6. неприличное шоу

hot-stuff *mod* (*sl*) 1. страстный, похотливый 2. порнографический 3. неприличный, скабрезный

hotsy *n* (*sl*) 1. страстная молодая женщина 2. проститутка 3. любовница 4. женщина легкого поведения 5. сексапильная молодая женщина

hotsy-hipped cutie *n* (*sl*) 1. сексапильная молодая женщина 2. hip-flipper q.v.

hotsy-hotsy *n* (*sl*) hotsy q.v.

hotsy-totsy *n* (*sl*) hotsy q.v.

hot-tailed *mod* (*sl*) зараженный венерическим заболеванием

hot tamale *n* (*sl*) страстная девушка (особ. мексиканка)

hotter than hell *mod* (*sl*) 1. очень горячий, раскаленный 2. очень страстный 3. сексуально возбужденный

hot tongue *n* (*sl*) 1. страстный поцелуй 2. страстная молодая женщина

hot-tongue *v* (*sl*) страстно целоваться

hottotot *n* (*sl*) страстная девушка

hot to trot *mod* (*sl*) сексуально возбужденный

hot 'un *n* (*sl*) hot date q.v. (от hot one)

houghmagandy *n* (*sl*) совокупление

hound dog *n* (*sl*) волокита, бабник

hourglass *n* (*sl*) женщина с большой грудью и широкими бедрами

hourglass figure *n* (*sl*) красивая женская фигура

house *n* (*sl*) публичный дом

house-keeper *n* (*sl*) содержатель(ница) публичного дома

house of call *n* (*sl*) house q.v.

House of Commons *n* (*UK humor sl*) туалет (букв. палата общин парламента Великобритании)

house of ill delight *n* (*euph*) house q.v.

house of ill repute *n* (*euph*) house q.v.

house of joy *n* (*euph*) house q.v.

House of Lords *n* (*UK college sl*) туалет (букв. палата лордов парламента Великобритании)

house of pleasure *n* (*sl*) house q.v.

house under the hill *n* (*low obs*) женский лобок

housewife *n* (*low obs*) наружные женские половые органы

hover *n* (*vulg*) прием фелляции, когда женщина всасывает пенис в рот наполовину, а затем, используя создавшийся вакуум, позволяет ему медленно выскользнуть наружу

how's your father *n* (*euph*) совокупление

hubba-bubba *interj* (*sl*) для выражения удовлетворения при виде сексапильной женщины или привлечения ее внимания

hubba Hedy *n* (*sl*) сексапильная молодая женщина

huddle *n* (*sl*) вечеринка, на которой занимаются петтингом

huddle (somebody) *v* (*low obs*) совокупляться (с кем-либо)
huddle somebody up *v* (*sl*) ласкать кого-либо
hug-me-tight *n* (*sl*) тесно облегающий свитер, подчеркивающий женскую грудь
hugsome *mod* (*sl*) (о женщине) физически привлекательная
hugsome hussy *n* (*sl*) сексапильная молодая женщина
huhhah *n* (*sl*) hoo-ha q.v.
human heat wave *n* (*sl*) страстная молодая женщина
human sausage machine *n* (*coll*) женщина, рожающая каждый год
humdinger *n* (*sl*) физически привлекательная молодая женщина
hump *n* (*vulg*) 1. совокупление 2. женщина, рассматриваемая с точки зрения совокупления
hump (somebody) *n* (*vulg*) совокупляться (с кем-либо)
humpery *n* (*sl*) совокупление
hung *mod* (*vulg*) обладающий большим пенисом
hung like a bull *mod* (*vulg*) hung q.v.
hung like a chicken *mod* (*vulg*) обладающий маленьким пенисом
hung like a horse *mod* (*vulg*) hung q.v.
hung like a mule *mod* (*vulg*) hung q.v.
hung like a rabbit *mod* (*vulg*) (о мужчине) совокупляющийся часто и быстро
hungry enough to eat the ass off a dead skunk *mod* (*US vulg*) очень голодный
hunk *n* (*sl*) 1. женщина, рассматриваемая как сексуальный объект 2. совокупление 3. физически привлекательный мужчина
hunkies *n pl* (*US sl*) ягодицы

hunk of ass *n* (*vulg*) совокупление
hunk of butt *n* (*sl*) hunk of ass q.v.
hunk of crap *n* (*vulg*) 1. что-либо плохого качества 2. незначительный человек, мелкая сошка
hunk of frozen meat *n* (*sl*) холодная женщина
hunk of meat *n* (*US sl*) мужской лобок, наружные половые органы
hunk of skirt *n* (*sl*) hunk of ass q.v.
hunk of tail *n* (*sl*) hunk of ass q.v.
hunky *mod* (*sl*) (о мужчине) сексуально привлекательный
hunt big dames *v* (*sl*) искать женщину с целью совокупления
hunt big game *v* (*sl*) пытаться обольстить богатого мужчину
hunt grouse *v* (*sl*) hunt big dames q.v.
hunt-about *n* (*low obs*) проститутка
hurdies *n pl* (*sl*) ягодицы
hurl the hips *v* (*sl*) танцевать, вращая при этом бедрами
hurt somebody in the head *v* (*sl*) наставить кому-либо рога
husband *n* 1. (*pros*) сутенер, живущий с одной из проституток 2. доминирующий партнер в гомосексуальной/лесбийской паре
hush-hush show *n* (*sl*) тайная половая связь
husk *v* (*sl*) раздеваться
husky *mod* (*sl*) обладающий большой половой потенцией
hussy *n* (*sl*) женщина легкого поведения
hustle *v* (*sl*) 1. быть проституткой 2. искать клиента 3. пытаться соблазнить кого-либо 4. проституировать кого-либо

H

hustle somebody *v* (*low obs*) совокупляться с кем-либо
hustler *n* (*sl*) 1. проститутка 2. сутенер 3. дамский угодник 4. донор спермы при искусственном оплодотворении
hustling hussy *n* (*sl*) проститутка
huzzlecoo *n* (*US sl*) флирт
huzzy *n* (*sl*) женщина легкого поведения

I

iceberg *n* (*sl*) холодная женщина
iceberg slim *n* (*sl*) сутенер
ice palace *n* (*sl*) публичный дом
ice queen *n* (*sl*) iceberg q.v.
ice wagon *n* (*sl*) iceberg q.v.
icy Vicky *n* (*sl*) физически непривлекательная девушка
imbars bidbib см. Приложение 1
impale somebody *v* (*low obs*) совокупляться с женщиной
impudent *n* (*sl*) импотент
impure *n* (*euph*) проститутка
in a bad shape *mod* (*euph*) беременная
in a bad way *mod* (*euph*) in a bad shape q.v.
in a delicate condition *mod* (*euph*) in a bad shape q.v.
in a delicate state of health *mod* (*euph*) in a bad shape q.v.
in a familiar way *mod* (*euph*) in a bad shape q, v,
in a family way *mod* (*euph*) in a bad shape q.v.
in a fix *mod* (*euph*) in a bad shape q.v.
in and out *n* (*sl*) совокупление
in and out like a fart in a colander *mod* (*vulg*) нервный, не находящий себе места

in an interesting condition *mod* (*euph*) in a bad shape q.v.
in a state of nature *mod* (*coll*) нагой
in a sweat *mod* (*sl*) похотливый, сексуально возбужденный
incendiary bomb *n* (*sl*) страстная молодая женщина
incident *n* (*sl*) незаконнорожденный ребенок
income tax *n* (*pros*) штраф за занятие проституцией
indecency *n* (*sl*) нагота
indecent *mod* (*sl*) обнаженный
inde-goddam(n)-pendent *mod* (*sl*) независимый
indescribables *n pl* (*sl*) нижнее белье
Indian pox *n* (*sl rare*) сифилис cf. French pox
in dishybilly *mod* (*sl*) раздетый
indorse somebody *v* (*sl*) плохо или жестоко обращаться с проституткой
indorser *n* (*sl*) садист, издевающийся над проституткой
in drag *mod* (*sl*) в одежде представителя противоположного пола
indulge *v* (*humor sl*) совокупляться
ineffables *n pl* (*sl*) indescribables q.v.
infanticipating *mod* (*sl*) беременная (от infant и anticipate)
in for it *mod* (*low*) беременная
in full cuticle *mod* (*sl*) обнаженный
in full fig *mod* (*low obs*) безнравственный
in heat *mod* (*sl*) (о женщине) сексуально агрессивная
ink in one's pen *n* (*sl*) половая потенция
in morocco *mod* (*sl*) обнаженный
in one's birthday clothes *mod* (*sl*) полностью обнаженный

in one's birthday suit *mod (sl)* in one's birthday clothes q.v.
in pig *mod (sl obs)* беременная
in pod *mod (low obs)* in pig q.v.
in pup *mod (low obs)* in pig q.v.
in puris naturabilis *mod (humor sl)* обнаженный
in seduced circumstances *mod (sl)* совращенный (игра слов на in reduced circumstances)
in shit order *mod (vulg)* в полном беспорядке
in Shit Street *mod (vulg)* в трудном положении
inspector of manholes *n (low)* гомосексуалист
in spite of hell *mod (sl)* решительно, безоглядно
in spite of hell and high water *mod (sl)* in spite of hell q.v.
instrument *n (sl)* пенис, половой член
interested *mod (euph)* сексуально возбужденный
interflora *n (sl)* совокупление (намек на flower power, движение хиппи, девизом которого была фраза make love not war)
in the altogether *mod (coll)* обнаженный
in the box *mod (sl)* (о мужчине) совокупляющийся
in the buff *mod (sl)* in the altogether q.v.
in the club *mod (sl)* беременная
in the cuticle *mod (sl)* in the altogether q.v.
in the family way *mod (coll)* in a family way q.v.
in the mood *mod (euph)* (о женщине) сексуально возбужденная
in the nuddy *mod (sl)* in the altogether q.v.
in the pudden club *mod (low)* in the club q.v.
in the pudding club *mod (low)* in the club q.v.

in the raw *mod (US sl)* in the altogether q.v.
in the raz *mod (sl)* in the altogether q.v.
in the rind *mod (sl)* in the altogether q.v.
in the shit *mod (vulg)* в трудном положении
in the shit official *mod (Army vulg)* in the shit q.v.
in the spud line *mod (Naval sl)* беременная
in the spud locker *mod (Naval sl)* in the spud line q.v.
in the straw *mod (sl)* (о женщине) рожающая
intimaterie *n (sl)* публичный дом
intimates *n pl (sl)* нижнее белье
intimate with somebody *mod (coll)* находящийся с кем-либо в половой связи
into a woman *mod (low)* (о мужчине) совокупляющийся
introduce Charley *v (sl)* (о мужчине) совокупляться
introduce Charlie *v (sl)* introduce Charley q.v.
introduce (the) shoemaker to (the) tailor *v (euph obs)* ударить кого-либо ногой по ягодицам
invert *n (sl)* гомосексуалист
investigator *n (sl)* мужчина, занимающийся петтингом
Irish mutton *n (US sl)* сифилис
Irish pennant *n (sl)* нижнее белье, видное из-под одежды
Irish root *n (low obs)* пенис, половой член
Irish shave *n (US sl)* испражнение, дефекация
Irish toothache *n (low obs)* 1. распущенность, безнравственность 2. беременность
Irish whist (where the Jack takes the ace) *n (low obs)* совокупление cf. jack, ace

iron *n* (*sl*) 1. мужчина-извращенец 2. мужчина-проститутка см. iron hoof в Приложении 3

iron ass *n* (*mil vulg*) строгий офицер

irregular *mod* (*euph*) 1. страдающий несварением желудка 2. с задержкой менструации

irregularity *n* (*euph*) 1. несварение желудка, запор 2. задержка менструации

irresistibelle *n* (*sl*) сексапильная молодая женщина (от irresistible и belle фр. красивая)

it *pron* (*euph*) 1. женские половые органы 2. (*rare*) мужские половые органы 3. сексапил 4. женоподобный мужчина 5. активная лесбиянка

it *mod* (*euph*) сексуально непривлекательный

Italian letter *n* (*sl rare*) презерватив cf. French letter

Italian pox *n* (*sl rare*) сифилис cf. French pox

it and that *n* (*US sl*) сексапил

itch *n* (*low*) страсть, похоть

itch *v* (*low*) испытывать страсть

it-chaser *n* (*sl*) ловелас, волокита

itchy pants *n pl* (*sl*) похоть

itchy-scratchy *mod* (*sl*) завшивевший, зараженный лобковыми вшами

itcher *n* (*low obs*) 1. женский лобок 2. женские наружные половые органы

itching Jenny *n* (*low obs*) itcher q.v.

it-girl *n* (*sl*) сексапильная женщина

itness *n* (*sl*) сексапил

ittiness *n* (*sl*) itness q.v.

ittish *mod* (*sl*) сексапильный

ittishness *n* (*sl*) itness q.v.

itty *mod* (*sl*) сексуально привлекательный

ivy cottage *n* (*euph*) туалет на улице/во дворе

J

jab *v* (*sl*) совокупляться

jack *n* 1. (*low rare*) сифилис см jack in the box в Приложении 3 2. (*sl*) ухажер, любовник 3. (*low obs*) пенис, половой член 4. (*low obs*) эрекция

jack *v* (*low obs*) совокупляться

jack off *v* (*sl*) мастурбировать

jack somebody *v* (*sl*) совокупляться с кем-либо

jackass *n* 1. (*sl*) болван, глупец 2. (*euph*) ass n q.v.

jack gagger *n* (*sl*) мужчина, проституирующий свою жену и живущий за счет этого

jack in the box *n* (*sl obs*) пенис, половой член см. также Приложение 3

jack of hearts *n* (*sl*) ухажер, любовник

Jack Robinson *n* (*low obs*) jack in the box q.v.

jack roller *n* (*pros*) проститутка, обворовывающая клиента

jack's delight *n* (*sl obs*) портовая проститутка

jacksie *n* 1. (*low*) публичный дом 2. (*mil sl*) зад (часть тела)

jacksy *n* (*sl*) jacksie q.v.

jacksy-pardo *n* (*low obs*) зад (часть тела)

jacksy-pardy *n* (*low obs*) jacksy-pardo q.v.

jaded jenny *n* (*sl*) проститутка

jag house *n* (*sl*) публичный дом для гомосексуалистов

jailbait *n* (*sl*) несовершеннолетняя девушка, совращение которой является уголовным преступлением

jake *n* (*sl*) туалет (usu go to/visit the jake)

jakes *n* (*sl*) jake q.v.

jam *n* (*sl obs*) 1. любовница 2. женские наружные половые органы

jam *mod* (*homos*) гетеросексуальный

jam-tart *n* (*low obs*) 1. жена 2. любовница 3. проститутка cf. tart

jane *n* (*sl*) 1. молодая сексапильная женщина 2. любовница (usu my/his jane) 3. женский туалет (обыч. общественный)

janfu см. Приложение 1

jang *n* (*vulg*) пенис, половой член cf. jing-jang

janney *v* (*sl rare*) совокупляться

Japanese troilism *n* (*sl*) групповой половой акт, в котором участвуют двое мужчин и одна женщина cf. troilism

jape *v* (*sl*) совокупляться

jap's eye *n* (*sl*) головка полового члена

jaxy *n* (*UK pros*) женский лобок

jazz *n* (*vulg*) 1. совокупление 2. вагина, влагалище 3. женщина, рассматриваемая только как объект совокупления

jazz *v* (*vulg*) совокупляться

jazz it *v* (*vulg obs*) совершать половой акт

jazz somebody up *v* (*low*) 1. оплодотворить женщину 2. возбуждать кого-либо сексуально

jazz ballet bottom *n* (*sl*) абсцесс на ягодицах или между ними

jazzbo *n* (*sl*) распутный человек

jazzed *mod* (*sl*) беременная

jazzed up *mod* (*sl*) jazzed q.v.

jazzed-up Jane *n* (*sl*) женщина, лишенная девственности

jazzhound *n* (*sl*) jazzbo q.v.

Jeanie boy *n* (*sl*) Nancy boy q.v.

jeep desease *n* (*sl*) jazz ballet bottom q.v.

jeep girls *n pl* (*US mil sl obs*) собир. китайские проститутки, обслуживавшие американских солдат

jelly *n* 1. (*vulg*) вагина, влагалище 2. (*sl*) мужчина с большой половой потенцией, постоянно ищущий женщин с целью совокупления 3. (*sl*) любовник/любовница 4. (*vulg*) совокупление 5. (*Negro vulg*) женщина, рассматриваемая как объект совокупления 6. (*low obs*) физически привлекательная девушка 7. (*low obs*) сперма

jelly-bag *n* (*low obs*) 1. мошонка 2. женские наружные половые органы

jelly bean *n* 1. (*sl*) женоподобный мужчина 2. (*sl obs*) женщина

jelly roll *n* (*vulg*) jelly 1, 4 q.v.

jemima *n* (*low obs*) ночной горшок

Jenny Willocks *n* (*UK sl*) 1. женоподобный мужчина 2. гермафродит

jere *n* (*low*) 1. гомосексуалист 2. зад (часть тела)

Jericho *n* (*low obs*) туалет (usu go to/visit Jericho)

jerk *n* (*vulg*) 1. мастурбация, онанизм 2. совокупление 3. болван, идиот

jerk *v* (*vulg*) 1. мастурбировать 2. совокупляться 3. бездельничать, терять время попусту 4. постоянно ошибаться 5. уходить

jerk off *v* (*vulg*) 1. мастурбировать 2. уходить, убираться cf. fuck off

jerk one's gherkin *v* (*low*) мастурбировать

jerk one's jelly *v* (*low obs*) jerk one's gherkin q.v.

jerk one's juice *v* (*low obs*) jerk one's gherkin q.v.

jerk one's mutton *v* (*low*) jerk one's gherkin q.v.

jerker *n* 1. (*low*) онанист 2. (*low obs*) проститутка 3. (*low obs*) ночной горшок

jerking iron *n* (*sl*) пенис, половой член

jerk-off *n* (*vulg*) 1. онанист 2. болван, идиот

jerry *n* 1. (*sl*) ночной горшок 2. (*cant*) девушка

jerry-come-tumble *n* (*low obs*) туалет

jerry-go-nimble *n* (*low obs*) расстройство желудка, понос

Jessie *n* (*sl*) женоподобный мужчина

jet one's juice *v* (*low obs*) эякулировать

jewel-coaxer *n* (*sl*) gold-digger q.v.

jewelry *n* (*US sl*) половые органы

jewels *n pl* (*sl*) jewelry q.v. cf. family jewels

Jewish nightcap *n* (*low*) крайняя плоть

Jew's complement *n* (*low obs*) небогатый мужчина с хорошо развитыми гениталиями (подразумевается, что такой мужчина хорошо "дополняет" (complements) мужчину еврейской национальности, у которого якобы много денег, но маленький пенис (возможно, имеется в виду обрезание)

Jew's compliment *n* (*low obs*) Jew's complement q.v.

Jezebel *n* (*low*) пенис, половой член

jig *n* (*sl*) совокупление

jig *v* (*sl*) совокупляться

jig-a-jig *n* (*low obs*) jig n q.v.

jig-a-jig *v* (*low obs*) jig v q.v.

jigger *n* 1. (*low*) пенис, половой член 2. (*low*) женский лобок 3. (*US sl*) мужской лобок

jigger somebody *v* (*sl*) damn somebody q.v.

jiggle *v* (*low*) совокупляться

jiggle show *n* (*sl*) шоу с участием обнаженных женщин

jiggling bore *n* (*low*) пенис, половой член

jiggumbobs *n pl* (*low obs*) яички

jiggy-jig *n* (*low obs*) jig n q.v.

jiggy-jig *v* (*low obs*) jig v q.v.

jig-jig *n* (*low obs*) jig n.q.v.

jig-jig *v* (*low obs*) jig v q.v.

jill *n* (*sl*) любовница

jimmies *n pl* (*sl*) расстройство желудка cf. Jimmy Britts в Приложении 3

jimmy *n* (*UK sl*) мочеиспускание cf. Jimmy riddle в Приложении 3

jing *n* (*vulg*) вагина, влагалище cf. jing-jang

jing-jang *n* (*vulg*) 1. пенис, половой член cf. jang 2. вагина, влагалище cf. jing 3. совокупление (от кит. инь-ян)

jintoe *n* (*low*) проститутка

jism *n* (*sl*) сперма

jive *n* (*sl*) совокупление (usu have a jive)

jive *v* (*sl*) совокупляться

jive ass *n* (*vulg*) болван, идиот

jive-ass *mod* (*vulg*) глупый

jizz *n* (*vulg*) jism q.v.

jizz *v* (*vulg*) эякулировать

jizzie *n* (*sl*) физически непривлекательная девушка

job *v* (*coll*) совокупляться

jo-bag *n* (*US mil sl*) презерватив

jobber *n* (*sl*) дефекация

jobbing *n* (*coll*) совокупление

jobby *n* (*sl*) jobber q.v.

jock *n* (*US sl*) 1. мужской лобок 2. пожилой бродяга, берущий себе в попутчики мальчика (обыч. с целью совокупления)

jocker *n* 1. (*homos*) гомосексуалист-бродяга, живущий за счет того, что собирает его пассивный партнер 2. (*sl rare*) агрессивно настроенный гомосексуалист

jockey *n* (*sl*) jocker q.v.

jock gagger n (sl) мужчина, проституирующий свою жену и живущий за счет этого
jock itch n (sl) раздражение кожи в паху
joe n (sl) туалет
Joe-boy n (sl) женоподобный мужчина
Joe Cunt n (US vulg) скучный человек, зануда cf. Joe Hunt в Приложении 3
Joe Roncing stakes n (sl) сутенерство cf. Joe Roncing в Приложении 3
Joey n 1. (UK sl) вагина, влагалище cf. Joe Hunt в Приложении 3 2. (sl) менструация (usu have the Joey) 3. (sl) женоподобный мужчина 4. (low) гермафродит 5. (low) гомосексуалист
jog with somebody v (euph) совокупляться с кем-либо
John/john n 1. (US sl) мужской туалет 2. (sl) клиент проститутки 3. (sl) пенис, половой член 4. (sl) ухажер, любовник 5. (homos) богатый пожилой гомосексуалист, содержащий любовника 6. (homos) jock 2 q.v. 7. (sl) волокита, бабник 8. (sl) презерватив
Johnnie n (sl) john q.v.
Johnny n (sl) john q.v.
johnnybait n (sl) jailbait q.v.
Johnny Trots n (sl) расстройство желудка, понос
Johnson n 1. (low) сутенер (особ. негр) 2. (low obs) пенис, половой член
John Thomas n (sl) пенис, половой член
John Willie n (sl) John Thomas q.v.
join giblets v 1. (low) совокупляться 2. (sl obs) жить половой жизнью до брака
join guts v (sl) совокупляться

join paunches v (low obs) join guts q.v.
join the club v (low) забеременеть
join the pudden club v (low) join the club q.v.
join the pudding club v (low) join the club q.v.
joint n (sl) 1. публичный дом 2. пенис, половой член
jollies n pl (sl) сексуальное возбуждение
jolt v (low) совокупляться с женщиной
jomer n (cant) 1. любовница 2. содержанка
jones n (Negro sl) пенис, половой член
Jones' place n (sl) туалет
jordan n (sl) ночной горшок
jorrie n (UK low) девушка
josan n (Army sl obs) любовница
jottle v (low obs) совокупляться
jowl-sucking n (low obs) поцелуй
joy-bag n (Air Force sl) презерватив
joy boy n (college sl obs) гомосексуалист
joy den n (sl) публичный дом
joy house n (sl) joy den q.v.
joy knob n (vulg) пенис, половой член
joy prong n (sl) joy knob q.v.
joy ride n (sl) совокупление
joy sister n (sl) проститутка cf. daughter of joy
joy spot n (sl) joy den q.v.
joy-stick n (low) пенис, половой член
joxy n (UK pros) jaxy q.v.
jude n (low obs) проститутка
judische complement n (low obs) Jew's complement q.v.
judische compliment n (low obs) Jew's complement q.v.
judy n (low obs) jude q.v.

jug *n* (*sl*) 1. туалет 2. ночной горшок
juggle the hips *v* (*sl*) танцевать, вращая бедрами
jugs *n pl* (*low*) женская грудь
juicy *mod* (*US sl*) 1. неприличный, непристойный 2. (о женщине) готовая к совокуплению (имеется в виду наличие вагинальной смазки)
juicy tomato *n* (*sl*) сексапильная девушка
juke house *n* (*sl*) публичный дом
jumbo *n* (*sl*) зад (часть тела, особ. толстый)
jump (somebody) *v* (*coll obs*) совокупляться с кем-либо
jump off the dock *v* (*Naval sl*) (о мужчине) жениться
jump over the broomstick *v* (*coll obs*) жить половой жизнью вне брака cf. broomstick wedding
jump the besom *v* (*coll obs*) jump over the broomstick q.v.
jump the broomstick *v* (*coll obs*) jump over the broomstick q.v.
jump the gun *v* (*sl*) (о молодоженах) родить первого ребенка раньше чем через девять месяцев после свадьбы
jump the hurdle *v* (*sl*) жениться/выйти замуж
jumper *n* (*sl*) 1. мужчина, бросающий любовницу 2. насильник
jungle bum *n* (*sl*) бродяга, часто живущий в jungles q.v. cf. bum
jungles *n* (*sl*) 1. район города, в котором сосредоточены публичные и игорные дома 2. лагерь бездомных бродяг 3. криминогенный район
jupper *n* (*low rare*) совокупление с женщиной
just-ass *n* (*vulg*) судья (игра слов на your justice Ваша честь, обращение к судье)

К

K *n* (*sl*) гомосексуалист
K *mod* (*sl*) гомосексуальный
kaffir *n* (*low obs*) сутенер
kahsi *n* 1. (*UK mil sl*) ректум, задний проход 2. (*UK sl*) туалет
kaifa *n* (*Air Force sl obs*) женщина как объект совокупления
ka-ka *n* (*baby talk*) 1. дефекация, испражнение (usu have/make a ka-ka) 2. испражнения, кал cf. ca-ca
ka-ka *v* (*baby talk*) испражняться
kanakas *n pl* (*Austr low*) яички (игра слов на knackers q.v. и kanakas канаки, наемные рабочие на плантациях сахарного тростника)
kangaroo it *v* (*Austr sl*) испражняться, сидя на корточках
kangaroo shit *n* (*Austr sl*) испражнение в положении на корточках
karzy *n* (*UK sl*) туалет
kate *n* (*sl*) привлекательная проститутка
Katrinka *n* (*sl*) крупная, сильная женщина
kayo *n* (*sl*) knockout q.v. (от названий букв К.О.)
kayo charmer *n* (*sl*) физически привлекательная девушка
kayo looker *n* (*sl*) kayo charmer q.v.
keek *n* (*sl*) мужчина, любящий подглядывать за женщинами
keel *n* (*US sl*) зад (часть тела)
keeno cutie *n* (*sl*) физически привлекательная девушка
keen stuff *n* (*sl*) keeno cutie q.v.
keep *n* (*sl*) содержанка
keep a tight asshole *v* (*vulg*) быть спокойным, не бояться

keep company *v* (*sl*) иметь постоянного любовника/любовницу

keep down the census *v* (*low obs*) 1. сделать аборт 2. мастурбировать cf. boom the census

keep the party clean *v* (*sl*) воздерживаться от непристойных шуток, анекдотов

keester *n* (*sl*) keister q.v.

keister *n* 1. (*sl*) зад (часть тела) 2. (*US sl*) женский лобок 3. (*cant*) задний проход (особ. как место сокрытия драгоценностей, наркотиков и т.п. при обыске)

keister plant *n* (*cant*) наркотики, спрятанные в заднем проходе

kelsey *n* (*sl obs*) проститутка

kennel *n* (*sl*) женский лобок

keptie *n* (*cant*) содержанка

kept woman *n* (*cant*) keptie q.v.

kerb-crawling *n* (*UK coll*) поиски уличной проститутки

kerb-crawling *mod* (*UK coll*) (о мужчине) ищущий уличную проститутку

kettle *n* (*low obs*) женский лобок

key *n* (*euph obs*) пенис, половой член

key-hole *n* (*euph obs*) женские наружные половые органы

keyo *n* (*sl*) knockout q.v. (от названий букв К.О.)

keyster *n* (*sl*) keister q.v.

khaki-walky *mod* (*sl*) (о женщине) чрезмерно любящая военных cf. V-girl

khyber *n* (*UK sl*) зад (часть тела) cf. Khyber pass в Приложении 3

kick *n* 1. (*sl*) все, что возбуждает, удовлетворяет (включая секс) 2. (*US sl*) зад (часть тела)

kick ass *v* (*vulg*) 1. драться 2. устраивать скандал cf. kick some ass around

kick some ass *v* (*vulg*) 1. взять власть в свои руки 2. взять ситуацию под контроль

kick some ass around *v* (*vulg*) 1. kick some ass q.v. 2. kick ass q.v.

kick somebody's ass *v* (*vulg*) 1. наказывать кого-либо 2. бить кого-либо ногой в ягодицы 3. унижать кого-либо

kick the crap out of somebody *v* (*vulg*) сильно избить кого-либо

kick the living crap out of somebody *v* (*vulg*) kick the crap out of somebody q.v.

kick the living shit out of somebody *v* (*vulg*) kick the crap out of somebody q.v.

kick the piss out of somebody *v* (*vulg*) kick the crap out of somebody q.v.

kick the shit out of somebody *v* (*vulg*) kick the crap out of somebody q.v.

kick up hell's delight *v* (*coll*) устроить скандал

kick up merry hell *v* (*coll*) kick up hell's delight q.v.

kick up plenty of hell *v* (*coll*) kick up hell's delight q.v.

kick in the ass *n* (*vulg*) 1. неожиданный отказ 2. плохие новости 3. что-либо, заставляющее человека поторопиться, взяться за работу

kick in the butt *n* (*sl*) kick in the ass q.v.

kicks *n pl* (*sl*) аморальные удовольствия

kicksie-wicksie *n* (*UK sl*) 1. женщина 2. жена

kid *n* (*homos*) катамит, мальчик-педераст

kid somebody *v* (*sl*) оплодотворить женщину

kidded *mod* (*sl*) беременная

kid leather *n* (*low*) собир. молодые проститутки
kidney-scraper *n* (*low*) пенис, половой член
kidney-wiper *n* (*low*) kidney-scraper q.v.
kidoodle *v* (*sl*) ласкать, заниматься петтингом
kid-simple *mod* (*sl*) (о мужчине) проявляющий нездоровый интерес к мальчикам cf. kid
kid-stretcher *n* (*low obs*) мужчина, предпочитающий молодых проституток
kiester *n* (*sl*) keister q.v.
kill a snake *v* (*Austr sl*) мочиться
killer *n* (*sl*) 1. бабник, волокита 2. физически привлекательная женщина
killer-diller *n* (*sl*) 1. молодая страстная женщина 2. сексапильная женщина
kink *n* (*US sl*) 1. человек со странными сексуальными вкусами 2. странные (с точки зрения говорящего) сексуальные вкусы
kinky *n* (*UK sl*) 1. гомосексуалист 2. лесбиянка
kinky *mod* 1. (*US sl*) обладающий эксцентричными, странными (с точки зрения говорящего) сексуальными наклонностями, вкусами 2. (*UK sl*) гомосексуальный 3. (*UK sl*) лесбийский
kinneta *n* (*sl rare*) зад (часть тела)
kinxiwinx *n* (*UK sl*) kicksiewicksie q.v.
kip *n* (*sl*) публичный дом
kissable cutie *n* (*sl*) физически привлекательная женщина
kiss *n* (*homos*) предварительные ласки перед анально-гомосексуальным половым актом, включающие поцелуи анального отверстия пассивного партнера usu do the kiss

kiss somebody off *v* 1. (*US sl*) грубо отказать кому-либо (по аналогии с fuck off q.v.) 2. (*homos*) ласкать пассивного партнера, целуя анальное отверстие
kiss somebody's ass *v* (*vulg*) подхалимничать перед кем-либо
kissaroo *n* (*US sl*) поцелуй
kiss-ass *n* (*vulg*) 1. льстец, подхалим cf. ass-kisser 2. лесть, подхалимаж cf. ass-kissing
kiss-ass *v* (*vulg*) kiss somebody's ass q.v.
kiss-ass *mod* (*vulg*) льстивый, угодливый
kiss-bite *n* (*sl*) поцелуй, после которого на теле остается кровоподтек
kiss-hug *v* (*sl*) ласкать, заниматься петтингом
kissing bug *n* 1. (*sl*) человек, любящий петтинг 2. (*sl obs*) молодой мужчина, любящий целоваться
kiss-kiss *n* (*sl*) поцелуй
kiss-kiss *v* (*sl*) целоваться
kiss-off *n* 1. (*US sl*) грубый отказ (по аналогии с fuck off q.v.) 2. (*homos*) kiss n q.v.
kiss-off somebody *v* (*US sl*) kiss somebody off q.v.
kiss of life *n* (*humor sl*) обычный поцелуй
kissworthy *mod* (*sl*) физически привлекательный
kissy *mod* (*sl*) любящий целоваться
kissyface *n* (*sl*) неудержимое желание целоваться
kissyface *mod* (*sl*) любящий целовать и целоваться
kister *n* (*sl*) keister q.v.
kit *n* (*sl*) менструация (usu kit's come)
kite *n* (*sl*) проститутка
kitten *v* (*low*) рожать

kitty *n* (*sl*) женские половые органы
kloosh *n* (*sl*) женщина
knackered *mod* (*low*) 1. усталый 2. (о плане) расстроенный, не осуществившийся
knackers *n pl* (*low*) яички
knave of hearts *n* (*sl*) 1. любовник 2. волокита, бабник
knee somebody *v* (*euph*) knee somebody in the balls q.v.
knee somebody in the balls *v* (*vulg*) ударить кого-либо ногой в пах
kneel at the altar *v* (*sl*) совершать гомосексуальный половой акт
knee-trembler *n* (*sl*) совокупление в положении стоя (usu do/have a knee-trembler)
knick-knack *n* (*low*) 1. женский лобок 2. женские наружные половые органы
knight of the piss-pot *n* (*low obs*) врач, аптекарь
knitting *n* (*sl*) собир. девушки
knob *n* (*low*) 1. пенис 2. головка пениса
knock *n* (*low*) 1. распутная женщина 2. пенис, половой член
knock *v* (*low*) совокупляться
knock a kiss *v* (*US sl*) целовать
knock hell out of somebody *v* (*coll*) сильно избить кого-либо
knock it off *v* (*sl*) совокупляться
knock off *v* (*sl*) knock it off q.v.
knock off with somebody *v* (*sl*) совокупляться с кем-либо
knock on with somebody *v* (*sl*) knock off with somebody q.v.
knock seven kinds of shit out of somebody *v* (*Naval vulg*) сильно избить кого-либо
knock somebody from hell to breakfast *v* (*coll*) сильно бить кого-либо

knock somebody hell, west and crooked *v* (*coll*) knock somebody from hell to breakfast q.v.
knock somebody off *v* (*sl*) 1. совокупляться с кем-либо 2. совратить кого-либо
knock somebody over *v* (*sl*) совратить кого-либо
knock somebody up *v* (*sl*) 1. совокупляться с кем-либо 2. оплодотворить женщину
knock the dames over *v* (*sl*) (о мужчине) быть чрезвычайно привлекательным для женщин
knock the hell out of somebody *v* (*coll*) 1. бить кого-либо 2. (о работе) изматывать, забирать все силы
knock the piss out of somebody *v* (*low*) knock the hell out of somebody q.v.
knock the shit out of somebody *v* (*vulg*) knock the hell out of somebody q.v.
knockabout *n* (*sl*) распутный человек
knocked-up *mod* (*sl*) беременная
knocker *n* 1. (*sl obs*) участник полового акта 2. (*low*) пенис, половой член 3. (*sl*) физически привлекательная девушка
knockers *n pl* 1. (*Cockney*) яички 2. (*low*) женская грудь
knocking-house *n* (*low*) публичный дом
knocking-joint *n* (*low*) knocking-house q.v.
knocking-shop *n* (*low*) knocking-house q.v.
knockout *n* (*sl*) сексапильный человек (обыч. женщина)
knockout of a looker *n* (*sl*) сексапильная молодая женщина
knot *n* (*coll*) головка пениса
know somebody *v* (*euph*) совокупляться с кем-либо

know somebody by the headmark *v* (*coll obs*) узнать "рогатого" мужа
know what to do with something *v* (*euph*) shove something up one's ass q.v.
know where to put something *v* (*euph*) shove something up one's ass q.v.
know where to shove something *v* (*euph*) shove something up one's ass q.v.
know where to stick something *v* (*euph*) shove something up one's ass q.v.
kookie *n* (*sl*) cookie q.v.
kosher cutie *n* (*sl*) сексапильная еврейка
Kotex *n* (*coll*) женский гигиенический пакет (торговая марка)
kybo *n* (*low*) туалет cf. khyber
kyf *n* (*sl*) 1. сексапил 2. собир. сексапильные женщины 3. сексапильная девушка
kyfer *n* (*low*) девушка
kyfer-mashing *n* (*sl obs*) ухаживание за женщиной

L

la *n* (*sl*) туалет
labia *n* (*humor sl*) вагина, влагалище
labonza *n* (*sl*) 1. лобок 2. зад (часть тела)
labor *n* 1. (*sl*) сифилис 2. (*coll*) предродовые схватки
labor leather *v*(*sl*) совокупляться
lace curtain *n* (*homos*) крайняя плоть
lacy *mod* (*sl*) 1. женоподобный 2. гомосексуальный
ladder *n* (*low*) женский лобок
la-de-da *mod* (*sl*) женоподобный
la-di-da *mod* (*sl*) la-de-da q.v.

ladies' *n* (*UK sl*) женский туалет
ladies' cherce *n* (*sl*) ladies'choice q.v.
ladies' choice *n* (*sl*) дамский угодник
ladies' delight *n* (*euph*) пенис, половой член
ladies' fever *n* (*euph*) сифилис
ladies' lollipop *n* (*sl*) пенис, половой член
ladies' man *n* (*sl*) 1. дамский угодник 2. волокита, бабник
ladybird *n* (*cant*) любовница
ladybug *n* (*sl*) ladies'man q.v.
lady dust *n* (*sl*) пудра на одежде мужчины, оставшаяся после петтинга
lady feast *n* (*sl*) сексуальное приключение
ladyfinger *n* (*sl*) женоподобный мужчина
lady-flower *n* (*sl*) женский лобок
lady for hire *n* (*sl*) проститутка
lady-friend *n* (*coll*) любовница
lady fusser *n* (*sl*) мужчина, любящий петтинг
Lady Hotbot *n* (*sl*) страстная женщина
lady-in-waiting *n* (*sl*) 1. беременная женщина (особ. на продвинутом сроке) 2. старая дева
lady-killer *n* (*sl*) 1. волокита 2. дамский угодник
lady-killing *n* (*sl*) распутный образ жизни
Lady Nevershit *n* (*vulg*) недотрога
lady of easy virtue *n* (*euph*) проститутка
lady of leisure *n* (*euph*) lady of easy virtue q.v.
lady of pleasure *n* (*euph*) lady of easy virtue q.v.
lady of the evening *n* (*euph*) lady of easy virtue q.v.
lady of the night *n* (*euph*) lady of easy virtue q.v.

lady of the scarlet *n (euph)* lady of easy virtue q.v.
lady of the sisterhood *n (euph)* lady of easy virtue q.v.
lady presser *n (sl)* мужчина, любящий петтинг
lady's man *n (sl)* ladies' man q.v.
lady star *n (sl)* женский лобок
lady-wear *n (euph)* мужские половые органы
laid, relaid and parlayed *mod (vulg)* 1. обманутый, облапошенный 2. *(rare)* испытавший все удовольствия, особ. сексуальные
la-la *n (sl)* 1. любовник 2. физически привлекательный человек
lallygag *v (sl)* lollygag q.v.
lamb *n (sl)* 1. любовник, любовница 2. сексапильная девушка 3. мальчик (особ. пассивный гомосексуалист), путешествующий с пожилым бродягой
lambie *n (sl)* lamb q.v.
lambie-pie *n (sl)* lamb q.v.
lamours *n pl (sl)* нижнее женское бельё
lamp of life *n (euph)* пенис, половой член
lamp of love *n (euph)* женские наружные половые органы
lance *n (euph)* пенис, половой член
land somebody in shit *v (vulg)* причинить кому-либо большие неприятности
landlady *n (sl)* содержательница публичного дома
langolee *n (low obs)* пенис, половой член
lapful *n* 1. *(sl)* женщина, любящая петтинг 2. *(low obs)* муж или любовник
lap-happy *mod (US coll sl)* (о женщине) чрезмерно любящая мужское общество

lapland *n (low obs)* женский лобок
laplander *n (sl)* женщина, любящая петтинг
lapper *n (sl)* содомит, гомосексуалист
lard *n (US sl)* зад (часть тела)
lard-ass *n (vulg)* толстозадый человек
lard-ass *mod (vulg)* толстозадый
lard-assed *mod (vulg)* lard-ass mod q.v.
larking *n (sl)* девушка
larks in the night *n pl (humor sl)* распутные молодые люди
last resort *n (sl)* туалет
lat *n (mil sl)* latrine q.v.
late back *n (US sl)* зад (часть тела)
lather *n (low obs)* вагинальная смазка
lather-maker *n (low)* женские наружные половые органы
lath-legged *mod (US sl)* (о женщине) длинноногая
lath legs *n pl (US sl)* длинные худые ноги
lat-house *n (mil sl)* latrine q.v.
laths *n pl (US sl)* lath legs q.v.
latrine *n (mil sl)* туалет (обыч. яма в земле)
latrinegram *n (sl)* latrino q.v.
latrine lips *n pl (sl)* человек, употребляющий в речи вульгарные выражения
latrine rumor *n (mil sl)* слухи
latrine sergeant *n (mil sl)* рядовой, пытающийся отдавать приказы другим военнослужащим, не имея на то права
latrine wireless *n (mil sl)* latrine rumor q.v.
latrino *n (mil sl)* 1. слухи 2. вульгарная надпись на стене туалета
latrinogram *n (mil sl)* latrino q.v.
lats *n (mil sl)* latrine q.v.

latter end *n* (*humor coll*) зад (часть тела)
latter part *n* (*humor coll*) latter end q.v.
launching pad *n* (*sl*) туалет в железнодорожном вагоне
lav *n* (*coll*) lavatory q.v.
lavatory *n* (*coll*) туалет
lavender *mod* (*sl*) гомосексуальный
lavender boy *n* (*sl*) гомосексуалист
lavender convention *n* (*sl*) собир. гомосексуалисты
lavendered boy *n* (*sl*) женоподобный мужчина
lavendered lady *n* (*sl*) lavendered boy q.v.
lavo *n* (*sl*) lavatory q.v.
lavvy *n* (*sl*) lavatory q.v.
lawful blanket *n* (*coll*) жена
lawful jam *n* (*coll*) lawful blanket q.v.
lay *n* (*low*) 1. женщина, рассматриваемая как сексуальный объект 2. совокупление (usu have a lay) 3. женщина легкого поведения
lay *v* (*low*) совокупляться
lay a fart *v* (*vulg*) выпустить газы из кишечника
lat a leg on *v* (*low*) совокупляться с женщиной
lay a leg over *v* (*low*) lay a leg on q.v.
lay back and front shops into one *v* (*sl*) операционным путем удалить промежуток между влагалищем и задним проходом
lay'em *v* (*sl*) привлекать женщин
lay off with somebody *v* (*low*) совокупляться с женщиной
lay somebody *v* (*low*) совокупляться с кем-либо
lay the femmes *v* (*sl*) быть привлекательным для женщин
lay the leg *v* (*sl*) совокупляться

lay of the last minstrel *n* (*sl*) крайне физически непривлекательная девушка (ссылка на знаменитое стихотворение В.Скотта и игра слов на lay n q.v.)
lazy bugger *n* (*sl*) 1. крайне медлительный человек 2. лентяй, бездельник
lead *mod* (*US sl*) соблазнительный
lead apes in hell *v* (*coll obs*) 1. умереть 2. быть старой девой
leading article *n* (*low obs*) женские половые органы (игра слов на lead in one's pencil q.v. и leading (о газетной статье) передовая)
leading card *n* (*US sl*) самое привлекательное в женщине (высокий бюст, красивые ноги и т.п.)
lead in one's pencil *n* (*low*) 1. сексуальная потенция 2. эрекция
lead-pipe cinch *n* (*sl*) женщина легкого поведения
leafless *mod* (*sl*) обнаженный
leak *n* 1. (*vulg*) мочеиспускание (usu do/have/take a leak) 2. (*low obs*) женский лобок, наружные половые органы
leak *v* (*vulg*) мочиться
leakery *n* (*low*) 1. писсуар 2. туалет
leak house *n* (*low*) туалет
leap *n* (*coll*) совокупление (usu do a leap)
leap *v* (*coll*) совокупляться
leaping house *n* (*sl*) публичный дом
leap in the dark *n* (*low obs*) совокупление
leap up a ladder *n* (*low obs*) leap in the dark q.v.
leather *n* (*low*) женский лобок, наружные половые органы

leather *mod* (*low*) садомазохистский

leather bottom *n* (*sl*) государственный служащий

leatherhead *n* (*US sl*) вошь (в т.ч. лобковая)

leather lane *n* (*low obs*) женский лобок

leather-stretcher *n* (*low obs*) пенис, половой член

lech *n* (*sl*) letch n q.v.

lech *v* (*sl*) letch v q.v.

leerics *n pl* (*sl*) тексты песен эротического содержания

left-handed *mod* (*sl*) 1. внебрачный (о связях, детях и т.п.) 2. гомосексуальный

left-handed honeymoon *n* (*sl*) внебрачная половая связь

left-handed wife *n* (*sl*) любовница

leg art *n* (*photo sl*) фотографии обнаженных женских ног

leg business *n* (*low obs*) половой акт

leg drama *n* (*sl*) 1. кордебалет 2. представление сомнительной художественной ценности, во время которого демонстрируются обнаженные женские ноги

leggy *mod* (*sl*) 1. с длинными стройными ногами 2. (о женщине) любящая демонстрировать ноги

leggy femme *n* (*sl*) хорошо сложенная молодая женщина

leg-lifter *n* (*low obs*) мужчина-распутник

leg-lifting *n* (*low obs*) распутный образ жизни

leg of mutton in a silk stocking *n* (*low obs*) женская нога как объект вожделения

leg piece *n* (*sl*) leg drama q.v.

legs *n* (*US sl*) физически привлекательная молодая женщина, особенно со стройными ногами (часто употребляется в качестве обращения, прозвища)

leg shop *n* (*sl*) театр, специализирующийся на leg drama q.v.

leg show *n* (*sl*) leg shop q.v.

lemon *n* 1. (*US sl*) физически привлекательная девушка 2. (*sl*) общественный туалет (см. lemon and dash в Приложении 3) 3. (*Negro sl*) физически привлекательная мулатка 4. (*sl*) фригидная женщина 5. лесбиянка

lemonette *n* (*sl*) физически непривлекательная женщина

lemon-squeezer *n* (*sl*) мужчина, ухаживающий за физически непривлекательной женщиной

lemon-sucker *n* (*sl*) женоподобный мужчина

les *n* (*sl*) лесбиянка

lesb *n* (*sl*) les q.v.

lesbie *n* (*sl*) les q.v.

lesbine *n* (*sl*) les q.v.

lesbo *n* (*sl*) les q.v.

lesby *n* (*sl*) les q.v.

leslie *n* (*sl*) les q.v.

lesson in anatomy *n* (*US college sl*) 1. петтинг 2. хорошо сложенная молодая женщина

let'er flicker *v* (*US sl*) мочиться

let fly *v* (*vulg*) мочиться

let go *v* (*low*) достичь оргазма

let go with it *v* (*vulg*) мочиться

let hell pop loose *v* (*sl*) устраивать шум, беспорядок

let loose a fart *v* (*vulg*) с треском выпустить газы из кишечника

let nature take its course *v* (*euph*) совокупляться

let off *v* (*euph*) let loose a fart q.v.

let one out *v* (*sl*) let loose a fart q.v.

let one's braces dangle in the shit *v* (*vulg*) делать промахи, грубые ошибки

let out an S.B.D. *v* (*sl*) бесшумно выпустить из кишечника газы с очень неприятным запахом (см. S.B.D. в Приложении 1)

let out one's parlour and lie backward *v* (*low obs*) заниматься проституцией

let rip *v* (*sl*) let loose a fart q.v.

letch *n* (*sl*) 1. физическое влечение к кому-либо 2. человек, испытывающий физическое влечение к кому-либо

letch *v* (*sl*) 1. испытывать к кому-либо непреодолимое физическое влечение 2. похотливо смотреть на женщину

letching piece *n* (*low*) женщина легкого поведения

letch-water *n* (*low*) вагинальная смазка (выделяется при половом возбуждении)

Levy *n* (*sl*) мастурбация, онанизм (см. Levy and Frank в в Приложении 3)

lewd infusion *n* (*humor low*) совокупление

lez *n* (*sl*) les q.v.

lezo *n* (*sl*) les q.v.

lezzie *n* (*sl*) les q.v.

lezzy *n* (*sl*) les q.v.

liberate somebody *v* (*mil sl obs*) брать в любовницы местную девушку в оккупированной стране

library *n* (*sl*) туалет

lick *v* (*vulg*) практиковать оральный секс (особ. кунилингус)

lick hell out of somebody *v* (*sl*) 1. сделать кому-либо строгий выговор 2. избить кого-либо

lick one's chops *v* (*coll*) похотливо смотреть на женщину cf.drool

lick somebody *v* (*vulg*) заниматься с кем-либо оральным сексом (особ. кунилингусом)

lick somebody's ass *v* (*vulg*) пресмыкаться перед кем-либо, подхалимничать

lickbox *n* (*sl*) гомосексуалист

lickerish (all sorts) *mod* (*sl*) чрезвычайно сексуальный (игра слов на lick q.v. и фирменном названии популярных кондитерских изделий Liquorice All Sorts)

lick-spigot *n* (*low obs*) женщина, практикующая фелляцию

lick-twat *n* (*low*) человек, практикующий кунилингус

lie feet uppermost *v* (*low obs*) (о женщине) совокупляться

lie in state *v* (*low*) (о мужчине) лежать между двумя женщинами

life *n* (*sl*) проституция (как профессия)

life in the raw *n* (*sl*) обнаженность

lift a leg *v* (*sl*) мочиться

lift a leg on somebody *v* (*sl*) совокупляться с кем-либо

lift a leg over somebody *v* (*sl*) lift a leg on somebody q.v.

lift one's heels *v* (*low*) (о женщине) приготовиться к совокуплению

lift one's leg *v* (*low*) совокупляться

light the lamp *v* (*coll*) (о женщине) совокупляться

light up *v* (*sl*) испытать оргазм

light bulb *n* (*sl*) беременная женщина

lightfooted *mod* (*sl*) гомосексуальный

lighthouse *n* (*sl*) публичный дом

light in the tail *mod* (*sl*) (о женщине) распутная

light lady *n* (*sl*) женщина легкого поведения

light operator *n* (*sl*) мужчина, не имеющий большого успеха у женщин

light skirt *n* (*sl*) распутная женщина

like one's greens *v* (*low obs*) получать удовольствие от полового акта

like a baby's bottom *mod* (*sl*) 1. мягкий на ощупь (особ. о лице после бритья) 2. серый, невыразительный

like a bat out of hell *mod* (*sl*) очень быстро

like a bat through hell *mod* (*sl*) like a bat out of hell q.v.

likable and lookable lass *n* (*coll*) физически привлекательная молодая женщина

like a blue-assed fly *mod* (*low*) возбужденно, взволнованно, суматошно, беспорядочно (обыч. употребляется с глаголами движения)

like a butcher's dog *mod* (*sl*) (о женатом мужчине) пресыщенный сексом cf. meat

like a dick in a pussy *mod* (*sl*) точно подогнанный, подходящий

like a fart in a bottle *mod* (*vulg*) нервный, возбужденный

like a fart in a colander *mod* (*vulg*) like a fart in a bottle q.v.

like a fart in a gale *mod* (*vulg*) беспомощный

like a fart in a wind-storm *mod* (*vulg*) like a fart in a gale q.v.

like a shot out of hell *mod* (*sl*) очень быстро

like a shot through hell *mod* (*sl*) like a shot out of hell q.v.

like a straw-yard bull *mod* (*sl obs*) full of fuck and half-starved q.v. (обыч. в ответ на вопрос "Как поживаешь?")

like a tit in a trance *mod* (*low*) задумчивый

like Barney's bull (bitched, buggered and bewildered) *mod* (*low*) чрезвычайно усталый

like Billy Hell *mod* (*sl*) like hell q.v.

like blazes *mod* (*sl*) like hell q.v.

like blue blazes *mod* (*sl*) like hell q.v.

like buggery *mod* (*low*) like hell q.v.

like fuck *mod* (*vulg*) like hell q.v.

like fun *mod* (*coll euph*) like hell q.v.

like gnat's pee *mod* (*sl*) like gnat's piss q.v.

like gnat's piss *mod* (*vulg*) неприятный на вкус

like Hail Columbia *mod* (*sl*) like hell q.v.

like Halifax *mod* (*sl*) like hell q.v.

like heck *mod* (*sl*) like hell q.v.

like H.E. double L *mod* (*euph*) like hell q.v.

like H.E. double toothpicks *mod* (*euph*) like hell q.v.

like hell *mod* (*sl*) 1. очень быстро 2. безрассудно, очертя голову 3. решительно, непоколебимо 4. очень, весьма, довольно 5. ни в коем случае, черта с два (обыч. в конструкциях типа like hell I/you/he will/did etc)

like hell on stilts *mod* (*sl*) like hell q.v.

like Hoboken *mod* (*sl*) like hell q.v.

like hot place *mod* (*sl*) like hell q.v.

like Jericho *mod* (*sl*) like hell q.v.

likely *mod* (*sl*) с большой половой потенцией

like old Billy Hell *mod* (*sl*) like hell q.v.

like Sam Hill *mod* (*sl*) like hell q.v.

like shit through a goose *mod* (*vulg*) 1. очень быстро 2. без проблем, без сучка без задоринки

like the barber's cat, all wind and piss *mod* (*vulg*) хвастливый

like the butcher's daughter *mod* (*sl*) чрезвычайно сексуально возбужденная cf. meat

like the deuce *mod* (*sl*) like hell q.v.

like the devil *mod* (*sl*) like hell q.v.

like the dickens *mod* (*sl*) like hell q.v.

like the ladies of Barking Creek *mod* (*sl*) (о женщинах, особ. девственницах) отказывающаяся от половой близости под предлогом менструации (из первых строчек лимерика There were ladies of Barking Creek who had periods three times a week...)

lily *n* (*sl*) 1. женоподобный мужчина 2. гомосексуалист

limberger cheese *n* (*US sl*) дурно пахнущие ступни ног

limbs *n pl* (*coll*) ноги (особ. стройные)

limit *n* (*sl*) совокупление

limp wrist *n* (*sl*) 1. женоподобный мужчина 2. гомосексуалист

line *n* (*sl*) 1. девушка (особ. физически привлекательная) 2. район города, где находятся публичные дома

line *v* (*sl*) совокупляться

line camp *n* (*sl*) туалет (обыч. на границе ранчо)

line-load *n* (*sl*) пассажир такси, направляющийся в злачный район города cf. line n 2

ling grappling *n* (*low*) сексуальные ласки

linguist *n* (*sl*) любитель кунилингуса

linguistic exercise(s) *n* (*sl*) 1. поцелуи 2. оральный секс

lionel *n* (*sl*) громкое испускание газов из кишечника (см. Lionel Bart в Приложении 3)

lionel *v* (*sl*) с треском испускать газы из кишечника

lionels tape *n* (*mus sl*) fart tape q.v.

lion piss *n* (*vulg*) panther piss q.v.

lip (somebody) *v* (*sl*) страстно целовать (кого-либо)

lippie chaser *n* (*sl*) негр, предпочитающий белых женщин

lips *n pl* (*sl*) вагина, влагалище cf. labia

lip salute *n* (*US sl*) поцелуй

lisper *n* (*sl*) женоподобный мужчина

liquorish *mod* (*humor sl*) любящий совокупление

literotic *mod* (*US sl*) (о романе, рассказе и т.п.) содержащий много эротических сцен (от literary и erotic)

lithper *n* (*sl*) lisper q.v.

little accident *n* (*US sl*) нежелательная беременность cf. little misfortune

little bit of alright *n* (*sl*) физически привлекательная девушка

little bit of keg *n* (*low obs*) совокупление

little black book *n* (*sl*) записная книжка мужчины с именами, адресами и телефонами женщин легкого поведения

little boy (in the boat) *n* (*sl*) клитор cf. little man in the boat

little boy-peep *n* (*sl*) мужчина, любящий подглядывать за женщинами

little boys' room *n* (*sl*) мужской туалет (usu go to/visit the little boys' room) cf. little girls' room

little brother *n* (*low*) пенис, половой член cf. little sister

little bugger *n* (*low*) ребенок (часто используется в качестве обращения)

little but oh my *n* (*sl*) физически привлекательная девушка (особ. небольшого роста)

little Davy *n* (*low obs*) пенис, половой член

little finger *n* (*euph*) пенис, половой член

little friend *n* (*euph*) менструация

little girls' room *n* (*sl*) женский туалет (usu go to/visit the little girls' room) cf. little boys' room

little house *n* (*coll*) туалет (usu go to/visit the little house)

little Lord Fauntleroy *n* (*sl*) женоподобный мужчина (по имени героя одноименного романа)

little man in the boat *n* (*sl*) клитор cf. little boy (in the boat)

Little Michael *n* (*sl*) Mickey Finn q.v.

Little Mike *n* (*sl*) Mickey Finn q.v.

little misfortune *n* (*US sl*) незаконнорожденный ребенок cf. little accident

Little Miss *n* (*sl*) сексапильная девушка

Little Nell *n* (*sl*) соблазненная и брошенная женщина

little one *n* (*sl*) любовница

little red wagon *n* (*sl*) передвижной туалет

little shit *n* (*vulg*) мелкая сошка, незначительный человек (особ. маленького роста)

little sister *n* (*low*) женские наружные половые органы cf. little brother

little tadpoles *n pl* (*sl*) сперматозоиды, собир. сперма

little tramp *n* (*sl*) женщина легкого поведения

little trick *n* (*sl*) физически привлекательная девушка

little'un *n* (*sl*) little one q.v.

little visitor *n* (*sl*) менструация (usu have a little visitor)

Little Willie *n* (*euph*) пенис, половой член (особ. маленького мальчика)

live in seduced circumstances *v* (*humor sl*) (о незамужней женщине) быть беременной (игра слов на live in reduced circumstances)

live in sin *v* (*euph*) состоять во внебрачной половой связи

live tally *v* (*UK sl obs*) live in sin q.v.

live together *v* (*coll*) (о неженатой паре) жить как муж и жена

live with somebody *v* (*coll*) жить с кем-либо половой жизнью

liver *n* (*sl*) распутный человек

live rabbit *n* (*low obs*) пенис, половой член

live sausage *n* (*sl*) пенис, половой член cf. sausage 1

livestock *n* (*sl*) (собир.) проститутки

living doll *n* (*US sl*) физически привлекательная девушка

living flute *n* (*sl*) пенис, половой член

living picture *n* (*US sl*) living doll q.v.

living together *mod* (*euph*) (о паре) состоящие в половой связи

lizzie *n* (*sl*) 1. женоподобный мужчина 2. les q.v.

lizzie-boy *n* (*sl*) lizzie 1 q.v.

lizzy *n* (*sl*) les q.v.

lizzy bum *n* (*sl*) бродяга, путешествующий на дешевом автомобиле (обыч. с семьей) cf. bum

llaregub *interj* (*euph*) перевертыш от bugger all q.v.
llaregyb *interj* (*euph*) llaregub q.v.
load *n* (*low*) венерическое заболевание
loaded with it *mod* (*sl*) сильно сексуально возбужденный
load of balls *n* (*vulg*) глупости, чепуха
load of bollocks *n* (*vulg*) load of balls q.v.
load of crap *n* (*vulg*) load of balls q.v.
load of cobblers *n* (*sl*) load of balls q.v.
load off one's behind *n* (*low*) дефекация
load of shit *n* (*vulg*) load of balls q.v.
loads *n pl* (*sl*) load q.v.
lob *n* (*UK sl*) туалет (usu go to/visit the lob)
lob in *v* (*low*) ввести пенис во влагалище
lobby-lizzie *n* (*sl*) проститутка, работающая в гостинице
lobster *n* (*sl*) пожилой мужчина, содержащий любовницу
lobster-pot *n* (*low obs*) женский лобок
lock *n* (*low*) женские наружные половые органы cf. key
locker *n* (*low*) lock q.v.
lock-picker *n* (*cant*) врач, занимающийся абортами (обыч. подпольными)
locus *n* (*sl*) туалет
lolligag *v* (*sl*) lollygag q.v.
lollipop *n* 1. (*sl obs*) пожилой мужчина, содержащий любовницу намного моложе его cf. lobster, sugar daddy 2. (*sl*) любовница 3. (*low*) пенис, половой член
lollos *n pl* (*sl rare*) женская грудь, особ. крупная и красивая (от Gina Lollobrigida)

lollygag *v* (*sl*) 1. ласкать, целовать 2. совокупляться
lollygagger *n* (*sl*) любовник
lollypop *n* (*sl*) lollipop q.v.
lone dove *n* 1. (*sl*) обманутая женщина 2. (*low obs*) проститутка, работающая в гостинице
lone duck *n* (*sl*) lone dove 1 q.v.
long-arm inspection *n* (*US Army sl*) медицинский осмотр половых органов военнослужащих-мужчин с целью выявления венерических заболеваний
long eye *n* (*sl obs*) 1. женский лобок 2. женские наружные половые органы
long in the hips *mod* (*coll obs*) толстозадый cf. hips to sell
long shanks *n pl* (*sl*) длинные худые ноги
long streak of piss *n* (*low*) 1. человек, преувеличивающий свое значение, переоценивающий свои возможности 2. высокий худой человек
loo *n* (*UK sl*) туалет
look an absolute tit *v* (*low*) выглядеть глупо
look as if the devil had shit somebody flying *v* (*low*) 1. быть грязным, испачканным 2. быть уродливым, деформированным
look at every woman through the hole in one's prick *v* (*vulg*) рассматривать каждую женщину только в качестве объекта совокупления
look a tit *v* (*low*) look an absolute tit q.v.
look at the crops *v* (*sl obs*) посетить туалет
look babies in the eye *v* (*sl*) 1. кокетливо смотреть на кого-либо 2. предложить кому-либо интимную связь

look for maidenheads v (sl obs) искать что-либо редкое, дефицитное

look like hell v (sl) быть уродливым, грязным

look like the back end of a bus v (sl) быть крайне непривлекательным, уродливым

look somebody/something all over hell v (sl) искать кого-либо/что-либо повсюду

look upon a hedge v (coll euph) мочиться и испражняться на улице

looker n (sl) 1. физически привлекательный человек 2. сексапильная женщина

lookerino n (sl) looker q.v.

look that needs suspenders n (US sl) похотливый взгляд

loop n (coll) спираль, внутриматочный контрацептив

loose mod (sl) распутный, имеющий репутацию распутного

loose as a goose mod (sl) loose q.v.

loose card n (sl) распутный человек

loose fish in (sl) loose card q.v.

loose lady n (sl) 1. женщина легкого поведения 2. проститутка

loose-love center n (sl) публичный дом

loose-love lady n (sl) loose lady q.v.

loosener n (med sl) слабительное

loose player n (sl) loose card q.v.

lop in v (low) lob in q.v.

lose one's cherry v (sl) потерять девственность

lose one's ring v (coll) lose one's cherry q.v.

lost heartbeat n (sl) сексапильная молодая женщина

lost hope n (sl) старая дева

lost lady n (sl) проститутка

lot n (sl) мужские половые органы

Lothario n (sl) ловелас, волокита cf. Gay Lothario

lotta mam(m)a n (sl) крупная женщина

loud one n (low) громкое испускание газов из кишечника

Louis n (US low obs) сутенер

lounge n (euph) туалет (usu go to/visit the lounge)

lounge lice n pl (sl) lounge lizard q.v.

lounge lizard n (sl) дамский угодник, завсегдатай гостиных богатых женщин

lousy bum n (sl) негодяй

lousy dish n (sl) физически непривлекательная женщина

lovable n (sl) сексапильная молодая женщина

love somebody up v (low) 1. ласкать кого-либо 2. совокупляться с кем-либо

love and hisses n (US sl) знак пренебрежения, отвращения (игра слов на love and kisses)

love bird n (sl) любовник

love bite n (sl) страстный поцелуй, оставляющий на теле кровоподтек

love bombs n pl (sl) уверения в верности

love bubbles n pl (Army sl rare) женская грудь

love-button n (sl) клитор cf. button

love-child n (sl) незаконнорожденный ребенок

love clinch n (sl) долгие страстные объятия

love-dove v (sl) заниматься петтингом

love-drug n (sl) наркотик, считающийся сексуально возбуждающим средством (особ. марихуана)

lovefest *n* (*US sl*) вечеринка, участники которой занимаются петтингом
love handles *n pl* (*sl*) жировые складки на талии
love-in *n* (*sl*) половой акт в общественном месте, особ. как форма протеста
love juices *n pl* (*sl*) 1. сперма 2. вагинальная смазка
love lane *n* (*low obs*) женский лобок
lovely *n* (*sl*) 1. любовница 2. сексапильная молодая женщина
love-neck *v* (*sl*) заниматься петтингом
love-nest *n* (*sl*) дом, где встречаются любовники или живет неженатая пара
love nook *n* (*sl*) love-nest q.v.
love party *n* (*sl*) lovefest q.v.
love peddler *n* (*sl*) проститутка
love pirate *n* (*sl*) 1. мужчина, встречающийся с чужой девушкой или любовницей 2. похотливый мужчина 3. волокита
love play *n* (*sl*) любовная игра, ласки перед совокуплением
lover-boy *n* (*sl*) 1. ухажер 2. физически привлекательный мужчина 3. волокита 4. мужчина, хвастающийся своими победами над женщинами
lover-girl *n* (*sl*) любовница
lover under the lap *n* (*sl rare*) лесбиянка
lover-upper *n* (*sl*) мужчина, любящий петтинг
love-up *n* (*sl*) интимные ласки
lovey-dovey *n* (*sl*) 1. страстные объятия (usu do the lovey-dovey) 2. жена
lovey-dovey somebody *v* (*sl*) интимно ласкать кого-либо
lovey-dovey *mod* (*sl*) любовный, страстный, интимный
lovin' *n* (*sl*) ласки, петтинг

lower cheeks *n pl* (*sl*) ягодицы
lower lips *n pl* (*sl*) вульва, половые губы cf. lips
low heel *n* (*low*) проститутка
lowie *n* (*low*) low heel q.v.
lubricate somebody *v* (*low obs*) (о мужчине) совокупляться с кем-либо
lucky bag *n* (*sl obs*) женский лобок
lucky boy *n* (*sl*) 1. жиголо, мужчина-проститутка, обслуживающий женщин 2. мужчина, живущий за счет любовницы
lullaby *n* (*low*) пенис, половой член
lulu *n* (*sl*) 1. туалет (usu go to/visit lulu) 2. сексапильная женщина
lulu looker *n* (*sl*) физически привлекательная женщина
lumberer *n* (*sl*) зазывала публичного дома
lumpy *mod* (*coll*) беременная
lung *n* (*sl*) женская грудь
lung-disturber *n* (*low*) пенис, половой член cf. kidney-wiper
lungs *n pl* (*sl rare*) lung q.v.
luree *n* (*sl*) соблазненный, совращенный человек
lurkies *n pl* (*US sl*) расстройство желудка
lurn *n* (*sl*) мошонка
lush *mod* (*sl*) (о женщине) сексапильная
lusher *n* (*sl*) проститутка, грабящая пьяного клиента
lush mush *n* (*US sl*) красивое лицо
lush thrush *n* (*sl*) сексапильная молодая женщина
lush worker *n* (*sl*) lusher q.v.
lusty addition *n* (*sl*) рождение ребенка

M

ma *n* 1. (*sl*) жена (часто употребляется в качестве обращения) 2. (*Negro, sl*) женоподобный мужчина (обычно стоит впереди имени человека, напр. Ma Jones)
mab *n* (*sl*) распутная женщина
Mabel *n* (*sl*) 1. любовница 2. женоподобный мужчина
mac *n* (*low*) mack q.v. cf. McGimp в Приложении 3
machine *n* (*low obs*) 1. мужской или женский лобок 2. презерватив
machismo *n* (*sl*) половая потенция мужчины
macho *n* (*sl*) агрессивный мужчина с большой половой потенцией
mack *n* (*low*) 1. сутенер 2. мужчина, живущий за счет любовницы
mackerel *n* (*sl*) mack 1 q.v.
mackman *n* (*sl*) mack 1 q.v.
macquereau *n* (*sl*) mack 1 q.v. (из французского)
madam *n* (*coll*) содержательница публичного дома
madamoizook *n* (*sl*) француженка (особ. распутная)
mad money *n* (*sl*) небольшая сумма денег, которую женщина, идущая на вечеринку, берет на тот случай, если из-за чересчур настойчивых ухаживаний со стороны своего кавалера ей придется возвращаться домой на такси без него
magdalene *n* (*sl*) проститутка, бросившая свою профессию
magiffer *n* (*sl*) сутенер cf. McGimp в Приложении 3
magimp *n* (*sl*) magiffer q.v.
magimper *n* (*sl*) magiffer q.v.
magnet *n* (*low obs*) женский лобок
magoon *n* (*sl*) сексапил
magoofer *n* (*sl*) magiffer q.v.
magpie's nest *n* (*low obs*) женский лобок
maidenhead *n* (*euph*) 1. девственная плева 2. девственность
maid's ring *n* (*Cockney coll*) девственная плева
mail a letter *v* (*US sl*) посетить туалет
main avenue *n* (*low obs*) вагина, влагалище
main queen *n* 1. (*sl*) любовница 2. (*homos*) пассивный гомосексуалист
main squeeze *n* (*sl*) 1. любовник 2. любовница
main stem *n* (*US sl*) стройная женская нога
main vein *n* (*low*) женский лобок, наружные женские половые органы
maison joie *n* (*sl*) публичный дом (из французского) cf. joy house
make *n* (*vulg*) 1. женщина, рассматриваемая только как сексуальный объект 2. женщина легкого поведения
make *v* (*euph*) испражняться
make a ballocks of something *v* (*low*) make a balls of something q.v.
make a balls of something *v* (*low*) 1. испортить что-либо 2. перепутать что-либо
make a balls-up of something *v* (*low*) make a balls of something q.v.
make a bollocks of something *v* (*low*) make a balls of something q.v.
make a clean sweep *v* (*sl*) раздеться донага

make a dog's watch of it *v (low)* совокупляться в положении "женщина на коленях, мужчина сзади" cf. dog v

make a forward pass at somebody *v (sl)* (о мужчине) делать откровенные намеки женщине

make a fuck-up of something *v (vulg)* make a balls of something q.v.

make a killing *v (sl)* совратить кого-либо

make a leg *v (coll obs)* (о женщине) демонстрировать обнаженную ногу

make a mash *v (sl obs)* соблазнить кого-либо

make an ass of oneself *v (low)* вести себя глупо

make an honest woman of somebody *v (low)* жениться на любовнице

make a noise *v (coll euph)* с треском выпустить газы из кишечника

make a pass at somebody *v (sl)* make a forward pass at somebody q.v.

make a play for somebody *v (sl)* make a forward pass at somebody q.v.

make a river *v (baby talk)* мочиться

make a rude noise *v (euph)* make a noise q.v.

make bedroom eyes at somebody *v (sl)* make a forward pass at somebody q.v.

make'em sit up and take notice *v (sl)* (о женщине) быть физически привлекательной

make ends meet *v (humor low obs)* совокупляться

make free with both ends of the busk *v (low obs)* ласкать женщину в интимных местах

make hell pop (loose) *v (sl)* шуметь, создавать беспорядок

make horns *v (sl)* изменять мужу или любовнику

make it *v (sl)* совокупляться

make it right *v (sl)* жениться на любовнице

make it together *v (sl)* совокупляться (обыч. употребляется в продолженных временах)

make it with somebody *v (sl)* 1. совокупляться с кем-либо 2. склонить кого-либо к половой связи

make like an alligator *v (euph sl)* drag ass q.v. (аллигатор во время движения тащит хвост по земле, что замедляет его ход)

make love (to somebody) *v (coll)* 1. совокупляться (с кем-либо) 2. *(obs)* ухаживать (за кем-либо)

make Mary *v (sl)* соблазнить женщину

make out (with somebody) *v (sl)* страстно обниматься (с кем-либо), заниматься (с кем-либо) петтингом

make poops *v (baby talk)* с треском выпустить газы из кишечника

make somebody *v (sl)* 1. соблазнить кого-либо 2. совокупляться с женщиной

make somebody go all unnecessary *v (sl)* возбуждать кого-либо сексуально

make somebody grunt *v (low)* совокупляться с женщиной

make somebody shit through the eye of a needle (without splashing the sides) *v (vulg)* (о пище) вызывать сильное расстройство желудка

make something sexy *v (sl)* включить эротическую сцену в книгу, фильм и т.п.

make standing room for somebody v (low) (о женщине) отдаться мужчине

make the air blue v (sl) употреблять в речи нецензурные выражения

make the chimney smoke v (low) довести женщину до оргазма

make the supreme sacrifice v (sl) (о женщине, особ. девственнице) отдаться мужчине

make time with somebody v (sl) 1. быть в половой связи с чужой любовницей или женой 2. быть в половой связи с любой молодой женщиной

make up (to somebody) v (coll obs) ухаживать (за кем-либо)

make water v (sl) мочиться

make with the osculation v (US sl) целоваться

make-out artist n (sl) 1. мужчина, любящий петтинг 2. мужчина, часто меняющий любовниц

maker n (sl) соблазнитель(ница)

makings n pl (US sl) 1. сексапил 2. половая потенция

makin's n pl (US sl) makings q.v.

male robber n (sl) мужчина, ухаживающий за чужой девушкой

Malta dog n (Naval sl) легкое расстройство желудка

mam n (UK low) лесбиянка

mama n 1. (Negro sl) любая женщина 2. (Negro sl) физически привлекательная женщина 3. (Negro sl) женщина легкого поведения 4. (sl) любовница 5. (sl) женщина - член банды мотоциклистов, которая переспала со всеми мужчинами в банде

mama-san n (US sl) содержательница публичного дома

mamma n (sl) mama q.v.

mamma's baby n (sl) женоподобный мужчина

mamma's boy n (sl) mamma's baby q.v.

mamma's darling n (sl) mamma's baby q.v.

mammets n pl (sl) женская грудь

man n (sl) 1. ухажер 2. любовник 3. муж

man v (low obs) совокупляться с женщиной

manage it v (coll) испытать оргазм

man-chaser n (sl) распутная женщина

maneater n (sl) совратительница

mangle n (low obs) женский лобок

manhandle somebody v (sl) ласкать кого-либо, заниматься петтингом

manhole n (low obs) женские наружные половые органы

manhole cover n (low) женский гигиенический пакет

man hunters n pl (humor coll) собир. вдовы или старые девы

man-mad mod (coll) (о женщине) похотливая

Man Mountain n (US sl) мужчина с большой половой потенцией (часто употребляется как прозвище)

man of affairs n (sl) бабник, волокита

man oil n (US sl) сперма

man on the make n (sl) 1. ухажер 2. бабник, волокита

man-root n (low) пенис, половой член

man's n (low) пенис (особ. крупных размеров)

man slayer n (sl) физически привлекательная женщина

man's man *n* (*sl*) 1. гомосексуалист 2. женоподобный мужчина 3. мужчина с большой половой потенцией (обыч. противоположные значения выделяются интонацией)

man Thomas *n* (*low*) пенис, половой член

man-trap *n* 1. (*coll*) вдова 2. (*sl*) публичный дом 3. (*sl*) физически привлекательная молодая женщина 4. (*low obs*) женские наружные половые органы 5. (*low obs*) комок экскрементов

manual exercises *n pl* (*low*) мастурбация

man with the brass knackers *n* (*sl obs*) начальник cf. knackers

maquereau *n* (*sl*) mack q.v. cf. macquereau

maracas *n pl* (*sl*) женская грудь

Marble Arch *n* (*low obs*) женские наружные половые органы ("Мраморная арка" - один из входов в лондонский Гайд-парк cf. garden)

marble heart *n* (*sl*) холодная женщина

marble palace *n* (*sl*) туалет (usu go to/visit the marble palace)

marbles *n pl* (*vulg rare*) яички

marge *n* (*homos*) пассивная лесбиянка

maricon *n* (*sl*) гомосексуалист (из испанского)

mark (of the beast) *n* (*low obs*) женский лобок

marriage cheater *n* (*sl*) мужчина, соблазняющий жену друга

married but not churched *mod* (*coll*) живущий половой жизнью вне брака

marrowbone *n* (*low obs*) пенис, половой член

marrow-pudding *n* (*low obs*) marrowbone q.v.

marry *v* (*homos*) вступить в гомосексуальную связь

marry over the broomstick *v* (*sl*) jump over the broomstick q.v.

marshmallows *n pl* (*sl*) женская грудь

Mary *n* 1. (*homos*) пассивный гомосексуалист 2. (*homos*) лесбиянка 3. (*sl*) любая женщина

Mary Ann *n* (*sl obs*) содомит, гомосексуалист

Mary Jane *n* (*low obs*) женский лобок

mash *n* (*college sl*) 1. любовная связь 2. любовник 3. любовница

mash *v* (*college sl*) ласкать, заниматься петтингом

mash somebody *v* (*college sl*) 1. ласкать кого-либо 2. соблазнять кого-либо 3. флиртовать с кем-либо

mash it *v* (*college sl*) mash v q.v.

masher *n* 1. (*sl obs*) бабник, волокита 2. (*coll*) мужчина, настойчиво пытающийся обратить на себя внимание женщин

mash-eye *n* (*sl*) кокетливый взгляд

mashing *mod* (*US sl*) кокетливый

mash note *n* (*sl*) любовная записка

mason *n* (*homos*) активная лесбиянка

massage parlor *n* (*sl*) публичный дом под вывеской массажного салона

masterpiece *n* (*low obs*) женский лобок

masterpiece of nightwork *n* (*low obs*) физически привлекательная проститутка

mat *n* 1. (*Negro sl*) жена или любая женщина 2. (*cant*) девушка

matrimonial *n* (*sl*) обычная позиция полового сношения (мужчина сверху)

matrimonial peacemaker *n* (*sl*) пенис, половой член

matrimonial polka *n (sl)* matrimonial q.v.

Maud *n* 1. *(homos)* гомосексуалист-проститутка 2. *(cant)* любая женщина

maul somebody *v (sl)* грубо ласкать кого-либо

mauler *n (sl)* мужчина, занимающийся петтингом

mauling *n (sl)* активный петтинг

maw somebody *v (sl)* целовать и ласкать кого-либо

mawk *n (sl)* дешевая проститутка

may *n (sl)* туалет

McGimper *n (sl)* сутенер cf. McGimp в Приложении 3

McGoo *n (sl obs)* сексапил

meal ticket *n (pros)* проститутка, поддерживающая сутенера

mean article *n (sl)* сексапильная молодая женщина

mean chassis *n (sl)* хорошо сложенная девушка

mean dish *n (sl)* mean article q.v.

mean job *n (sl)* mean article q.v.

mean lot *n (sl)* mean article q.v.

mean mama *n (sl)* mean article q.v.

mean member *n (sl)* mean article q.v.

mean number *n (sl)* mean article q.v.

mean peace of merchandise *n (sl)* mean article q.v.

mean piece of work *n (sl)* mean article q.v.

mean proposition *n (sl)* mean article q.v.

mean shit *n (vulg)* 1. жадина, скряга 2. подлец, негодяй

mean sketch *n (sl)* mean article q.v.

mean stuff *n (sl)* mean article q.v.

measles *n (US med sl)* сифилис

meat *n* 1. *(vulg)* пенис, половой член 2. *(vulg)* вагина, влагалище 3. *(homos)* мужчина, рассматриваемый как половой объект 4. *(sl)* половая потенция 5. *(low obs)* человеческое тело с точки зрения секса

meat and drink *n (sl)* вечеринка с выпивкой и сексом

meat and two vegetables *n (low)* мужские половые органы

meat-flasher *n (low)* flasher q.v.

meat-flashing *n (low)* эксгибиционизм

meat-hound *n (sl)* 1. похотливый мужчина 2. содомит, гомосексуалист

meat-house *n (sl)* публичный дом

meat-market *n (low)* 1. место, где клиент выбирает себе проститутку 2. женская грудь 3. женский лобок

meat-merchant *n (low obs)* содержательница публичного дома

meat show *n (sl)* варьете с демонстрацией обнаженного женского тела cf. cheesecake

meaty *mod* 1. *(coll)* скабрезный, неприличный 2. *(sl)* обладающий большой половой потенцией 3. *(sl)* сексуальный

mechanized mole *n (US sl)* вошь (в т.ч. лобковая)

medals showing *n pl (sl)* расстегнутая ширинка

meet with a misfortune *v (sl)* родить внебрачного ребенка

me goil *n (sl)* любовница (искаженное my girl)

mell of a hess *n (coll)* hell of a mess q.v.

mellow mouse *n (sl)* физически привлекательная молодая женщина

melons *n pl (sl)* женская грудь

melt v (coll euph) испытать оргазм
melted butter n (low) сперма
member n (sl) пенис, половой член
member for Cockshire n (UK sl obs) member q.v.
men's n (coll) туалет (usu go to/visit the men's)
men's room n (coll) men's q.v.
merchandise n (sl) сексапил
merkin n (coll) 1. женский лобок 2. искусственные волосы на женском лобке 3. искусственное влагалище как инструмент удовлетворения для одиноких мужчин 4. плюмаж, одеваемый артистками стриптиза на лобок
merry bit n (low obs) доступная женщина
merry hell n (coll) шум, беспорядок, неразбериха
merry legs n (low obs) проститутка
me skoit n (sl) любовница (искаженное my skirt)
Mespot n (Air Force sl obs) письмо в армию от жены или девушки, в котором она объявляет о разводе или разрыве cf. dear John (letter)
Mespot piss-up n (Air Force vulg obs) пьяная вечеринка, во время которой друзья брошенного женой или девушкой солдата или офицера составляют ругательное письмо в ее адрес
mess v (low) иметь внебрачную половую связь
mess about (with somebody) v (sl) 1. интимно ласкать (кого-либо) 2. позволять себе вольности (с кем-либо)
messer n 1. (pros) распутная женщина, которая не является профессиональной проституткой 2. (low) мужчина или женщина, изменяющие своим любовнице или любовнику
mettle n (low obs) сперма
mickey n 1. (UK sl) пенис, половой член 2. (sl) Mickey Finn q.v.
Mickey Finn n (sl) 1. сильное слабительное, которое добавляют кому-либо в пищу или (спиртной) напиток с целью подшутить над ним 2. пища или (спиртной) напиток, в который добавлено слабительное
Mickey Flinn n (sl) Mickey Finn q.v.
Mickey Mouse n (Army sl obs) документальный фильм, пропагандирующий методы предотвращения и лечения венерических заболеваний
Mickey Mouse film n (Army sl obs) Mickey Mouse q.v.
mickola n (sl) Mickey Finn q.v.
middle finger n (low) пенис, половой член
middle leg n (low) middle finger q.v.
middle stump n (low) middle finger q.v.
Midlands n pl (humor low obs) женский лобок
midwife's friend n (sl) женское противозачаточное средство, известное своей ненадежностью
mike v (sl) мочиться (см. Mike Bliss в Приложении 3)
military marriage n (sl) вынужденная женитьба (в результате нежелательной беременности)
military wedding n (sl) military marriage q.v.
milk n (low obs) сперма
milk oneself v (low) (о мужчине) мастурбировать

milk somebody *v* (*low*) вызывать эякуляцию у мужчины путем мануальной стимуляции
milk bottles *n pl* (*US sl rare*) женская грудь
milker *n* (*low*) 1. женские половые органы 2. онанист
milking pail *n* (*low obs*) женские наружные половые органы
milk-jug *n* (*low obs*) milking pail q.v.
milkman *n* (*low*) milker 2 q.v.
milk-pan *n* (*low obs*) milking pail q.v.
milk-shop *n* (*low obs*) женская грудь
milk-walk *n* (*low obs*) milk-shop q.v.
milkwoman *n* (*low*) онанистка
milky way *n* (*low obs*) milk-shop q.v.
mill *n* (*low obs*) женский лобок
milliner's shop *n* (*low obs*) женские половые органы
million-dollar figure *n* (*US sl*) хорошая фигура
million-dollar mask *n* (*US sl*) привлекательное лицо
millionerror *n* (*US sl*) внебрачный ребенок миллионера (игра слов на millionaire и error)
milquetoast *n* (*sl*) женоподобный мужчина
mindfuck *n* (*vulg*) 1. состояние повышенного эмоционального возбуждения 2. человек, манипулирующий мнением других людей
mindfuck *v* (*vulg*) промывать мозги
mindfucker *n* (*vulg*) 1. mindfuck *n* 2 q.v. 2. неприятная ситуация
mine *n* (*sl*) богатый жених, завидный жених cf. gold-mine *n*
mine somebody *v* (*sl*) пытаться выйти замуж за богатого мужчину

miner *n* (*sl*) gold-digger q.v.
minge *n* (*sl*) женский лобок
mink *n* 1. (*Negro sl*) физически привлекательная девушка 2. (*Negro sl*) любовница 3. (*sl*) женский лобок 4. (*sl*) распутная женщина
mintie *n* (*homos*) 1. гомосексуалист 2. активная лесбиянка
mintie *mod* (*homos*) (о партнере в половом акте) активный
minx *n* (*sl*) mink 4 q.v.
mis *n* (*sl*) выкидыш (от miscarriage)
miss *n* (*sl*) mis q.v.
miss *v* (*coll*) испытать задержку менструации (usu miss a month/period)
Miss Giddy *n* (*sl*) физически привлекательная женщина недалекого ума
Miss Horner *n* (*low obs*) женский лобок cf. horn
Miss Hotbot *n* (*sl*) сексапильная женщина cf. hot
missionary *n* (*coll*) 1. сутенер 2. matrimonial q.v.
missis *n* (*sl*) любовница
Miss Molly *n* (*sl*) женоподобный мужчина
Miss Nancy *n* (*coll*) 1. женоподобный мужчина 2. катамит, пассивный гомосексуалист
Miss-Nancyism *n* (*coll*) женоподобность
missus *n* (*sl*) missis q.v.
mixer *n* (*sl*) непрофессиональная проститутка, обыч. ищущая клиентов в баре cf. B-girl
mm'mm *n* (*sl*) сексапил (количество букв выражает степень сексуальности)
mmph *n* (*sl*) mm'mm q.v.
mobile dandruff *n* (*US sl*) собир. вши (в т.ч. лобковые)
moff *n* (*sl*) гермафродит
mola *n* (*sl*) гомосексуалист

mole *n* (*low obs*) пенис, половой член

mole-catcher *n* (*low obs*) женские половые органы

moll *n* 1. (*sl*) любовница 2. (*sl*) проститутка 3. (*cant*) любовница гангстера 4. (*cant*) любая девушка 5. (*sl*) женоподобный мужчина

moll *v* 1. (*sl*) (о мужчине) вести себя как женщина 2. (*low obs*) волочиться за женщинами

molled *mod* (*sl*) (о женатом мужчине) имеющий внебрачную половую связь

molled up *mod* (*sl*) molled q.v.

mollesher *n* (*cant*) moll n 3 q.v.

moll-hunter *n* (*low*) распутный мужчина

mollie *n* (*cant*) moll n 3-4 q.v.

mollisher *n* (*cant*) moll n 3 q.v.

moll-mauler *n* (*sl*) мужчина, любящий петтинг

Moll Peatley's jig *n* (*low obs*) совокупление

moll-shop *n* (*low*) публичный дом

molly *n* 1. (*coll*) женоподобный мужчина 2. (*coll*) гомосексуалист 3. (*US sl*) проститутка

molly somebody *v* (*sl*) заниматься с кем-либо анальным сексом

molly's hole *n* (*low obs*) женские наружные половые органы

molly-shop *n* (*low*) moll-shop q.v.

momzer *n* (*sl*) незаконнорожденный ребенок

money-box *n* (*low obs*) женский лобок

money-honey *n* (*sl*) богатый любовник/любовница

money-maker *n* (*low obs*) money-box q.v.

money-spinner *n* (*low obs*) money-box q.v.

monk somebody *v* (*college sl rare*) заниматься с кем-либо петтингом

monkey *n* (*US sl*) женский лобок

monkey about with somebody *v* (*sl*) интимно ласкать кого-либо

monkey around with somebody *v* (*sl*) monkey about with somebody q.v.

monkey bite *n* (*sl*) след от страстного поцелуя

monkey business *n* (*sl*) сексуальные вольности с представителем противоположного пола

monkey-farting *n* (*low*) 1. бессмысленное задание, работа 2. глупое поведение 3. потеря времени

monkey-farting *mod* (*low*) бессмысленный, дурацкий, глупый

monkey's parade *n* (*UK low*) место, где молодые люди прогуливаются с целью завязать знакомство с представителем противоположного пола

monkey-traps *n pl* (*sl*) женские прелести

monkey-tricks *n pl* (*coll obs*) вольности с представителями противоположного пола

monking *n* (*sl*) петтинг

Montezuma's revenge *n* (*sl*) расстройство желудка (обыч. употребляется туристами во время поездки по Мексике cf. Aztec two-step)

monthlies *n pl* (*sl*) менструация

monthly flowers *n pl* (*sl*) monthlies q.v.

moon *n* (*college sl*) ягодицы

moon (somebody) *v* (*college sl*) показывать кому-либо обнаженные ягодицы (обыч. в окно автомобиля)

moonlighter *n* 1. (*sl*) двоеженец 2. (*sl obs*) проститутка

moontanning *n* (*sl*) ласки, петтинг (обыч. в ночное время)

moose *n (Army sl obs)* проститутка (от японского musume девушка)

moph *n (sl)* гермафродит

mophrodite *n (sl)* moph q.v.

mopsy *n (sl)* проститутка

morale-booster *n (sl)* девушка, отдающаяся солдатам из "патриотических" побуждений cf. V-girl

morale-builder *n (sl)* morale-booster q.v.

morning pride *n (sl)* эрекция после пробуждения

morph *n (sl)* moph q.v.

morphadite *n (sl)* moph q.v.

morphidite *n (sl)* moph q.v.

morphodite *n (sl)* moph q.v.

morphrodite *n (sl)* moph q.v.

morsel *n (sl)* физически привлекательная молодая девушка

morsy *n (sl)* morsel q.v.

mort *n (cant)* любая женщина

mortar *n (low obs)* женский лобок cf. pestle

moses *n (US sl)* мужчина, которому платят за признание фиктивного отцовства (особ. в случае изнасилования)

moss on the bosom *n (sl)* волосы на груди мужчины как признак мужественности

moth *n (sl obs)* проститутка

mother *n* 1. *(Negro sl)* женоподобный мужчина 2. *(homos)* наиболее привлекательный член группы гомосексуалистов 3. *(sl)* любой гомосексуалист 4. *(euph)* mother-fucker q.v.

mother damnable *n (sl obs)* содержательница публичного дома

mother-dangler *n (euph)* mother-fucker q.v.

mother-eater *n (euph)* mother-fucker q.v.

mother-flunker *n (euph)* mother-fucker q.v.

mother-fucker *n (vulg)* 1. неприятный человек 2. фамильярная форма обращения в разговоре между мужчинами

mother-fucking *mod (vulg)* чертов, проклятый

mother-grabber *n (euph)* mother-fucker q.v.

mother-helper *n (euph)* mother-fucker q.v.

mothering *mod (euph)* mother-fucking q.v.

mother-joker *n (euph)* mother-fucker q.v.

mother-kisser *n (euph)* mother-fucker q.v.

mother-lover *n (euph)* mother-fucker q.v.

mother-nudger *n (euph)* mother-fucker q.v.

mother-pisser *n (vulg)* mother-fucker q.v.

mother-rucker *n (euph)* mother-fucker q.v.

motorized bum *n (sl)* человек, путешествующий на дешевом автомобиле (обыч. с семьей) cf. bum

motorized freckles *n pl (sl)* вши (в т.ч. лобковые)

mott *n* 1. *(sl)* женский лобок 2. *(cant)* любая женщина

moult *v (sl)* раздеться донага

mount *n (sl)* совокупление (usu do a mount)

mount a corporal and four *v (low obs)* мастурбировать (аллюзия на thumb and four fingers)

mount somebody *v (low)* совокупляться с кем-либо

Mount Pleasant *n (low obs)* женский лобок

mouse *n* 1. *(cant)* физически привлекательная девушка 2. *(sl)* любовница 3. *(low obs)* пенис, половой член

mouse *v* (*sl*) заниматься петтингом

mouser *n* 1. (*low obs*) женский лобок 2. (*sl*) содомит, гомосексуалист

mouse-trap *n* (*low obs*) женский лобок

mousing *n* (*sl*) петтинг

move hell *v* (*coll*) очень стараться

move one's bowels *v* (*coll*) испражняться

move on somebody *v* (*college sl*) 1. попытаться соблазнить кого-либо 2. попытаться познакомиться с представителем противоположного пола

movies *n pl* (*sl*) расстройство желудка

mowat *n* (*sl*) любая женщина

Mr.Badger *n* (*sl*) мужчина-участник badger game q.v.

Mr.Right *n* (*sl*) идеальный жених

Mr.R.Suppards *n* (*sl*) везучий человек (игра слов на ass upwards q.v.)

Mrs.Badger *n* (*sl*) женщина-участница badger game q.v.

Mrs.Jones *n* (*sl*) туалет (usu go to/see/visit Mrs.Jones)

Mrs.Murphy *n* (*sl*) Mrs.Jones q.v.

muck *n* 1. (*sl*) половая потенция 2. (*coll*) экскременты животных

muck (about) with somebody *v* (*US sl*) интимно ласкать кого-либо (иногда неумело) cf. mess about

muck up *v* (*euph*) fuck up q.v.

muck-ass about *v* (*low*) ухаживать за кем-либо

muddle *v* (*sl*) совокупляться с женщиной

mudhen *n* (*sl*) физически непривлекательная девушка (игра слов на mud и madhen (нем.) девушка)

mud-kicker *n* (*sl rare*) 1. женщина, заманивающая мужчину к себе или в уединенное место с целью ограбить его 2. проститутка (особ. грабящая клиента)

muff *n* 1. (*vulg*) женские наружные половые органы (особ. покрытые большим количеством лобковых волос) 2. (*cant rare*) любая девушка 3. (*sl*) женоподобный мужчина

muff-diver *n* (*low*) человек, занимающийся кунилингусом (особ. лесбиянка)

muff-diving *n* (*low*) кунилингус (особ. в лесбийском сексе)

muffin *n* (*sl rare*) любая девушка

muffins *n pl* (*vulg rare*) женская грудь (особ. у девушки-подростка)

mug *n* (*sl*) 1. поцелуй 2. ночной горшок

mug (somebody) *v* (*sl*) 1. целовать (кого-либо) 2. заниматься (с кем-либо) петтингом 3. совокупляться (с кем-либо)

mug-bug *n* (*sl*) женщина, любящая петтинг

mugg *n* (*sl*) mug n q.v.

mugg (somebody) *v* (*sl*) mug (somebody) q.v.

mugging(s) *n* (*sl rare*) 1. петтинг 2. девушка, любящая петтинг

mug-nutty *mod* (*US college sl*) (о женщине) чрезмерно увлекающаяся мужчинами

muh-fuh *n* (*euph*) mother-fucker q.v.

mule *n* (*low obs*) импотент

mumps with the bumps *n* (*sl*) девушка, которая любит носить облегающую одежду, подчеркивающую ее грудь

muncher-boy *n* (*Naval sl*) мужчина, любящий заниматься фелляцией

municipal relief station *n (sl)* общественный туалет
murphies *n pl (sl)* женская грудь
muscle *n (sl)* половая потенция
muscle moll *n (sl)* мужеподобная женщина cf. moll
mush *n (sl)* поцелуй
mush *v (sl)* заниматься петтингом
mushing *n (sl)* 1. ухаживания 2. петтинг
mush worker *n (sl)* 1. женщина, соблазняющая мужчину с целью шантажа 2. проститутка, грабящая клиента
mushy *mod (sl)* страстный, похотливый
mushy mama *n (sl)* женщина, любящая петтинг
musical beds *n pl (sl)* многочисленные беспорядочные половые связи (игра слов на musical chairs)
musical chair *n (Army sl obs)* уборная (обыч. выгребная яма с доской сверху)(usu sit on the musical chair) cf. musical food
musical food *n (sl)* пища, вызывающая метеоризм (обыч. фасоль или бобы)
mustard-pot *n (low)* женские наружные половые органы
mustn't-mention-'ems *n pl (sl)* нижнее белье
mutton dagger *n (sl)* пенис, половой член cf. meat
mutton dressed as lamb *n (sl)* молодящаяся старуха
mutton dressed lamb-fashion *n (sl)* mutton dressed as lamb q.v.
muzzard *v (sl)* совокупляться с женщиной
muzzle *n (sl)* поцелуй
muzzle *v (sl)* 1. целоваться 2. заниматься петтингом
myeh *n (sl)* сексапил
myrtle *n (sl)* половой акт

N

nabu см. Приложение 1
nackers *n pl (sl)* knackers q.v.
naf *n (sl obs)* женский лобок
naff *n (UK euph)* fuck n q.v.
naff *v (UK euph)* fuck v q.v.
naffer *n (UK euph)* fucker q.v.
naffing *mod (UK euph)* fucking mod q.v.
naffy см. N.A.A.F.I. см. Приложение 1
naggie *n (low obs)* женский лобок
nags *n pl (low obs)* яички
nail *n (sl)* совокупление (usu have a nail)
naked dance *n (sl)* 1. неприличный танец 2. неприличное исполнение любого танца
naked truth *n (sl)* нагота
namby-pamby *mod (sl)* женоподобный
nameless crime *n (sl)* гомосексуализм
nan-boy *n* 1. *(coll)* пассивный гомосексуалист 2. *(coll obs)* женоподобный мужчина
nance *n (sl)* 1. пассивный гомосексуалист 2. женоподобный мужчина
nance *mod (sl)* женоподобный
Nancy *n (sl)* гомосексуалист
Nancy-boy *n (sl)* Nancy q.v
Nancy homey *n (sl)* женоподобный мужчина (обыч. гомосексуалист)
nanny *n (coll obs)* проститутка
nanny-shop *n (coll obs)* публичный дом
nanty cracking *n (low)* niente cracking q.v.
nates *n pl (sl)* ягодицы (из латинского)

national indoor game *n (coll)* совокупление

national sport *n (coll)* national indoor game q.v.

nattum *n (low)* половой акт (usu have a nattum)

Nature Boy *n (sl)* мужчина с большой половой потенцией

nature in the raw *n (sl)* нагота

nature's call *n (coll)* позыв к мочеиспусканию или дефекации

nature's garb *n (sl)* нагота

nature stop *n (euph)* остановка в пути для отправления естественной надобности (особ. во время путешествия на автомобиле)

naughty *n (sl)* 1. женский лобок, наружные половые органы 2. совокупление

naughty (somebody) *v (sl)* совокупляться (с кем-либо)

naughty dream *n (sl)* эротический сон cf. wet dream

naughty-naughty *mod (sl)* скабрезный, неприличный

Naughty Nell *n (sl)* женщина легкого поведения

Naughty Nellie *n (sl)* Naughty Nell q.v.

Naughty Nelly *n (sl)* Naughty Nell q.v.

nautch *n (vulg obs)* вагина, влагалище

nautch-joint *n (vulg obs)* публичный дом

navel engagement *n (sl)* совокупление (игра слов на naval engagement морское сражение)

navigate the windward passage *v (low obs)* заниматься анальным сексом cf.wind

Navy cake *n (Naval low)* содомия, гомосексуализм

Navy cut *n (Naval low)* Naval cake q.v.

nearly lose one's eyesight *v (sl)* неожиданно увидеть обнаженного или полуобнажённого представителя противоположного пола

near the bone *mod (sl)* near the knuckle q.v.

near the knuckle *mod (sl)* на границе приличия

near the mark bone *mod (sl)* near the knuckle q.v.

neat article *n (sl)* сексапильная молодая женщина

neat broadie *n (sl)* neat article q.v.

neat bundle *n (sl)* neat article q.v.

neat chassis *n (sl)* хорошо сложенная молодая женщина

neat dish *n (sl)* neat article q.v.

neat frame *n (sl)* neat chassis q.v.

neat job *n (sl)* neat article q.v.

neat lot *n (sl)* neat article q.v.

neat member *n (sl)* neat article q.v.

neat number *n (sl)* neat article q.v.

neat package *n (sl)* neat article q.v.

neat piece of merchandise *n (sl)* neat article q.v.

neat piece of work *n (sl)* neat article q.v.

neat proposition *n (sl)* neat article q.v.

neat puss *n (sl)* красивое лицо

neat sketch *n (sl)* neat article q.v.

neat stack of hay *n (sl)* физически привлекательная блондинка

neat stuff *n (sl)* neat article q.v.

necessaries *n pl (sl)* мужские половые органы

necessary *n (sl)* туалет

necessary nuisance *n (coll)* муж

neck *v (sl)* заниматься петтингом

necker *n (sl)* человек, занимающийся петтингом

neckerchief *n (sl)* necker q.v.

neckette *n (sl)* женщина, любящая петтинг
neckfest *n (sl)* вечеринка, участники которой занимаются петтингом
neck-happy *mod (college sl)* любящий петтинг
necking *n (sl)* петтинг
necking bee *n (sl)* человек, любящий петтинг
necking party *n (sl)* 1. neckfest q.v. 2. necking bee q.v.
necking session *n (sl)* neckfest q.v.
neck-romance (somebody) *v (sl)* заниматься (с кем-либо) петтингом
neck-romancing *n (sl)* петтинг
needle *n (sl obs)* пенис, половой член
needle-book *n (sl obs)* женские наружные половые органы
needle-case *n (sl obs)* needle-book q.v.
needle-woman *n (sl obs)* проститутка
Nellie *n (US sl)* пассивный гомосексуалист, открыто заявляющий о своих половых наклонностях
Nelly *n (US sl)* Nellie q.v.
nerts *n pl (euph)* nuts q.v.
nest (in the bush) *n (low obs)* женский лобок, наружные половые органы
Netherlands *n pl (low obs)* мужские или женские половые органы
neuter gender *n (sl)* 1. женоподобный мужчина 2. гомосексуалист 3. мужеподобная женщина 4. лесбиянка
never-out *n (low obs)* женские наружные половые органы
nevershit *mod (vulg)* жеманный, высокомерный, вычурный
nibble *n (low)* совокупление (usu have a nibble)

nibble *v (low)* совокупляться
nice body job *n (sl)* хорошо сложенная молодая женщина
nice girl *n (sl)* девушка, не позволяющая вольностей мужчинам cf. girl who won't
nice little piece of furniture *n (sl)* физически привлекательная девушка
nice Nell *n (sl)* nice girl q.v.
nice Nellie *n (sl)* nice girl q.v.
nice Nelly *n (sl)* nice girl q.v.
nice piece of merchandise *n (sl)* nice little piece of furniture q.v.
nice portrait *n (US sl)* красивое лицо
niche *n (low obs)* женский лобок
niche-cock *n (low obs)* niche q.v.
nick *n* 1. *(low)* ягодичная складка 2. женские наружные половые органы
nick-nack *n* 1. *(low obs)* nick 2 q.v. 2. *(low)* яички
niece *n (sl)* любовница
niente cracking *n (low)* женский лобок
nifty *n (low)* 1. совокупление 2. сексапильная девушка
nifty article *n (sl)* физически привлекательная женщина
nifty dish *n (sl)* nifty article q.v.
nifty job *n (sl)* nifty article q.v.
nifty lot *n (sl)* nifty article q.v.
nifty member *n (sl)* nifty article q.v.
nifty nell *n (sl)* nifty article q.v. (часто употребляется как прозвище)
nifty number *n (sl)* nifty article q.v.
nifty piece of merchandise *n (sl)* nifty article q.v.
nifty piece of work *n (sl)* nifty article q.v.
nifty proposition *n (sl)* nifty article q.v.
nifty stuff *n (sl)* nifty article q.v.

nigger wench n (vulg) проститутка-негритянка

niggle n (US sl) совокупляться с женщиной

niggler n (US sl) fucker q.v.

niggling n (US sl) fucking n q.v.

nigh enough mod (sl) (о гомосексуалисте-проститутке) пассивный

nigh enuff mod (sl) nigh enough q.v.

night hawk n (sl) проститутка

night of shining amour n (sl) вечеринка, в которой участвуют женщины легкого поведения (игра слов на knight of shining armor) cf. girl-spree

night soil n (euph) кал, фекалии

night starvation n (sl) неактивная половая жизнь

nimble-hipped (mod (coll obs) (о женщине) распутная

nimrod n (low obs) пенис, половой член

ninnies n pl (US sl) женская грудь

Ninon over Nanon n (sl) женщина в ночной сорочке, под которой ничего не надето (игра слов на none on)

nip v (low obs) совокупляться с женщиной

nipper n (sl) вошь (в т.ч. лобковая)

nippy n (baby talk) пенис, половой член

nize beby n (sl) физически привлекательная молодая женщина (искаженное nice baby)

nob n (low) knob q.v.

no better than she should be mod (euph) (о женщине) распутная

no bloody bon mod (low) no bloody good q.v.

no bloody good mod (low) никуда не годный, испорченный, плохой

no bullfighter n (sl) женоподобный мужчина

no bum for looks mod (sl) сексапильный

no Casanova n (sl) (о мужчине) скромник cf. Casanova

nocturn n (sl) nocturnal q.v.

nocturnal n (sl) проститутка

nola n (sl obs) 1. гомосексуалист 2. женоподобный мужчина 3. мужеподобная женщина

no Lothario n (sl) no Casanova q.v.

no man's land n (sl) женский туалет

nonesuch n (low obs) женский лобок

nonsensualist n (sl) человек, рассказывающий неприличные анекдоты (игра слов на nonsense и sensualist)

nonskid n (sl) жесткая туалетная бумага

nonsuch n (low obs) nonesuch q.v.

nookey n (vulg) 1. совокупление 2. вагина, влагалище 3. женщина, рассматриваемая как объект совокупления

nookie n (vulg) nookey q.v.

nooky n (vulg) nookey q.v.

norgies n pl (sl) женская грудь (употребляется в основном женщинами)

norgs n pl (sl) norgies q.v. (употребляется в основном мужчинами)

norkers n pl (sl) norgies q.v. (употребляется в основном мужчинами)

north end of a horse going south n (sl) 1. зад (часть тела) 2. неприятный человек

north end of a south-bound horse n (sl) north end of a horse going south q.v.

no slowpoke n (sl) активный любовник

no spring flower *n (sl)* мужчина с большой половой потенцией
not a hope in hell *n (sl)* полное отсутствие надежды
not a sixpence to scratch one's ass with *mod (low obs)* нищий
not bloody likely *mod (low)* ни за что, ни в коем случае
not by a damn sight *mod (sl)* никогда, никак, ни за что
not care a brass farthing *v (euph)* not care a bugger q.v.
not care a bugger *v (low)* быть совершенно безразличным к чему-либо
not care a cat's asshole *v (vulg)* not care a bugger q.v.
not care a continental *v (sl)* not care a bugger q.v.
not care a continental damn *v (sl)* not care a bugger q.v.
not care a curse *v (sl)* not care a bugger q.v.
not care a damn *v (sl)* not care a bugger q.v.
not care a fart *v (low)* not care a bugger q.v.
not care a farthing *v (euph)* not care a bugger q.v.
not care a fig *v (euph)* not care a bugger q.v.
not care a flying fuck *v (vulg)* not care a bugger q.v.
not care a flying fuck at a galloping goose *v (vulg)* not care a bugger q.v.
not care a flying fuck at a rolling doughnut *v (vulg)* not care a bugger q.v.
not care a flying fuck at a running rabbit *v (vulg)* not care a bugger q.v.
not care a flying fuck over the moon *v (vulg)* not care a bugger q.v.
not care a fuck *v (vulg)* not care a bugger q.v.
not care a hoot *v (euph)* not care a bugger q.v.
not care a hootenanny *v (euph)* not care a bugger q.v.
not care a hoot in hell *v (sl)* not care a bugger q.v.
not care a monkey's *v (euph)* not care a bugger q.v.
not care a monkey's fart *v (low)* not care a bugger q.v.
not care a monkey's fuck *v (vulg)* not care a bugger q.v.
not care a monkey's toss *v (sl)* not care a bugger q.v.
not care an asshole *v (vulg)* not care a bugger q.v.
not care a pin *v (euph)* not care a bugger q.v.
not care a row of pins *v (euph)* not care a bugger q.v.
not care a tin fuck *v (US vulg)* not care a bugger q.v.
not care a tinker's curse *v (coll)* not care a bugger q.v.
not care a tinker's damn *v (coll)* not care a bugger q.v.
not care a tinker's fuck *v (vulg)* not care a bugger q.v.
not care a tuppenny damn *v (coll)* not care a bugger q.v.
not care a tuppenny fuck *v (vulg)* not care a bugger q.v.
not care a twopenny damn *v (coll)* not care a bugger q.v.
not care a twopenny fuck *v (vulg)* not care a bugger q.v.
not care a whoop *v (euph)* not care a bugger q.v.
not care a whoop in hell *v (sl)* not care a bugger q.v.
not care two hoots *v (euph)* not care a bugger q.v.
not care two hoots in hell *v (euph)* not care a bugger q.v.
not care two pins *v (euph)* not care a bugger q.v.

not care two tin fucks *v* (*vulg*) not care a bugger q.v.
not care two whoops *v* (*euph*) not care a bugger q.v.
not care two whoops in hell *v* (*sl*) not care a bugger q.v.
notch *n* (*low*) 1. женский лобок 2. проститутка
notcherie *n* (*low*) публичный дом
notch girl *n* (*low*) проститутка
notch house *n* (*low*) notcherie q.v.
not fucking likely *interj* (*vulg*) ни в коем случае
not give a brass farthing *v* (*euph*) not care a bugger q.v. см. также другие идиомы типа not care a bugger
not give somebody the steam off one's shit *v* (*vulg*) быть чрезвычайно жадным
not give somebody the sweat of one's balls *v* (*vulg*) бездельничать, не выполнять чье-либо поручение
not have a chance in hell *v* (*sl*) не иметь никаких шансов
not have a hope in hell *v* (*sl*) не иметь надежды
not have a pot to pee in *v* (*low*) not have a pot to piss in q.v.
not have a pot to piss in *v* (*vulg*) быть совершенно нищим
not have rounded Cape Turk *v* (*coll obs*) не иметь гомосексуальных наклонностей
not know diddly-fuck *v* (*vulg*) быть чрезвычайно глупым
not know enough to pee down wind *v* (*low*) not know diddly-fuck q.v.
not know enough to piss down wind *v* (*vulg*) not know diddly-fuck q.v.
not know if one is on one's ass or one's elbow *v* (*low*) быть в полной растерянности

not know if one's asshole is bored or punctured *v* (*vulg*) быть полным идиотом
not know if one's asshole is drilled, dug, seamed, bored or naturally evaginated *v* (*Army low obs*) not know if one's asshole is bored or punctured q.v.
not know if one wants a shit or haircut *v* (*low*) быть в полной растерянности
not know one's ass from a hole in the ground *v* (*low*) быть совершенно некомпетентным
not know one's ass from a prairie dog hole *v* (*US vulg*) not know one's ass from a hole in the ground q.v.
not know one's ass from one's elbow *v* (*vulg*) not know one's ass from a hole in the ground q.v.
not know the difference between shitting and tearing one's ass *v* (*vulg*) не знать меры
not know where one's balls are *v* (*low*) быть совершенно неопытным (в т.ч. в сексуальном плане)
not know which side one's ass hangs *v* (*vulg*) быть в полном недоумении, в растерянности
not matter a brass farthing *v* (*euph*) быть маловажным, ничего не значащим см. также not care a brass farthing и другие идиомы этого типа
not mean a brass farthing *v* (*euph*) not matter a brass farthing q.v.
not much interested in the opposite sex *mod* (*euph*) 1. гомосексуальный 2. лесбийский

not stand a cat-in-hell's chance v (sl) не иметь никаких шансов

not stand a cat's chance in hell v (sl) not stand a cat-in-hell's chance q.v.

not stand a snowball-in-hell's chance v (sl) not stand a cat-in-hell's chance q.v.

not stand a snowball's chance in hell v (sl) not stans a cat-in-hell's chance q.v.

not take any shit v (vulg) не верить лжи

not trust one's ass with a fart v (vulg) страдать расстройством желудка

not worth a brass farthing mod (euph) пустой, нестоящий, дешевый см. также not care a brass farthing и другие идиомы этого типа

novelty n (euph obs) женский лобок

nubbies n pl (low) женская грудь

Nude Deal n (sl) нудизм

nudefest n (sl) собрание нудистов

nude it v (sl) ходить обнаженным

nudie n (sl) 1. шоу, в котором участвуют обнаженные женщины 2. обнаженная участница такого шоу 3. пьеса или фильм, в котором актеры появляются в обнаженном виде 4. журнал, публикующий фотографии обнаженного тела cf. skin magazine, girlie magazine 5. нудист

nudinity n (sl) красота обнаженного женского тела (от nude и femininity)

nudist n 1. (coll) нудист 2. (sl) артист(ка) стриптиза

nugget n (sl) физически привлекательная девушка

number n 1. (homos) любовник-гомосексуалист 2. (sl) сексапильная женщина

number nip n (low obs) женский лобок

number one n (baby talk) мочеиспускание

number three n (low) сексуальное удовлетворение (как естественным путем, так и мастурбацией)

number two n (baby talk) дефекация, испражнение

nun n (coll obs) проститутка

nunnery n (coll obs) публичный дом

nurse n (low obs) служанка и одновременно любовница пожилого мужчины

nurtle n (low) совокупление

nurts n pl (euph) nuts q.v.

nut n (sl) совокупление

nutmegs n pl (low obs) яички

nuts n pl (vulg) яички

nuzzle v (sl) ласкать, целовать

nuzzling n (sl) петтинг

nyeh n (sl) сексапил

nymph du pave n (sl) проститутка (из французского) cf. nymph of the pavement

nymphet n (coll) физически привлекательная девочка-подросток, "нимфетка"

nympho n (sl) нимфоманка

nymph of darkness n (euph) проститутка

nymph of the pavement n (euph) nymph of darkness q.v.

nymphokick n (sl) любое эротическое удовольствие

oatbin n (US sl) женские половые органы

oblige somebody *v* (*coll*) (о женщине) отдаться мужчине

O.B. man *n* (*med sl*) акушер-гинеколог

obscenario *n* (*US movie sl*) сценарий порнографического фильма (игра слов на obscene и scenario)

occupy somebody *v* (*vulg obs*) совокупляться с женщиной

odd *mod* (*sl*) гомосексуальный cf. queer

odtaa см. Приложение 1

off *v* (*sl*) совокупляться

off-color *mod* (*sl*) (о песне, шутке, анекдоте) на грани приличия

office *n* (*sl*) туалет (usu go to/visit the office)

office bike *n* (*sl*) распутная женщина cf. ride

office wife *n* (*sl*) секретарша-любовница

officer's mount *n* (*mil sl*) проститутка

off one's oats *mod* (*sl*) не в настроении заниматься сексом (обыч. по причине плохого самочувствия)

off-tone *mod* (*US sl*) неприличный cf. off-color

often trod but never laid *mod* (*sl*) (о женщине) имеющая много ухажеров, но ни одного любовника

oggins *n pl* (*sl*) hoggins q.v.

ogle *n* (*sl*) кокетливый взгляд

ogle *v* (*sl*) кокетливо смотреть

ogling *n* (*sl*) ogle n q.v.

Ohmigoddess *n* (*sl*) физически привлекательная молодая женщина (игра слов на oh my goodness и goddess)

oil *n* (*sl*) сексапил, физическая привлекательность

oil of giblets *n* (*low*) вагинальная смазка

oil of horus *n* (*low*) oil of giblets q.v.

oil can *n* (*sl*) физически непривлекательная девушка cf. man oil

ointment *n* (*low obs*) сперма

O.K. Kathy *n* (*sl*) физически привлекательная молодая женщина

old Adam *n* (*low*) пенис, половой член

old bag *n* (*low*) 1. старая проститутка 2. молодая некрасивая проститутка

old blind Bob *n* (*Cockney sl*) пенис, половой член

Old Brown Windsor *n* (*sl*) анус, задний проход

old ding *n* (*low obs*) женский лобок

old hat *n* (*low obs*) женские наружные половые органы

old haybag *n* (*low*) женщина (обыч. старая и физически непривлекательная)

old henwife *n* (*low*) old haybag q.v.

old horney *n* (*low obs*) пенис, половой член

old Hornington *n* (*low obs*) old horney q.v.

old horny *n* (*low obs*) old horney q.v.

old Joe *n* (*sl*) венерическое заболевание (особ. сифилис или гонорея)

old ladies' home *n* (*sl*) публичный дом, где клиентам не позволяется слишком вольное поведение

old lady *n* (*coll*) 1. жена 2. любовница 3. женские наружные половые органы

Old Lady Five Fingers *n* (*low*) мастурбация, онанизм

old magoo *n* (*US sl*) сексапил, физическая привлекательность

old man *n* 1. (*sl*) любовник 2. (*sl*) пожилой богатый мужчина, содержащий любовницу намного моложе себя 3. (*low*) пенис, половой член 4. (*pros*) сутенер
old McGoo *n* (*US sl*) old magoo q.v.
old one-two *n* (*Cockney low*) мастурбация, онанизм
old rip *n* (*low*) старая проститутка
old rooster *n* (*sl*) пожилой любовник
old root *n* (*coll*) пенис, половой член
old sex appeal *n* (*coll*) сексапил, физическая привлекательность
old slowie *n* (*sl*) нерешительный любовник
old soldiers' home *n* (*sl*) туалет
old stuff *n* (*sl*) сексапил
old tab *n* (*sl*) старая дева
old tabbie *n* (*sl*) old tab q.v.
old tabby *n* (*sl*) old tab q.v.
old thing *n* (*euph*) женские наружные половые органы
old toughie *n* (*sl*) мужчина с большой половой потенцией
old woman *n* (*low*) old thing q.v.
olisbos *n* (*sl*) искусственный половой член, использующийся женщинами для самоудовлетворения cf. dildo
omnibus *n* (*sl obs*) 1. женские наружные половые органы 2. проститутка
on *mod* (*sl*) (о женщине) менструирующая
on a trick *mod* (*US sl*) (проститутке) работающая с клиентом
on blob *mod* (*low*) (о мужчине) чрезвычайно сексуально возбужденный
once-over *n* (*sl*) оценивающий взгляд на представителя противоположного пола

oncer *n* (*sl*) женщина, имевшая за всю жизнь всего одного полового партнера, верная только одному мужчине
oncoming *mod* (*coll*) (женщине) сексуально возбужденная
one-arm driver *n* (*sl*) мужчина, имеющий привычку одной рукой вести машину, а другой ласкать пассажирку cf. Saturdaynightitis
on edge *mod* (*sl*) сексуально возбужденный
one-eyed milkman *n* (*Naval sl*) пенис, половой член
one-finger exercise *n* (*sl*) возбуждение клитора пальцем
one-holed flute *n* (*sl*) пенис, половой член
one-holer *n* (*sl*) туалет на одно место
one hundred and twenty in the shade *n* (*sl*) страстная молодая женщина
one hundred and twenty in the shade *mod* (*sl*) страстный, похотливый
one-night stand *n* (*sl*) 1. любовник на одну ночь 2. половая связь, длящаяся одну ночь
one of the boys *n* (*sl*) женоподобный мужчина
one of the Burlap sisters *n* (*sl*) проститутка cf. Burlap sisters
one of them *n* (*sl*) проститутка
one of those *n* (*euph*) 1. гомосексуалист 2. женоподобный мужчина 3. мужеподобная женщина
one-piece overcoat *n* (*sl*) презерватив
one-shot *n* (*sl*) женщина, которая соглашается на половую близость всего один раз, а затем отказывает в ней
one-track mind *n* (*sl*) человек, способный думать только об одном предмете (обыч. имеется в виду секс)

one-track-minded *mod* (*sl*) помешанный на сексе
one-two *n* (*Cockney low*) old one-two q.v.
one with t'other *n* (*sl obs*) совокупление
on fire *mod* (*sl*) 1. физически привлекательный 2. сексуально возбужденный cf. hot
on for one's greens *mod* (*low obs*) (о женщине) доступная
on heat *mod* (*low*) (о женщине) сексуально возбужденная
onicker *n* (*sl obs*) проститутка
on one's ass *mod* (*low*) в затруднительном положении
on pleasure bent *mod* (*sl*) (о женщине) кривоногая
on the back *mod* (*sl*) (о женщине) занимающаяся проституцией
on the back of one's ass *mod* (*low*) on one's ass q.v.
on the bash *mod* (*sl*) on the back q.v.
on the bat *mod* (*sl*) on the back q.v.
on the batter *mod* (*sl obs*) on the back q.v.
on the battle *mod* (*sl*) on the back q.v.
on the bum *mod* (*sl*) 1. испорченный, выведенный из строя 2. раненый, больной 3. разоренный, нищий cf. bum
on the business *mod* (*pros*) on the back q.v.
on the game *mod* (*sl*) on the back q.v.
on the grind *mod* (*low*) (о женщине) зарабатывающая на жизнь проституцией
on the hip *mod* (*low*) on the back q.v.
on the job *mod* (*low*) совокупляющийся
on the loose *mod* (*low*) on the back q.v.

on the make *mod* (*sl*) 1. (о женщине) принимающая или позволяющая откровенные ухаживания 2. (о мужчине) откровенно ухаживающий за женщиной с целью совокупления 3. (о представителях обоих полов) ищущий сексуального удовлетворения 4. (о женщине) распутная
on the market *mod* (*coll*) (о женщине) незамужняя
on the nest *mod* (*sl*) совокупляющийся
on the pavement *mod* (*sl*) on the back q.v.
on the pill *mod* (*sl*) (о женщине) принимающая противозачаточные таблетки
on the pirate *mod* (*sl*) (о мужчине) ищущий женщин легкого поведения
on the pitch *mod* (*sl*) on the make q.v.
on the prowl *mod* (*sl*) (о мужчине) ищущий женщин с целью совокупления
on the scuttle *mod* (*sl obs*) (о мужчине) пьянствующий и ищущий проституток
on the side *mod* (*sl*) 1. (о ребенке) незаконнорожденный 2. (о половой связи) внебрачная
on the street *mod* (*sl*) on the back q.v.
on the town *mod* (*sl*) ищущий удовольствий (в т.ч. сексуальных)
on the turf *mod* (*sl*) on the back q.v.
oof *n* (*sl*) половая потенция
ooja(h)-pips *n pl* (*sl*) женская грудь
oolala *mod* (*mil sl*) (о женщине) доступная
ooly-drooly *n* (*sl*) романтическое увлечение (обыч. с иронией) cf. puppy love

oomph *n (sl)* 1. сексапил 2. сексапильная девушка
open up *v (low)* (о женщине) развести ноги в стороны (готовясь к половому акту)
open ass *n (low)* мушмула (фрукт)
open C *n (low obs)* женские наружные половые органы (игра слов на sea и "c" cunt)
opener *n (med sl)* слабительное (лекарство или пища)
oracle *n (low)* женский лобок
orchard *n (low obs)* женские наружные половые органы
orchestras *n pl (UK sl)* яички (см. orchestra stalls в Приложении 3)
organ *n (euph)* пенис, половой член
orgasmatron *n (sl)* (любое) приспособление для достижения оргазма
orifice *n (euph)* женские наружные половые органы
ornament *n (euph)* orifice q.v.
Oscar *n (coll obs)* гомосексуалист (по имени писателя Оскара Уайльда)
oscar somebody *v (coll obs)* заниматься с кем-либо анальным сексом
oscarise *v (coll obs)* быть активным гомосексуалистом
Oscar Wildeing *n (coll obs)* активный гомосексуализм
(the) other *n (sl)* гомосексуализм, рассматриваемый как преступление (особ. в отличие от проституции)
other parts *n pl (sl)* 1. лобок 2. половые органы
ouchimagoocha *n (sl)* страстное совокупление
out *mod (sl)* открыто гомосексуальный
outdoor plumbing *n (sl)* уличный туалет
out of bounds *mod (sl)* неприличный
out on its own -- like a country shit-house *mod (vulg)* великолепный, неподражаемый, уникальный
outside *mod (sl rare)* (о ребенке) незаконнорожденный
oven *n* 1. *(sl)* матка 2. *(low obs)* женские наружные половые органы
overhaul somebody *v (sl)* ласкать кого-либо
overnight bag *n (sl)* проститутка (обыч. дешевая)
over one's time *mod (coll)* (о женщине) не менструирующая вовремя
over-shoulder boulder-holder *n (sl)* лифчик
overstuffed *mod (sl)* обладающий хорошей фигурой
overstuffed article *n (sl)* 1. красивая фигура 2. крупная женщина
owl *n (coll obs)* проститутка (особ. работающая в ночное время)
oxometer *n (Naval sl)* воображаемый инструмент для измерения уровня лжи cf. bullshit
oyster *n* 1. *(sl)* пожилой мужчина, содержащий любовницу намного моложе себя 2. *(low obs)* женские наружные половые органы

P

pace-goer *n (sl)* распутный человек
pack *n (sl)* проститутка
package *n (sl)* сексапильная девушка (обыч. небольшого роста)

pad *n* 1. (*sl*) участок, где работает проститутка 2. (*sl*) публичный дом 3. (*mil sl*) любая женщина 4. (*euph*) женский гигиенический пакет

pads *n pl* (*US sl*) зад (часть тела)

pagan *n* (*sl*) проститутка

paid lady *n* (*sl*) проститутка

pain *n* (*sl*) pain in the ass q.v.

pain in the arm *n* (*euph*) pain in the ass q.v.

pain in the ass *n* (*vulg*) 1. (что-либо, причиняющее) беспокойство 2. неприятный человек 3. неприятная работа 4. что-либо некрасивое, невзрачное

pain in the back *n* (*euph*) pain in the ass q.v.

pain in the balls *n* (*vulg*) pain in the ass q.v.

pain in the butt *n* (*sl*) pain in the ass q.v.

pain in the cervical vertebrae *n* (*sl*) pain in the ass q.v.

pain in the collar (button) *n* (*sl*) pain in the ass q.v.

pain in the neck *n* (*euph*) pain in the ass q.v.

pain in the penis *n* (*low*) pain in the ass q.v.

pain in the rear *n* (*sl*) pain in the ass q.v.

pain in the solar plexus *n* (*sl*) pain in the ass q.v.

pain in the whatsis *n* (*sl*) pain in the ass q.v.

pain somebody in the ass *v* (*vulg*) причинять кому-либо беспокойство (см. также другие идиомы типа pain in the ass)

painted girl *n* (*sl*) painted lady q.v.

painted lady *n* (*sl*) проститутка

painted Willie *n* (*sl*) 1. женоподобный мужчина 2. гомосексуалист

pair *n* (*sl*) женская грудь (особ. красивой формы)

pair of mammaries *n pl* (*US sl*) женская грудь

pair of top ballocks *n pl* (*mil vulg*) женская грудь

Palestine ache *n* (*Army sl obs*) расстройство желудка

palliasse *n* (*low obs*) проститутка (букв. дешевый соломенный матрас)

palimony *n* (*sl*) денежное содержание, выплачиваемое бывшей жене или любовнице

palindrome *n* (*sl*) 1. бисексуал 2. участник полового акта, во время которого практикуется взаимный оральный секс (букв. предложение, которое читается одинаково справа налево и слева направо)

pan *n* (*US sl*) женский лобок

panatrope *n* (*sl*) гермафродит

pancake *n* 1. (*low*) женский лобок cf. pan 2. (*sl*) молодая физически привлекательная девушка (особ. легкого поведения)

panel crib *n* (*sl*) публичный дом, в котором грабят клиентов

panel den *n* (*sl*) panel crib q.v.

panel house *n* (*sl*) panel crib q.v.

panel joint *n* (*sl*) panel crib q.v.

panel worker *n* (*sl*) проститутка, работающая в panel crib q.v.

pank *n* (*sl*) 1. внебрачная половая связь 2. совокупление (особ. вне брака) cf. hanky-panky

panky *n* (*sl*) pank q.v.

panny *n* (*cant obs*) публичный дом

pansified *mod* (*sl*) женоподобный

pansy *n* (*sl*) 1. гомосексуалист (особ. пассивный) 2. женоподобный мужчина

pansy *mod* (*sl*) 1. гомосексуальный 2. женоподобный

pansy-ball *n* (*sl*) вечеринка гомосексуалистов
pansy-boy *n* (*sl*) pansy n q.v.
pansyland *n* (*sl*) (собир.) гомосексуалисты
pansy path *n* (*sl*) встреча гомосексуалистов
pansy party *n* (*sl*) pansy-ball q.v.
panters *n pl* (*low obs*) женская грудь
panther piss *n* (*vulg*) крепкий виски или джин
panther's sweat *n* (*euph*) panther piss q.v.
pantie peeler *n* (*sl*) артистка стриптиза
pant rabbit *n* (*sl*) лобковая вошь
pantry shelves *n pl* (*coll obs*) женская грудь
pants *n pl* (*US sl*) зад (часть тела)
pants-offist *n* (*sl*) нудист
pants-presser *n* (*sl*) женщина, любящая петтинг
panty-waist *n* (*sl*) женоподобный мужчина
panty-waist *mod* (*sl*) женоподобный
panz *n* (*sl*) pansy q.v.
papa *n* (*sl*) любовник
parade *n* (*sl*) вступительная часть стриптиза, во время которой все участницы проходят перед зрителями в одежде
parcel *n* (*low obs*) англичанка, проданная в публичный дом за границей
parentheses *n pl* (*US sl*) кривые женские ноги (букв. круглые скобки)
park *v* (*US sl*) заниматься петтингом (особ. в припаркованном автомобиле)
park one's fanny *v* (*US sl*) сесть
park one's stern *v* (*Naval sl*) сесть

parking *n* (*sl*) использование автомобиля для петтинга или совокупления
parking place *n* (*US sl*) зад (часть тела)
parkology *n* (*US college sl*) искусство петтинга
parliament *n* (*sl*) туалет (usu sit in the parliament)
parliament house *n* (*sl*) parliament q.v.
parlor *n* (*sl*) женские наружные половые органы
parlor house *n* (*sl*) публичный дом
parlor snake *n* (*sl*) волокита cf. lounge lizard
parlor-snake *v* (*sl*) волочиться за женщинами
parsley *n* (*low obs*) лобковые волосы
parsley-bed *n* (*low obs*) женский лобок
parts *n pl* (*euph*) гениталии, половые органы
parts below *n pl* (*euph*) parts q.v.
parts more dear *n pl* (*euph*) parts q.v.
parts of shame *n pl* (*euph*) parts q.v.
part that went over the fence last *n* (*sl*) ягодицы
part-time mama *n* (*sl*) жена, изменяющая мужу
part-time papa *n* (*sl*) муж, изменяющий жене
party *n* 1. (*sl*) совокупление 2. (*college sl*) женщина, любящая страстный петтинг 3. (*college sl*) петтинг
party *v* (*sl*) 1. ласкать, заниматься петтингом 2. совокупляться
pash *n* 1. (*sl*) страсть, похоть 2. (*UK college sl*) гомосексуальное влечение (от passion)

pash on *v (sl)* заниматься петтингом, постепенно переходящим в совокупление
pash-eye *n (sl)* кокетливый взгляд
pashful *mod (sl)* страстный, похотливый
pash-on *n (sl)* страсть, похоть
pash-show *n (sl)* 1. фильм, в котором графически показано совокупление 2. страстное ухаживание
pashy *mod (sl)* pashful q.v.
pashy female *n (sl)* молодая страстная женщина
pashy petter *n (sl)* 1. женщина легкого поведения 2. человек, очень любящий петтинг 3. страстный любовник
pass gas *v (sl)* выпускать газы из кишечника
pass somebody the catheter *v (euph)* take the piss out of somebody q.v.
pass through the fire *v (low obs)* болеть венерической болезнью
pass water *v (sl)* мочиться
pass wind *v (sl)* pass gas q.v.
passage *n (US sl)* анус, задний проход
passion flower *n (sl)* молодая страстная женщина
passion pit *n (sl obs)* передвижной кинотеатр, в который молодые люди ходят заниматься петтингом
passion ration *n (sl)* любовник, ухажер
past her time *mod (sl)* не менструирующая вовремя
patch *n (low)* женский лобок, наружные половые органы
patellas *n pl (US sl)* зад (часть тела)
pathetic underwear *n (sl)* G-string 1 q.v.
pato *n (sl rare)* гомосексуалист
patoot *n (sl)* 1. любовница 2. физически привлекательная девушка
patootie *n (sl)* patoot q.v.
patriotute *n (sl)* распутная женщина, отдающаяся солдатам из "патриотических" побуждений (от patriot и prostitute) cf. V-girl
patsy *n (sl)* женоподобный мужчина
pavement pounder *n (sl)* проститутка
pavement pretty *n (sl)* pavement pounder q.v.
paw somebody *v (sl)* ласкать кого-либо (особ. грубо)
paw-paw *mod (US sl)* неприличный
pax-wax *n (sl)* пенис, половой член
pay a call to the old soldiers' home *v (sl)* посетить туалет
pay a visit to the old soldiers' home *v (sl)* pay a call to the old soldiers' home q.v.
pay one's doctor bill *v (US sl)* посетить туалет
pay-papa *n (sl)* пожилой мужчина, содержащий любовницу намного моложе себя cf. sugar daddy
p'd off *mod (low)* pissed off q.v.
pea *n (US euph)* 1. моча 2. мочеиспускание (usu do/have/make/take a pea)
pea *v (US sl)* мочиться
peach *n (sl)* 1. физически привлекательная девушка 2. распутная женщина 3. любовница
peachalulu *n (sl)* peach 1 q.v. cf. lulu
peacharine *n (sl)* peach 1 q.v.
peacherino *n (sl)* peach 1 q.v.
peaches *n pl (sl)* женская грудь
peach from Peachville *n (sl)* peach 1 q.v.
peach of a girl *n (sl)* peach 1 q.v.

pearl *n* (*US sl*) 1. сифилисная язва 2. клитор
pearl-diver *n* (*sl*) содомит, гомосексуалист
pearl-diving *n* (*sl*) кунилингус (особ. в лесбийском сексе)
pearl necklace *n* (*vulg*) вид совокупления, когда мужчина помещает пенис на груди у женщины и эякулирует ей на шею
pebbles *n pl* (*low obs*) яички cf. stones
peck *n* (*US sl*) быстрый поцелуй
pecker *n* (*US sl*) пенис, половой член
pecker tracks *n pl* (*sl*) пятна от спермы на мужском нижнем белье
pecnoster *n* (*low obs*) пенис, половой член (игра слов на pecker и pater noster)
peddle one's ass *v* (*vulg*) быть проституткой
peddle one's butt *v* (*sl*) peddle one's ass q.v.
peddle one's hips *v* (*sl*) peddle one's ass q.v.
peddle one's wares *v* (*sl*) (о женщине) демонстрировать свои прелести
peddler *n* (*sl*) 1. проститутка 2. сутенер
pedicate somebody *v* (*sl*) заниматься с кем-либо анальным сексом
pee *n* (*sl*) 1. моча 2. мочеиспускание (usu have/make/take a pee)
pee *v* (*sl*) мочиться
pee in the same pot *v* (*sl*) заниматься одним и тем же делом
pee oneself *v* (*sl*) 1. мочиться в штаны 2. от души смеяться
pee oneself laughing *v* (*sl*) pee oneself 2 q.v.
pee oneself with laughter *v* (*sl*) pee oneself laughing 2 q.v.

pee somebody off *v* (*sl*) раздражать кого-либо
peechy *n* (*Army sl*) зад (часть тела)
peed *mod* (*sl*) пьяный
pee'd *mod* (*sl*) peed q.v.
peed off *mod* (*sl*) раздраженный, озлобленный
pee'd off *mod* (*sl*) peed off q.v.
pee-eye *n* (*sl*) сутенер (от первых двух букв слова pimp q.v.)
pee-head *n* (*college sl*) 1. идиот, болван 2. второкурсник
pee-hole *n* (*sl*) 1. мочеиспускательный канал 2. вагина, влагалище
peeker *n* (*sl*) мужчина, любящий подсматривать за женщинами
peek freak *n* (*sl*) peeker q.v.
peel *v* (*sl*) 1. раздеваться (особ. во время стриптиза) 2. обнажать головку пениса
peel back the skin *v* (*sl*) peel 2 q.v.
peel down *v* (*sl*) раздеться
peel one's banana *v* (*vulg*) ввести половой член во влагалище
peel one's best end *v* (*low*) peel one's banana q.v.
peel act *n* (*sl*) стриптиз
peeled *mod* (*sl*) обнаженный
peeler *n* (*sl*) артистка стриптиза
peenie *n* (*US sl*) мужской лобок
pee-pee *n* (*baby talk*) 1. моча 2. мочеиспускание (usu have/make/take a pee-pee) 3. пенис, половой член
pee-pee *v* (*baby talk*) мочиться
peeper *n* (*sl*) peeker q.v.
peeping Tom *n* (*sl*) peeker q.v.
peeping Tommy *n* (*sl*) peeker q.v.
peep show *n* 1. (*sl*) шоу с участием обнаженных женщин, совокупляющейся пары и т.п., которое зритель наблюдает через глазок в стене 2. (*mil sl*) осмотр

половых органов с целью профилактики венерических заболеваний cf. long-arm inspection

peeved as asshole(s) *mod* (*low*) раздраженный, оскорбленный

pee-warmer *n* (*low*) предмет или вещь хорошего качества

pee-wee *n* 1. (*baby talk*) половые органы 2. (*baby talk*) моча 3. (*baby talk*) мочеиспускание (usu have/make/take a pee-wee) 4. (*sl*) вещь или предмет небольшого размера 5. (*sl*) пенис небольшого размера 6. (*sl*) низкорослый человек

pee-wee *v* (*baby talk*) мочиться

pee-wee *mod* (*sl*) небольшой, миниатюрный

pee-wee soft-song man *n* (*sl*) 1. назойливый зазывала в магазине 2. мелкий мошенник

pee Willy *n* (*sl*) женоподобный мужчина

peg *n* (*low*) пенис, половой член

peg somebody *v* (*sl*) совокупляться с кем-либо

peg somebody down *v* (*sl*) peg somebody q.v.

peg boy *n* 1. (*vulg rare*) пассивный гомосексуалист 2. (*vulg obs*) юноша, похищаемый с целью занятия анальным сексом

peg hose *n* (*sl*) публичный дом гомосексуалистов

pelican *n* (*sl*) 1. мужеподобная женщина 2. (*rare*) проститутка

pelter *n* (*sl obs*) развратник

pen *n* 1. (*low*) женские наружные половые органы 2. (*low obs*) пенис, половой член

pen-bait *n* (*sl*) jailbait q.v.

pencil *n* (*low*) пенис, половой член

pencil and tassel *n* (*euph*) пенис и мошонка маленького мальчика

pendulum *n* (*low obs*) пенис, половой член

pensioner *n* (*cant obs*) содержанец проститутки cf. cunt pensioner

pen-wiper *n* (*low obs*) женский лобок cf. pen 2

peola *n* (*sl*) сексапильная светлокожая негритянка

pepper *n* (*sl*) страсть, похоть cf. hot

per anum *n* (*sl*) анальное половое сношение (от латинского через задний проход; игра слов на per annum раз в год)

Perce *n* (*sl*) пенис, половой член

percentage girl *n* (*sl*) девушка, которая работает в баре и заставляет клиента покупать ей выпивку (обыч. подкрашенную воду, за которую он платит как за коньяк или виски), получая за это определенный процент от владельца бара cf. B-girl

perch *v* (*sl rare*) 1. заниматься петтингом 2. предпочитать компанию лиц противоположного пола

Percy *n* (*sl*) 1. женоподобный мужчина 2. Perce q.v.

Percy-boy *n* (*sl*) Percy 1 q.v.

Percy-pants *n* (*sl*) Percy 1 q.v.

perfect lady *n* (*low obs*) проститутка

perfect picture *n* (*sl*) физически привлекательная девушка

perflorate somebody *v* (*low*) лишить кого-либо девственности

perform *v* 1. (*low*) совокупляться 2. (*vulg*) заниматься оральным сексом (особ. о гомосексуалистах или лесбиянках)

performer *n* (*low obs*) распутный человек

period *n* 1. (*US cant*) анус, задний проход 2. (*coll*) менструация (usu have one's period)

periwinkle *n* (*low obs*) женский лобок

perpendicular *n* (*sl*) совокупление в положении стоя (usu do a perpendicular) cf. knee-trembler, horizontal
person of uncertain gender *n* (*sl*) 1. гомосексуалист 2. лесбиянка
Peru window *n* (*low*) зеркальное окно в спальне, позволяющее человеку наблюдать за совокуплением, оставаясь невидимым
perv *n* (*sl*) pervert q.v.
perv *mod* (*sl*) pervy mod q.v.
perve *v* (*sl*) 1. заниматься половыми извращениями 2. получать половое удовлетворение от разглядывания легко одетых женщин (напр. на пляже)
perv show *n* (*sl*) стриптиз
pervert *n* (*sl*) 1. гомосексуалист 2. половой извращенец
pervy *n* 1. (*US sl*) гомосексуалист 2. (*cant*) анус, задний проход
pervy *mod* (*sl*) 1. гомосексуальный 2. страдающий половыми извращениями
pestle *n* (*low obs*) пенис, половой член cf. mortar
pet (somebody) *v* (*sl*) ласкать (кого-либо), заниматься с кем-либо петтингом
pet somebody up *v* (*sl*) pet (somebody) q.v.
petal *n* (*Air Force sl*) женоподобный мужчина cf. pansy
peter *n* 1. (*US sl*) совокупление 2. (*low obs*) пенис, половой член
Peter Pansy *n* (*sl*) 1. женоподобный мужчина 2. гомосексуалист
petology *n* (*college sl*) искусство петтинга
petter *n* (*sl*) человек, занимающийся петтингом
petticoat merchant *n* (*low obs*) распутный человек
petticoat monger *n* (*low obs*) petticoat merchant q.v.

petticoat pensioner *n* (*low obs*) cunt pensioner q.v.
petting *n* (*coll*) петтинг, интимные ласки
petting bee *n* (*sl*) petting party 2 q.v.
petting papa *n* (*sl*) мужчина, занимающийся петтингом
petting party *n* (*sl*) 1. петтинг, которым занимается одна пара 2. любитель петтинга
petting session *n* (*sl*) petting party 1 q.v.
petting skirt *n* (*sl*) женщина, любящая петтинг
petty house *n* (*coll obs*) туалет (usu go to/visit the petty house)
pet-up *n* (*sl*) петтинг
P.F.man *n* (*euph*) pig-fucker q.v.
phallic thimble *n* (*low obs*) мужской пессарий (игра слов на phallic symbol)
pheasant *n* (*low obs*) развратный человек
pheasant plucker *n* (*humor sl*) человек, опытный в совокуплении (спунеризм на pleasant fucker)
pheasantry *n* (*low obs*) публичный дом
phoney come-on *n* (*sl*) соблазнение с целью шантажа
phutz *n* (*sl*) futz q.v.
phutz *v* (*sl*) futz v q.v.
phutzer *n* (*sl*) futzer q.v.
phutzing *mod* (*sl*) futzing q.v.
phyllis *n* (*med and mil euph*) сифилис
phys-ed major *n* (*US college sl*) мужеподобная женщина (букв. преподавательница физкультуры)
piano *n* (*sl*) ночной горшок
piano shafts *n pl* (*US sl*) некрасивые женские ноги
Picadilly commando *n* (*Army sl obs*) лондонская проститутка
Picadilly daisy *n* (*UK sl obs*) проститутка

piccolo *n (sl)* пенис, рассматриваемый как объект фелляции

piccolo player *n (sl)* 1. гомосексуалист, играющий активную роль в оральном сексе 2. любая женщина (особ. проститутка), любящая фелляцию

pick a daisy *v (coll)* (о женщине) мочиться или испражняться на улице

pick a sweet pea *v (sl)* (о женщине) мочиться (особ. на улице)

pick somebody's cherry *v (sl)* лишить женщину девственности

pick somebody up *v (sl)* найти девушку для развлечений (обыч. включая совокупление)

pick up a flat *v (pros)* найти клиента

picker-up *n (sl obs)* проститутка

pickle *n (sl)* 1. пенис, половой член 2. мочеиспускание

pickles *n pl (euph)* яички

pick-up *n (sl)* 1. женщина, принимающая ухаживания незнакомого мужчины (особ. на улице) 2. женщина, с которой знакомятся только с целью совокупления

picnic *n (sl)* вечеринка, участники которой активно занимаются петтингом и совокупляются

picture *n (sl)* физически привлекательная молодая женщина

piddle *n (baby talk)* моча

piddle *v* 1. *(baby talk)* мочиться 2. *(sl)* бездельничать, убивать время

piddle about *v (sl)* 1. piddle v 2 q.v. 2. вмешиваться не в свое дело

piddle around *v (sl)* piddle about q.v.

piddle something away *v (sl)* растратить что-либо без пользы (напр. время, деньги)

piddle potty *n (coll)* ночной горшок

piddler *n (sl)* бездельник

piddling *mod (low)* 1. мелкий, тривиальный 2. пустой, бесполезный 3. маленький, невзрачный

pie *n (sl)* женщина легкого поведения

piece *n (vulg)* 1. пенис, половой член 2. вагина, влагалище 3. женщина, рассматриваемая как объект совокупления 4. женщина легкого поведения 5. сексапильная девушка

piece de resistance *n (sl)* женские трусики (из французского)

piece of ass *n (vulg)* 1. совокупление 2. женщина, рассматриваемая как объект совокупления

piece of butt *n (sl)* piece of ass q.v.

piece of dough for the troops *n (mil sl)* катамит, пассивный гомосексуалист

piece of duff for the troops *n (mil sl)* piece of dough for the troops q.v.

piece of goods *n (sl)* физически привлекательная девушка

piece of homework *n (mil and college sl)* 1. любая девушка 2. (собир.) женский пол

piece of knitting *n (sl)* определенная девушка cf. knitting

piece of nice *n (mil sl)* физически привлекательная девушка

piece of piss *n (vulg)* 1. что-либо легкое в обращении 2. прекрасная возможность сделать что-либо

piece of resistance *n (sl)* запор

piece of shit *n (vulg)* 1. ложь, преувеличение 2. дешевый или некачественный товар 3. неудовлетворительно выполненная работа

piece of skirt *n (sl)* 1. совокупление 2. женщина легкого поведения

piece of stray *n* (*mil sl*) любовница женатого мужчины
piece of stuff *n* (*sl*) женщина как объект полового удовлетворения
piece of tail *n* (*sl*) 1. совокупление 2. женщина, рассматриваемая как объект полового удовлетворения 3. женщина легкого поведения
piece of trade *n* (*sl*) 1. проститутка 2. распутная женщина 3. женщина, рассматриваемая как сексуальный объект
pig *n* (*sl*) 1. женщина легкого поведения 2. страстная женщина 3. дешевая проститутка 4. безобразная толстая женщина 5. любая женщина 6. венерический шанкр
pigeon *n* (*sl*) физически привлекательная молодая женщина (особ. с большой грудью и полными бедрами)
pigeon-hole *n* (*low obs*) женские наружные половые органы
pigeon woo *n* (*sl*) петтинг
pig-fucker *n* (*vulg*) 1. негодяй, подлец 2. рабочий на лесозаготовках, ответственный за сохранность инструмента
pig meat *n* (*sl*) 1. сексуально неопытная, но страстная женщина 2. старая распутница
pig-party *n* (*sl*) половой акт, когда одна женщина совокупляется с несколькими мужчинами подряд
pig-sticking *n* (*low*) гомосексуализм
pike staff *n* (*low obs*) пенис, половой член
pile *n* (*sl*) совокупление
pile out of something *v* (*sl*) снять некоторые предметы одежды
pile-driver *n* (*low obs*) пенис, половой член

pile-driving *n* (*low obs*) совокупление
pile of shit *n* (*vulg*) 1. ложь, преувеличение 2. что-либо уродливое или низкого качества 3. неприятный человек
piles *n pl* (*sl*) 1. геморроидальные шишки 2. варикозное расширение вен вокруг заднего прохода
pillars to the temple *n pl* (*sl*) женские ноги
pillocks *n pl* (*euph*) яички
pillocky *mod* (*sl*) бессмысленный
pillowed *mod* (*sl*) беременная
pillow-mate *n* (*sl*) 1. жена 2. любовница 3. проститутка
pillows *n pl* (*low*) женская грудь
pillow talk *n* (*sl*) интимная беседа (обыч. между супругами или любовниками в постели)
pillowy *mod* (*low*) (о женщине) обладающая крупной грудью
pills *n pl* (*low*) яички
pimp *n* (*sl*) 1. сутенер 2. гомосексуалист-проститутка
pimp *v* (*sl*) работать сутенером
pimping *mod* (*sl*) 1. незначительный, мелкий 2. яркий, кричащий, безвкусный
pimpish *mod* (*sl*) безвкусно, вычурно одетый
pimple *n* 1. (*sl*) детский пенис 2. (*Naval sl*) сифилис 3. (*sl*) сутенер
pimpmobile *n* (*sl*) автомобиль сутенера, раскрашенный в яркие тона с целью привлекать внимание проституток и потенциальных клиентов
pimp-stick *n* (*sl*) сигарета (богатые сутенеры курили фабричные сигареты, которые в свое время были очень дорогими)
pin *n* (*low*) пенис, половой член

pin somebody *v (sl)* 1. ухаживать за представителем противоположного пола с целью совокупления 2. совокупляться с женщиной

pin artist *n (cant)* врач, занимающийся подпольными абортами

pin-buttock *n (coll obs)* худой зад

pin-case *n (low obs)* женские наружные половые органы cf. pin

pinch the cat *v (low)* (о мужчине) ощупывать свои гениталии через карман

pinch-bottom *n (low obs)* распутный человек

pinch-buttock *n (low obs)* pinch-bottom q.v.

pinch-cunt *n (vulg obs)* pinch-bottom q.v.

pinch-prick *n (low obs)* 1. проститутка 2. жена, активно ведущая себя в постели

pin-cushion *n (low obs)* pin-case q.v.

pinga *n (vulg)* пенис, половой член (из испанского)

pinkie *n* 1. *(low)* лесбиянка 2. *(sl)* сексапильная светлокожая мулатка

pink-toes *n (Negro sl)* сексапильная светлокожая негритянка

pinkus tuckus *n (sl)* 1. упадок духа, подавленность 2. гнев, злость cf. tuckus

pinky *n (sl)* pinkie q.v.

pintle *n (vulg obs)* пенис, половой член

pintle-bit *n (low obs)* любовница, содержанка

pintle-blossom *n (low obs)* венерический шанкр

pintle-case *n (low obs)* женские наружные половые органы

pintle-fancier *n (low obs)* распутный человек

pintle-fever *n (low obs)* сифилис или гонорея

pintle-keek *n (Scot low)* кокетливый взгляд

pintle-maid *n (low obs)* pintle-bit q.v.

pintle-merchant *n (low obs)* проститутка

pintle-monger *n (low obs)* pintle-merchant q.v.

pintle-ranger *n (low obs)* pintle-fancier q.v.

pin-up *n (coll)* 1. физически привлекательный человек (как юноша, так и девушка) 2. фотография или любое другое изображение сексапильной девушки или физически привлекательного мужчины (обыч. прикрепляется на стену)

pin-up boy *n (sl)* 1. физически привлекательный мужчина 2. pin-up 2 q.v.

pin-up girl *n (sl)* 1. физически привлекательная молодая женщина 2. pin-up 2 q.v.

pip *n (sl obs)* физически привлекательная молодая женщина

pipe *n (low)* 1. женские наружные половые органы 2. мочеиспускательный канал

pippin *n (sl)* сексапильная девушка

pirate *n (sl)* волокита, распутник

pirate *v (sl)* волочиться за женщинами

pish *v (sl)* мочиться

piss *n (vulg)* 1. моча 2. мочеиспускание (usu do/have/take a piss) 3. старое пиво 4. любой некачественный алкогольный напиток

piss *v* 1. *(vulg)* мочиться 2. *(mil vulg)* жаловаться

piss *interj (vulg)* черт возьми

piss about *v (vulg)* бездельничать, убивать время

piss about with something *v* (*vulg*) приводить что-либо в беспорядок

piss against the wind *v* (*vulg*) вести себя неразумно

piss around *v* (*vulg*) piss about q.v.

piss around with something *v* (*vulg*) piss about with something q.v.

piss backwards *v* (*vulg obs*) испражняться

piss blood *v* (*low*) тяжело работать

piss bones *v* (*low obs*) рожать

piss children *v* (*low obs*) piss bones q.v.

piss down *v* (*vulg*) (о дожде) моросить не переставая (обыч. употребляется в продолженных временах)

piss down somebody's back *v* (*low*) подхалимничать перед кем-либо

piss hard *v* (*low obs*) piss bones q.v.

piss in somebody's chips *v* (*low*) разбить чьи-либо планы, надежды

piss in somebody's pocket *v* (*low*) снискать чье-либо доверие, расположение

piss into the wind *v* (*vulg*) piss against the wind q.v.

piss money against the wall *v* (*low obs*) швырять деньги на ветер (особ. на выпивку)

piss more than one drinks *v* (*low obs*) хвастаться

piss off *v* (*vulg*) уходить (обыч. в императиве)

piss oneself *v* (*vulg*) 1. мочиться в штаны 2. от души смеяться

piss oneself laughing *v* (*vulg*) piss oneself 2 q.v.

piss oneself with laughter *v* (*vulg*) piss oneself 2 q.v.

piss one's tallow *v* (*low obs*) сильно потеть

piss on ice *v* (*vulg*) 1. жить припеваючи 2. быть везучим (в богатых домах для уничтожения неприятного запаха в писсуары кладут лед)

piss on one's props *v* (*theater vulg*) бросить актерскую карьеру

piss on somebody *v* (*vulg*) 1. вести себя крайне неуважительно по отношению к кому-либо 2. причинять кому-либо неприятности

piss on somebody's fireworks *v* (*vulg*) испортить кому-либо удовольствие

piss on something *v* (*vulg*) 1. пренебрежительно относиться к чему-либо 2. приводить что-либо в беспорядок

piss or get off the pot *v* (*vulg*) завершить работу или предоставить сделать это другим

piss out of a dozen holes *v* (*low*) болеть сифилисом или гонореей

piss pins and needles *v* (*low*) болеть гонореей

piss pure cream *v* (*low*) piss pins and needles q.v.

piss somebody off *v* (*vulg*) раздражать кого-либо

piss something away *v* (*vulg*) распоряжаться чем-либо неразумно

piss the bed waking *v* (*low*) совершить ошибку, которую можно было легко избежать

piss through it *v* (*low*) сделать что-либо без особого труда

piss up somebody's back *v* (*vulg*) piss down somebody's back q.v.

piss when one cannot whistle *v* (*low obs*) быть повешенным

piss-a-bed *n* (*coll obs*) одуванчик (ему приписывались мочегонные свойства)

piss and punk *n* (*cant*) хлеб и вода (тюремный рацион)

piss and vinegar *n* (*vulg*) здоровье, жизнерадостность
piss and wind *n* (*low*) пустая болтовня, хвастовство
piss-ant *n* (*vulg*) незначительный человек
piss-ant *mod* (*vulg*) мелкий, незначительный
piss-ant about *v* (*vulg*) 1. бездельничать 2. вести себя чрезмерно осторожно
piss-ant around *v* (*vulg*) piss-ant about q.v.
piss-artist *n* (*vulg*) алкоголик
piss-ass about *v* (*mil vulg*) бездельничать
piss-ass around *v* (*mil vulg*) piss-ass about q.v.
piss-ball *n* (*mil vulg*) вопрос, который нельзя игнорировать (напр. заданный начальником)
piss-ball about *v* (*vulg*) раздражать окружающих своим бездельем
piss-ball around *v* (*vulg*) piss-ball about q.v.
piss-bowl *n* (*vulg*) писсуар
piss-burnt *mod* (*vulg*) покрытый пятнами мочи
piss-call *n* (*vulg*) утренний позыв к мочеиспусканию
Piss-Call Charlie *n* (*mil sl obs*) один из японских бомбардировщиков, которые ранним утром строго по расписанию бомбили островные американские базы с целью подрыва боевого духа
piss-can *n* 1. (*low*) туалет 2. (*low*) ночной горшок 3. (*low*) унитаз 4. (*Naval sl*) бриг
piss-cutter *n* (*vulg*) 1. эксперт по какому-либо вопросу 2. вещь или предмет высокого качества
piss-cutter *mod* (*vulg*) 1. опытный 2. высококачественный
pissed *mod* (*vulg*) 1. пьяный 2. злой, раздраженный

pissed as a cunt *mod* (*vulg*) pissed 1 q.v.
pissed as a fart *mod* (*vulg*) pissed 1 q.v.
pissed as a fiddler's bitch *mod* (*vulg*) pissed 1 q.v.
pissed as a newt *mod* (*vulg*) pissed 1 q.v.
pissed as a piard *mod* (*low*) pissed 1 q.v.
pissed as a rat *mod* (*low*) pissed 1 q.v.
pissed as a rolling fart *mod* (*vulg*) pissed 1 q.v.
pissed as assholes *mod* (*vulg*) pissed 1 q.v.
pissed off (with somebody/something) *mod* (*vulg*) раздраженный, озлобленный (кем-либо/чем-либо)
pissed on from a great height *mod* (*vulg*) получивший строгий выговор
pissed out of one's head *mod* (*vulg*) pissed 1 q.v.
pissed out of one's mind *mod* (*vulg*) pissed 1 q.v.
pissed up *mod* (*vulg*) pissed 1 q.v.
pissed up to the eyebrows *mod* (*vulg*) pissed 1 q.v.
piss-elegant *mod* (*low*) показной, вычурный
pisser *n* 1. (*low*) писсуар 2. (*Cockney low*) дождливый день 3. (*low*) пенис, половой член 4. (*low*) женские наружные половые органы 5. (*low*) любая девушка 6. (*sl*) туалет 7. (*low*) неприятный человек 8. (*sl*) непослушный, шаловливый ребенок 9. (*low*) трудная работа или задание
pisseroo *n* (*sl*) мошенничество
piss-factory *n* (*sl obs*) пивная
piss-fire *n* (*sl obs*) хвастун
piss-flaps *n pl* (*vulg*) вагина, влагалище

piss hard-on *n* (*vulg*) эрекция пениса, вызванная сильным желанием помочиться
piss-head *n* 1. (*low*) пьяница 2. (*college sl*) второкурсник
piss-house *n* 1. (*low*) туалет 2. (*cant*) полицейский участок 3. (*cant*) тюрьма
pissing *mod* (*vulg*) fucking q.v.
pissing-clout *n* (*vulg*) женский гигиенический пакет
pissingdale *n* (*vulg*) туалет
pissing post *n* (*vulg*) pissingdale q.v.
piss-maker *n* (*low*) 1. алкоголик 2. спиртной напиток 3. пенис, половой член
pisso *n* (*sl*) пьяница
pissola *n* (*sl*) pisso q.v.
pisspiration *n* (*sl*) пот (игра слов на perspiration)
pisspire *v* (*sl*) потеть (игра слов на perspire)
piss-poor *mod* 1. (*low*) нищий 2. (*Air Force sl*) (о погоде) крайне неблагоприятная 3. (*sl*) недостаточный, неполноценный
piss-pot *n* (*vulg*) 1. ночной горшок 2. неприятный человек
piss-pot emptier *n* (*vulg*) 1. уборщица в гостинице 2. подхалим
piss-pot juggler *n* (*vulg*) piss-pot emptier q.v.
piss-prophet *n* (*vulg*) пьяница, который любит поразглагольствовать
piss-proud *mod* (*low*) испытывающий утреннюю эрекцию cf. piss hard-on, morning pride
piss-taking *n* (*low*) 1. что-либо раздражающее, неприятное 2. розыгрыш cf. take the piss out of somebody
piss-taking *mod* (*low*) раздражающий, неприятный
piss-up *n* (*low*) запой

piss-warm *mod* (*low*) чуть теплый
piss-warmer *n* (*low*) что-либо приятное
piss-whiz *n* (*low*) 1. эксперт в каком-либо вопросе 2. вещь или предмет хорошего качества
pissy *mod* (*low*) fucking q.v.
pissy-assed *mod* (*low*) легко пьянеющий
pissy pal *n* (*Cockney sl*) 1. алкоголик 2. хороший товарищ
pistol *n* (*low obs*) пенис, половой член
piston *n* (*sl*) пенис, половой член
piston-rod *n* (*sl*) piston q.v.
pistoph *mod* (*sl*) pissed off q.v.
pit *n* (*low*) женские наружные половые органы
pitch *n* (*sl*) действия, направленные на привлечение внимания представителя противоположного пола
pitch *v* (*sl*) откровенно ухаживать за представителем противоположного пола
pitch a bitch *v* (*low*) жаловаться
pitch a woo *v* (*mil sl*) 1. ухаживать за женщиной 2. страстно ласкать женщину
pitch honey *v* (*sl*) заниматься петтингом
pitch woo *v* (*sl*) pitch a woo q.v.
pitcher *n* (*low obs*) женский лобок
pit-hole *n* (*low obs*) женские наружные половые органы
pit-mouth *n* (*low obs*) pit-hole q.v.
pit of darkness *n* (*low obs*) pit-hole q.v.
pit-stop *n* (*sl*) 1. остановка во время автомобильной поездки для облегчения мочевого пузыря 2. дезодорант тела
pivot *n* (*sl*) проститутка, зазывающая клиентов через окно публичного дома

pix *n* (*sl*) гомосексуалист
pizzle *n* (*vulg*) пенис, половой член (обыч. животного)
pizzle *v* (*low*) совокупляться с женщиной
place *n* 1. (*euph*) половые органы 2. (*sl*) публичный дом 3. (*coll obs*) туалет
place where you cough *n* (*coll*) туалет (в незапирающихся кабинках кашлем предупреждают о том, что место занято)
plague *n* (*sl*) менструация
plant *v* (*low*) ввести пенис во влагалище
plant a burner *v* (*US sl*) поцеловать
plant a man *v* (*sl*) совокупляться
plant a sweet pea *v* (*sl*) pick a sweet pea q.v.
plant oats *v* (*sl*) совокупляться
plate *n* 1. (*sl*) физически привлекательная девушка 2. (*police sl*) фелляция
plate of ham *n* (*police sl*) plate 2 q.v.
play *n* (*sl rare*) сексапильная молодая девушка
play around *v* (*sl*) 1. иметь внебрачные половые связи 2. иметь несколько любовников или любовниц 3. заниматься петтингом 4. волочиться за женщинами
play checkers *v* (*homos*) подсаживаться к кому-либо в кинотеатре в поисках потенциального партнера
play dolly down *v* (*low*) (о мужчине) мастурбировать
play dolly sick *v* (*low*) play dolly down q.v.
play dolly up *v* (*low*) play dolly down q.v.
play fathers and mothers *v* (*coll*) совокупляться
play footsie *v* (*sl*) дотрагиваться ногой до ноги представителя противоположного пола, сидящего за столом напротив, с целью показать сексуальную заинтересованность cf. play kneesies
play footsie-wootsie *v* (*sl*) play footsie q.v.
play footsy-footsy *v* (*sl*) play footsie q.v.
play gooseberry *v* (*sl*) находиться рядом с парой любовников, которые хотят остаться наедине
play handies *v* (*sl*) держаться за руки (обыч. о влюбленных)
play hard to get *v* (*coll*) (о женщине) притворяться недотрогой
play hell with oneself *v* (*sl*) разговаривать с собой
play hell with somebody *v* (*sl*) создавать кому-либо трудности, причинять кому-либо неудобство
play horses and mares *v* (*sl obs*) совокупляться cf. play fathers and mothers
play hot cockles *v* (*low obs*) мануально возбуждать женские половые органы cf. cockles
play house *v* (*sl*) 1. заниматься петтингом 2. совокупляться
play in-and-out *v* (*low*) совокупляться
play kneesies *v* (*sl*) play footsie q.v.
play mums and dads *v* (*sl*) play fathers and mothers q.v.
play musical chairs *v* (*sl*) часто менять половых партнеров, вести распутный образ жизни cf. musical beds
play off *v* (*low*) мастурбировать
play one's ace and take the jack *v* (*sl*) (о женщине) совокупляться cf. ace
play post-office *v* (*sl*) целоваться
play pully-handy *v* (*coll obs*) совокупляться с женщиной

play silly buggers *v (low)* валять дурака, изображать из себя идиота

play smacky lips *v (college sl rare)* 1. целоваться 2. заниматься петтингом

play smacky mouth *v (college sl rare)* play smacky lips q.v.

play stable-my-naggy *v (sl obs)* совокупляться

play stick-finger *v (low)* интимно ласкать женщину в области половых органов

play the ace against the jack *v (sl)* play one's ace against the jack n 3 q.v.

play the dozens *v (sl)* обмениваться бранными словами с упоминанием родственников оппонента

play the femmes *v (US sl)* волочиться за женщинами

play the field *v (US sl)* play the femmes q.v.

play the goat *v (low obs)* (о мужчине) вести распутный образ жизни

play the organ *v (sl)* совокупляться

play the Scotch fiddle *v (sl)* чесаться (особ. при заражении лобковыми вшами)

play the skin flute *v (sl)* онанировать

play the skin pipe *v (sl)* play the skin flute q.v.

play three to one (and be sure to lose) *v (low obs)* (о мужчине) совокупляться ("три" представляют собой пенис и яички, "одно" -- влагалище, "потерять" означает эякулировать)

play tiddlywinks *v (euph)* совокупляться

play toesies *v (sl)* play footsie q.v.

play tops and bottoms *v (sl obs)* совокупляться

play top-sawyer *v (sl obs)* совокупляться (игра слов на Tom Sawyer и top-drawer)

play with oneself *v (sl)* 1. мастурбировать 2. глупо себя вести

play with one's knob *v (low)* (о мужчине) мастурбировать

play with one's nose *v (low)* play with one's knob q.v.

playboy *n (sl)* волокита, "плейбой" cf. playgirl

playdaddy *n (sl)* пожилой волокита

player *n (sl)* 1. распутный человек, особ. принимающий участие в обмене женами, групповом сексе и т.п. 2. сутенер

player-arounder *n (sl)* распутный человек

playful mama *n (sl)* кокетливая или распутная молодая женщина

playful papa *n (sl)* распутный мужчина

playgirl *n (sl)* playful mama q.v. cf. playboy

plaything *n (sl)* любовница

pleasure-boat *n (low obs)* женский лобок

pleasure center *n (euph)* вагина, влагалище

pleasure pretty *n (sl)* проститутка

plenty of hair *n (sl)* обилие женщин

plenty of here and there *n (sl)* 1. хорошая фигура 2. сексапил

plenty of these and those *n (sl)* plenty of here and there q.v.

plenty of what it takes *n (sl)* plenty of here and there q.v.

plonker *n (sl)* 1. пенис, половой член 2. болван, идиот

plooch *n* 1. *(sl)* проститутка 2. *(cant)* любая девушка

ploot *n (sl)* plooch q.v.

plouter *v (low)* plowter q.v.

plover *n* (*sl*) проститутка
plowter *v* (*low*) совокупляться
pluck a rose *v* (*coll*) 1. лишить кого-либо девственности 2. (о женщине) мочиться или испражняться на улице
pluck somebody *v* (*sl*) совокупляться с кем-либо
plug *n* (*sl*) женский гигиенический пакет
plug (somebody) *v* (*low*) 1. совокупляться (с женщиной) 2. ударить кого-либо ногой по ягодицам
plugged up *mod* (*US sl*) страдающий запором
plum *n* (*sl*) физически привлекательная девушка
plumbing *n* (*sl*) 1. туалет 2. половые органы
plush *n* (*low*) лобковые волосы
plush bottom *n* (*sl*) богатый покупатель
p-maker *n* (*low*) мужской или женский лобок
po *n* (*coll*) ночной горшок
pock *n* (*low*) сифилис
pocket pool *n* (*sl*) ощупывание гениталий через карман
pocket the red *v* (*sl*) ввести половой член во влагалище
pocket-twister *n* (*sl*) девушка, старающаяся выйти замуж по расчету cf. gold-digger
pocky *mod* (*low*) сифилитический
poets' corner *n* (*sl*) туалет (usu go to/visit the poets' corner)
pogey *n* (*sl*) гомосексуалист
pogie *n* (*sl*) pogey q.v.
pogue *n* (*sl*) pogey q.v.
pogy *n* (*sl*) pogey q.v.
point Percy at the porcelain *v* (*sl*) мочиться cf. Percy 2
pointer *n* (*low*) пенис, половой член
pointers *n pl* (*US sl*) высокая женская грудь
poison pan *n* (*sl*) уродливая девушка

poke *n* (*low*) 1. женщина легкого поведения 2. любовница 3. половой акт
poke somebody *v* (*low*) совокупляться с кем-либо
poke-hole *n* (*low*) женские наружные половые органы
poker *n* (*low*) пенис, половой член
poker-breaker *n* (*low*) жена
poking-hole *n* (*low*) poke-hole q.v.
pole *n* (*sl*) пенис, половой член
pole somebody *v* (*sl*) совокупляться с женщиной
policeman's helmet *n* (*UK low*) головка эрегированного пениса cf. helmet
polish bells *v* (*US sl*) заниматься петтингом в прихожей
polish one's ass *v* (*low*) заниматься канцелярской работой
polish one's ass on the top sheet *v* (*low*) совокупляться
poll *n* (*Naval sl obs*) женщина (обыч. проститутка)
poll up with somebody *v* (*low obs*) быть с кем-либо во внебрачной половой связи
pollyanny *n* (*sl*) женоподобный мужчина
pom-pom *n* (*Army sl*) совокупление
ponce *n* (*low*) 1. сутенер 2. гомосексуалист 3. жиголо, мужчина-проститутка для женщин
ponce *v* (*low*) быть сутенером
ponce on somebody *v* (*low*) жить за счет проститутки
poncess *n* (*low obs*) проститутка, обеспечивающая сутенера
ponies *n pl* (*US sl*) женские ноги
pony *v* (*Cockney sl*) испражняться (см. pony and trap в Приложении 3)
poo *n* (*baby talk*) 1. дефекация (usu do/have/make a poo) 2. вздор, чепуха
poo *v* (*baby talk*) испражняться

pood *n* (*low*) женоподобный мужчина

poodle-faker *n* (*sl*) жиголо, мужчина-проститутка для женщин

pooey *mod* (*sl*) poohy q.v.

poof *n* (*sl*) гомосексуалист

poof-porter *n* (*sl*) сутенер для гомосексуалистов

poof-rorting *n* (*low*) ограбление мужчин-проституток

poofter *n* (*sl*) poof q.v.

poof-wroughting *n* (*low*) poof-rorting q.v.

pooh *n* (*sl*) фекалии с неприятным запахом

pooh-bum *n* (*music sl*) девушка, путешествующая с рок-группой и часто совокупляющаяся с музыкантами cf. groupie

poohy *mod* (*sl*) неприятный cf. pooh

poon *n* 1. (*sl*) совокупление (особ. с темнокожей женщиной) 2. (*vulg*) вагина, влагалище

poontang *n* (*sl*) poon q.v.

poontanger *n* (*sl*) пенис, половой член

poonts *n pl* (*low obs*) соски

poop *n* 1. (*baby talk*) дефекация (usu do poop) 2. (*low*) выпускание газов из кишечника 3. (*low obs*) зад (часть тела)

poop *v* 1. (*baby talk*) испражняться 2. (*low*) бесшумно выпускать газы из кишечника

pooper-scooper *n* (*sl*) совок для сбора собачьих экскрементов (обыч. во время прогулки)

poo-poo *n* (*baby talk*) дефекация (usu do/have/make a poo-poo)

poo-poo *v* (*baby talk*) испражняться

poor as piss (and twice as nasty) *mod* (*Naval low*) очень плохого качества

poor blind Nell *n* (*sl*) простая, недалекая девушка, которую легко обманывают мужчины

poor date *n* (*sl*) физически непривлекательная девушка

poorly time *n* (*low obs*) менструация

poor man's blessing *n* (*low obs*) женский лобок

poor Nell *n* (*sl*) poor blind Nell q.v.

poov *n* (*sl*) poof q.v.

poovey *n* (*sl*) poof q.v.

poozie *n* (*baby talk*) 1. дефекация (usu do poozie) 2. экскременты

poozie *v* (*baby talk*) испражняться

poozy *n* (*baby talk*) poozie n q.v.

poozy *v* (*baby talk*) poozie v q.v.

pop *v* (*sl*) совокупляться

pop fast ones *v* (*US sl*) рассказывать неприличные анекдоты

pop it in *v* (*low*) ввести половой член во влагалище

pop it in somebody's box *v* (*vulg*) совокупляться с женщиной

pop somebody *v* (*low*) совокупляться с кем-либо

pop-eyed pansy *n* (*sl*) физически непривлекательная девушка

pop-over *n* (*sl*) женщина легкого поведения

poppa *n* (*sl*) пожилой богатый мужчина, содержащий любовницу намного моложе себя cf. sugar daddy

popsie *n* (*sl*) сексапильная молодая женщина

popsy *n* (*sl*) popsie q.v.

pork *n* (*low obs*) 1. похоть 2. женщина как объект совокупления

pork somebody (away) *v* (*vulg*) совокупляться с кем-либо cf. meat

pork-pecker *n* (*sl*) некрофил

pork sword *n* (*sl*) пенис, половой член

porn(o) *n* (*sl*) порнография

porn(o) *mod* (*sl*) порнографический

pornshop n (sl) магазин, в котором продается порнография

porny mod (sl) 1. порнографический 2. (о человеке) пошлый 3. (о разговоре, анекдоте) неприличный

porous mod (euph) poor as piss q.v.

port-hole n 1. (US Naval sl) анус, задний проход 2. (low obs) женские половые органы

port-hole duff n (Naval low) содомия, гомосексуализм

Port Said garters n pl (Army obs) контрацептивы

possesh n (sl) катамит, мальчик-гомосексуалист (особ. путешествующий с пожилым бродягой) (от possession)

post a letter v (euph) испражняться

posterior n (coll) зад (часть тела)

pot n (sl) 1. туалет 2. ночной горшок 3. женские наружные половые органы 4. женщина легкого поведения

pot somebody v (coll) посадить (ребенка) на горшок

potato n (sl) 1. физически непривлекательная девушка 2. любая женщина

potent pigeon n (sl) физически привлекательная молодая девушка

potty n (sl) 1. туалет 2. писсуар 3. ночной горшок

potty mouth n (sl) человек, употребляющий в речи вульгарные выражения

pouf n (sl) poof q.v.

pouffe n (sl) poof q.v.

poufter n (sl) poof q.v.

poulain n (low obs) венерический шанкр (из французского)

poultry-show n (sl obs) медицинский осмотр половых органов

pounce-spicer n (sl) сутенер

pouncey n (sl) pounce-spicer q.v.

pound (somebody) v (vulg) совокупляться (с кем-либо)

pound the pavement v (sl) (о проститутке) искать клиентов

poundcake n (sl) сексапильная девушка

pouter n (low obs) женский лобок

pouter pigeon n (sl) женщина с большой грудью и полными бедрами

pouve n (sl) poof q.v.

powder n (sl) половая потенция

powder one's face v (euph) (о женщине) посетить туалет

powder one's nose v (euph) powder one's face q.v.

powder one's puff v (euph) powder one's face q.v.

powder-house fluff n (sl) молодая страстная женщина

powder puff n (sl) 1. женоподобный мужчина 2. глупая женщина

power n (low rare) пенис, половой член

pox n (vulg) сифилис

pox somebody v (vulg) заразить кого-либо сифилисом

practise in the milky way v (low obs) ласкать женскую грудь

prang v (Air Force sl) совокупляться с женщиной

prannie n (low) женские наружные половые органы

pranny n (low) prannie q.v.

prat n (low) 1. зад (часть тела) 2. женский лобок 3. (UK) вагина, влагалище 4. задний карман брюк

prat v (low) убегать, исчезать

prat cutter n (sl) карманный нож

prat digger n (sl) карманный вор

prat fall n (sl) падение на ягодицы

prat kick n (sl) 1. удар ногой по ягодицам 2. prat n 4 q.v.

prat kicker *n (sl)* prat digger q.v.
prat leather *n (sl)* записная книжка (обыч. носится в заднем кармане брюк)
pratman *n (cant)* полицейский, обыскивающий арестованного
prat poke *n (sl)* prat leather q.v.
prat prowl *n (sl)* 1. обыск человека 2. ограбление
pratt *n (low)* prat n q.v.
pratt *v (low)* prat v q.v.
pray with knees upwards *v (low)* (о женщине) совокупляться
preferred stock *n (sl)* сексапильная девушка
preg *mod (sl)* беременная
preggers *mod (UK sl)* preg q.v.
preggy *mod (sl)* preg q.v.
prego *mod (sl)* preg q.v.
premiere stripteuse *n (sl)* звезда стриптиз-шоу
premises *n pl (low)* женский лобок
preparing the bassinet *mod (US sl)* беременная
prep chapel *n (college sl)* туалет
preshen *n (sl)* possesh q.v. (от искаженного Prussian)
pressing engagement *n (humor sl)* свидание с девушкой
pretties *n pl (sl)* женское нижнее белье
pretty *n (sl)* 1. физически привлекательная девушка 2. любовница 3. женоподобный мужчина
pretty ankle *n (sl)* хорошо сложенная молодая женщина
pretty boy *n (coll)* женоподобный юноша
Pretty Genevieve *n (US sl)* физически привлекательная девушка (часто употребляется как обращение)
pretty girl for the shape she is in *n (sl)* хорошо сложенная молодая женщина

pretty pan *n (US sl)* 1. красивое лицо 2. сексапильная девушка (часто употребляется как обращение)
pretty-pretties *n pl (sl)* pretties q.v.
pretty-pretty *n (sl)* pretty q.v.
pretty young thing *n (sl)* физически привлекательная молодая женщина
price of greens *n (low obs)* стоимость услуг проститутки
price of meat *n (low)* price of greens q.v.
prick *n (coll)* 1. пенис, половой член 2. идиот, болван
prick about *v (coll)* бездельничать
prick around *v (coll)* prick about q.v.
prick farrier *n (mil vulg)* военный врач
prick parade *n (mil sl)* медицинский осмотр с целью профилактики венерических заболеваний
prick smith *n (mil vulg)* prick farrier q.v.
prick-teaser *n (vulg)* cock-teaser q.v.
pride of the morning *n (coll)* утренняя эрекция, вызванная сильным желанием помочиться
prim *n (sl)* любовница
princess of the pavement *n (sl)* проститутка
priss *n (sl)* холодная женщина
prissy *n (US coll)* женоподобный мужчина
prissy *mod (US coll)* женоподобный
prissy-pants *n (US coll)* prissy n q.v.
privateer *n (sl obs)* женщина, подрабатывающая проституцией
private eyeful *n (sl)* сексапильная женщина, работающая на частное сыскное агентство

private office n (sl) туалет (usu go to/retire to/visit one's private office)
private parts n pl (euph) 1. половые органы 2. лобок 3. вагина, влагалище
private property n 1. (low) пенис, половой член 2. (humor coll) обрученная девушка
privates n pl (euph) private parts q.v.
privy n 1. (sl) уличный туалет 2. (US sl) любой туалет
prize faggots n pl (UK low obs) хорошо развитая женская грудь
prize package n (sl) сексапильная молодая женщина
prize winner n (sl) prize package q.v.
pro n (sl) 1. проститутка 2. профилактика венерических заболеваний
procurer n (coll) сутенер
procuress n (coll) сутенерша
prod n (low) совокупление
prod v (low) (о женщине) совокупляться
promote somebody v (sl) ухаживать за кем-либо с целью совращения
promoter n (sl) совратитель
promotion n (sl) процесс совращения
prom trotter n (sl) дамский угодник
proper bastard n (sl) 1. невыносимо тяжелая ситуация 2. неприятный человек
proper madam n (sl) девушка с тяжелым характером
prophylactic n (coll) презерватив
proposish n (sl) предложение вступить в половую связь (от proposition)
proposish somebody v (sl) предложить женщине вступить в половую связь (особ. за деньги или подарки)
proposition n (sl) proposish q.v.
proposition somebody v (sl) proposish somebody q.v.
props n pl (sl) накладная грудь cf. falsies
pros n (low) проститутка
prospect somebody v (sl) 1. (о женщине) стараться завлечь богатого мужчину 2. заниматься с кем-либо петтингом
prospecting n (sl) петтинг
prospector n (sl) 1. мужчина, занимающийся петтингом 2. женщина, старающаяся женить на себе богатого мужчину cf. golddigger
pross n (low) pros q.v.
prosser n (low obs) сутенер
prosso n (sl) pros q.v.
prossola n (sl) pros q.v.
prossy n (sl) pros q.v.
prostie n (sl) pros q.v.
prosty n (sl) pros q.v.
protection n (euph) женский гигиенический пакет
proud below the navel mod (sl) испытывающий эрекцию
prowl v (low) бегать за женщинами
prushon n (sl) possesh q.v. (от искаженного Prussian)
prushun n (sl) possesh q.v.
psychokick n (sl) сильный оргазм
public convenience n (coll) 1. общественный туалет 2. проститутка
public ledger n (sl obs) проститутка
pucker-ass n (low) трус
pucker-assed mod (low) трусливый
pud n (sl) pudding 1 q.v.
pudding n (sl) 1. пенис, половой член (особ. в связи с мастурбацией) 2. сперма 3. совокупление
puddle n (low) женский лобок
pudery n (sl) (собир.) порнографические книги или фотографии

puff *n* (*sl*) 1. poof q.v. 2. сексапильная девушка 3. дамский угодник

puff *v* (*sl*) выпустить газы из кишечника

puffy *mod* (*sl*) женоподобный

pug *n* (*sl*) мужеподобная женщина (от pugilist)

puka *n* (*vulg*) женские половые органы

pull *n* 1. (*US sl*) сексапил, физическая привлекательность 2. (*sl*) девушка, согласившаяся провести ночь с мужчиной

pull *v* (*sl*) найти женщину для совокупления

pull a blue gag *v* (*sl*) рассказать неприличный анекдот

pull about *v* (*low obs*) позволять себе вольности с женщинами

pull a choo-choo (on somebody) *v* (*sl*) pull a train (on somebody) q.v.

pull a fastie *v* (*sl*) pull a blue gag q.v.

pull a fast one *v* (*sl*) pull a blue gag q.v.

pull a raw one *v* (*sl*) pull a blue gag q.v.

pull a swiftie *v* (*sl*) pull a blue gag q.v.

pull a swift one *v* (*sl*) pull a blue gag q.v.

pull a train (on somebody) *v* (*sl*) (о женщине) совокупляться с несколькими мужчинами подряд

pull off *v* (*sl*) мастурбировать

pull off raw stuff *v* (*sl*) pull a blue gag q.v.

pull oneself about *v* (*low*) pull off q.v.

pull oneself off *v* (*low*) pull off q.v.

pull one's finger out *v* (*sl*) перестать бездельничать, начать работать cf. take one's finger out

pull one's pad *v* (*low*) pull off q.v.

pull one's pipe *v* (*low*) pull off q.v.

pull one's pud *v* (*low*) pull off q.v.

pull one's pudding *v* (*low*) pull off q.v.

pull one's wire *v* (*low*) pull off q.v.

pull out *v* (*sl*) практиковать прерванный половой акт

pull somebody off *v* (*sl*) вызвать у кого-либо оргазм мануально

pull somebody's pisser *v* (*low*) 1. лгать кому-либо 2. выставлять кого-либо дураком

pull somebody's tit *v* (*low*) pull somebody's pisser q.v.

pull the pad *v* (*low*) pull off q.v.

pull the pipe *v* (*low*) pull off q.v.

pull the pud *v* (*low*) pull off q.v.

pull the pudding *v* (*low*) pull off q.v.

pull the shit on somebody *v* (*vulg*) лгать кому-либо

pull the wire *v* (*low*) pull off q.v.

puller *n* (*US sl*) 1. соблазнение, растление 2. соблазнитель

pullet *n* (*coll obs*) девушка

pullet-squeezer *n* (*sl obs*) распутник, предпочитающий молоденьких девушек

pullover *n* (*sl*) мужчина, легко соглашающийся на половую близость cf. pushover

pulse *n* (*sl*) пенис, половой член

pulse accelerator *n* (*sl*) сексапильная молодая женщина

pulse quickener *n* (*sl*) pulse accelerator q.v.

pulse upperer *n* (*sl*) pulse accelerator q.v.

pump *n* 1. (*low*) выпускание газов из кишечника 2. (*low obs*) женские наружные половые органы 3. (*low obs*) пенис, половой член 4. (*low*) совокупление
pump *v* 1. (*low*) выпускать газы из кишечника 2. (*low*) совокупляться с женщиной 3. (*low obs*) мочиться
pump off *v* (*low*) мастурбировать
pump oneself off *v* (*low*) pump off q.v.
pump one's pickle *v* (*low*) pump off q.v.
pump ship *v* (*US Naval sl*) мочиться
pump somebody *v* (*low*) 1. совокупляться с кем-либо 2. оплодотворить женщину
pump-date *n* (*low obs*) женские наружные половые органы
pumped *mod* (*low*) беременная
pump-handle *n* (*low obs*) пенис, половой член
pumps *n pl* (*US sl*) женская грудь
punce *n* (*low*) 1. женские наружные половые органы 2. женоподобный мужчина 3. гомосексуалист
punch *n* (*sl*) совокупление (usu have a punch)
punch somebody *v* (*sl*) совокупляться с кем-либо
puncture somebody *v* (*low*) лишить кого-либо девственности
punk *n* (*cant*) 1. катамит, пассивный гомосексуалист 2. проститутка
punk kid *n* (*cant*) punk q.v.
punse *n* (*low*) punce 1 q.v.
pup *v* (*low*) рожать
puppy love *n* (*coll*) юношеская сентиментальная любовь
puris naturabilis *n* (*sl*) нагота (из латинского)
purple *mod* (*sl*) непристойный

purse *n* (*low*) женские наружные половые органы
purse-finder *n* (*low obs*) проститутка
purse-proud *mod* (*low obs*) похотливый, любвеобильный
purser's grind *n* (*Naval low*) (с точки зрения женщины) совокупление не за плату, а ради удовольствия
pursonality papa *n* (*sl*) пожилой мужчина, содержащий любовницу намного моложе себя (игра слов на purse и personality) cf. sugar daddy
push *n* (*sl*) совокупление (usu have a push)
push *v* (*sl rare*) совокупляться
push on *v* (*low*) push v q.v.
push somebody *v* (*low*) push v q.v.
pushover *n* (*sl*) женщина, легко соглашающаяся на половую близость cf. pullover
pushover sex job *n* (*sl*) pushover q.v.
push-pudding *n* (*low*) холостяк (намек на мастурбацию cf. pudding)
puss *n* (*sl*) 1. pussy n 1 q.v. 2. любовница
pussy *n* 1. (*vulg*) вагина, влагалище 2. (*vulg*) совокупление 3. (*sl*) любовница 4. (*sl rare*) женоподобный мужчина
pussy *mod* (*sl rare*) сексуально возбужденный
pussy-bumper *n* (*sl*) гомосексуалист
pussy-cat *n* (*low*) женские наружные половые органы
pussyfoot *n* (*sl*) 1. женоподобный мужчина 2. несмелый любовник
pussy Nellie *n* (*Naval sl*) гомосексуалист
pussy Nelly *n* (*Naval sl*) pussy Nellie q.v.

pussy politics *n pl (sl)* власть женщин, матриархат cf. cuntocracy

pussy-struck *mod (low)* (о юноше) имеющий связь с женщиной намного старше его cf. cunt-struck

put balls on something *v (vulg)* придавать чему-либо силу, авторитет

put hair on somebody's chest *v (sl)* (о еде или напитке) повышать чью-либо потенцию, возбуждать кого-либо

put it in *v (low)* ввести половой член во влагалище

put lead in somebody's pencil *v (low)* put hair on somebody's chest q.v. cf. pencil

put on a party *v (sl)* заниматься петтингом

put one's ass on the line *v (vulg)* рисковать своим состоянием, репутацией

put out *v (vulg)* (о женщине) вести распутный образ жизни

put out for somebody *v (US sl)* (о женщине) поощрять ухаживания со стороны мужчины

put over a fast one *v (sl)* pull a blue gag q.v.

put somebody *v (low)* (о женщине) отдаться мужчине

put somebody in a bad shape *v (sl)* оплодотворить женщину

put somebody in a bad way *v (sl)* put somebody in a bad shape q.v.

put somebody in the club *v (sl)* put somebody in a bad shape q.v.

put somebody in the pudden club *v (sl)* put somebody in a bad shape q.v.

put somebody in the pudding club *v (sl)* put somebody in a bad shape q.v.

put somebody on the list *v (sl)* кастрировать кого-либо

put somebody on the shit-list *v (vulg)* внести кого-либо в "черные списки" (на увольнение и т.п.)

put somebody's back up *v (sl)* сексуально возбуждать кого-либо

put somebody's balls in a knot *v (vulg)* оскорбить, унизить мужчину (словесно или действием)

put somebody's tits in a tangle *v (low)* оскорбить, унизить женщину

put the blocks to somebody *v (low obs)* совокупляться с женщиной

put the boots to somebody *v (sl)* совокупляться

put the devil into hell *v (coll)* совокупляться

put the eye on (somebody) *v (sl)* кокетливо смотреть (на кого-либо)

put the hard word on somebody *v (sl)* (о мужчине) уговорить женщину отдаться

put the moves on somebody *v (sl)* пытаться соблазнить кого-либо

put the shits up somebody *v (vulg)* испугать кого-либо

puta *n (vulg)* 1. проститутка 2. чрезвычайно распутная женщина

put-and-take *n (UK sl)* совокупление

putrid pun *n (sl)* неприличный анекдот

puttock *n (coll)* проститутка

putz *n (vulg)* 1. пенис, половой член 2. болван, идиот (из еврейского)

putz about *v (vulg)* бездельничать, валять дурака

putz around *v (vulg)* putz about q.v.

Q

Q.T.cutie *n (sl)* сексапильная девушка
quail *n* 1. *(sl)* физически привлекательная женщина 2. *(sl)* старая дева 3. *(sl obs)* проститутка 4. *(sl obs)* распутная женщина
quaker *n (Cockney low)* длинный кусок кала
quandong *n (Austr sl)* проститутка (по названию местного фрукта с мягкой оболочкой и твердой сердцевиной)
quean *n (low)* гомосексуалист (особ. пассивный)
queanie *n (low)* quean q.v.
queanie *mod (low)* женоподобный
queen *n (sl)* 1. гомосексуалист (особ. пассивный) 2. женоподобный мужчина 3. сексапильная женщина 4. любовница
queener *n (sl obs)* дамский угодник
queenie *n (sl)* queen 1, 2 q.v.
queeny *mod (sl)* гомосексуальный
queer *n (sl)* 1. гомосексуалист 2. лесбиянка
queer *mod (sl)* 1. гомосексуальный 2. извращенный 3. неприятный
queer as a three-dollar bill *mod (sl)* явно гомосексуальный
queer-beer *n (sl)* queer n q.v.
queerie *n (sl)* женоподобный мужчина (не гомосексуалист; употребляется редко из-за путаницы с queer n q.v.)
queer one *n (sl)* 1. женоподобный мужчина 2. мужеподобная женщина 3. гомосексуалист 4. лесбиянка
queer queen *n (sl)* мужеподобная женщина
queervert *n (sl)* queer one q.v.

questing queen *n (sl)* кокетливая девушка
quicker than hell *mod (coll)* очень быстро
quickie *n (sl)* быстрое совокупление (обыч. не снимая одежды)
quick on the pick-up *mod (sl)* (о мужчине) имеющий успех у женщин
quick shits *n (Army vulg)* дизентерия
quickstep *n (US sl)* расстройство желудка
quicky *n (sl)* quickie q.v.
quid *n (low obs)* женский лобок
quiff *n* 1. *(low)* женские наружные половые органы 2. *(sl)* проститутка (особ. дешевая)
quiff *v (low)* совокупляться
quim *n (vulg)* 1. вагина, влагалище 2. дешевая проститутка 3. женщина легкого поведения 4. *(rare)* queen q.v.
quim-box *n (low)* женские наружные половые органы
quim-bush *n (low)* лобковые волосы
quimming *n (low)* совокупление
quim-stake *n (low)* пенис, половой член
quim-sticker *n (low)* распутный человек
quim-sticking *n (low)* совокупление
quimtessence *n (sl)* "главное отличие" женщины от мужчины (игра слов на quim и quintessence)
quim-wedge *n (low)* пенис, половой член
quim-wedging *n (low)* совокупление
quim-whiskers *n pl (low)* лобковые волосы
quim-wig *n (low)* quim-whiskers q.v.
quoits *n pl (sl)* ягодицы

quondong n (Austr sl) quandong q.v.

R

rabbit n (sl) сексапильная девушка
rabbit-habit n (sl) совокупление
rabbit-pie n (low obs) проститутка
rack off v (low obs) мочиться
racy mod (US sl) неприличный cf. fast
rag n 1. (vulg) женский гигиенический пакет (usu have a rag on) 2. (sl) любовница 3. (sl) физически непривлекательная девушка
ragged-ass mod (low) (о предмете или вещи) низкопробный, некачественный
ragged-assed mod (low) ragged-ass q.v.
raggle n (cant) 1. сексапильная женщина 2. любовница
rags n sing (sl obs) дешевая проститутка
rag-time girl n (sl) 1. любовница 2. проститутка
rail n (sl) ral q.v.
raise a gallop v (sl) испытать эрекцию
raise hell v (coll) 1. шумно веселиться 2. скандалить, шуметь 3. делать кому-либо выговор 4. разозлиться, выйти из себя 5. вести распутный образ жизни
raise hell and slip a shim under it v (coll) raise hell q.v.
raise hell and slip a shim under one corner v (coll) raise hell q.v.
raise hell and slip a shingle under it v (coll) raise hell q.v.
raise hell and slip a shingle under one corner v (coll) raise hell q.v.
raise hell's delight v (coll) raise hell q.v.
raise merry hell v (coll) raise hell q.v.
raise plenty of hell v (coll) raise hell q.v.
rakehell n (sl) распутный человек
rake out v (low) совокупляться с женщиной
ral n (sl) сифилис
ram n (low) совокупление
ram somebody v (low) совокупляться с кем-либо
rammer n (sl) пенис, половой член
rammy mod (sl) сексуально возбужденный
ramps n (Army sl) публичный дом
ram-rod n (low) rammer q.v.
ramstudious mod (sl) похотливый
ramstugious mod (sl) ramstudious q.v.
randy mod (sl) rammy q.v.
Randy Rupert n (sl) пенис, половой член
range n (sl) проститутка
range bum n (US sl) ковбой, переезжающий с ранчо на ранчо и живущий за счет традиционного гостеприимства западных штатов cf. bum
ranger n (low) 1. распутный человек 2. пенис, половой член
rant v (low obs) вольно вести себя с женщинами
rap club n (sl) клуб, который предлагает услуги женщин под вывеской клуба по интересам
rape artist n (sl) насильник
rape hound n (sl) заключенный, осужденный за изнасилование
rap parlor n (sl) rap club q.v.
rap studio n (sl) rap club q.v.

rare *mod* (*US sl*) непристойный
rare chicken *n* (*sl*) физически привлекательная девушка
rare dish *n* (*sl*) rare chicken q.v.
rare piece of dark meat *n* (*sl*) сексапильная негритянка
rasp *n* (*low obs*) женские наружные половые органы
rasp *v* (*low obs*) совокупляться
raspberry *n* (*US sl*) знак презрения, неприличный звук, напоминающий звук выпускания газов из кишечника (от raspberry tart q.v. в Приложении 3)
rasper *n* (*low*) громкое выпускание газов из кишечника
rassle *n* (*sl*) петтинг (от wrestle q.v.)
rassle *v* (*sl*) заниматься петтингом
rassler *n* (*sl*) любитель петтинга
rassling match *n* (*sl*) вечеринка, участники которой занимаются петтингом
rat *n* (*sl*) распутная женщина
rat-assed *mod* (*vulg*) сильно пьяный
rat-fuck *v* (*vulg*) 1. развлекаться, валять дурака 2. вести распутный образ жизни
rat-fuck *mod* (*vulg*) 1. шокирующий, эпатажный 2. несовместимый с общепринятой моралью 3. невероятный, невозможный 4. несравненный, неподражаемый
rat-fuck about *v* (*vulg*) rat-fuck v q.v.
rat-fuck around *v* (*vulg*) rat-fuck v q.v.
rat-fuckish *mod* (*vulg*) rat-fuck mod q.v.
rattle like a pair of skeletons fucking on a tin roof *v* (*vulg*) громко стучать, греметь
rattle-bollocks *n pl* (*low obs*) женские наружные половые органы

rattle-shopping *mod* (*US sl*) беременная
rave *n* (*sl*) 1. любовница 2. сексапильная молодая женщина
raven beauty *n* (*sl*) физически привлекательная негритянка cf. raving beauty
raving beauty *n* (*sl*) сексапильная молодая женщина cf. raven beauty
(the) raw *n* (*sl*) нагота
raw *mod* (*sl*) 1. обнаженный 2. непристойный
raw meat *n* 1. (*low*) пенис, половой член 2. (*low obs*) обнаженная женщина как объект совокупления 3. (*low*) обнаженная проститутка
raw one *n* (*sl*) непристойный анекдот
raw piece *n* (*sl*) страстная молодая женщина
raw piece of hot meat *n* (*sl*) raw piece q.v.
razoo *n* (*US sl*) raspberry q.v.
razoos *n pl* (*sl*) яички
razz *n* (*US sl*) raspberry q.v.
razzberry *n* (*US sl*) raspberry q.v.
razzle-dazzle *n* (*sl*) проститутка
ready *mod* (*euph*) сексуально возбужденный
ready to spit *mod* (*low*) (о мужчине) на грани оргазма
real bitch *n* (*vulg*) 1. неприятный человек 2. тяжелая работа
real he *n* (*sl*) мужчина с большой половой потенцией
ream somebody *v* (*vulg*) заниматься с кем-либо анальным сексом
ream somebody out *v* (*sl*) ream somebody's ass out q.v.
ream somebody's ass out *v* (*vulg*) отругать кого-либо
reamer *n* 1. (*sl*) содомит, гомосексуалист 2. (*cant*) пенис, половой член

rear *n (sl)* 1. туалет 2. зад (часть тела)
rear *v (sl)* 1. посетить туалет 2. испражняться
rear end *n (sl)* rear n 2 q.v.
rear guard *n (sl)* rear n 2 q.v.
receipt of custom *n (low obs)* женские наружные половые органы
receiving set *n* 1. *(US sl)* женские наружные половые органы 2. *(sl)* унитаз 3. *(sl)* ночной горшок
recruit *n (sl)* начинающая проститутка
rector of the females *n (low obs)* пенис, половой член
red ace *n (low)* женские наружные половые органы cf. ace
red ass *n (sl)* 1. злость, гнев 2. уныние, подавленность 3. рекрут cf. rosy rectum, pinkus tuckus
red-assed *mod (sl)* злой, раздраженный
red c *n (low)* вагина, влагалище cf. open c
red cap *n (sl)* пенис, половой член
red comb *n (sl)* 1. эрегированный пенис 2. страсть, похоть
red end *n (sl)* головка пениса
red hot *n (sl)* страстная молодая женщина
red-hot *mod (sl)* 1. страстный 2. сексуально возбужденный
red-hot mam(m)a *n (sl)* сексапильная, страстная молодая женщина
red-hot poker *n (sl)* пенис, половой член
red in the comb *mod (sl)* похотливый, страстный
red lamp *n (coll)* публичный дом
red light *n (coll)* red lamp q.v.
red-light *v (coll)* заниматься проституцией

red-light district *n (coll)* район города, где сосредоточены публичные дома
red-lighter *n (sl)* проститутка
red-lighterie *n (sl)* публичный дом
red-light joint *n (sl)* red-lighterie q.v.
red-light sister *n (sl)* red-lighter q.v.
red mike *n (sl)* женоненавистник
red rag *n (low)* женский гигиенический пакет
red scatter *n (sl)* публичный дом
refuge *n (sl)* туалет
regular peach *n (sl)* физически привлекательная молодая женщина
regular rip *n (sl)* распутный человек
regular shit *n (vulg)* негодяй, подлец
rehearsing lullabies *mod (US sl)* беременная
relations *n pl (euph)* менструация (usu my relations have come)
relief *n (sl)* 1. половое удовлетворение 2. чувство облегчения после отправления естественной надобности
relief station *n (sl)* туалет
relieve oneself *v (sl)* 1. испражняться 2. мочиться
remove the digit *v (euph)* de-digitate q.v.
rent *n (homos)* гомосексуалист-проститутка, всегда берущий плату за услуги
renter *n (low)* мужчина или женщина (не проститутка), которые готовы вступить в половую связь за деньги или подарок
rest-and-be-thankful *n (sl obs)* женские наружные половые органы

rest room *n* (*US euph*) туалет (может быть неправильно понято в Великобритании)
retreat *n* (*sl*) туалет
retreat to one's holy of holies *v* (*sl*) посетить туалет
retreat to one's sancta sanctorum *v* (*sl*) retreat to one's holy of holies q.v.
rhino-ass *n* (*college sl*) большая длинная булочка с сыром внутри
rhubarb *n* (*low*) мужские половые органы
rhythm method *n* (*coll*) совокупление в так называемые "безопасные" дни (неделя до и после менструации)
rib *n* 1. (*coll*) жена (библейская аллюзия) 2. (*sl*) любая женщина
rib joint *n* (*sl*) публичный дом
rich *mod* (*US sl*) непристойный
rich bitch *n* (*vulg*) богатая женщина (особ. с плохим характером)
rich friend *n* (*euph*) богатый мужчина, содержащий женщину cf. sugar daddy
rich one *n* (*euph*) rich friend q.v.
ride *n* (*vulg*) совокупление (usu have/take a ride) cf. bare-back riding
ride *v* (*vulg*) совокупляться
ride in another man's old boots *v* (*sl obs*) 1. жениться на чьей-либо любовнице 2. содержать чью-либо любовницу (обыч. брошенную)
ride in another man's old shoes *v* (*sl obs*) ride in another man's old boots q.v.
ride like a town bike *v* (*sl*) (о женщине) иметь большое количество половых связей
ride somebody *v* (*vulg*) совокупляться с кем-либо

ride the deck *v* (*sl*) заниматься анальным сексом
rifle *v* (*coll obs*) 1. интимно ласкать женщину 2. совокупляться с женщиной
rig *n* (*sl*) женщина легкого поведения
riggish *mod* (*sl*) сексуально возбужденный
rim *v* (*sl*) заниматься анальным сексом
rim somebody *v* (*sl*) заниматься анальным сексом с женщиной
rinctum *n* (*Negro humor sl*) 1. анус, задний проход 2. любая вещь, название которой говорящий забыл
ring *n* 1. (*low rare*) женские наружные половые органы 2. (*low*) анус, задний проход
ring the bell *v* (*sl*) 1. оплодотворить женщину 2. довести женщину до оргазма
ringerangeroo *n* (*coll*) женский лобок
ring of roses *n* (*Naval sl*) венерическое заболевание
ring piece *n* (*sl*) ring n 2 q.v.
ring snatcher *n* (*sl*) содомит, гомосексуалист
ring-snatching *n* (*sl*) содомия, анальный секс
ringtail *n* (*sl*) катамит, пассивный гомосексуалист
rinktum *n* (*Negro humor sl*) rinctum q.v.
riotous rib *n* (*sl*) распутная женщина
rip *n* (*sl*) распутный человек
rip one *v* (*sl*) выпустить газы из кишечника
rip one out *v* (*sl*) rip one q.v.
ripe *mod* (*US sl*) непристойный
ripe raspberry *n* (*US sl*) raspberry q.v.
ripe razzberry *n* (*US sl*) raspberry q.v.
rip-off *n* (*sl*) совокупление

ripped *mod* (*sl*) с расстегнутой ширинкой
rise ass upwards *v* (*sl obs*) быть везучим
rise to the occasion *v* (*low*) испытать эрекцию в нужный момент
rise with one's ass upwards *v* (*sl obs*) rise ass upwards q.v.
risky *mod* (*US sl*) непристойный
ritz bitch *n* (*vulg*) rich bitch q.v.
roach *n* (*sl*) физически непривлекательная женщина
road *n* (*low obs*) женские наружные половые органы
road kid *n* (*sl*) мальчик-гомосексуалист (особ. сопровождающий пожилого бродягу)
road-making *n* (*low*) менструация (намек на дорожный знак "проезд закрыт", выставляемый на шоссе на время ремонтных работ)
road up for repairs *n* (*low*) road-making q.v.
roaring horn *n* (*low*) продолжительная сильная эрекция
roasting jack *n* (*low obs*) женский лобок
rob the cradle *v* (*sl*) 1. ухаживать за кем-либо значительно моложе себя 2. жениться на ком-либо значительно моложе себя
rob-the-ruffian *n* (*low obs*) женский лобок
robustious *mod* (*sl*) обладающий большой половой потенцией
robustitude *n* (*sl*) половая потенция
rocks *n pl* (*vulg*) яички
rod *n* (*coll*) пенис, половой член
rod (somebody) *v* (*coll*) совокупляться с (кем-либо)
rodger *n* (*sl*) roger n q.v.
rodger *v* (*sl*) roger v q.v.
rods in piss *n pl* (*low obs*) розги, наказание

roe *n* (*low obs*) сперма (букв. рыбьи молоки)
roger *n* (*sl*) пенис, половой член
roger *v* (*sl*) совокупляться с женщиной
Roger the Lodger *n* (*sl*) прозвище мужчины, который живет половой жизнью с хозяйкой или дочерью хозяйки квартиры, где он снимает комнату
roguer *n* (*sl*) половой партнер, любовник
roll *n* (*sl*) совокупление (обыч. с точки зрения мужчины) (usu have a roll)
roll *v* (*sl*) совокупляться
roll a turd *v* (*vulg*) 1. обострять ситуацию 2. делать из мухи слона
roll in one's ivories *v* (*sl obs*) целоваться
roll in the hay *v* (*humor sl*) совокупляться
roll somebody *v* 1. (*sl*) совокупляться с кем-либо 2. (*pros*) грабить клиента, когда он спит или оставил одежду без присмотра
roll the eyes and give them thata *v* (*sl*) кокетливо смотреть
roller *n* (*pros*) проститутка, грабящая клиента
roller-skater *n* (*sl*) женщина, идущая домой пешком после того, как она отвергла ухаживания своего кавалера и отказалась вступить с ним в половую связь (особ. если это произошло во время прогулки в автомобиле)
rollies *n pl* (*low*) яички
rolling fart *n* (*low*) громкое выпускание газов из кишечника
rolling pin *n* (*low*) пенис, половой член

roll-in-the-hay *n* (*humor sl*) совокупление

rollocks *n pl* (*Cockney sl*) яички (от rollies и bollocks q.q.v.; см. также Tommy Rollocks в Приложении 3)

roly-poly *n* (*low obs*) пенис, половой член

romansion *n* (*sl*) дом, где встречаются неженатые любовники (от romance и mansion)

romp *n* (*sl*) флирт

romp *v* (*sl*) флиртовать

romp in the hay *n* (*sl*) romp n q.v.

romp in the hay *v* (*sl*) romp v q.v.

rompworthy *mod* (*sl*) (о женщине) сексуально привлекательная

Ronson *n* (*sl*) сутенёр

rooster *n* 1. (*sl*) зад (часть тела) 2. (*sl*) волокита, любвеобильный мужчина 3. (*sl*) пожилой любовник 4. (*low obs*) женские наружные половые органы 5. (*low*) пенис, половой член

root *n* (*low*) 1. пенис, половой член 2. эрекция 3. удар ногой по ягодицы

root *v* (*low*) совокупляться с женщиной

rootle *v* (*low obs*) совокупляться

rooty *mod* (*sl*) 1. сексуально возбуждённый 2. страстный

rope somebody in *v* (*US sl*) совращать кого-либо

rose *n* (*low obs*) 1. женский лобок 2. девственная плева

rose between two thorns *n* (*sl*) женщина, лежащая между двумя мужчинами cf. sandwich

rosebud *n* (*homos vulg*) анус, задний проход

Rose Cottage *n* (*Naval sl*) отделение госпиталя для венерических больных

roses *n pl* (*UK sl*) менструация cf. flowers

rosy bouquet of assholes *n* (*vulg*) 1. неприятный человек 2. вещь или предмет плохого качества

rosy rectum *n* (*low*) red ass 1, 2 q.v.

rotten logging *n* (*sl rare*) петтинг

rough *mod* (*sl*) 1. неприличный, похабный 2. физически привлекательный

rough-and-ready *n* (*low obs*) женские наружные половые органы

rough-and-tumble *n* (*low obs*) rough-and-ready q.v.

rough as a badger's ass *mod* (*vulg*) (о поверхности) шершавая, грубая

roughneck *n* (*sl*) женщина лёгкого поведения

roughriding *n* (*sl*) (о мужчине) совокупление без презерватива

rough stuff *n* (*sl*) 1. порнографическая литература 2. непристойные разговоры, анекдоты и т.п. 3. неприличное поведение

rough trade *n* (*homos*) 1. гомосексуалист с садистскими наклонностями 2. гомосексуалист-проститутка с мазохистскими наклонностями

rounder *n* (*sl*) распутный человек

Roundhead *n* (*Naval sl*) мужчина с обрезанным пенисом cf. Cavalier

round-heel *n* (*sl*) распутная женщина, легко соглашающаяся на половую близость

roundheeler *n* (*sl*) round-heel q.v.

round-heels *n sing* (*sl*) round-heel q.v.

route *n* (*sl*) совокупление

royal fucking *n* (*vulg*) совокупление, приносящее большое удовлетворение

Royalie *n* (*sl obs*) пассивный гомосексуалист

royal screwing *n* (*vulg*) royal fucking q.v.
Royaly *n* (*sl obs*) Royalie q.v.
rub *n* (*college sl*) петтинг
rub *v* (*sl*) заниматься петтингом
rub off *v* (*sl*) мастурбировать
rub smackers *v* (*US sl*) целоваться
rub somebody *v* (*sl*) 1. заниматься с кем-либо петтингом 2. возбуждать кого-либо мануально
rub somebody up *v* (*sl*) rub somebody q.v.
rub up *v* (*low*) rub off q.v.
rub-belly *n* (*low*) совокупление
rubber *n* (*low*) презерватив
rubber bum *n* (*sl*) бродяга, путешествующий в дешевом автомобиле cf. bum
rubber glove *n* (*sl*) rubber q.v.
rubber john *n* (*sl*) rubber q.v.
rubber johnny *n* (*sl*) rubber q.v.
rubber sock *n* (*sl*) rubber q.v.
rub joint *n* (*sl*) дешевый танцевальный зал или клуб, где одинокие мужчины могут найти себе партнершу для танцев (девушки, работающие в таких клубах, обычно ничего не носят под платьем)
rub-off *n* (*low*) мастурбация
rub-up *n* 1. (*low*) интимные ласки 2. (*low obs*) rub-off q.v.
rufus *n* (*low obs*) женский лобок
rule of three *n* (*low*) 1. пенис и мошонка 2. совокупление
rumble seat *n* (*US sl*) зад (часть тела)
rum, bum and bacca *n* (*Naval sl*) мужские удовольствия: выпивка, женщины и табак cf. beer, bum and bacca
rumbusticate *v* (*sl*) совокупляться с женщиной
rum-dum *n* (*low obs*) зад (часть тела)

rum johnny *n* (*mil sl*) проститутка (из хинди ramjani танцовщица)
rummage somebody *v* (*low*) 1. ласкать женщину 2. совокупляться с женщиной
rump *n* (*sl*) зад (часть тела)
rump *v* 1. (*low obs*) (о мужчине) совокупляться 2. (*sl*) шлепать кого-либо по заду
rumper *n* (*low obs*) 1. проститутка 2. распутный человек
rump-shaker *n* (*sl*) артистка стриптиза
rump-splitter *n* (*low obs*) rumper 2 q.v.
rumpus *n* (*US sl*) зад (часть тела)
rump-work *n* (*low obs*) совокупление
run about after somebody's ass *v* (*low*) раболепствовать перед кем-либо
run around *v* (*sl*) иметь внебрачные половые связи
run a skirt *v* (*sl*) содержать любовницу
run a temperature *v* (*sl*) быть сексуально возбужденным cf. hot
run a tier *v* (*homos*) искать пассивного партнера
run down some lines *v* (*sl*) пытаться соблазнить кого-либо
run off *v* (*sl*) страдать расстройством желудка
run one's tail *v* (*low obs*) быть проституткой
run straight *v* (*coll*) быть верной своему мужу
run up somebody's ass *v* (*vulg*) врезаться сзади в чей-либо автомобиль
run up the pressure *v* (*sl*) 1. быть сексуально возбужденным 2. сексуально возбуждать кого-либо

runcible *mod* (*sl*) (о женщине) физически привлекательная
runner *n* (*sl*) сутенер
runs *n pl* (*sl*) расстройство желудка
run-to-seed *mod* (*low obs*) беременная
Rupert *n* (*mil sl*) пенис, половой член
rush round like a fart in a colander *v* (*low*) волноваться, быть в полной растерянности
rush somebody *v* (*sl*) ухаживать за девушкой
rush the can *v* (*US sl*) часто посещать туалет
rush up the frills *v* (*low obs*) совокупляться с женщиной без предварительных ухаживаний
rush up the petticoats *v* (*low obs*) rush up the frills q.v.
rush up straight *v* (*low obs*) rush up the frills q.v.
rusher *n* (*sl*) ухажер
rush of blood to the crutch *n* (*sl*) неожиданная эрекция
rustle *v* (*sl*) (о проститутке) искать клиента
rustler *n* (*sl*) сутенер
rusty *mod* (*sl*) похотливый
rusty bollocks *n* (*Naval sl*) рыжеволосая женщина
rusty-dusty *n* (*sl*) ягодицы
ruta baga *n* (*sl*) физически непривлекательная женщина
Ruth *n* (*sl*) женский туалет
rux somebody up the ass *v* (*low*) ударить кого-либо ногой по ягодицам
rux up the ass *n* (*low*) удар ногой по ягодицам

S

sabu см. Приложение 1
sac *n* (*sl*) sack q.v.
sack *n* (*sl*) 1. мошонка 2. женщина легкого поведения 3. физически непривлекательная женщина
sack of shit *n* (*vulg*) негодяй, подлец
S.A. come-on *n* (*sl*) сексапил (см. S.A. в Приложении 1)
S.A. cowboy *n* (*sl*) дамский угодник (см. S.A. в Приложении 1)
S.A. girl *n* (*sl*) сексапильная женщина (см. S.A. в Приложении 1)
sad *mod* (*US sl*) непристойный
saddle *n* 1. (*coll rare*) женские наружные половые органы 2. (*coll rare*) женщина как объект совокупления 3. (*US sl*) зад (часть тела)
saddle bum *n* (*US sl*) range bum q.v. cf. bum
saddle-leather *n* (*coll*) кожа на ягодицах
sadie-maisie *n* (*sl*) садомазохист
Sadie Thompson *n* (*sl*) проститутка
sad rip *n* (*sl*) распутный человек
sad sack *n* (*sl*) физически непривлекательная женщина
sad Sal *n* (*sl*) sad sack q.v.
sad tomato *n* (*sl*) sad sack q.v.
safe *n* (*sl*) презерватив
safety *n* (*sl*) safe q.v.
saftig *mod* (*sl*) zoftig q.v.
sail *v* (*US Naval sl*) (о женщине) быть доступной
sailor *n* (*sl*) дамский угодник
sailor's cake *n* (*Naval sl*) Navy cake q.v.
sailor's delight *n* (*sl*) проститутка
(A) Sale of Two Titties *n* (*humor sl*) проституция (игра слов на названии романа Ч.Диккенса "A Tale of Two Cities")
sales lady *n* (*sl*) проститутка
salesman *n* (*sl*) 1. сутенер 2. гомосексуалист, ищущий партнера

salt-cellar *n* (*low obs*) женские наружные половые органы

salt water *n* (*US sl*) моча

sam *n* (*sl*) 1. мужской сексапил 2. сексапильный мужчина

sam *mod* (*sl*) (о мужчине) сексапильный

same old shit *n* (*mil vulg*) 1. то же самое 2. кусок говядины или тунца на хлебном тосте cf. shit on a shingle

same old shit but more of it *n* (*mil vulg*) то же самое, но в большей степени (всегда о чем-либо неприятном, напр. распорядке, муштре и т.п.)

samfu см. Приложение 1

Sam Hill *n* (*coll obs*) hell q.v.

sample somebody *v* (*coll*) ласкать женщину

sampler *n* (*sl obs*) женский лобок

sanctuary *n* (*sl*) туалет (usu go to/visit the sanctuary)

sanctum-sanctorum *n* (*humor sl*) sanctuary q.v.

sandwich *n* (*sl*) мужчина, лежащий между двумя женщинами cf. rose between two thorns

sanpro *n* (*euph*) женский гигиенический пакет (от sanitary protection)

San Quentin jail bait *n* (*sl*) jailbait q.v.

San Quentin pigeon *n* (*sl*) jailbait q.v.

San Quentin quail *n* (*sl*) jailbait q.v.

Santa Claus *n* (*sl*) пожилой богатый мужчина, содержащий любовницу намного моложе себя cf. sugar daddy

sapfu см. Приложение 1

Sapphite *n* (*sl*) мужеподобная женщина (от Sappho Сафо, греческая поэтесса, жившая на острове Лесбос)

sashay *v* 1. (*sl*) (о женщине) идти, вращая бедрами 2. (*sl obs*) содержать любовницу

sashay one's twat *v* (*low*) sashay 1 q.v.

satchel *n* (*sl rare*) зад (часть тела)

satisfy oneself *v* (*euph*) мастурбировать

satisfy somebody *v* (*euph*) довести кого-либо до оргазма

Saturdaynightitis *n* (*sl*) ноющая боль в плече (намек на привычку некоторых мужчин держать правую руку на плече у девушки, ведя автомобиль)

Saturday-night security *n* (*sl*) постоянный ухажер

Saturday-to-Monday *n* (*coll obs*) любовница на уик-энд

sausage *n* (*sl*) 1. пенис, половой член 2. женщина легкого поведения

S.A. values *n pl* (*sl*) сексапил, физическая привлекательность (см. S.A. в Приложении 1)

save it *v* (*sl*) хранить девственность

save it for the worms *v* (*sl*) save it q.v.

saw off a chunk *v* (*sl*) совокупляться

saw off a piece *v* (*sl*) saw off a chunk q.v.

sawsey *n* (*low*) туалет

scag *n* (*sl*) skag q.v.

scald (somebody) *v* (*sl*) заразить кого-либо венерическим заболеванием

scalded *mod* (*sl*) зараженный венерическим заболеванием

scalder *n* (*sl*) венерическое заболевание (особ. гонорея)

scale *n* (*US sl*) вошь (в т.ч. лобковая)

scale *v* (*coll*) совокупляться с женщиной

S
ABC of Dirty English SCA

scaly *mod* (*US sl*) зараженный педикулезом, завшивевший
scaly bum *n* (*sl*) 1. грязный завшивевший бродяга 2. неприятный человек cf. bum
scam *v* (*college sl*) 1. бегать за женщинами 2. совокупляться
scammer *n* (*sl*) бабник, волокита
scank *n* (*sl*) skag q.v.
scanties *n pl* (*sl*) женское нижнее белье
scarce as ice water in hell *mod* (*coll*) очень редкий, немногочисленный
scare somebody fartless *v* (*vulg*) scare somebody shitless q.v.
scare somebody shitless *v* (*vulg*) напугать кого-либо до смерти
scare somebody spitless *v* (*euph*) scare somebody shitless q.v.
scare the hell out of somebody *v* (*coll*) scare somebody shitless q.v.
scare the piss out of somebody *v* (*vulg*) scare somebody shitless q.v.
scare the shit out of somebody *v* (*vulg*) scare somebody shitless q.v.
scarfing *n* (*sl*) использование шарфа или веревочной петли во время мастурбации (как мужчинами, так и женщинами) для того, чтобы вызвать искусственный обморок от удушья (во время кратковременной потери сознания при удушении стимулируется выделение эндорфинов, сложных химических веществ, способствующих усилению оргазма)
scarfinger *n* (*sl*) человек, практикующий scarfing q.v.
scarleteer *n* (*sl*) проститутка
Scarlet sister *n* (*sl*) scarleteer q.v.
Scarlet Sisterhood *n* (*sl*) (собир.) проститутки
scary *mod* (*sl*) (о женщине) физически непривлекательная

scatter *n* (*sl*) публичный дом
scatter *v* (*sl obs*) мочиться
scatters *n pl* (*Naval sl*) расстройство желудка
scenery bum *n* (*sl*) бродяга, любящий природу cf. bum
schanzi *n* (*sl*) schatzi q.v.
schatchen *n* (*sl*) женщина, соблазняющая женатого мужчину (из еврейского)
schatzi *n* (*sl*) немецкая проститутка
schemestress *n* (*US sl*) соблазнительница (обыч. профессиональная)
schill *n* (*sl*) shill q.v.
schlang *n* (*vulg*) schlong q.v.
schlong *n* (*vulg*) пенис, половой член (из еврейского)
schmooze *v* (*sl*) 1. заниматься петтингом 2. целоваться (из еврейского)
schmoozing *n* (*sl*) петтинг
schmuck *n* (*vulg*) 1. пенис, половой член 2. болван, идиот (из еврейского)
schtup *v* (*sl*) совокупляться (из еврейского)
scoots *n pl* (*sl*) расстройство желудка
scope somebody *v* (*sl*) оценивающе разглядывать представителя противоположного пола
scope on somebody *v* (*sl*) scope somebody q.v.
scorcher *n* 1. (*US sl*) неприличный анекдот 2. (*sl*) молодая страстная женщина 3. (*theater sl*) непристойная постановка, пьеса cf. hot
score *n* 1. (*sl*) совокупление 2. (*pros*) состоятельный клиент проститутки
score *v* 1. (*sl*) уговорить женщину вступить в половую связь 2. (*sl*) совокупляться с женщиной 3. (*pros*) найти состоятельного кли-

ента 4. (*sl*) (о мужчине) найти проститутку или любую женщину для совокупления
score a touchdown by a neck *v* (*US sl*) заниматься петтингом
scow *n* (*sl*) крупная, физически непривлекательная или неприятная женщина
scrag *n* (*sl*) физически непривлекательная девушка
scratch *n* (*vulg*) 1. вагина, влагалище 2. женский пах
screamer *n* (*sl*) явный гомосексуалист
screaming shits *n pl* (*mil vulg*) расстройство желудка
screw *n* (*vulg*) 1. совокупление 2. женщина как объект совокупления 3. проститутка
screw *v* (*vulg*) совокупляться
screw about *v* (*vulg*) 1. бездельничать, валять дурака 2. вести распутный образ жизни
screw about with somebody *v* (*vulg*) 1. ухаживать за кем-либо (обыч. с целью совокупления) 2. жить с кем-либо постоянной половой жизнью
screw around *v* (*vulg*) screw about q.v.
screw around with somebody *v* (*vulg*) screw about with somebody q.v.
screw off *v* (*vulg*) 1. мастурбировать 2. лодырничать, увиливать от работы 3. бездельничать, валять дурака
screw one's ass off *v* (*vulg*) (о женщине) вести активную половую жизнь
screw one's balls off *v* (*vulg*) (о мужчине) вести активную половую жизнь
screw somebody *v* (*vulg*) 1. совокупляться с кем-либо (как о мужчинах, так и о женщинах) 2. обмануть, провести кого-либо 3. надоедать кому-либо

screw somebody out of something *v* (*vulg*) выманить что-либо обманом
screw somebody's ass off *v* (*vulg*) (о мужчине) энергично совокупляться с женщиной
screw somebody's back legs off *v* (*vulg*) screw somebody's ass off q.v.
screw somebody's balls off *v* (*vulg*) (о женщине) довести мужчину до полного изнеможения
screw somebody up *v* (*vulg*) 1. вмешиваться в чьи-либо дела 2. надоедать кому-либо
screw something up *v* (*vulg*) испортить что-либо
screw the ass off somebody *v* (*vulg*) screw somebody's ass off q.v.
screw the back legs off somebody *v* (*vulg*) screw somebody's ass off q.v.
screw the balls off somebody *v* (*vulg*) screw somebody's balls off q.v.
screw with somebody *v* (*vulg*) 1. мешать кому-либо 2 пытаться обмануть кого-либо
screw with something *v* (*vulg*) лезть не в свое дело
screw-assed *mod* (*vulg*) 1. screwed q.v. 2. screwy q.v.
screwed *mod* (*vulg*) 1. пьяный 2. пропащий, разоренный 3. обманутый 4. усталый, изможденный
screwed, blewed and tatooed *mod* (*vulg*) screwed q.v.
screwed, blued and tatooed *mod* (*vulg*) screwed q.v.
screwed up *mod* (*vulg*) 1. screwed q.v. 2. испорченный
screwing *n* (*vulg*) совокупление
screwing *mod* (*vulg*) fucking q.v.
screw-off *n* (*vulg*) 1. мастурбация 2. безделье

screw-up *n* (*vulg*) 1. неумелый, неопытный человек 2. растяпа 3. неудача, провал

screwy *mod* (*vulg*) 1. сумасшедший 2. необычный, эксцентричный 3. пьяный

screwy skirt *n* (*sl*) похотливая женщина (особ. недалекого ума)

scrog *v* (*sl*) совокупляться

scrousher *n* (*low*) проститутка

scrub *n* (*sl*) дешевая проститутка

scrubber *n* (*UK low*) 1. женщина легкого поведения 2. дешевая проститутка

scrubbing brush *n* (*low*) лобковые волосы

scrud *n* (*vulg rare*) венерическое заболевание

scrump somebody *v* (*sl*) совокупляться с кем-либо

scuffle *n* (*US sl*) вечеринка, участники которой занимаются петтингом

scum *n* (*vulg*) сперма

scumbag *n* (*vulg*) 1. презерватив 2. подлец, негодяй

scumble *v* (*sl*) испражняться

scum-bucket *n* (*vulg*) проститутка

scum-bucket *mod* (*vulg*) крайне неприятный

scupper *n* 1. (*Naval sl*) дешевая уличная проститутка 2. (*sl rare*) женщина, легко соглашающаяся вступить в половую связь

scut *n* (*coll obs*) 1. женский лобок 2. лобковые волосы

scuttle *v* (*US Naval sl*) совокупляться

seafood *n* (*homos*) матрос как объект совокупления

seal *v* (*sl obs*) оплодотворить женщину

seals *n pl* (*sl obs*) яички

seam squirrel *n* (*sl*) вошь (в т.ч. лобковая)

seat *n* (*sl*) ягодицы

seat of honor *n* (*sl*) seat q.v.

seat of shame *n* (*sl*) seat q.v.

seat of the pants *n* (*sl*) seat q.v.

seat of vengeance *n* (*sl*) seat q.v.

seats *n pl* (*sl*) seat q.v.

seaweed *n* (*college sl*) физически непривлекательная или занудливая девушка

secko *n* (*low*) мужчина-извращенец

seckola *n* (*low*) secko q.v.

second front *n* (*sl*) пояс для чулок

secrets *n pl* (*US sl*) половые органы

sect *n* (*humor sl*) секс

section *n* (*med sl*) туалет (особ. в больнице)

sedoctor *n* (*sl*) врач, соблазняющий своих пациенток (игра слов на doctor и seductor)

see *v* (*pros obs*) совокупляться

see a dawg *v* (*sl*) see a dog 2 q.v.

see a dog *v* (*sl*) 1. мочиться 2. искать проститутку

see a dog about a man *v* (*sl*) see a dog q.v.

see Aggie *v* (*sl*) посетить туалет

see a man about a dog *v* (*sl*) see a dog q.v.

see a man about a horse *v* (*sl*) испражняться

see a wolf *v* (*coll obs*) (о мужчине) потерять невинность

see company *v* (*sl*) работать в публичном доме

see Madame Hand *v* (*sl*) (о мужчине) мастурбировать

see Madame Thumb and her four daughters *v* (*sl*) see Madame Hand q.v.

see Mrs.Murray *v* (*Austr sl*) посетить туалет

see one's aunt *v (euph obs)* испражняться
see somebody damned first *v (coll)* не позволить кому-либо что-либо сделать (обыч. употребляется в будущем времени)
see somebody in hell first *v (coll)* see somebody damned first q.v.
see stars lying on one's back *v (sl)* (о женщине) совокупляться
see the elephant *v (sl)* (о женщине) быть совращенной
see the shine by moonlight *v (sl)* быть на ночной прогулке с женщиной
seed-plot *n (coll obs)* женские наружные половые органы
seeds *n pl (US sl)* яички
segoonya *n (sl)* сексапильная китаянка
self-abuse *n (euph)* мастурбация
self-arousal *n (euph)* self-abuse q.v.
sell one's bacon *v (sl)* заниматься проституцией
sell one's butt *v (low)* sell one's bacon q.v.
sell one's flesh *v (sl)* sell one's bacon q.v.
sell one's hips *v (sl)* sell one's bacon q.v.
semen *n (coll)* сперма
seminary *n (low obs)* женские наружные половые органы (игра слов на semen q.v.)
sender *n (sl)* физически привлекательная девушка
September Morn addict *n (US sl)* нудист
September-morn it *v (US sl)* ходить обнаженным
service station *n (sl)* публичный дом
set-down *n (US sl)* зад (часть тела)
setting *n (US sl)* set-down q.v.
set-to *n (sl)* вечеринка, участники которой занимаются петтингом
seven-year itch *n (sl)* желание женатого мужчины иметь половые связи вне брака (считается, что это происходит на седьмом году брака)
sew somebody up *v (coll obs)* оплодотворить женщину
sewage *n (US sl)* экскременты
sewed up *mod (coll obs)* беременная
sewer *n (US sl)* анус, задний проход
sewermouth *n (sl)* человек, употребляющий в речи бранные выражения
sewn up *mod (coll obs)* sewed up q.v.
sex *n (coll)* половой акт
sex on *v (sl)* заниматься сексом, постепенно переходя от петтинга к совокуплению
sex something up *v (sl)* ввести эротические сцены в книгу, сценарий и т.п.
sexalt *v (sl)* сексуально возбуждать
sexaltation *n (sl)* сексуальное возбуждение
sexamination *n (sl)* петтинг
sexamine *v (sl)* заниматься петтингом
sexaminer *n (sl)* мужчина, занимающийся петтингом
sexaphone *n (US mus sl)* саксофон
sex appeal *n (coll)* 1. сексапил, физическая привлекательность 2. накладная грудь
sex-appeal come-on *n (sl)* sex appeal q.v.
sex-appeal girl *n (sl)* страстная физически привлекательная девушка
sex-appealer *n (sl)* sex-appeal girl q.v.

sex-appealing sister *n (sl)* sex-appeal girl q.v.
sex apple *n (sl)* sex appeal q.v.
sex art *n (sl)* эротические сцены в пьесе
sexation *n (sl)* сенсация, в основе которой находятся разоблачения о половой жизни знаменитостей
sexational *mod (sl)* скандально сенсационный
sex boy *n (sl)* гомосексуалист
sexcess *n (sl)* успех, основанный на сексе (напр. при подборе актрисы на главную роль)
sexcessful *mod (sl)* удачный, успешный благодаря сексу
sexcitable *mod (sl)* легко возбудимый в сексуальном плане
sexcite *v (sl)* сексуально возбуждать
sexcited *mod (sl)* сексуально возбужденный
sexcitement *n (sl)* сексуальное возбуждение
sexciter *n (sl)* 1. sexciteress q.v. 2. сексуально возбуждающее средство
sexciteress *n (sl)* молодая страстная женщина
sexciting *mod (sl)* сексуально возбуждающий
sex drive *n (sl)* сексуальное влечение
sexed up *mod (sl)* похотливый, страстный
sexed-up baby *n (sl)* молодая страстная женщина
sexer *n* 1. *(US sl)* непристойный анекдот 2. *(theater sl)* неприличная постановка 3. *(sl)* молодая страстная женщина 4. *(sl)* женщина легкого поведения 5. *(sl)* порнографический журнал или книга 6. *(sl)* эротический роман
sexercise *n (sl)* петтинг

sexercise *v (sl)* заниматься петтингом
sexetary *n (humor sl)* секретарша-любовница
sex-factory *n (sl)* 1. публичный дом 2. шоу с демонстрацией обнаженного тела
sex fiend *n (sl)* 1. насильник 2. извращенец 3. мужчина с большой половой потенцией
sex goddess *n (sl)* сексапильная кино- или телезвезда
sexhaust *n (sl)* половая усталость
sexhaust somebody *v (sl)* утомлять кого-либо половыми излишествами
sexhausted *mod (sl)* утомленный частыми половыми сношениями
sexhaustion *n (sl)* sexhaust n q.v.
sexhibit *v (sl)* заниматься эксгибиционизмом
sexhibition *n (sl)* эксгибиционизм
sexhibitionist *n (sl)* эксгибиционист
sexhilarant *n (sl)* сексуально возбуждающее средство
sexhilarate somebody *v (sl)* возбуждать кого-либо сексуально
sexhilaration *n (sl)* половое возбуждение
sexiness *n (sl)* 1. сексапильность 2. страсть, похоть
sexing piece *n (sl)* пенис, половой член
sex-job *n* 1. *(sl)* распутная женщина 2. *(sl)* нимфоманка 3. *(sl)* физически привлекательная девушка 4. *(vulg)* совокупление 5. *(vulg)* занятие сексом до полного изнеможения
sex-kitten *n (sl)* 1. сексапильная девушка, умело пользующаяся своими женскими прелестями 2. женщина с огромной половой потенцией
sex-maniac *n (coll)* человек, помешанный на сексе

sexology *n* (*US college sl*) искусство петтинга

sexotic *mod* (*sl*) сексуально экзотический

sexoticism *n* (*sl*) сексуальная экзотика

sexperience *n* (*sl*) 1. совокупление 2. половой опыт

sexperienced *mod* (*sl*) имеющий богатый половой опыт

sexperiment *n* (*sl*) 1. петтинг 2. половое экспериментирование

sexperiment *v* (*sl*) заниматься петтингом

sexperimenter *n* (*sl*) 1. мужчина, любящий петтинг 2. половой экспериментатор

sexpert *n* (*sl*) 1. сексолог 2. человек с богатым половым опытом

sexploit somebody *v* (*sl*) использовать кого-либо в сексуальном плане (напр. для совокупления или изготовления порнографии)

sexploitation *n* (*sl*) сексуальная эксплуатация (особ. в порнографии)

sexploitation film *n* (*sl*) порнографический фильм

sexploiter *n* (*sl*) 1. похотливый человек 2. человек, занимающийся изготовлением порнографии

sexploitress *n* (*sl*) 1. женщина легкого поведения 2. ненасытная (в сексуальном плане) женщина 3. женщина, занимающаяся изготовлением порнографии

sexploration *n* (*sl*) петтинг

sexplore *v* (*sl*) заниматься петтингом

sexplorer *n* (*sl*) мужчина, любящий петтинг

sexploring expedition *n* (*sl*) вечеринка, участники которой занимаются петтингом

sex pot *n* (*sl*) сексапильная женщина

sexpress *v* (*sl*) совокупляться

sexpression *n* (*sl*) язык, описывающий половые отношения

sexpressive *mod* (*sl*) выразительно описывающий половые отношения

sex seller *n* (*sl*) киноактриса, обязанная своим успехом больше своим женским прелестям, чем таланту

sex stuff *n* (*sl*) sex appeal q.v.

sex symbol *n* (*sl*) мужчина или женщина (обыч. киноактер, киноактриса или фотомодель), признанные образцом физической привлекательности

sextort *v* (*sl*) шантажировать кого-либо разоблачениями из его или ее половой жизни

sextortion *n* (*sl*) шантаж разоблачениями из чьей-либо половой жизни

sextortionist *n* (*sl*) человек, практикующий sextortion q.v.

sextraction *n* (*sl*) sex appeal q.v.

sextractive *mod* (*sl*) сексуально привлекательный

sextremities *n pl* (*sl*) красивые женские ноги

sexual *n* (*med sl*) венерический больной

sex voltage *n* (*sl*) sex appeal q.v.

sexy *n* (*sl*) насильник (обыч. по отношению к детям)

sexy *mod* (*sl*) 1. сексапильный 2. (о фильме, романе, анекдоте) неприличный 3. похотливый, страстный 4. модный, привлекательный 5. (о любой вещи или предмете) хорошего качества

sexy dog *n* (*sl*) физически привлекательный человек

sexy Mex *n* (*sl*) сексапильная мексиканка

sexy sister *n* (*sl*) страстная молодая женщина

shack *n* (*sl*) 1. любовница 2. женщина, с которой мужчина проводит только одну ночь 3. туалет

shack *v* (*sl*) 1. вести распутный образ жизни 2. жить с любовницей или проституткой

shack up *v* (*sl*) 1. снимать квартиру для любовницы 2. жить с любовницей 3. иметь относительно постоянную половую связь с какой-либо женщиной 4. провести ночь с женщиной

shack up with somebody *v* (*sl*) shack up q.v.

shackie *n* (*UK low*) белая женщина, живущая с цветным мужчиной

shack job *n* (*sl*) 1. распутная женщина 2. постоянная любовница 3. незаконная жена 4. любовная связь 5. любовник или любовница на одну ночь

shackles *n pl* (*sl*) пища, вызывающая запор

shack man *n* (*sl*) 1. женатый мужчина, содержащий любовницу 2. солдат, живущий с любовницей, а не в казарме

shack rat *n* (*Army sl*) shack man 2 q.v.

shady *mod* (*US sl*) непристойный

shady lady *n* (*sl*) проститутка

shaft *n* (*vulg*) 1. женщина, рассматриваемая только с точки зрения совокупления 2. женское тело 3. вагина, влагалище 4. пенис, половой член 5. длина полового члена

shaft somebody *v* (*low*) совокупляться с женщиной

shaftable *mod* (*low*) (о женщине) сексуально привлекательная

shafts *n pl* (*sl*) стройные женские ноги

shag *n* (*vulg*) 1. сексуальная оргия 2. групповой секс (обыч. с участием одной-двух женщин и нескольких мужчин) 3. совокупление 4. совокупляющийся человек

shag *v* (*vulg*) 1. совокупляться с женщиной 2. мастурбировать

shag one's lugs off *v* (*Naval sl*) (о мужчине) часто и энергично совокупляться

shag-ass *v* (*vulg*) уйти (особ. неожиданно)

shag-ass somebody *v* (*vulg*) прервать, перебить кого-либо

shag-bag *n* (*vulg*) неприятная женщина

shake *n* (*UK low obs*) 1. проститутка 2. совокупление

shake a loose leg *v* (*US sl*) бегать за женщинами

shake a sock *v* (*US sl*) мочиться

shake a tart *v* (*US sl*) совокупляться

shake hands with an old friend *v* (*euph*) (о мужчине) мочиться

shake hands with him *v* 1. (*euph*) мочиться 2. (*low*) мастурбировать

shake hands with Mr.Right *v* (*euph*) shake hands with an old friend q.v.

shake hands with one's wife's best friend *v* (*euph*) shake hands with an old friend q.v.

shake hands with the bloke one enlisted with *v* (*euph*) shake hands with an old friend q.v.

shake hands with the unemployed *v* (*euph*) shake hands with an old friend q.v.

shake the dew off the lily *v* (*sl*) shake the lily q.v.

shake the lead out of one's ass *v* (*low*) поторопиться

shake the lily *v* (*sl*) мастурбировать

shake up *v* (*sl obs*) мастурбировать

shake-bag *n* (*low*) женские наружные половые органы

shake-hips *n* (*sl*) танец, в котором танцующие совершают вращательные движения бедрами

shakings *n pl* (*US sl*) неприличные анекдоты

shanghai gesture *n* (*US sl*) finger wave q.v.

shank *n* (*sl*) 1. chank q.v. 2. проститутка

shanty *n* (*Naval sl obs*) публичный дом

shape *n* (*sl*) 1. красивая женская фигура 2. женский лобок

shape like a whore at christening *v* (*low obs*) быть неуклюжим, неуместным

share *n* (*low*) доступная женщина

share cropper *n* (*sl*) женщина легкого поведения

sharp curve *n* (*sl*) коварная соблазнительница

sharp point *n* (*sl*) red-light district q.v.

sharp-shooter *n* (*sl*) бабник, волокита

shat *v* (*vulg*) прошедшее время глагола shit q.v.

shat *mod* (*vulg*) злой, раздраженный

shat off *mod* (*vulg*) shat mod q.v.

shat on from a dizzy height *mod* (*mil sl*) 1. получивший выговор от начальника 2. находящийся в опасной или неприятной ситуации

shat on from a great height *mod* (*mil sl*) shat on from a dizzy height q.v.

shat up *mod* (*vulg*) screwed up q.v.

shaven haven *n* (*sl*) shaven heaven q.v.

shaven heaven *n* (*sl*) выбритые женские половые губы

shaving brush *n* (*sl obs*) женский лобок

shawl *n* (*UK sl*) проститутка

she *n* (*UK euph*) пенис, половой член

sheath *n* (*sl*) презерватив

sheba *n* (*sl*) 1. соблазнительная, но неприступная женщина 2. физически привлекательная девушка (особ. любовница)

shed *n* (*euph*) shithead q.v.

shed *v* (*sl*) раздеваться донага

shed a tear *v* (*sl*) мочиться

shed clothes *v* (*sl*) shed v q.v.

sheepherder *n* (*sl*) гомосексуалист

sheepherder *mod* (*sl*) гомосексуальный

sheet *n* (*euph*) shit n q.v. (подражание произношению негров из южных штатов)

Sheffield handicap *n* (*UK sl*) дефекация

she-he *n* (*sl*) женоподобный мужчина

sheik *n* (*sl*) 1. физически привлекательный мужчина 2. любовник 3. бабник, волокита

sheik *v* (*sl*) волочиться за женщинами

sheikh *n* (*sl*) sheik n q.v.

sheikh *v* (*sl*) sheik v q.v.

shell *n* (*coll*) женские наружные половые органы

shemale *n* (*sl*) мужеподобная женщина (игра слов на she, male и female)

she-man *n* (*sl*) женоподобный мужчина

she-pal *n* (*sl*) любовница

she-she *n* (*mil sl*) 1. сексапильная женщина 2. распутная женщина

shift one's ass *v* (*vulg*) заняться чем-либо, перестать бездельничать

shifting freckles *n pl* (*US sl*) вши (в т.ч. лобковые)

shill *n* (*sl*) сутенер

shipoopi *n* (*sl*) дешевая проститутка

shimmy *n* (*coll*) шимми (танец, популярный в 20-е годы, движения которого напоминают движения во время совокупления)

shimmy lizard *n* (*US sl*) вошь (в т.ч. лобковая)

shine like a shitten barn door *v* (*low obs*) ярко сверкать

shiner *n* (*sl*) физически привлекательный мужчина

shiny bum *n* (*sl*) клерк, чиновник cf. bum

shiny-bum *v* (*sl*) иметь сидячую работу

ship's *n* (*low*) анальный секс

shirt in the wind *n* (*sl obs*) край рубашки, видный через расстегнутую ширинку

shit *n* (*vulg*) 1. фекалии, кал 2. что-либо неприятное, противное 3. вещь или предмет плохого качества 4. неприятный человек 5. удача, везение 6. наркотики (особ. героин) 7. чушь, ерунда 8. тяжелая работа

shit *v* (*vulg*) 1. испражняться 2. сильно разозлиться 3. быть шокированным 4. страдать рвотой

shit *mod* (*vulg*) полный, абсолютный

shit *interj* (*vulg*) черт побери

shit a brick *v* (*vulg*) 1. испражняться после запора 2. сильно разозлиться

shit all over somebody *v* (*vulg*) 1. плохо обходиться с кем-либо, унижать кого-либо 2. обманывать кого-либо

shit a smoke *v* (*US sl*) выкурить сигарету во время отправления большой нужды

shit a top-block *v* (*vulg*) 1. разволноваться 2. разозлиться

shit blue *v* (*vulg*) 1. сильно удивиться 2. разозлиться 3. перепугаться

shit blue lights *v* (*Army vulg*) сильно испугаться

shit bricks *v* 1. (*mil vulg*) испугаться 2. (*vulg*) с трудом испражняться 3. (*vulg*) нервничать, беспокоиться (обыч. употребляется в продолженных временах)

shit green *v* (*vulg*) shit blue q.v.

shit in high cotton *v* (*vulg*) 1. жить в роскоши (особ. после полосы неудач) 2. пожинать плоды везения

shit in one's own nest *v* (*vulg*) shit one's own nest q.v.

shit in one's own pants *v* (*vulg*) испугаться

shit it *v* (*vulg*) быть сильно взволнованным

shit oneself *v* (*vulg*) shit in one's own pants q.v.

shit one's own nest *v* (*vulg*) 1. выносить сор из избы 2. создавать самому себе неприятности, трудности

shit on one's own doorstep *v* (*vulg*) shit one's own nest q.v.

shit on somebody *v* (*vulg*) 1. обманывать кого-либо 2. унижать кого-либо 3. пренебрежительно относиться к кому-либо 4. донести на кого-либо в полицию

shit on somebody from a dizzy height *v* (*Army vulg*) сделать кому-либо строгий выговор

shit on somebody from a great height *v* (*Army vulg*) shit on somebody from a dizzy height q.v.

shit on something *v* (*vulg*) пренебрежительно относиться к чему-либо

shit or get off the pot *v* (*vulg*) сделать работу как следует или дать возможность сделать это другому

shit somebody *v* (*vulg*) 1. обмануть кого-либо 2. вызывать у кого-либо чувство отвращения или раздражения

shit somebody up *v* (*vulg*) испугать кого-либо

shit something up *v* (*vulg*) испортить что-либо

shit through one's teeth *v* (*vulg obs*) страдать рвотой

shit and corruption *n* (*Air Force vulg*) нелётная погода, сильная облачность с дождем

shit and derision *n* (*Air Force vulg*) shit and corruption q.v.

shit-ass *n* (*vulg*) 1. неприятный человек 2. shit-heel q.v.

shit-ass about *v* (*vulg*) валять дурака, бездельничать

shit-ass around *v* (*vulg*) shit-ass about q.v.

shit-ass luck *n* (*vulg*) сильное невезение

shit-bag *n* (*vulg*) 1. неприятный человек 2. желудок

shit-bags *n pl* (*vulg*) внутренности

shit-barge *n* (*Naval vulg*) корабль с недисциплинированным экипажем

Shit Creek *n* (*vulg*) трудное или неприятное положение

shit-disturber *n* (*vulg*) 1. пенис, половой член 2. нарушитель спокойствия

shite *n* (*low*) shit n q.v.

shite-hawk *n* (*low*) неприятный человек

shit-face *n* (*vulg*) крайне уродливый человек

shit-faced *mod* (*vulg*) пьяный

shit-fish *n* (*sl*) рыба, пойманная во время нереста

shit for the birds *n* (*vulg*) 1. чушь, ерунда 2. ложь, неправда 3. бесполезная вещь

shit-head *n* (*vulg*) 1. болван, тупица 2. упрямец 3. shit-heel q.v.

shit-heel *n* (*vulg*) 1. лгун, обманщик 2. ненадежный человек 3. хитрый и подлый человек

shit hit(s) the fan *n* (*vulg*) кризис, скандал

shit-hole *n* (*vulg*) заднепроходное отверстие

shit-hook *n* (*vulg*) shit-heel q.v.

shit-hot (at something) *mod* (*vulg*) опытный в чем-либо

shit-hot on something *mod* (*vulg*) полный энтузиазма (как правило неодобрительно)

shit-house *n* (*vulg*) 1. туалет 2. неприятное место 3. большой бельевой шкаф 4. дом престарелых 5. неприятный человек

shit-house luck *n* (*vulg*) shit-ass luck q.v.

shit-hunter *n* (*vulg*) гомосексуалист

shit-kicker *n* (*vulg*) 1. фермер, житель сельской местности 2. фильм-вестерн

shit-kickers *n pl* (*vulg*) тяжелые грубые ботинки

shit lick *n* (*college vulg*) удар ниже пояса (как в прямом, так и в переносном значении)

shit-list *n* 1. (*vulg*) список рабочих, которые будут уволены 2. (*mil vulg*) рапорт о дисциплинарных нарушениях 3. (*vulg*) воображаемый список, куда заносятся имена ненадежных или бесполезных людей

shit-list somebody *v* (*vulg*) занести кого-либо в shit-list q.v.

shit-locker *n* (*Naval vulg*) кишечник

shit on a shingle *n* (*mil vulg*) кусок говядины или рыбных консервов на тосте

shit on from a dizzy height *mod* (*mil vulg*) shat on from a dizzy height q.v.

shit on from a great height *mod* (*mil vulg*) shat on from a dizzy height q.v.

shit on wheels *n* (*vulg*) очень важная персона

shit-or-bust *mod* (*vulg*) 1. ва-банк, безоглядно, безрассудно 2. безразличный, не проявляющий интереса

shit-order *n* (*vulg*) полный беспорядок

shit out of luck *mod* (*vulg*) потерявший надежду на удачу

shit pan *n* (*vulg*) подкладное судно для больного

shit-pan alley *n* (*mil vulg*) отделение в госпитале для дизентерийных больных

shit-poke *n* (*vulg*) 1. негодяй, подлец 2. гомосексуалист

shit-pot *n* (*low obs*) 1. ночной горшок 2. подхалим 3. крайне неприятный человек

shits *n pl* 1. (*vulg*) понос, расстройство желудка 2. (*Air Force vulg*) страх перед боевыми вылетами

shit-sack *n* (*vulg*) неприятный человек

shit-scared *mod* (*vulg*) сильно испуганный

shit-shark (*low obs*) ассенизатор

shit, shave and shove ashore *n* (*Naval sl*) "программа" приготовления перед увольнением на берег cf. shove

shit, shave, shower, shoe-shine and shampoo *n* (*mil sl*) shit, shave and shove ashore q.v.

shit, shine, shave, shampoo and shift *n* (*mil sl*) shit, shave and shove ashore q.v.

shit-shod *n* (*low obs*) человек, выпачкавший обувь в навозе

shit-shoe *n* (*low obs*) shit-shod q.v.

shit, shot and shell *n* (*Naval sl obs*) импровизированная противовоздушная ракета (изготовлялась из мелкого железного лома и подручного материала в случае недостатка стандартных боеприпасов)

shitsky *n* (*low*) 1. экскременты 2. неприятный человек

shit-stick *n* (*vulg*) 1. глупец, непроходимый болван 2. бездарный человек

shit-stirrer *n* (*vulg*) shit-disturber q.v.

shitter *n* (*vulg*) 1. туалет 2. неприятный человек

shitters *n pl* (*vulg*) понос

shitty *mod* (*vulg*) 1. плохой, некачественный 2. утомительный, рутинный 3. пьяный 4. нечестный 5. гадкий, отвратительный

shitty deal *n* (*vulg*) мошенничество

shit wallah *n* (*Army vulg*) санитар

shock appeal *n* (*sl*) коммерческое использование сексапила в индустрии развлечений

shocker *n* (*US sl*) 1. непристойный анекдот 2. порнографическая книга

shock jock *n* (*US sl*) ведущий shock radio q.v. cf. blue n 3

shock radio *n* (*US sl*) подпольные радиостанции, транслирующие непристойные программы, обыч. сексуального содержания

shoe *n* (*sl*) женский гигиенический пакет

shoot *interj* (*euph*) shit interj q.v.

shoot *v* (*sl*) 1. эякулировать 2. испытать поллюцию

shoot a bishop *v* (*low obs*) shoot v 2 q.v.

shoot a lion *v* (*euph obs*) мочиться

shoot a syph *v* (*med sl*) лечить сифилис

shoot between wind and water *v* (*coll obs*) совокупляться с женщиной (wind и water намекают на заднепроходное отвер-

стие и мочеиспускательный канал, между которыми находится вход во влагалище)
shoot crap *v* (*vulg*) shoot the crap q.v.
shoot in the bush *v* (*low*) эякулировать вне влагалища cf. bush
shoot in the tail *v* (*low*) 1. совокупляться с женщиной 2. заниматься анальным сексом
shoot off *v* (*vulg*) эякулировать
shoot one's milt *v* (*low*) shoot off q.v.
shoot one's roe *v* (*low*) shoot off q.v.
shoot one's wad *v* (*sl*) shoot off q.v.
shoot over the stubble *v* (*low*) shoot in the bush q.v.
shoot the agate *v* (*sl*) ходить по улицам в поисках проститутки
shoot the bull *v* (*sl*) 1. нести чушь 2. лгать cf. bullshit
shoot the crap *v* (*vulg*) 1. лгать, преувеличивать 2. говорить ерунду cf.crap n 2, 3 3. болтать, сплетничать
shoot the dog *v* (*US sl*) посетить туалет
shoot the dozens *v* (*sl*) обмениваться бранными эпитетами, упоминая при этом родственников оппонента
shoot the shit *v* (*vulg*) shoot the crap q.v.
shoot the target to somebody *v* (*US sl*) целовать кого-либо
shoot white *v* (*low obs*) эякулировать
shooter *n* (*euph*) bullshitter q.v.
shooter's hill *n* (*low obs*) женский лобок
shooting gallery *n* (*sl*) публичный дом
short and sweet *n* (*sl*) сексапильная девушка невысокого роста

short and thick like a Welshman's prick *mod* (*UK vulg*) низкорослый и толстозадый
short *n* (*sl*) 1. неэрегированный пенис 2. short-arm inspecton q.v.
short-arm drill *n* (*mil sl*) short-arm inspection q.v.
short-arm inspection *n* (*mil sl*) медицинский осмотр половых органов с целью профилактики венерических заболеваний cf. long-arm inspection
short-arm practice *n* (*mil sl*) совокупление
short-ass *n* (*low*) коротышка
short-ass driver *n* (*mil sl*) шофер в артиллерийских войсках
short-assed *mod* (*low*) низкорослый
short hair(s) *n pl* (*vulg*) лобковые волосы
shorties *n pl* (*sl*) женские трусики
short list *n* (*euph*) shit-list n q.v.
shorts *n pl* (*US euph*) shits 1 q.v.
short time *n* (*low*) 1. визит к проститутке 2. совокупление
short-timer *n* (*low*) клиент проститутки
short-timers *n pl* (*sl*) пара любовников, снимающая комнату в отеле на час-два для совокупления
shot *n* (*sl*) 1. эякуляция 2. совокупление
shot bag *n* (*sl*) физически непривлекательная девушка
shot down *mod* (*sl*) (о мужчине) отвергнутый женщиной
shot downstairs *n* (*sl*) совокупление
shotgun *n* (*sl*) 1. пенис, половой член 2. schatchen q.v.
shotgun marriage *n* (*sl*) брак, заключаемый по требованию родителей девушки, когда они

узнают, что она состоит в половой связи с мужчиной и/или беременна

shotgun wedding *n (sl)* shotgun marriage q.v.

shot in the arm *n (euph)* shot in the ass q.v.

shot in the ass *n (vulg)* то, что побуждает человека к действию, придает ему храбрости, энтузиазма (напр. алкоголь, похвала, выговор)

shot in the back door *n (sl)* анальный половой акт

shot in the front door *n (sl)* совокупление с женщиной

shot in the giblets *mod (low)* беременная

shot in the locker *n (low)* половая потенция мужчины

shot in the tail *mod (low)* shot in the giblets q.v.

shot to hell *mod (coll)* испорченный, разрушенный

shot-tower *n (sl)* туалет

shot upstairs *n (sl)* фелляция, оральный секс

shot up the ass *n (vulg)* shot in the ass q.v.

shot up the ass *mod (low)* 1. shot to hell q.v. 2. (о самолете) подбитый в хвост

shot up the back *n (euph)* shot in the ass q.v.

shouse *n (euph)* shit-house q.v.

shove *n (coll)* совокупление

shove somebody *v (coll)* совокупляться с кем-либо

shove something up one's ass *v (vulg)* делать с чем-либо что заблагорассудится (выражает незаинтересованность, обыч. употребляется в императиве в ответ на вопрос типа "What shall I do with this?") см. также Приложение 6. 2

shovel bum *n (sl)* чернорабочий (работающий с кайлом или лопатой) cf. bum

shovel the shit *v (vulg)* 1. лгать 2. хвастать, преувеличивать 3. делать нудную работу 4. пытаться сделать невозможное

show *n (sl)* демонстрация женщиной обнаженной груди или гениталий перед мужчиной (обыч. употребляется подростками 10-15 лет)

show like a shilling on a sweep's ass *v (low)* быть совершенно очевидным

show one's shape *v (sl)* ходить обнаженным

shower of shit *n (vulg)* 1. чрезвычайно неприятный человек 2. полоса неприятностей

show-window *n (sl)* окно, через которое проститутка зазывает клиента

shrubbery *n (coll)* лобковые волосы (обыч. женские)

shtup *n (vulg)* 1. половой акт 2. распутная женщина (из еврейского)

shtup *v (vulg)* совокупляться

shuck *v (sl)* быстро раздеваться (особ. в чьем-либо присутствии)

shuck down *v (sl)* shuck q.v.

shuck somebody *v (sl)* раздевать кого-либо

shucker *n (sl)* артистка стриптиза

shufti bint *n (Air Force sl obs)* распутная женщина мусульманского вероисповедания

side dish *n (sl)* любовница

sides *n pl (sl)* подкладки на бедра, используемые для улучшения фигуры

sidewalk Susie *n (sl)* проститутка

sif *n. (sl)* сифилис

siff *n (sl)* sif q.v.

sight for sore eyes *n (sl)* женщина с красивой фигурой

sigma *n* (*med euph obs*) сифилис (по названию буквы греческого алфавита, писавшейся на истории болезни венерического больного)
signal crappers *n pl* (*US Army sl*) войска связи
sign of the horn *n* (*sl*) "рога" обманутого мужа
silent but deadly *n* (*sl*) бесшумное выпускание газов из кишечника с крайне неприятным запахом (см. S.B.D. в Приложении 1)
silent flute *n* (*sl*) пенис, половой член
silent like the "p" in swimming *mod* (*sl*) (о букве) непроизносимая, нечитающаяся, немая (игра слов на pee n q.v. и значениях слова silent: 1. тихий, бесшумный; 2. (о букве) непроизносимая
silkies *n pl* (*sl*) шелковые женские трусики
silly ass *n* (*vulg*) болван, тупица
silly-ass about *v* (*vulg*) 1. бездельничать, валять дурака 2. вести себя глупо
silly-ass around *v* (*vulg*) silly-ass about q.v.
silly-assed *mod* (*vulg*) глупый, бессмысленный
silly cunt *n* (*vulg*) (обыч. о женщине) silly ass q.v.
silly filly *n* (*sl*) сексапильная женщина недалекого ума
silvertip *n* (*sl*) физически привлекательная блондинка (обыч. шведка)
simple infanticide *n* (*coll*) мастурбация
simple shit *n* (*vulg*) простак, недотепа
sin-bin *n* (*sl*) микроавтобус с постельными принадлежностями, используемый для петтинга или совокупления

since Fanny was a girl's name *mod* (*sl*) с давних пор, очень давно cf. fanny 1, 2
since Fanny was a woman's name *mod* (*sl*) since Fanny was a girl's name q.v.
sinfant *n* (*sl*) незаконнорожденный ребенок (от sin и infant)
single-track mind *n* (*sl*) one-track mind q.v.
single-track-minded *mod* (*sl*) one-track-minded q.v.
sink *n* (*sl*) туалет
sink'er *v* (*low*) ввести пенис во влагалище
sink the soldier *v* (*low*) совокупляться с женщиной
sinsation *n* (*sl*) sexation q.v. (от sin и sensation)
sinsational *mod* (*sl*) sexational q.v.
sin sister *n* (*sl*) проститутка
sinspire *v* (*US sl*) соблазнить, совратить (от sin и inspire)
sin spot *n* (*sl*) публичный дом
sip *v* (*sl obs*) мочиться (перевертыш от piss q.v.)
Sir Berkley *n* (*UK sl*) 1. женские наружные половые органы 2. совокупление с точки зрения мужчины (см. Sir Berkley Hunt в Приложении 3)
Sir Harry *n* (*coll obs*) туалет (usu go to /visit Sir Harry) 2. запор
sirreverence *n* (*sl obs*) экскременты
Sir Stork *n* (*US sl*) объяснение вопросов половых отношений детям
sis *n* (*sl*) 1. женоподобный мужчина 2. любая женщина
siss *n* (*sl*) 1. sis q.v. 2. неприличный жест cf. fingerwave
siss *v* (*sl*) give somebody the finger q.v.
sissie *n* (*sl*) 1. sis q.v. 2. пассивный гомосексуалист
sissie *mod* (*sl*) женоподобный

sissie boy *n (sl)* женоподобный мужчина
sissified *mod (sl)* sissie mod q.v.
sissify somebody *v (sl)* делать кого-либо женоподобным
sissiness *n (sl)* женоподобность
sis-sis *v (baby talk)* cis-cis q.v.
sissy *n (sl)* sissie n q.v.
sissy *mod (sl)* sissie mod q.v.
sissy boy *n (sl)* sissie boy q.v.
sissyish *mod (sl)* sissie mod q.v.
sister *n* 1. (*Negro sl*) любая негритянка 2. (*sl*) любая женщина 3. (*homos*) негр-гомосексуалист
sister act *n (sl)* 1. половые отношения между двумя гомосексуалистами, имеющими схожие половые вкусы 2. половые отношения между гомосексуалистом и женщиной
sister of mercy *n (sl)* проститутка
sit for company *v (sl)* работать в публичном доме
sit on one's own ass *v (vulg)* быть независимым (обыч. в финансовом плане)
sit on one's own bottom *v (sl)* sit on one's own ass q.v.
sit on somebody's face *v (vulg)* (о женщине) садиться на лицо полового партнера для того, чтобы заняться кунилингусом
sit on the throne *v (US sl)* испражняться
sit scratching one's ballocks *v (low)* бездельничать
sit scratching one's balls *v (low)* sit scratching one's ballocks q.v.
sit up with a sick friend *v (sl obs)* (о мужчине) не ночевать дома (обычное оправдание перед женой)
sitdown *n (sl)* зад (часть тела)
sit-me-down *n (US sl)* sitdown q.v.
sitsbein *n (US sl)* sitdown q.v.

sitter *n* 1. (*US sl*) sittdown q.v. 2. (*sl obs*) новая проститутка в публичном доме 3. (*sl*) проститутка, сопровождающая сутенера в поисках клиента 4. (*sl*) B-girl q.v.
sitters *n pl (US sl)* sitdown q.v.
sitting-room *n (US sl)* sitdown q.v.
sit-upon *n (US sl)* sitdown q.v.
sitzbein *n (US sl)* sitdown q.v.
six *n (UK college sl obs)* туалет
six hat and fifty shirt *n (sl)* мужчина недалекого ума с большой половой потенцией
six-o-six *n (med and mil sl)* сальварсан (лекарство от сифилиса)
sixty-nine *n (vulg)* позиция полового сношения, при которой мужчина осуществляет кунилингус, а женщина -- фелляцию (взаимный оральный секс)
sixty-niner *n (vulg)* человек, предпочитающий позицию sixty-nine q.v.
sixty-three *n (homos vulg)* оральные ласки в области заднего прохода
sizzle *v (sl)* страстно хотеть женщину/мужчину
sizzler *n (sl)* 1. артистка стриптиза 2. непристойная история 3. молодая страстная женщина 4. любая сексуально возбуждающая вещь
sizzling *mod (sl)* 1. похотливый 2. сексуально возбуждающий
sizzling Susie *n (sl)* молодая страстная женщина
skag *n (sl)* физически непривлекательная женщина
skank *n (sl)* skag q.v.
skate *v (Naval sl)* вести распутный образ жизни
skeet *n (college sl)* комок застывшей носовой слизи

sketch n (*sl*) сексапильная женщина cf. hot sketch
skid road n (*sl*) район города, где сосредоточены публичные дома и другие заведения с сомнительной репутацией
skid row n (*sl*) skid road q.v.
skid-row bum n (*sl*) опустившийся человек cf. bum
skin n 1. (*coll*) крайняя плоть 2. (*sl*) (собир.) женщины 3. (*vulg*) презерватив
skin the live rabbit v (*low*) совокупляться с женщиной
skin dog n (*sl*) мужчина, имеющий много половых партнеров
skin flick n (*sl*) порнографический фильм
skin game n (*sl*) нудизм
skin magazine n (*sl*) порнографический журнал
skin movie n (*sl*) skin flick q.v.
skinny n (*sl*) молодая привлекательная женщина
skinny-dip n (*sl*) купание в обнаженном виде
skinny-dip v (*sl*) купаться в обнаженном виде
skinny-dipper n (*sl*) обнаженный купальщик
skin-the-pizzle n (*low*) женские наружные половые органы
skirt n (*sl*) 1. любая женщина 2. (собир.) женский пол 3. совокупление 4. любовница (usu my skirt)
skirt v (*low obs*) быть проституткой
skirt-chaser n (*sl*) бабник, волокита
skirt-happy mod (*sl*) (о мужчине) похотливый
skirt-hunting n (*coll*) поиски женщины (обыч. проститутки) для совокупления
skirt-man n (*sl*) сутенер
skirt-nerts mod (*US college sl*) skirt-happy q.v.
skirty-flirty mod (*US college sl*) skirt-happy q.v.
skitters n pl (*mil sl*) расстройство желудка
skivvies n pl (*sl*) нижнее белье
sklook v (*college sl rare*) совокупляться
sklooking n 1. (*US sl*) петтинг 2. (*college sl rare*) половое возбуждение
skoosh n (*mil sl*) любовница
skosh n (*mil sl*) skoosh q.v.
skrunt n (*coll*) проститутка
sky-clad mod (*sl*) обнаженный
sky-scraper n (*low obs*) пенис, половой член
slack v (*sl*) мочиться
slack off v (*sl*) slack q.v.
slack-happy mod (*sl*) (о женщине) похотливая, любвеобильная
slack puller n (*sl*) женщина легкого поведения
slag n (*low*) 1. проститутка 2. физически непривлекательная распутная женщина 3. (собир.) женщины
slagger n (*low obs*) содержатель(ница) публичного дома
slam v (*sl*) совокупляться
slam, bam, thank you ma'm n (*sl*) быстрое совокупление (обыч. не приносящее удовлетворения женщине)
slap and tickle n (*coll*) 1. петтинг 2. совокупление 3. кокетливое поведение
slash n 1. (*low*) мочеиспускание (usu have a slash) 2. (*vulg*) вагина, влагалище
slashers n pl (*low*) яички
slate n (*US sl*) зад (часть тела)
slave n (*sl*) пассивный партнер в садомазохистской паре
slave v (*sl*) быть сутенером

slave master *n* (*sl*) активный в садомазохистской паре

sleaze *v* (*sl*) вести распутный образ жизни

sleep around *v* (*coll*) иметь много половых партнеров

sleep like a cow (with a cunt at one's ass) *v* (*vulg*) (о мужчине) быть женатым, иметь постоянного полового партнера

sleep with somebody *v* (*coll*) состоять с кем-либо в половой связи

sleeze *v* (*sl*) sleaze q.v.

slich *n* (*sl*) проститутка (от slut и bitch q.v.)

slick article *n* (*sl*) сексапильный человек

slick chick *n* (*sl*) физически привлекательная девушка

slick dish *n* (*sl*) slick chick q.v.

slick job *n* (*sl*) slick chick q.v.

slick lot *n* (*sl*) slick chick q.v.

slick member *n* (*sl*) slick chick q.v.

slick number *n* (*sl*) slick chick q.v.

slick piece of merchandise *n* (*sl*) slick chick q.v.

slick piece of work *n* (*sl*) slick chick q.v.

slick proposition *n* (*sl*) slick chick q.v.

slick skirt *n* (*sl*) slick chick q.v.

slick stuff *n* (*sl*) slick chick q.v.

slim-dilly *n* (*sl*) стройная молодая женщина

slime *n* (*low*) сперма

sling a shot *v* (*US sl*) сморкаться в пальцы

sling a slobber *v* (*low obs*) целовать

sling a snot *v* (*low obs*) sling a shot q.v.

sling one's jelly *v* (*low obs*) мастурбировать

sling one's juice *v* (*low obs*) sling one's jelly q.v.

slinger *n* (*sl*) артистка стриптиза

slinky *mod* (*sl*) (о женщине) соблазнительная

slip a joey *v* (*low*) (о женщине) 1. иметь выкидыш 2. родить ребенка

slip inside somebody *v* (*low*) 1. совокупляться с женщиной 2. ввести пенис во влагалище

slip into somebody *v* (*low*) slip inside somebody q.v.

slip it about somebody *v* (*low*) совокупляться с женщиной

slip one's braces *v* (*sl*) (о мужчине) забыть о приличиях

slip one's (k)nob in *v* (*low*) совокупляться с женщиной

slip somebody a few inches *v* (*sl*) slip one's (k)nob in q.v.

slip somebody a kiss *v* (*coll*) поцеловать кого-либо

slip somebody a length *v* (*low*) 1. совокупляться с женщиной 2. состоять с кем-либо в гомосексуальной связи

slip somebody a smack *v* (*sl*) slip somebody a kiss q.v.

slip somebody up *v* (*low obs*) оплодотворить женщину

slip the berry *v* (*US sl*) издать губами неприличный звук cf. raspberry

slip the goose *v* (*US sl*) щекотать чьи-либо ягодицы

slippery tit *n* (*low*) дешевый ресторан

slit *n* (*vulg*) 1. вагина, влагалище 2. клитор

slithery *n* (*low*) совокупление

slob *n* (*sl*) поцелуй

slobberation *n* (*low obs*) поцелуи (особ. неумелые)

slop chute *n* (*US sl*) анус, задний проход

slopie gal *n* (*sl*) сексапильная молодая китаянка

slot *n* (*US sl*) женские наружные половые органы

slotted job *n* (*sl*) женщина

slough the duds *v (sl)* раздеться донага

slow *mod (sl)* (в сексуальном плане) скромный, нерешительный

slow fellow *n (sl)* нерешительный любовник

slow girl *n (sl)* недотрога

slowie *n (sl)* 1. slow girl q.v. 2. холодная женщина 3. slow fellow q.v.

slowpoke *n (sl)* slow fellow q.v.

sluice *n (low obs)* женские наружные половые органы

sluice-cunted *mod (vulg)* (о женщине) обезображенная многочисленными родами или распутным образом жизни

slucker *n. (Cockney sl obs)* проститутка (в приходе Св. Луки в Лондоне жило много проституток)

slut *n (low)* дешевая проститутка

sluttish *mod (sl)* (об одежде, поведении) характерный для проститутки

slutty *mod (sl)* sluttish q.v.

smack *n (sl)* поцелуй

smack somebody (in the puss) *v (sl)* целовать кого-либо

smack in the puss *n (sl)* smack n q.v.

smacker *n (sl)* smack n q.v.

smacker somebody *v (sl)* smack somebody (in the puss) q.v.

small-arm(s) inspection *n (mil sl)* short-arm inspection q.v. (игра слов на short arm q.v. и small arms стрелковое оружие)

smallest room *n (euph)* туалет

small-time operator *n (sl)* мужчина, который верен одной женщине cf. big-time operator

smart ass *n (vulg)* 1. всезнайка, умник 2. хитрец 3. нахал

smart-ass *mod (vulg)* 1. умничающий 2. наглый

smart smut *n (US sl)* тонкая, завуалированная непристойность

smashing *n (sl)* петтинг

smashing line *n (low)* сексапильная женщина

smell shit *v (vulg)* подозревать что-либо

smoke somebody *v (low)* (о женщине) заниматься с кем-либо фелляцией

smoker *n (low)* женщина, занимающаяся фелляцией

smokehouse *n (sl)* туалет

smooch *v (sl)* 1. целовать 2. заниматься петтингом

smooch date *n (sl)* женщина, любящая петтинг

smoocher *n (sl)* человек, любящий петтинг

smooching *n (sl)* петтинг

smooching party *n (sl)* вечеринка, участники которой занимаются петтингом

smoodge *v (sl)* smooch q.v.

smooge *v (sl)* smooch q.v.

smooth article *n (sl)* физически привлекательный человек

smooth fellow *n (sl)* smooth article q.v.

smoothie *n (sl)* smooth article q.v.

smooth Jackson *n (sl)* smooth article

smooth Joe *n (sl)* smooth article q.v.

smooth operator *n (sl)* 1. smooth article q.v. 2. человек, искушенный в сексе

smoothy *n (sl)* smooth article q.v.

smoozle *v (sl)* smooch q.v.

smoozler *n (sl)* smoocher q.v.

smoozling *n (sl)* smooching q.v.

smoozling party *n (sl)* smooching party q.v.

smouge *v (sl)* smooch q.v.

smubtle *mod (US sl)* утонченно непристойный (от smut q.v. и subtle)

smudgy *mod (sl)* непристойный

smut *n (sl)* 1. порнографический журнал или книга 2. непристойный анекдот

smut *v* (*sl*) рассказывать неприличные анекдоты
smut crack *n* (*sl*) smut n 2 q.v.
smut-cracker *n* (*sl*) человек, любящий (рассказывать) непристойные анекдоты
smut-hound *n* (*sl*) 1. распутник 2. человек, ищущий в книге "сальные" места
smuts *n pl* (*sl*) порнография
smut session *n* (*sl*) вечеринка, на которой рассказывают неприличные анекдоты
smut sheet *n* (*sl*) порнографический журнал
smut-slut *n* (*sl*) дешевая проститутка
snack-up *n* (*sl*) совокупление
snafu см. Приложение 1
snag *n* (*sl*) физически непривлекательная девушка
snag *v* (*sl*) заниматься анальным сексом
snake *n* (*sl*) 1. сексапильная женщина 2. бабник, волокита
snake-hips *n* (*sl*) 1 мужчина с красивой стройной фигурой 2. танцор, энергично вращающий бедрами во время танца
snake ranch *n* (*sl*) публичный дом
snap *n* (*sl*) женщина легкого поведения
snapper *n* 1. (*homos vulg*) крайняя плоть 2. (*vulg*) вагина, влагалище
snappy undercut *n* (*sl*) физически привлекательная женщина
snare *v* (*homos*) содержать пассивного партнера
snatch *n* (*vulg*) 1. женский пах 2. вагина, влагалище 3. быстрое совокупление 4. (собир.) женщины как объект совокупления
snatch-blatch *n* (*low obs*) женские наружные половые органы
snatch-box *n* (*low*) snatch-blatch q.v.
snazzy chassis *n* (*sl*) хорошо сложенная девушка

snefoo см. snefu в Приложении 1
snefu см. Приложение 1
snibbet *n* (*low*) совокупление
snibley *n* (*low*) snibbet q.v.
sninny *n* (*low*) молодая привлекательная женщина
snippet *n* (*UK low*) 1. женские наружные половые органы 2. совокупление с женщиной
snitz bitch *n* (*sl*) rich bitch q.v.
snizzle *v* (*low obs*) вести распутный образ жизни
snoff см. Приложение 1
snog *n* (*sl*) 1. ухаживание 2. петтинг 3. страстный поцелуй
snog *v* (*sl*) 1. заниматься петтингом 2. страстно целоваться
snogger *n* (*sl*) человек, занимающийся петтингом
snogging *n* (*sl*) snog n q.v.
snogging session *n* (*sl*) вечеринка, участники которой занимаются петтингом
snooble *v* (*sl*) snog v q.v.
snoobler *n* (*sl*) snogger q.v.
snoobling *n* (*sl*) snog n q.v.
snoogle *v* (*sl*) snog v q.v.
snoogler *n* (*sl*) snogger q.v.
snoogling *n* (*sl*) snog n q.v.
snooty cutie *n* (*sl*) сексапильная девушка
snoozle *v* (*sl*) snog v q.v.
snoozler *n* (*sl*) snogger q.v.
snoozling *n* (*sl*) snog n q.v.
snot *n* (*vulg*) 1. носовая слизь 2. неприятный человек
snot *v* (*vulg*) сморкаться
snot-box *n* (*low obs*) нос
snot-nose *n* (*sl*) 1. насморк 2. молодой выскочка, самоуверенный молодой человек
snot-nosed *mod* (*low*) 1. страдающий насморком 2. самоуверенный
snot-rag *n* (*low*) носовой платок
snotted *mod* (*low*) 1. получивший выговор 2. пьяный
snotter *n* (*low*) 1. snot-rag q.v. 2. snot-box q.v. 3. snot-nose q.v.

snottery *mod* (*UK low*) snotty q.v.
snottie *mod* (*low*) snotty q.v.
snottinger *n* (*low obs*) носовой платок
snotty *mod* (*low*) 1. snot-nosed q.v. 2. грязный, испачканный (не обязательно носовой слизью) 3. некачественный 4. злой, раздражительный 5. грубый 6. горделивый 7. отличный, великолепный
snotty nose *n* (*low*) snot-nose q.v.
snotty-nosed *mod* (*low*) snot-nosed q.v.
snots *n pl* (*low*) 1. насморк 2. устрицы
snowball-in-hell's chance *n* (*coll*) полное отсутствие каких бы то ни было шансов
snowball's chance in hell *n* (*coll*) snowball-in-hell's chance q.v.
snower *n* (*euph*) bullshit artist q.v.
snubble bee *n* (*sl*) человек, занимающийся петтингом
snuff and butter *n* (*UK sl*) евразийская женщина
snuff-and-butter maiden *n* (*UK sl*) snuff and butter q.v.
snug *v* (*sl obs*) совокупляться
snuggle bunny *n* (*sl*) женщина, любящая петтинг
snuggle darling *n* (*sl*) snuggle bunny q.v.
snuggle pup *n* (*sl obs*) snuggle bunny q.v.
snuggle puppy *n* (*sl obs*) snuggle bunny q.v.
snuggle-puppy somebody *v* (*sl obs*) заниматься с кем-либо петтингом
so *mod* 1. (*euph*) (о женщине) менструирующая 2. (*sl*) гомосексуальный
soak *v* (*low*) (о мужчине) долго не вынимать пенис из влагалища после эякуляции
soak it *v* (*low*) soak q.v.

so-and-so *n* 1. (*euph*) заменяет любой вульгарный эпитет (особ. son of a bitch) 2. (*sl*) ухажер
S.O.B. list *n* (*sl*) shit-list n q.v. см. также S.O.B. в Приложении 1
social disease *n* (*euph*) венерическое заболевание
social E *n* (*euph*) проституция (от social evil)
social security *n* (*coll*) женские подвязки
society dandruff *n* (*sl*) нестерпимый зуд в паху или в районе заднепроходного отверстия
sock it to somebody *v* (*sl*) совокупляться с кем-либо
sockable Susie *n* (*sl*) физически непривлекательная девушка
socket *n* (*sl*) женские наружные половые органы
socks appeal *n* (*US sl*) сексапил
sod *n* (*low*) гомосексуалист
sod about *v* (*low*) валять дурака, бездельничать
sod around *v* (*low*) sod about q.v.
sod off *v* (*low*) уходить (обыч. употребляется в повелительном наклонении)
sod somebody *v* (*low*) заниматься с кем-либо анальным сексом
sod all *pron* (*low*) fuck all q.v.
sodden bum *n* (*sl*) 1. бродяга-пьяница 2. алкоголик 3. пьяный мужчина cf. bum
sodding *mod* (*low*) fucking q.v.
sofa lizard *n* (*sl*) lounge lizard q.v.
soft *mod* (*sl*) женоподобный
soft-ass *n* (*UK low*) мягкое кресло
soft as shit *mod* (*vulg*) 1. бесхарактерный, бесхребетный 2. (неодобрительно) ведущий праведный образ жизни
soft as shit and twice as nasty *mod* (*vulg*) soft as shit q.v.
soft-core *mod* (*sl*) эротический cf. hard-core

soft-heel *n* (*sl*) женоподобный мужчина
softie *n* (*sl*) soft-heel q.v.
soft job *n* (*sl*) женщина легкого поведения
soft legs *n* (*Negro sl*) любая женщина
soft-off *n* (*sl*) импотенция cf. hard-on
soft pete *n* (*US cant*) зад (часть тела)
soft roll *n* (*sl*) девушка, легко соглашающаяся на совокупление
softy *n* (*sl*) soft-heel q.v.
soiled dove *n* (*sl*) проститутка
soixante-neuf *n* (*sl*) sixty-nine q.v. (из французского)
soldier's joy *n* (*low obs*) мастурбация
solid sender *n* (*sl*) физически привлекательная девушка
some relation to a girl *n* (*sl*) женоподобный мужчина
some stuff *n* (*sl*) сексапильная девушка
something in socks *n* (*humor sl*) холостяк
sonarumbeetch *n* (*sl*) son of a bitch q.v.
son of a b *n* (*euph*) son of a bitch q.v.
son of a bee *n* (*euph*) son of a bitch q.v.
son of a big shoe *n* (*euph*) son of a bitch q.v.
son of a biscuit eater *n* (*euph*) son of a bitch q.v.
son of a bitch *n* (*vulg*) 1. негодяй, подлец 2. шутливо-грубоватая форма обращения среди близких друзей 3. тяжелая скучная работа cf. bitch n 8
son-of-a-bitch *mod* (*vulg*) утомительный, неприятный
son of a bum *n* (*low*) son of a bitch q.v.
son of a dunghill *n* (*euph*) son of a bitch q.v.
son of a Dutchman *n* (*euph*) son of a bitch q.v.
son of a female canine *n* (*humor euph*) son of a bitch q.v.
son of a gun *n* (*euph*) son of a bitch q.v.
son of a horse thief *n* (*euph*) son of a bitch q.v.
son of a sea cook *n* (*euph*) son of a bitch q.v.
son of a sea-going rum scutch *n* (*Naval sl*) son of a bitch q.v.
son of a shoe-maker *n* (*euph*) son of a bitch q.v.
son of a so-and-so *n* (*euph*) son of a bitch q.v.
son of a sow *n* (*euph*) son of a bitch q.v.
son of a whore *n* (*low*) son of a bitch q.v.
sool after somebody *v* (*sl*) ухаживать за представителем противоположного пола
sorry-ass *mod* (*vulg*) 1. бестолковый, глупый 2. дурацкий, идиотский 3. плохой, некачественный
sort *n* (*sl*) представитель противоположного пола
sotto voce affair *n* (*sl*) роман, интрига, тайная связь
soul kiss *n* (*sl*) страстный поцелуй cf. French kiss
soul-kiss somebody *v* (*sl*) страстно поцеловать кого-либо cf. French-kiss somebody
sound-proof bra *n* (*sl*) лифчик с подкладкой, увеличивающей размер груди
soup *n* (*sl*) половая потенция
sour pussy *n* (*sl*) физически непривлекательная девушка
south end of a horse going north *n* (*sl*) north end of a horse going south q.v.
south end of a north-bound horse *n* (*sl*) north end of a horse going south q.v.
southern side exposure *n* (*US sl*) зад (часть тела)

sow *n* (*sl*) 1. распутная женщина 2. физически непривлекательная женщина cf. pig
Spanish football *n* (*Naval sl*) венерическое заболевание
Spanish letter *n* (*sl rare*) презерватив cf. French letter
Spanish pox *n* (*sl rare*) сифилис cf. French pox
spanker *n* (*sl*) физически привлекательная молодая женщина
spanners *n* (*sl*) сексапильная девушка
spare prick *n* (*mil vulg*) бесполезный, некомпетентный человек
spare rib *n* (*sl*) 1. жена 2. любовница
spark *n* (*sl*) ухажер, кавалер
spark it *v* (*sl*) spark somebody q.v.
spark somebody *v* (*sl*) 1. ухаживать за кем-либо 2. целовать кого-либо 3. заниматься с кем-либо петтингом
sparker *n* (*sl*) spark n q.v.
sparking *n* (*sl*) 1. ухаживание 2. петтинг
sparring partner *n* (*coll*) половой партнер
sparrow fart *n* (*UK low*) незначительный человек, мелкая сошка cf. at sparrow fart
spartacus *n* (*coll*) справочник для гомосексуалистов, в котором указаны места, где можно найти партнера
speck bum *n* (*sl*) нищий, бродяга cf. bum
speed-dame *n* (*sl*) женщина легкого поведения cf. fast 1
speed demon *n* (*sl*) распутный человек cf. fast 1
speed sister *n* (*sl*) speed-dame q.v.
speedster *n* (*sl*) speed demon q.v.
speedy *n* (*sl*) speed demon q.v.
speedy *mod* (*sl*) распутный cf. fast 1
speedy guy *n* (*sl*) speed demon q.v

spend *v* (*euph*) эякулировать
spend a penny *v* (*euph*) помочиться
spend most of one's life/time looking at the ceiling *v* (*sl*) (о женщине) быть распутной, иметь много половых связей
spend most of one's life/time on one's back *v* (*sl*) spend most of one's life/time looking at the ceiling q.v.
spermanent partner *n* (*humor sl*) постоянный половой партнер (игра слов на sperm и permanent)
sperm-bag *n* (*vulg*) неприятная женщина
spice *n* (*coll*) эротические сцены в фильмах, книгах и т.п. cf. hot
spicey *n* (*sl*) книга или журнал эротического содержания
spicy *n* (*sl*) spicey q.v.
spicy *mod* (*sl*) 1. эротический 2. непристойный
spicy dish *n* (*sl*) молодая страстная женщина
spider-claw *v* (*low*) ласкать рукой яички
spin *n* (*sl*) старая дева (сокращенное spinster)
spindle *n* (*low obs*) пенис, половой член
spindle-prick *n* (*low obs*) мужчина с небольшой половой потенцией
spindle shanks *n pl* (*US sl*) длинные худые ноги
spintry *n* (*sl*) мужчина-проститутка
spit *v* (*coll obs*) совокупляться с женщиной
spit or get off the cuspidor *v* (*euph*) shit or get off the pot q.v.
spitfire *n* (*Naval sl*) презерватив
spit-swapping *n* (*US sl*) страстные поцелуи
spivot *n* (*sl*) сексапильная молодая женщина

splash one's boots *v* (*sl*) (о мужчине) мочиться
splash one's shoes *v* (*sl*) splash one's boots q.v.
splatt *n* (*sl*) 1. сперма, разбрызганная по полу после мастурбации 2. неприятный человек
splice *v* (*low*) совокупляться
split *n* (*sl*) сутенер
split *v* (*low*) совокупляться
split-ass *n* (*vulg*) женщина
split-ass about *v* (*mil sl*) ничего не делать, валять дурака
split-ass around *v* (*mil sl*) split-ass about q.v.
split-ass *mod* (*sl*) очень быстро
split-assed one *n* (*sl*) split-ass n q.v.
split-ass landing *n* (*Air Force sl*) опасная посадка на большой скорости
split-ass mechanic *n* (*low obs*) проститутка
split-ass pilot *n* (*Air Force sl*) летчик-испытатель
split beaver *n* (*vulg*) spread beaver q.v.
split mutton *n* (*low obs*) (собир.) женщины как объект полового удовлетворения
split stuff *n* (*low*) split mutton q.v.
split-tail *n* (*cant*) девушка
spoil a woman's shape *v* (*coll obs*) оплодотворить женщину
spook *n* (*sl*) физически непривлекательная женщина
spoon *v* (*sl*) заниматься петтингом
spoon about *v* (*sl*) волочиться за женщинами
spoon around *v* (*sl*) spoon about q.v.
spooner *n* 1. (*sl*) человек, занимающийся петтингом 2. (*sl obs*) ухажер, кавалер
spooning *n* (*sl*) петтинг
spooning bee *n* (*sl*) человек, любящий петтинг
spoony *mod* (*sl*) романтический

sporran *n* (*low*) лобковые волосы
sport *n* (*sl*) 1. распутный человек 2. женщина легкого поведения 3. проститутка
sport one's blubber *v* (*low*) (о женщине) демонстрировать обнаженную грудь
sport the dairy *v* (*low*) sport one's blubber q.v.
sporting house *n* (*sl*) публичный дом
sporting woman *n* (*sl*) проститутка
sportman's gap *n* (*low*) женские наружные половые органы
sport model *n* (*sl*) женщина легкого поведения cf. fast
spout *n* (*low*) пенис, половой член
sprain one's ankle *v* (*sl obs*) быть совращенным
spread for somebody *v* (*vulg*) (о женщине) вступить в половую связь с мужчиной, отдаться мужчине
spread beaver *n* (*vulg*) 1. раскрытые женские половые губы (обыч. на порнографической фотографии) 2. вид женских половых органов, когда женщина сидит, широко раздвинув ноги
spreester *n* (*sl*) распутный человек
spring a fast one *v* (*US sl*) рассказать неприличный анекдот
spring a leak *v* (*sl*) мочиться
spring chicken *n* (*sl*) молодая женщина (обыч. употребляется в отрицательной форме)
spunk *n* (*sl*) 1. сперма 2. смелость 3. физически привлекательный юноша
spunk *v* (*sl*) эякулировать
spunky *mod* (*sl*) мужественный, смелый
spurge *n* (*low*) женоподобный мужчина
squab *n* (*sl*) 1. молодая женщина (особ. крупная) 2. вагина, влагалище

square bit *n* (*mil sl*) любовница

square broad *n* (*sl*) молодая женщина, ведущая целомудренный образ жизни

square piece *n* (*mil sl*) square bit q.v.

square tack *n* (*mil sl*) square bit q.v.

squat *n* (*US sl*) 1. зад (часть тела) 2. дефекация (usu take a squat)

squat *v* (*US sl*) испражняться

squatter *n* (*US sl*) squat n q.v.

squaw *n* 1. (*coll*) жена 2. (*sl*) уродливая проститутка

squaw man *n* (*sl*) волокита, бабник

squeezable *mod* (*sl*) (о женщине) физически привлекательная

squeezable Susie *n* (*sl*) 1. сексапильная женщина 2. женщина, любящая петтинг

squeeze *n* (*sl*) 1. женская талия 2. любовник 3. любовница

squeeze the lemon *v* 1. (*sl*) ухаживать за физически непривлекательной девушкой 2. (*low obs*) мочиться

squeeze up *v* (*low*) эякулировать

squeeze-'em-close *n* (*coll*) совокупление

squeezer *n* (*sl*) 1. мужчина, любящий петтинг 2. пояс для чулок

squire *n* (*sl*) ухажер, кавалер

squire *v* (*sl*) ухаживать за женщиной

squirrel fever *n* (*sl*) страсть, сексуальное влечение

squirt one's juice *v* (*low*) эякулировать

squirts *n pl* (*sl*) расстройство желудка

squitters *n pl* (*sl*) squirts q.v.

stab in the main vein *n* (*low*) совокупление с женщиной

stab in the thigh *n* (*coll*) stab in the main vein q.v.

stable *n* (*sl*) 1. публичный дом 2. несколько проституток, работающих на одного сутенера

stable boss *n* (*sl*) содержатель(ница) публичного дома

stack *v* (*sl*) иметь красивую фигуру

stack up *v* (*sl*) stack q.v.

stacked *mod* (*sl*) 1. (о женщине) имеющая красивую фигуру 2. (о женщине) имеющая большую грудь красивой формы

staff *n* (*sl*) пенис, половой член

staff-breaker *n* (*low*) женщина

staff-climber *n* (*low*) staff-breaker q.v.

staff of life *n* (*sl*) staff q.v.

staff of love *n* (*sl*) staff q.v.

stag-line *n* (*sl*) воображаемый список женщин, покоренных мужчиной

stag-month *n* (*sl obs*) последний месяц перед родами, когда женщина воздерживается от совокуплений

stag-widow *n* (*sl obs*) муж женщины, находящейся на последнем месяце беременности

stalk a judy *v* (*low*) искать женщину с целью совокупления

stalk the streets *v* (*low obs*) прогуливаться по улицам в поисках потенциального полового партнера

stallion *n* 1. (*sl*) мужчина с большой половой потенцией 2. (*Negro sl*) крупная сексапильная женщина 3. (*pros*) клиент проститутки

stamping ground *n* (*UK sl*) место, посещаемое мужчинами в поисках женщин

stand *n* (*low*) 1. эрегированный пенис 2. эрекция 3. проститутка, практикующая фелляцию

stand about like a spare prick at a brothel *v* (*low*) бесцельно слоняться в месте, где работают другие люди

stand about like a spare prick at a party *v (low)* stand about like a spare prick at a brothel q.v.

stand about like a spare prick at a wedding *v (low)* stand about like a spare prick at a brothel q.v.

stand on one's own ass *v (vulg)* sit on one's own ass q.v. (перефраз выражения stand on one's own feet)

stand on one's own bottom *v (low)* sit on one's own ass q.v.

stand out like a shit-house in the fog *v (low)* быть очевидным, бросаться в глаза

stand somebody up *v (low)* совокупляться с кем-либо

stand-up *n (low)* совокупление в положении стоя (usu do a stand-up)

star-ballock naked *mod (low)* stark-bollock naked q.v.

starbolic naked *mod (low)* stark-bollock naked q.v. (игра слов на stark-bollock и carbolic)

stare at the ceiling over a man's shoulder *v. (sl)* (о женщине) совокупляться

star-gazer *n (sl obs)* 1. эрегированный пенис 2. крайне распутная женщина, отдающаяся мужчине прямо на улице

star in the east *n (college sl)* пуговица, которую видно в расстегнутой ширинке

stark-bollock naked *mod (low)* полностью обнаженный (обыч. о мужчине, но может употребляться и по отношению к женщине) cf. bollocks

stark-bollux naked *mod (low)* stark-bollock naked q.v.

starkers *mod (UK coll)* stark-bollock naked q.v.

starko *mod (low)* stark-bollock naked q.v.

state house *n (sl)* туалет

state of nature *n (sl)* нагота

station bicycle *n (Air Force sl)* гарнизонная проститутка cf. ride

Stavin Chain *n (sl obs)* мужчина с большой половой потенцией

stay somebody *v (low)* вызвать у кого-либо эрекцию

steam *n (sl)* половая потенция

steamer *n (sl)* клиент проститутки

steamed up *mod (sl)* сексуально возбужденный

steaming Susie *n (sl)* молодая страстная женщина

steamy *mod (sl)* steamed up q.v.

steeped *mod (sl obs)* гомосексуальный

steerer *n (sl)* сутенер

steer joint *n (sl)* публичный дом

stem *n (sl)* пенис, половой член

stems *n pl (sl)* стройные женские ноги

stem siren *n (sl)* проститутка

step out *v (sl)* идти на свидание

step out on somebody *v (sl)* 1. изменять мужу или жене 2. изменять любовнику или любовнице

step-father *n (sl)* неверный муж cf. step out on somebody

step-mother *n (sl)* неверная жена cf. step out on somebody

step-outer *n (sl)* человек, изменяющий жене/мужу/любовнице/любовнику

step-out-oner *n (sl)* step-outer q.v.

stepper *n* 1. *(Cockney sl)* сексапильная девушка 2. *(sl)* распутный человек 3. *(sl)* страстный, горячий любовник

stepson *n (sl)* 1. распутный человек 2. бабник, волокита

stern *n (sl)* зад (часть тела)

stern-chaser *n (Naval sl)* гомосексуалист

stern-post *n (Naval sl)* пенис, половой член

stew bum *n (sl)* опустившийся пьяница cf. bum

stick *n* 1. (*sl*) пенис, половой член 2. (*low obs*) венерическое заболевание
stick it *v* (*euph*) shove something up one's ass q.v.
stick like shit to a blanket *v* (*low*) 1. прилипать, приставать 2. надоедать, досаждать
stick like shit to a shovel *v* (*low*) stick like shit to a blanket q.v.
stick out like the balls on a bulldog *v* (*vulg*) торчать, высовываться
stick somebody *v* (*low*) (о мужчине) совокупляться с кем-либо
stick something up one's ass *v* (*vulg*) shove something up one's ass q.v.
stiff *n* (*sl*) 1. эрегированный половой член 2. эрекция
stiff *mod* (*sl*) (о мужчине) сексуально возбужденный
stiff-assed *mod* (*low*) надменный, высокомерный
stiff finger *n* (*US sl*) finger wave q.v.
stiff prick *n* (*low*) начальник (особ. строгий)
stiff'un *n* (*college sl*) stiff *n* q.v.
sting *n* (*low*) пенис, половой член
stir shit out of somebody *v* (*vulg*) 1. ругать кого-либо 2. заниматься с кем-либо анальным сексом
stir-shit *n* (*low*) гомосексуалист
stoat *n* (*low*) мужчина с большой половой потенцией
stock-in-trade *n* (*coll*) половые органы
stocks and bonds *n pl* (*sl*) туалетная бумага
stomach *n* (*baby talk*) матка
stone fox *n* (*sl*) физически привлекательная девушка
stone-fruit *n pl* (*low obs*) дети cf. stones
stones *n pl* (*vulg*) яички

stork *n* (*coll*) объяснение детям вопросов половых отношений
stork doctor *n* (*med sl*) акушер
storked *mod* (*sl*) беременная
stork-mad *mod* (*sl*) 1. страстный, похотливый 2. беременная
straight *mod* (*sl*) негомосексуальный
straight walk-in *n* (*sl*) девушка, легко идущая на половую близость
strain one's taters *v* (*low obs*) мочиться
strangle a darkie *v* (*sl*) испражняться
strap *n* (*sl*) совокупление
strap-on *n* (*sl*) strap q.v.
strawberry kiss *n* (*US sl*) страстный поцелуй (обыч. оставляющий на теле кровоподтек)
stray tup on the loose *n* (*sl obs*) мужчина, ищущий женщину для совокупления
streak *n* (*sl*) появление в общественном месте в обнаженном виде
streak *v* (*sl*) появиться в общественном месте в обнаженном виде
streaker *n* (*sl*) человек, появляющийся в общественном месте в обнаженном виде
stream-line chassis *n* (*sl*) красивая женская фигура
stream-line piece *n* (*Naval sl*) физически привлекательная женщина
street sister *n* (*sl*) проститутка
street walker *n* (*coll*) street sister q.v.
stretch leather *v* (*sl*) совокупляться
stretcher *n* (*low*) пенис большого размера
strike-breaker *n* (*sl*) новая любовница
striker *n* (*sl*) физически привлекательная молодая девушка

stringer *n* (*sl*) распутный человек
strip *n* (*sl*) стриптиз
strip to the buff *v* (*coll*) раздеться донага
strip well *v* (*sl*) иметь красивое тело
strip act *n* (*sl*) strip q.v.
strip actress *n* (*sl*) артистка стриптиза
strip-all *n* (*sl*) нудист
strip-and-shake artist *n* (*sl*) артистка стриптиза, исполняющая hip-dance q.v.
strip artist *n* (*sl*) артист стриптиза
stripfarm *n* (*sl*) колония нудистов
stripfest *n* (*sl*) собрание нудистов
strip'n'tease *n* (*sl*) стриптиз (по аналогии с rock'n'roll)
strip'n'teaser *n* (*sl*) артист(ка) стриптиза
stripped to the buff *mod* (*coll*) полностью обнаженный
strippee *n* (*sl*) 1. нудист 2. стриптиз
stripper *n* (*sl*) 1. артистка стриптиза 2. фотограф, занимающийся порнографией 3. нудист
strippie *n* (*sl*) 1. стриптиз 2. артист(ка) стриптиза
strip sister *n* (*sl*) артистка стриптиза
strip-teaser *n* (*sl*) 1. артист(ка) стриптиза 2. нудист
stripteuse *n* (*sl*) strip sister q.v.
stroke *n* (*sl*) совокупление (usu have/take a stroke)
strong *mod* (*US sl*) непристойный
strong-arm *v* (*sl*) работать сутенером
stronghold *n* (*sl*) туалет
strong stuff *n* (*sl*) молодая страстная женщина
strop one's beak *v* (*low obs*) совокупляться с женщиной
struggle *n* (*sl*) петтинг

strum (somebody) *v* (*low obs*) совокупляться (с кем-либо)
strumpet *n* (*low*) проститутка
strumpet *v* (*low*) быть проституткой
stubble *n* (*low*) лобковые волосы
stud *n* (*sl*) 1. ухажер, любовник 2. любовница 3. мужчина с большой половой потенцией
stud-hammer *n* (*sl*) stud 3 q.v.
stud-muffin *n* (*sl*) stud 3 q.v.
study in anatomy *n* (*sl*) молодая женщина с хорошей фигурой
study of anatomy in Braille *n* (*US college sl*) петтинг cf. bit of Braille
stuff *n* 1. (*vulg*) женщина как объект совокупления 2. (*sl*) сексапил, физическая привлекательность 3. (*sl*) женщина легкого поведения 4. (*sl*) половая потенция 5. (*low*) совокупление
stuff *v* (*low*) (о мужчине) совокупляться
stuff something up one's ass *v* (*vulg*) shove something up one's ass q.v.
stung by a serpent *mod* (*coll obs*) беременная
stunner *n* (*sl*) сексапильная молодая женщина
stunning *mod* (*sl*) (о женщине) физически привлекательная
stupid as assholes *mod* (*vulg*) непроходимо глупый
stupid-ass *mod* (*vulg*) stupid as assholes q.v.
stupid cupid *n* (*sl*) сексапильная женщина недалекого ума
stupid shit *n* (*vulg*) болван, идиот
submarine *n* (*sl*) подкладное судно
.submarine shot *n* (*sl*) фотография с изображением женских ног намного выше колен
submarine watching *n* (*sl*) петтинг, любовные ласки

suck *v* (*vulg*) заниматься оральным сексом (особ. фелляцией)
suck face *v* (*sl*) целовать
suck somebody *v* (*vulg*) заниматься с кем-либо оральным сексом (особ. фелляцией)
suck somebody off *v* (*vulg*) suck somebody q.v.
suck somebody's ass *v* (*vulg*) подхалимничать перед кем-либо
suck somebody's root *v* (*vulg*) заниматься фелляцией
suck the sugar-stick *v* (*sl*) suck somebody's root q.v.
suck-and-swallow *n* (*low*) женские наружные половые органы
suckass *n* (*vulg*) подхалим
suckass *v* (*vulg*) подхалимничать
sucker *n* (*low*) 1. лесбиянка 2. гомосексуалист 3. человек, занимающийся фелляцией 4. пенис, половой член 5. болван, простофиля
suckster *n* (*low*) sucker 3 q.v.
suckstress *n* (*low*) женщина, занимающаяся фелляцией
sucksy-suck *n* (*vulg*) фелляция
sucky-suck *n* (*vulg*) sucksy-suck q.v.
suction *n* (*sl*) сексапил, физическая привлекательность
sug *n* (*sl*) sugar n q.v.
sugar *n* (*sl*) физически привлекательная женщина
sugar *interj* (*euph*) shit interj q.v.
sugar-basin *n* (*low*) женские наружные половые органы
sugar-bowl *n* (*low*) sugar-basin q.v.
sugar-brown *n* (*sl*) любовница-негритянка
sugar-chaser *n* (*sl*) волокита, бабник
sugar-cookie *n* (*sl*) 1. sugar n q.v. 2. sugar-chaser q.v.

sugar daddy *n* (*sl*) пожилой богатый мужчина, содержащий любовницу (обыч. намного моложе себя)
sugar hill *n* (*sl*) негритянский публичный дом
sugar honey *n* (*sl*) sugar daddy q.v.
sugar papa *n* (*sl*) sugar daddy q.v.
sugar puss *n* (*sl*) физически привлекательная молодая женщина
sugar-stick *n* (*sl*) пенис, половой член
suit of nifties *n* (*sl*) женские трусики и лифчик
sultry *mod* (*US sl*) 1. непристойный 2. страстный, похотливый cf. hot
summer complaints *n pl* (*euph*) расстройство желудка
sun *n* (*sl*) девушка
Sunday face *n* (*sl*) зад (часть тела)
Sunday girl *n* (*sl obs*) любовница на уик-энд
Sunday man *n* (*sl*) любовник на уик-энд
sunflower *n* (*sl*) sun q.v.
sunkist lemon *n* (*US sl*) физически непривлекательная девушка
super-damn-intendent *n* (*sl*) управляющий, директор
super-droopers *n pl* (*sl*) женская грудь (особ. отвислая)
supersnotty *mod* (*sl*) snotty 7 q.v.
supper-jet *n* (*sl*) бабник, волокита
supple both ends of it *v* (*Scot low*) быть безнравственным, распущенным
sure getter *n* (*sl*) мужчина с большой половой потенцией
surly as if one had pissed on a nettle *mod* (*low*) крайне удрученный, в плохом настроении
Susan *n* (*sl*) пояс для чулок

susfu см. Приложение 1
Susie *n (sl)* проститутка
swab one's tonsils *v (US sl)* страстно целовать(ся)
swain *n (sl)* ухажер, кавалер
swaffonder *n (low)* sixty-nine q.v.
swallow *v (low)* (о женщине) заниматься фелляцией
swallow a sovereign and shit it in silver *v (vulg obs)* достичь вершин мастерства
swallow a watermelon seed *v (sl)* забеременеть
swap spit(s) *v (sl)* целовать(ся)
swassander *n (low)* sixty-nine q.v.
swassonder *n (low)* sixty-nine q.v.
sway *v (US sl)* целовать(ся)
sweater girl *n (sl)* 1. киноактриса или фотомодель, известная своими физическими данными (особ. крупной красивой грудью) 2. любая женщина с красивой грудью, которая носит облегающую одежду, чтобы подчеркнуть свои формы
sweep *n (coll)* затвердевшая носовая слизь
sweetalums *n sing (sl)* сексапильная девушка
sweet B.A. *pron (euph)* ничто, ничего cf. bugger all
sweet baby *n (sl)* 1. физически привлекательная женщина 2. женщина легкого поведения 3. любовница
sweet-back *mod (sl)* характерный для sweet man q.v.
sweet biscuit *n (sl)* красивое лицо
sweet chocolate *n (sl)* 1. физически привлекательная негритянка 2. любовница-негритянка
sweet daddy *n (sl)* sugar daddy q.v.
sweet death *n (sl)* смерть в результате scarfing q.v.
sweet effay *pron (euph)* sweet Fanny Adams q.v.

sweet F.A. *pron (euph)* sweet Fanny Adams q.v.
sweet Fanny Adams *pron (sl)* ничто, ничего cf. fuck all
sweetheart *n (coll)* 1. любовник 2. любовница
sweet homo *n (sl)* гомосексуалист
sweet-hot *n (sl)* страстная любовница (игра слов на sweetheart q.v.)
sweetie *n (sl)* сексапильная женщина
sweetie-pie *n (sl)* sweetie q.v.
sweet jane *n (sl)* девушка, легко соглашающаяся на половую близость
sweet kid *n (sl)* любовница
sweetkins *n sing (sl)* sweetalums q.v.
sweet little thing *n (sl)* 1. sweet kid q.v. 2. sweetalums q.v.
sweet little trick *n (sl)* 1. sweet kid q.v. 2. sweetalums q.v.
sweet mama *n (sl)* любовница
sweet man *n (sl)* 1. любовник 2. ухажер, кавалер 3. сутенер
sweet meat *n (sl)* 1. пенис, половой член 2. содержанка
sweet papa *n (sl)* 1. sweet man q.v. 2. sugar daddy q.v.
sweet patoot *n (sl)* 1. любовница 2. ягодицы
sweet patootie *n (sl)* sweet patoot q.v.
sweet pea *n (sl)* мочеиспускание cf.pee
sweets *n sing (sl)* sweetalums q.v.
sweet stuff *n (sl)* любовница
sweet thing *n (sl)* 1. sweet kid q.v. 2. sweetalums q.v.
sweet trick *n (sl)* 1. sweet kid q.v. 2. sweetalums q.v.
sweetums *n sing (sl)* sweetalums q.v.
sweet woman *n (sl)* любовница
swell article *n (sl)* физически привлекательная молодая женщина

swell build *n* *(sl)* красивая фигура
swell dish *n* *(sl)* swell article q.v.
swell job *n* *(sl)* swell article q.v.
swell lot *n* *(sl)* swell article q.v.
swell member *n* *(sl)* swell article q.v.
swell merchandise *n* *(sl)* swell article q.v.
swell number *n* *(sl)* swell article q.v.
swell piece of goods *n* *(sl)* swell article q.v.
swell piece of merchandise *n* *(sl)* swell article q.v.
swell piece of work *n* *(sl)* swell article q.v.
swell proposition *n* *(sl)* swell article q.v.
swell stuff *n* *(sl)* swell article q.v.
swerve *n* *(sl)* прерванный половой акт (метод предотвращения нежелательной беременности)
swerve *v* *(sl)* практиковать прерванный половой акт
swift *mod* *(sl)* 1. позволяющий себе вольности с представителями противоположного пола 2. непристойный
swiftie *n* *(sl)* 1. неприличный анекдот 2. распутный человек 3. страстный, горячий любовник
swift one *n* *(sl)* swiftie q.v.
swift'un *n* *(sl)* swiftie q.v.
swine *n* *(coll)* похотливый мужчина
swing *v* *(sl)* 1. заниматься петтингом, ласкать 2. вести распутный образ жизни 3. принимать участие в групповом сексе
swing a bag *v* *(sl)* (о проститутке) работать на улице
swing both ways *v* *(sl)* быть бисексуальным
swinger *n* *(sl)* распутный человек
swingers *n pl* *(low)* 1. женская грудь 2. яички

swish *n* *(sl)* 1. женоподобность 2. пассивный гомосексуалист
swish *mod* *(sl)* женоподобный
swish-siss *n* *(sl)* женоподобный мужчина
swishy *mod* *(sl)* swish mod q.v.
swishy-siss *n* *(sl)* swish-siss q.v.
swishy-swishy *n* *(sl)* swish-siss q.v.
switch-hitter *n* *(sl)* бисексуал
swoony *n* *(sl)* физически привлекательный юноша
swoony *mod* *(sl)* (о мужчине) сексапильный
sympathy *n* *(sl)* грубое неуклюжее приставание мужчины к женщине
syph *n* *(vulg)* сифилис
sypho *n* *(low)* syph q.v.
syphon off *v* *(US sl)* мочиться
syringe *n* *(sl)* спринцевание (метод предотвращения нежелательной беременности)

T

tab *n* *(coll)* 1. любовница 2. старая дева
tabasco *n* *(sl)* страсть, похоть
tabbie *n* *(coll)* tab q.v.
tabby *n* *(coll)* tab q.v.
tabby *mod* *(sl)* женоподобный
table-end man *n* *(coll)* муж, который настолько сексуально возбудим, что совершает половой акт с женой в любом месте, где его застанет прилив похоти, не дожидаясь возможности уединиться в спальне (в данном выражении намекается, что совокупление происходит на обеденном столе)
table grade *mod* *(vulg)* (о женщине) чрезвычайно сексапильная cf. eat somebody

tabu см. Приложение 1
tackle *n (sl obs)* мужские половые органы
tadger *n (UK sl)* пенис, половой член
tail *n* 1. *(sl)* ягодицы 2. *(vulg)* вагина, влагалище 3. *(vulg)* женщина, рассматриваемая только как объект совокупления 4. *(low)* пенис, половой член 5. *(low)* совокупление
tail *v (low obs)* совокупляться
tail bone *n (low)* зад (часть тела)
tail-box *n (US sl)* женские наружные половые органы
tail-chaser *n (sl)* бабник, волокита
tail-end *n (US sl)* 1. зад (часть тела) 2. вагина, влагалище 3. пенис, половой член
tail-end Charlie *n (sl)* ass-end Charlie q.v.
tail-feathers *n pl (sl)* лобковые волосы
tail-fence *n (sl)* девственная плева
tail-flowers *n pl (sl)* менструация
tail-fruit *n pl (sl)* дети
tail-gap *n (sl)* женские наружные половые органы
tail-gate *n (sl)* tail-gap q.v.
tail-hole *n (sl)* tail-gap q.v.
tail-juice *n (low obs)* 1. сперма 2. моча
Tail Light Alley *n (sl)* улица, где часто останавливаются машины, в которых влюбленные пары занимаются петтингом
tail on fire *n (sl)* венерическое заболевание
tail-peddler *n (sl)* проститутка
tail-pike *n (low obs)* пенис, половой член
tail-pin *n (low obs)* tail-pike q.v.
tail-tackle *n (low obs)* tail-pike q.v.

tail-trading *n (low obs)* проституция
tail-trimmer *n (low obs)* tail-pike q.v.
tail-wagging *n (low obs)* совокупление
tail-water *n (low obs)* tail-juice q.v.
tail-work *n (low obs)* tail-wagging q.v.
taint *n (low)* промежуток между анальным отверстием и влагалищем (taint ('t ain't=it ain't=it isn't) сокращение от поговорки "'t ain't ass, 't ain't cunt")
take a crap *v (vulg)* испражняться
take a lesson in anatomy *v (US college sl)* заниматься петтингом
take a piss *v (vulg)* мочиться
take a piss out of somebody *v (vulg)* take the piss out of somebody q.v.
take a risk *v (euph)* вступить в половую связь несмотря на риск заразиться венерическим заболеванием
take a shit *v (vulg)* испражняться
take a spade for a walk *v (Army sl obs)* испражняться на свежем воздухе
take a turn *v (sl)* совокупляться
take a turn among somebody's frills *v (sl obs)* take a turn q.v.
take a turn among the cabbages *v (sl)* take a turn q.v.
take a turn among the parsley *v (sl)* take a turn q.v. cf. parsley
take a turn at the bunghole *v (mil low)* заниматься анальным сексом cf. bunghole
take a turn in Abraham's bosom *v (sl obs)* take a turn q.v.
take a turn in Bushey Park *v (sl)* take a turn q.v. cf. bush

take a turn in Cock Alley *v (low)* take a turn q.v. cf. cock

take a turn in Cupid's Corner *v (euph)* take a turn q.v.

take a turn in Girl Street *v (sl obs)* take a turn q.v.

take a turn in Hair Court *v (sl obs)* take a turn q.v. cf. hair

take a turn in Love Lane *v (UK sl obs)* take a turn q.v.

take a turn in the barrel *v (mil low)* take a turn at the bunghole q.v.

take a turn in the parsley-bed *v (sl obs)* take a turn q.v. cf. parsley

take a turn in the stubble *v (sl)* take a turn q.v. cf.stubble

take a turn on Mount Pleasant *v (UK sl obs)* take a turn q.v.

take a turn on one's back *v (sl)* take a turn q.v.

take a turn on Shooter's Hill *v (UK sl)* take a turn q.v. cf. shooter's hill

take a turn through the stubble *v (sl)* take a turn q.v. cf. stubble

take a turn up somebody's petticoats *v (low obs)* take a turn q.v.

take balls *v (vulg)* (о работе, задании) требовать мужества, терпения, любых других мужских качеств cf. balls

take in beef *v (low)* (о женщине) совокупляться

take it both ways *v (sl)* swing both ways q.v.

take it lying down *v (coll)* (о женщине) совокупляться

take it out in trade *v (sl)* совокупляться с девственницей

take more than bed and breakfast *v (sl)* (о мужчине-жильце) состоять в половой связи с домохозяйкой или ее дочерью

take oneself in hand *v (Naval low obs)* (о мужчине) мастурбировать

take one's finger out *v (low)* прекратить бездельничать и начать работу (подразумевается out of one's ass)

take one's snake for a gallop *v (sl)* мочиться

take somebody on *v (sl)* совокупляться с кем-либо

take somebody's cherry *v (low)* лишить женщину девственности

take the bent stick *v (sl)* (о женщине) упустить шанс выйти замуж за любимого мужчину и согласиться на брак с другим (обыч. пожилым) мужчиной, который давно за ней ухаживает

take the mickey out of somebody *v (sl)* take the piss out of somebody q.v. (см. Mickey Bliss в Приложении 3)

take the piss *v (low)* take the piss out of somebody q.v.

take the piss out of somebody *v (low)* 1. дурачить кого-либо 2. смеяться над кем-либо

take the road to Buenos Aires *v (coll)* стать проституткой (особ. работающей на сутенера)

take the starch out of somebody *v (low)* (о женщине) совокупляться с мужчиной

taken short *mod (coll)* 1. испытывающий позыв к испражнению 2. (обыч. о ребенке) испачкавший белье экскрементами

talent *n (sl)* (собир.) девушки

talk like a man with a paper asshole *v (vulg)* нести чушь

talk shit *v (vulg)* 1. лгать 2. нести чушь

talk through one's ass *v (vulg)* talk shit q.v.

talk to the canoe driver *v (low)* заниматься кунилингусом

tall, dark and handsome *mod* (*US sl*) (о мужчине) физически привлекательный
tall, dark and handy *mod* (*US sl*) tall, dark and handsome q.v.
tallow *n* (*low*) сперма
tally-ho *mod* (*low*) (о половой жизни) внебрачная
tally-husband *n* (*low*) мужчина, живущий с женщиной половой жизнью вне брака cf. tally-wife
tally-man *n* (*low*) tally-husband q.v.
tallywag *n* (*low obs*) пенис, половой член
tallywags *n pl* (*low*) яички
tallywhacker *n* (*low*) пенис, половой член
tally-wife *n* (*low*) женщина, живущая с мужчиной половой жизнью вне брака cf. tally-husband
tamale *n* (*sl*) сексапильная мексиканка
tame cat *n* (*sl*) 1. женоподобный мужчина 2. робкий, нерешительный любовник
tame dame *n* (*sl*) фригидная женщина
Tampax *n* (*coll*) женский гигиенический пакет (торговая марка)
tampon *n* (*coll*) Tampax q.v.
tamtart *n* (*low*) девушка (особ. легкого поведения)
tank *n* (*Cockney sl obs*) старая проститутка
tantalizer *n* (*sl*) 1. кокетливая девушка 2. сексапильная девушка
tan-track *n* (*low*) анус, задний проход
tap a girl *v* (*sl*) tap somebody q.v.
tap a judy *v* (*sl*) tap somebody q.v.
tap somebody *v* (*sl*) лишить женщину девственности
tarfu см. Приложение 1

target for tonight *n* (*Air Force sl*) любовница
tarnation *n* (*coll*) damnation q.v.
tarriwag *n* (*low obs*) tallywag q.v.
tart *n* 1. (*coll*) проститутка 2. (*coll*) распутная женщина 3. (*Scot sl*) пассивный гомосексуалист
tart up *v* (*low*) одеваться вызывающе (как проститутка)
tarted up *mod* (*low*) (о женщине) крикливо, вызывающе одетая
tarty *mod* (*coll*) 1. характерный для проститутки 2. (о женщине) сексапильная
Tarzan *n* (*US sl*) мужчина с большой половой потенцией
tassel *n* 1. (*US sl*) мошонка 2. (*low*) половой член ребенка
taste shit *v* (*vulg*) быть отвратительным на вкус
tasty *mod* (*sl obs*) эротический
tasty dish *n* (*sl*) сексапильная молодая женщина
tasty morsel *n* (*sl*) tasty dish q.v.
tauri excretio *n* (*sl*) bullshit q.v. (из латинского)
taut drop of skin *n* (*Naval sl*) женщина с хорошей фигурой
taxi dancer *n* (*sl*) девушка, работающая в танцевальном зале партнершей для одиноких мужчин
taxi drinker *n* (*sl*) B-girl q.v. cf. taxi dancer
taxi steerer *n* (*sl*) человек, показывающий дорогу к публичному дому
tea *n* (*US sl*) моча
tea-cake *n* (*UK sl obs*) детские ягодицы
teacups *n pl* (*US sl*) 1. женская грудь небольшого размера 2. лифчик небольшого размера
tea-hound *n* (*sl*) 1. lounge lizard q.v. 2. женоподобный мужчина
tear *n* (*Naval sl*) гонорея

tear a strip off v (*Naval sl*) совокупляться

tear down v (*sl*) раздеваться

tear off a hunk of skirt v (*vulg*) (о мужчине) совокупляться

tear off a hunk of tail v (*vulg*) tear off a hunk of skirt q.v.

tear off a piece of skirt v (*vulg*) tear off a hunk of skirt q.v.

tear off a piece of tail v (*vulg*) tear off a hunk of skirt q.v.

tear off a strip v (*Naval sl*) tear a strip off q.v.

tear one's ass off v (*low*) тяжело работать, выкладываться

tear-ass n 1. (*mil sl*) сыр (считается, что сыр вызывает брожение газов в кишечнике) 2. (*sl*) человек, работающий на износ

tear-ass v (*low*) 1. tear one's ass off q.v. 2. быстро ехать или идти

tear-ass about v (*low*) суетиться, нервничать, переживать

tear-ass around v (*low*) tear-ass about q.v.

tear-ass into something v (*low*) заняться какой-либо тяжелой работой

tearer n (*sl*) распутный человек

teaser n 1. (*sl*) артист(ка) стриптиза 2. (*euph*) cock-teaser q.v.

teazle n (*low obs*) женские наружные половые органы

teepee n (*sl*) туалетная бумага cf. Т.Р. в Приложении 1

tell somebody to shove something up somebody's ass v (*vulg*) грубо уклониться от ответа на вопрос типа "What shall I do with this?"

tell somebody to stick something up somebody's ass v (*vulg*) tell somebody to shove something up somebody's ass q.v.

tell somebody what to do with something v (*euph*) tell somebody to shove something up somebody's ass q.v.

tell somebody where to put/shove/stick something v (*euph*) tell somebody to shove something up somebody's ass q.v.

temple n (*sl*) туалет (usu go to/visit/pray in the temple)

temple of low men n (*humor low*) женские наружные половые органы (игра слов на low men (антоним high men) и hymen)

tench n (*low*) вагина, влагалище

tenderloin district n (*sl*) red-light district q.v.

Tenderloin Madam n (*sl*) содержательница публичного дома

ten-o'clock girls n pl (*UK sl*) (собир.) проститутки (обыч. в 10 часов утра проститутки, арестованные в течение ночи, вносят залог в суде)

tenuc n (*low obs*) вагина, влагалище (перевертыш от cunt q.v.)

tether one's nag v (*Scot low*) совокупляться

thank-you-ma'am n (*sl*) быстрое совокупление, не приносящее удовлетворения женщине cf. wham-bam

that n (*sl*) сексапил, физическая привлекательность

thata n (*sl*) that q.v.

that certain something n (*sl*) that q.v.

that sin n (*sl*) гомосексуализм

that thing n (*sl*) that q.v.

that time of the month n (*euph*) менструация

that way mod (*sl*) гомосексуальный

them n (*sl*) that q.v.

these n (*sl*) that q.v.

these-and-those n (*sl*) that q.v.

thesies and thosies *n pl* (*sl*) женское нижнее бельё
thickening for something *mod* (*sl*) беременная
thigh grind *n* (*sl*) 1. круговое движение бёдрами во время полового акта (особ. перед оргазмом) 2. вращательное движение тазом во время танца
thing *n* 1. (*low*) пенис, половой член 2. (*low*) вагина, влагалище 3. (*sl*) женоподобный мужчина 4. (*sl*) мужеподобная женщина 5. (*sl*) гомосексуалист
thingammy *n* (*coll*) thingumbob q.v.
thing-'em-bobs *n pl* (*coll*) thingumajigs q.v.
thing-o-me *n* (*coll rare*) thingumbob q.v.
thing-o-my *n* (*coll rare*) thingumbob q.v.
thingumajigs *n pl* (*coll*) яички
thingumaries *n pl* (*coll*) thingumajigs q.v.
thingumbob *n* (*coll*) 1. пенис, половой член 2. вагина, влагалище
thingumebob *n* (*coll*) thingumbob q.v.
thingummie *n* (*coll*) thingumbob q.v.
thingummy *n* (*coll*) thingumbob q.v.
thingummybob *n* (*coll*) thingumbob q.v.
thingumobob *n* (*coll*) thingumbob q.v.
thingumy *n* (*coll*) thingumbob q.v.
thingy *n* (*sl*) thing q.v.
think one is shit *v* (*vulg*) быть тщеславным, самоуверенным, заносчивым
think one's got the light of Picadilly Circus shining out of one's ass-hole *v* (*UK vulg*) think one is shit q.v.

think one's shit doesn't stink *v* (*vulg*) think one is shit q.v.
think the sun shines out of one's ass/ass-hole/backside/ behind/bottom/bum *v* (*low*) think one is shit q.v.
think the sun shines out of somebody's ass/ass-hole/ backside/behind/bottom/bum *v* (*low*) боготворить кого-либо, молиться на кого-либо
third sex *n* (*sl*) (собир.). 1. гомосексуалисты 2. лесбиянки
third sexer *n* (*sl*) 1. женоподобный мужчина 2. гомосексуалист 3. мужеподобная женщина 4. лесбиянка
thisa and thata *n* (*sl*) that q.v.
this and that *n* (*sl*) that q.v.
thithy *n* (*sl*) женоподобный мужчина
thorough-go-nimble *n* (*sl obs*) расстройство желудка
those *n* (*sl*) that q.v.
thread somebody *v* (*sl*) совокупляться с женщиной
thread the needle *v* (*sl*) thread somebody q.v.
three B's *n* (*euph*) 1. bullshit baffles brain(s) q.v. в Приложении 2 2. beer, bum and bacca q.v.
three-letter man *n* (*sl*) 1. женоподобный мужчина 2. гомосексуалист (подразумевается fag q.v.)
three of the best *n* (*sl*) пакетик с тремя презервативами
threepennies *n pl* (*sl*) расстройство желудка
threepenny bit *n* (*low*) совокупление с проституткой
threepenny upright *n* (*low*) threepenny bit q.v.
three screws *n pl* (*sl*) three of the best q.v.
three S's *n pl* (*sl*) shit, shave and shove ashore q.v.

thrill n 1. (sl) сексапильная молодая женщина 2. (euph) оргазм
thrill dame n (sl) проститутка
thriller n (sl) бабник, волокита
throb n (sl) физически привлекательный человек
throne n (sl) 1. унитаз 2. ночной горшок
throne room n (sl) туалет
throw a bop into somebody v (sl) состоять с кем-либо в половой связи
throw a leg over somebody v (sl) совокупляться с кем-либо
throw a party v (sl) заниматься петтингом
throw a petting party v (sl) throw a party q.v.
throw it around v (sl) танцевать, вращая бедрами
throw it high, wide and handsome v (sl) throw it around q.v.
throw up v (low) 1. страдать рвотой 2. эякулировать
thump v (sl obs) совокупляться с женщиной
thunderbird n (sl) физически привлекательная девушка
thunder box n (sl) ночной горшок
thunder mug n (sl) thunder box q.v.
thunder thighs n pl (sl) полные женские бедра (часто употребляется как грубое обращение)
tib n (sl) дешевая проститутка
tick like fuck v (mil vulg) ворчать, браниться
tickle somebody's toby v (sl) бить кого-либо ногой по ягодицам cf. toby 2
tickler n (low) пенис, половой член
tickle-tail n (low obs) tickler q.v.
tickle-thomas n (low) женские наружные половые органы

tick-tack n (sl) совокупление
tick-tack v (sl) совокупляться
tiddle v (baby talk) мочиться
tidy unit n (sl) физически привлекательная молодая женщина
tie somebody up v (low obs) оплодотворить женщину
tie the true lovers' knot v (sl obs) совокупляться
tiger n (sl) 1. мужчина с большой половой потенцией 2. похотливый мужчина 3. распутный человек
tiger piss n (mil sl) пиво
tight mod (sl) (о женщине) фригидная
tight as a fart mod (low) 1. жадный, скупой 2. пьяный
tight as a fish's ass-hole (and that is watertight) mod (low) tight as a fart q.v.
tight as Kelsey's nuts mod (low) tight as a fart q.v.
tight as O'Reilly's balls mod (low) tight as a fart q.v.
tight-ass n (vulg) 1. человек, ведущий себя скованно 2. жадный, скупой человек 3. недружелюбный человек 4. педант 5. фригидная женщина
tight-assed mod (vulg) 1. напряженный, скованный 2. жадный, скупой 3. (о женщине) фригидная 4. (о женщине) целомудренная, непорочная
Tijuana Bible n (US sl rare) порнографическая книга, журнал и т.п. (Тихуана, город в Мексике на границе с США, известен своей порнографической продукцией)
till n (low) женские наружные половые органы
till hell freezes over mod (coll) навсегда

timothy *n* 1. *(sl)* публичный дом 2. *(sl obs)* пенис, половой член (особ. у ребенка)
tin-ass *n (low)* счастливчик, везучий человек
tin-assed *mod (low)* везучий, удачливый
tin-bum *n (sl)* tin-ass q.v.
tin-bum *mod (sl)* tin-assed q.v.
tinkle *v (baby talk)* мочиться
tin throne *n (sl)* ночной горшок
tin titty *n (sl)* консервированное молоко
tip *n* 1. *(vulg)* совокупление 2. *(sl)* физически привлекательная девушка 3. головка полового члена
tip somebody *v* 1. *(sl)* быть неверным (мужу или жене) 2. *(vulg)* совокупляться с кем-либо
tip the long'un *v (sl)* совокупляться с женщиной
tirly-whirly *n (Scot low obs)* женские наружные половые органы
tit *n (low)* 1. женская грудь 2. глупый мужчина 3. молодая женщина 4. *(obs)* женские наружные половые органы
tit about *v (low)* бездельничать, валять дурака
tit around *v (low)* tit about q.v.
titbag *n (low)* лифчик
tit cap *n (Army sl)* пилотка
tit-for-tats *n pl (low)* женская грудь
tit-hammock *n (sl)* titbag q.v.
tit-man *n (low)* мужчина, который любит ласкать женскую грудь или любоваться ею
tit-puller *n (low)* доярка
tits *n pl (low)* женская грудь
tits *mod (low)* великолепный, изумительный
tits and ass *n (low)* шоу с показом обнаженного женского тела

tits-and-ass *mod (low)* (о книге, журнале) порнографический 2. (о шоу) с демонстрацией обнаженного женского тела
tit-show *n (low)* шоу, в котором демонстрируется обнаженная женская грудь
tits-up *mod (low)* на спине, вверх ногами
titter *n (sl)* физически привлекательная девушка недалекого ума
tittie *n (sl)* 1. девушка 2. женская грудь
titty *n (sl)* tittie q.v.
titty boo *n (sl)* своенравная девочка
tivvy *n (low obs)* женские наружные половые органы
tivy *n (low obs)* tivvy q.v.
TNT *n (sl)* половая потенция (от trinitrotoluene)
to beat the hell *mod (coll)* быстро, резко
toby *n* 1. *(low)* распутная женщина 2. *(low)* зад (часть тела) 3. *(low obs)* женские наружные половые органы
toe somebody's bum *v (low)* бить кого-либо ногой по ягодицам
toffee ration *n (Naval sl)* совокупление с супругой
toffer *n (low obs)* модная проститутка
to hell and back *mod (coll)* 1. не твое дело (в ответ на вопрос "Where are you going?" 2. везде, повсюду
to hell and gone *mod (coll)* 1. далеко, далекий 2. безнадежно испорченный 3. давно умерший
toilet mouth *n (sl)* человек, часто употребляющий в речи вульгарные выражения
tokis *n (sl)* tokus q.v.
tokis-licker *n (sl)* tokus-licker q.v.

tokus *n (sl)* 1. зад (часть тела) 2. задний проход (из еврейского)
tokus-licker *n (sl)* подхалим cf. ass-kisser
toley *n (Scot sl)* экскременты
tom *n (sl)* tomcat q.v.
tom *v (sl)* 1. (о мужчине) совокупляться 2. быть проституткой
tomato *n (sl)* 1. чрезвычайно сексапильная девушка 2. физически непривлекательная молодая женщина 3. женщина легкого поведения
tom cat *n (sl)* 1. волокита 2. сексапильный мужчина
tomcat about *v (sl)* 1. волочиться за женщинами 2. искать проститутку
tomcat around *v (sl)* tomcat about q.v.
tommer *n (sl)* tom cat q.v.
tommy *n* 1. *(sl)* гомосексуалист 2. *(sl)* менструация 3. *(cant)* девушка 4. *(low obs)* проститутка 5. *(low obs)* сутенер 6. *(low obs)* пенис, половой член
tommy buster *n (sl)* насильник
tonge *n (low obs)* пенис, половой член
tonsil swabbing *n (US sl)* страстные поцелуи
tool *n (vulg)* пенис, половой член
tool check *n (Air Force sl)* long-arm inspection q.v.
too mean to part with one's shit *mod (vulg)* чрезвычайно скупой
toot *n (sl)* туалет
toot *v (sl)* выпускать газы из кишечника
tooter *n (sl)* распутный человек
toothache *n (low)* безнравственность, распущенность
toothpicks *n pl (US sl)* длинные худые ноги
toothsome morsel *n (sl)* физически привлекательная женщина

toots *n sing (sl)* 1. сексапильная девушка 2. любовница 3. женоподобный мужчина
tootsie *n (sl)* toots 1, 2 q.v.
tootsie-wootsie *n (sl)* toots 1, 2 q.v.
tootsy *n (sl)* toots 1, 2 q.v.
tootsy-wootsy *n (sl)* toots 1, 2 q.v.
top ballocks *n pl (mil low)* женская грудь
top buttocks *n pl (low)* top ballocks q.v.
top-heavy *mod (sl)* (о женщине) с большой грудью
topless *mod (sl)* 1. (о женщине) с обнаженной грудью (обыч. об официантках или танцовщицах в баре, иногда об отдыхающих на пляже) 2. (о баре, ночном клубе) такой, в котором официантки работают с обнаженной грудью
topos *n (sl)* уборная, туалет
topos bumf *n (sl)* туалетная бумага cf. bumf
top sergeant *n (sl rare)* лесбиянка, играющая роль мужчины
top 'uns *n pl (sl)* женская грудь
tora-loorals *n pl (theater sl obs)* крупная женская грудь (обыч. полуобнаженная)
torrid *mod (sl)* страстный, похотливый cf. hot
torridora *n (sl)* страстная молодая женщина
torrid temptress *n (sl)* torridora q.v.
torso-tosser *n (sl)* hip-dancer q.v.
torso-tossing *n (sl)* hip-dance q.v.
torso-tumbler *n (sl)* hip-dancer q.v.
torso-twirler *n (sl)* hip-dancer q.v.
torso-twist *n (sl)* hip-dance q.v.
torso-twister *n (sl)* hip-dancer q.v.

torso-twisting *n (sl)* hip-dance q.v.

tosh *n (sl obs)* пенис, половой член

toss *n (sl)* мастурбация, онанизм

toss off *v (sl)* (о мужчине) мастурбировать

toss the hips *v (sl)* танцевать, вращая бедрами

toss the torso *v (sl)* toss the hips q.v.

tosser *n (sl)* 1. онанист 2. неприятный человек

toss-off *n (sl)* toss n q.v.

toss-prick *n (sl)* tosser q.v.

toss-prick *mod (sl)* 1. характерный для онаниста 2. (о юморе) грубый, скабрезный

tot-hunting *n (low obs)* поиски женщин с целью совокупления

Tottie *n* 1. *(Naval sl)* девушка, которая легко соглашается на половую близость, но не является профессиональной проституткой 2. *(sl)* сексапильная женщина 3. *(sl)* женщина, рассматриваемая как объект совокупления 4. *(sl obs)* модная высококлассная проститутка

Tottie fie *n (Cockney sl)* 1. проститутка (обыч. пухленькая, физически привлекательная) 2. любая сексапильная девушка

Totty *n (sl)* Tottie q.v.

Totty fie *n (Cockney sl)* Tottie fie q.v.

touch bun for luck *v (Naval low)* дотрагиваться до женского лобка перед дальним походом "на счастье"

touch oneself up *v (sl)* мастурбировать

touch somebody up *v (sl)* возбуждать кого-либо мануально

touchable *n (sl)* женщина легкого поведения (игра слов на untouchable "неприкасаемый", один из главарей мафии)

touch-crib *n (low obs)* публичный дом cf. crib

touch dancing *n (sl)* танец, во время которого партнеры тесно прижимаются друг к другу cf. dirty dancing

touch hole *n (low obs)* женские наружные половые органы

touching cloth *n (sl)* очень сильное выпускание газов из кишечника, во время которого из заднего прохода выделяется некоторое количество экскрементов

touch-me-not *n (sl)* женщина, не любящая петтинг, недотрога

touch of the galloping nob-rot *n (Air Force sl obs)* нестерпимый зуд в половых органах у мужчины

touch-trap *n (low)* пенис, половой член

touch-up *n (coll)* сексуально возбуждающие ласки

tough baby *n (sl)* женщина легкого поведения

tough cat *n (Negro sl)* мужчина, пользующийся большим успехом у женщин

tough girl *n (sl)* tough baby q.v.

toughie *n (sl)* мужчина с большой половой потенцией

tough shit *n (vulg)* неудача, невезение

tough-shit card *n (mil sl)* 1. рапорт военнослужащего с жалобой на вышестоящего начальника 2. направление на беседу с военным священником для военнослужащего, подавшего жалобу на вышестоящего начальника

tough tit(s) *n (pl) (low)* tough shit q.v.

tough titties *n pl (low)* tough shit q.v.

tough titty *n (low)* tough shit q.v.

toupee *n (low obs)* женский лобок

touristas *n pl (sl)* расстройство желудка (обыч. вызванное не столько плохим питанием, сколько резкой переменой пищи или часового пояса, напр. во время туристической поездки)
tout *n (sl)* зад (часть тела)
town bike *n (sl)* распутная женщина cf. ride
town bull *n (low obs)* сутенер
town Johnny *n (sl)* волокита
toy *n (sl)* любовница
toy-boy *n (sl)* молодой любовник пожилой женщины (обыч. живущий за ее счет)
trackwork *n (US sl)* занятие петтингом в темных аллеях парков и т.п.
trade *n* 1. *(sl)* мужчина или женщина, рассматриваемые исключительно как сексуальные объекты (часто в коммерческих целях) 2. *(homos)* совокупление
trailer *n (sl)* прохождение участниц стриптиза перед публикой в одежде до начала представления
train *n (sl)* 1. многократный оргазм с одним партнером 2. совокупление одной женщины с несколькими мужчинами подряд
traipsing twerp *n (sl)* женщина легкого поведения
tramp *n (coll)* распутная женщина (независимо от социального происхождения или статуса)
transom peeper *n (sl)* peeker q.v.
trapeze artist *n (sl)* гомосексуалист, содомит
trap for young players *n (sl)* помолвка, женитьба
traveller's marrow *n (sl)* эрекция
travelling salesman *n (sl)* бабник, волокита
treat for sore eyes *n (sl)* физически привлекательная молодая женщина

trick *n* 1. *(pros)* клиент проститутки 2. *(pros)* услуги проститутки 3. *(sl)* физически привлекательная девушка 4. *(sl)* совокупление
trick *v (pros)* найти клиента
tricking broad *n (sl)* проститутка
trick roll *n (sl)* проститутка, заманивающая клиента в место, где его грабят
tricky Vicky *n (sl)* коварная соблазнительница
trim *n (sl)* совокупление
trim the buff *v (low)* 1. лишить девственности 2. совокупляться
trip *n* 1. *(sl)* проститутка 2. *(cant obs)* любовница вора
triple-clutcher *n (euph)* motherfucker q.v.
triple-clutching *mod (euph)* mother-fucking q.v.
trip up the Rhine *n (mil sl)* совокупление
trizzer *n (low)* общественный туалет
troilism *n (sl)* групповой половой акт, в котором принимают участие три человека (от фр. trois три) cf. German troilism, Japanese troilism
troll *v (pros and homos)* прогуливаться по улицам в поисках клиента
trollop *n (sl)* распутная женщина
trot *n (low)* 1. twat 1 q.v. 2. любая женщина 3. туалет 4. расстройство желудка
trot out one's pussy *v (low)* (о женщине) отдаться мужчине
trots *n pl (sl)* trot 4 q.v.
trouble *n (Cockney sl)* жена или любовница (см. trouble and strife в Приложении 3)
trouser-crease eraser *n (sl)* сексапильная женщина, любящая петтинг
trout *n (sl)* фригидная женщина

trull *n* (*sl*) проститутка
trump *n* (*low obs*) выпускание газов из кишечника
trump *v* (*low obs*) выпускать газы из кишечника
truncheon *n* (*UK sl*) пенис, половой член
try it on with somebody *v* (*sl*) (о девственнице) впервые отдаться мужчине (от try something on примерять новую, ненадеванную одежду)
tsk-tsk *mod* (*sl*) непристойный
tst-tst *mod* (*sl*) tsk-tsk q.v.
tube *n* (*UK sl*) пенис, половой член
tuchus *n* (*sl*) tokus q.v.
tuckus *n* (*sl*) tokus q.v.
tuifu см. Приложение 1
tukkis *n* (*sl*) tokus q.v.
tulip sauce *n* (*sl obs*) поцелуй (игра слов на tulip и two lips)
tumble-in *n* (*low*) совокупление
tumble in *v* (*low*) совокупляться
tummy *n* (*baby talk*) матка
tummy-tickling *n* (*sl*) совокупление
tum twiddler *n* (*sl*) hip-dancer q.v.
tum twiddling *n* (*sl*) hip-dance q.v.
tunnel *n* (*sl*) вагина, влагалище
tup somebody *v* (*sl*) совокупляться с кем-либо
turd *n* (*vulg*) 1. комок экскрементов 2. неприятный человек
turd-walloper *n* (*low*) 1. распутный мужчина 2. гомосексуалист
turd-gut *n* (*low*) негодяй, подлец
turf *n* (*low*) проституция как профессия
turistas *n pl* (*sl*) touristas q.v.
turk *n* (*sl*) 1. похотливый мужчина 2. половой извращенец (от Young Turks)
turkey gobbler *n* (*sl*) пожилой любовник

Turkish medal *n* (*mil sl obs*) пуговица, видная в расстегнутой ширинке cf. Abyssinian medal
turn *n* (*low*) совокупление
turn an honest penny *v* (*low obs*) 1. быть сутенером 2. быть проституткой
turn a trick *v* (*pros*) обслужить клиента
turn a woman up *v* (*sl*) совокупляться с женщиной
turn blue *v* (*euph*) shit blue q.v.
turn green *v* (*euph*) shit blue q.v.
turn it on *v* (*low*) (о женщине) 1. согласиться вступить в половую связь 2. демонстрировать свои женские прелести
turn on the heat *v* (*sl*) turn it on q.v.
turn on the lamps *v* (*US sl*) кокетливо смотреть на кого-либо
turn on the old sex appeal *v* (*sl*) пытаться соблазнить мужчину
turn out *v* (*low*) pull a train (on somebody) q.v.
turn somebody off *v* (*sl*) снимать чье-либо половое возбуждение
turn somebody on *v* (*sl*) возбуждать кого-либо сексуально
turn somebody out *v* (*sl*) делать кого-либо проституткой или гомосексуалистом
turn up one's tail *v* (*low*) (о женщине) отдаться мужчине
turns *n pl* (*US sl*) менструация
turtle *n* (*low*) молодая женщина (особ. рассматриваемая как объект совокупления)
turtleneck *v* (*sl*) заниматься петтингом
turtlenecker *n* (*sl*) любитель петтинга
turtlenecking *n* (*sl*) петтинг
tush *n* (*sl*) tushie q.v.

tushie *n (sl)* зад (часть тела) (из еврейского) cf. tokus
tushy *n (sl)* tushie q.v.
tusk *n (sl)* содомит, гомосексуалист
tussle *n (sl)* человек, любящий петтинг
tutz *n (sl)* женоподобный мужчина (искаженное toots q.v.)
twam *n (low)* женские наружные половые органы
twammy *n (low)* twam q.v.
twat *n* 1. *(vulg)* вагина, влагалище 2. *(vulg)* женщина, рассматриваемая как объект совокупления 3. *(sl rare)* зад (часть тела)
twat-faker *n (low obs)* сутенер
twat-masher *n (low obs)* twat-faker q.v.
twat-rug *n (low obs)* женский лобок
tweed *n (sl)* физически привлекательная девушка
twerp *n (sl)* женщина легкого поведения
twig and berries *n pl (euph)* детский пенис и яички
twilight *n (sl)* туалет
twilight personality *n (sl)* 1. женоподобный мужчина 2. гомосексуалист 3. мужеподобная женщина 4. лесбиянка
twilight world *n (sl)* (собир.) 1. гомосексуалисты 2. лесбиянки
twilly *n (sl)* сексапильная молодая женщина
twim *n (low)* twam q.v.
twink *n (sl)* 1. женоподобный мужчина 2. гомосексуалист
twinkie *n (US sl)* сексапильная девочка-подросток
twins *n pl (US sl)* 1. женская грудь 2. яички
twirl the hips *v (sl)* танцевать, вращая бедрами
twirp *n (sl)* twerp q.v.
twist *n (cant)* девушка

twist somebody's pockets *v (sl)* (о женщине) пытаться соблазнить мужчину из-за его денег
twister *n (sl)* hip-dancer q.v.
twofer *n (low)* проститутка
two-fisted *mod (sl)* мужественный, обладающий большой половой потенцией
two-fisted gent *n (sl)* мужчина с большой половой потенцией
two-fister *n (sl)* two-fisted gent q.v.
two-mama papa *n (sl)* неверный муж
two-papa mama *n (sl)* неверная жена
twostone underweight *mod (coll obs)* кастрированный
twostone wanted *mod (coll obs)* twostone underweight q.v.
twot *n (vulg)* twat q.v.
two-time somebody *v (sl)* изменять мужу/жене/любовнику/любовнице
two-timer *n (sl)* 1. неверный муж или любовник 2. неверная жена или любовница
two-way stretch *n (sl)* пояс для чулок

U

umbay *n (pig Latin)* bum q.v.
umph *n (sl)* сексапил, физическая привлекательность
unable to fight a bag of shit *mod (vulg)* не умеющий драться
unable to go *mod (euph)* страдающий запором
unable to hit a bull in the ass with a scoop shovel *mod (vulg)* (о стрелке) плохой, неметкий

unable to organise a fuck in a brothel *mod* (*vulg*) не умеющий организовать самое простое дело

unable to organise a piss-up in a brewery *mod* (*vulg*) unable to organise a fuck in a brothel q.v.

unable to see somebody's ass for dust *mod* (*vulg*) не заметивший чьего-либо быстрого ухода

unable to sell ice water in hell *mod* (*coll*) (о продавце) неспособный, никуда не годный

unappropriated blessing *n* (*coll obs*) старая дева

unchies *n pl* (*sl*) женская грудь

uncle *n* (*sl*) пожилой любовник молодой девушки

under *n* (*sl*) совокупление

undercover man *n* (*sl*) гомосексуалист

undercut *n* 1. (*low*) женский лобок 2. (*coll*) физически привлекательная девушка

undergear *n* (*coll*) нижнее белье

underneaths *n pl* (*UK coll*) женские ноги

undersexed *mod* (*coll*) с пониженным сексуальным желанием

under the weather *mod* (*coll*) менструирующая

undies *n pl* (*sl*) женское нижнее белье

undie-world *n* (*sl*) undies q.v.

undud *v* (*sl*) раздеваться

unfledged *mod* (*coll*) обнаженный

unharness *v* (*sl*) раздеваться

unhintables *n pl* (*sl*) нижнее белье

unhitch *v* (*sl*) раздеваться

unh-unh *n* (*sl*) umph q.v.

universal subject *n* (*coll*) секс как тема для разговора

unload *v* (*US sl*) испражняться

unmentionables *n pl* (*sl*) unhintables q.v.

unorthodox *mod* (*euph*) 1. гомосексуальный 2. страдающий половыми извращениями

untalkaboutables *n pl* (*sl*) unhintables q.v.

unutterables *n pl* (*sl*) unhintables q.v.

unwell *mod* (*euph*) менструирующая

unwhisperables *n pl* (*sl*) unhintables q.v.

unwrap the body *v* (*sl*) раздеваться

up *mod* (*low*) (о мужчине) совокупляющийся

up somebody *v* (*low*) 1. совокупляться с женщиной 2. изнасиловать женщину

up and down like a shit-house seat *mod* (*mil vulg*) (об удаче в азартных играх) непостоянная

up for grabs *mod* (*sl*) (о женщине) легко соглашающаяся на половую близость

up her way *mod* (*low*) up mod q.v.

upholstered *mod* (*US sl*) страдающий венерическим заболеванием

uplift *n* (*sl*) лифчик, поднимающий отвислую грудь

upped *mod* (*low*) (о женщине) изнасилованная

upper deck *n* (*sl*) женская грудь

upper works *n pl* (*low obs*) upper deck q.v.

upright *n* (*sl*) совокупление в положении стоя

upright grand *n* (*sl*) upright q.v.

upset the shit-cart *v* (*vulg*) создать неприятную ситуацию, испортить что-либо

up shit creek with a broken paddle *mod* (*vulg*) up shit creek without a paddle q.v.

up shit creek with leaky oars *mod (vulg)* up shit creek without a paddle q.v.
up shit creek without a paddle *mod (vulg)* 1. в беде, потерпевший неудачу, попавший в неприятную ситуацию 2. переходящий из бара в бар, выпивая в каждом понемногу
up somebody's way *mod (low)* up mod q.v.
up the ass *mod (vulg)* полностью, абсолютно
up the creek *mod (euph)* up shit creek without a paddle q.v.
up the dirt road *mod (low obs)* занимающийся анальным сексом
up the duff *mod (low)* беременная
up the pole *mod (Cockney low)* up the duff q.v.
up the spout *mod (low)* up the duff q.v.
up the stick *mod (Cockney low)* up the duff q.v.
up the way *mod (low)* up the duff q.v.
up the wop *mod (low)* up the duff q.v.
up to shit *mod (vulg)* 1. ищущий беду на свою голову, нарывающийся не неприятности 2. замышляющий что-либо недоброе
uptown lady *n (sl)* женщина, которая позволяет мужчине ласкать себя только выше пояса
use the back-way *v (sl)* заниматься анальным сексом
use the facilities *v (sl)* испражняться
use the windward passge *v (low obs)* use the back-way q.v.
used-beer department *n (sl)* туалет в пивной
useless as a third tit *mod (Army sl)* совершенно бесполезный
useless as tits on a boar *mod (low)* useless as a third tit q.v.
useless as tits on a bull *mod (low)* useless as a third tit q.v.
useless as tits on a canary *mod (low)* useless as a third tit q.v.
useless as tits on a whore *mod (low)* useless as a third tit q.v.
usher of the back-door *n (sl)* гомосексуалист
U-wear *n (sl)* нижнее белье

V

valentino *n (sl rare)* 1. страстная любовь 2. совокупление
valve *n (low)* женские наружные половые органы
vamp *n (sl)* 1. сексуально агрессивная женщина 2. сексапильная женщина (от vampire)
vamp somebody *v (sl)* (о женщине) соблазнять кого-либо
vampy *mod (sl)* (о женщине) соблазнительная
van *n (US sl)* зад (часть тела)
vandyke *n (sl)* туалет
vanilla *n (sl)* физически привлекательная женщина
varnish one's cane *v (low)* (о мужчине) совокупляться
Vatican roulette *n (coll)* метод предотвращения нежелательной беременности, когда совокупление совершается в так называемые "безопасные" дни
vegetarian *n (sl)* старая дева cf. meat
velvet *n (sl)* сексапильная темнокожая женщина
venereal *n (med sl)* больной, страдающий венерическим заболеванием

Venus's curse *n* (*US sl*) венерическое заболевание

vert *n* (*sl*) 1. гомосексуалист 2. лесбиянка 3. садомазохист (от pervert)

vestibule *n* (*sl*) зад (часть тела)

V-girl *n* (*sl*) 1. женщина, отдающася солдатам из "патриотических" побуждений (часто во время боевых действий; обыч. отрицают свою связь с проституцией); (от victory girl) 2. женщина, зараженная венерическим заболеванием (от venereal)

vice sister *n* (*sl*) проститутка

victory girl *n* (*sl*) V-girl 1 q.v.

violent *n* (*med sl*) пациент, страдающий сифилисом в продвинутой стадии

violent *mod* (*med sl*) страдающий сифилисом в продвинутой стадии

visit from one's friend *n* (*euph*) менструация

visitor(s) *n* (*pl*) (*US sl*) менструация (usu have a visitor)

vitals *n pl* (*coll*) vital statistics q.v.

vital statistics *n pl* (*coll*) объем женской груди, талии и бедер

vixen with the fixin's *n* (*sl*) женщина с хорошей фигурой

voos *n pl* (*sl rare*) женская грудь

voriander *n* (*sl*) кокетливая молодая женщина

voyeur *n* (*coll*) peeker q.v.

V-sign *n* (*sl*) неприличный жест: поднятые вверх и разведенные средний и указательный пальцы, ладонь повернута к показывающему (в отличие от victory sign, когда ладонь повернута к смотрящему)

vulture *n* (*sl*) кокетка, соблазнительница

W

W *n* (*coll*) туалет

waaf-basher *n* (*UK Air Force sl*) распутный мужчина (WAAF= Women's Auxiliary Air Force)

wag *n* (*sl*) пенис, половой член (особ. ребенка)

wag one's bottom *v* (*Cockney sl*) быть проституткой

wag one's bum *v* (*mil sl*) (о мужчине) совокупляться

wagon bum *n* (*sl*) бродяга, путешествующий на дешевом автомобиле cf. bum

walk as if one had a feather up one's ass *v* (*low*) (о женщине) идти неестественной, скованной походкой

walk the pavement *v* (*sl*) работать уличной проституткой

walk the barber *v* (*cant obs*) совратить девушку

walk with the hips *v* (*coll obs*) идти, вращая тазом и бедрами

walker *n* (*sl*) street sister q.v.

walking dandruff *n* (*US sl*) вши (в т.ч. лобковые)

walking hell *n* (*US mil sl*) пехота

walk-up *n* (*low*) девушка, легко идущая на половую близость

walk-up fuck *n* (*vulg*) walk-up q.v.

wang *n* (*sl*) пенис, половой член

wank *n* (*low*) 1. мастурбация 2. онанист 3. болван, идиот

wank *v* (*low*) мастурбировать

wank off *v* (*low*) wank v q.v.

wank somebody off *v* (*low*) довести кого-либо до оргазма мануально

wanker *n* (*low*) онанист

wankstain *n* (*low*) неприятный человек

want to know all the ins and outs of a duck's ass *v (low)* быть чрезвычайно любопытным

want to know all the ins and outs of a nag's ass *v (Cockney low)* want to know all the ins and outs of a duck's ass q.v.

want to piss like a dress-maker *v (Cockney low)* испытывать сильное желание помочиться

war baby *n (sl)* незаконнорожденный ребенок солдата

wares *n pl (sl)* сексапил, физическая привлекательность

warm *mod (US sl)* непристойный

warm as they make'em *mod (coll obs)* распутный

warm baby *n* 1. *(US sl)* молодая страстная женщина 2. *(sl obs)* любвеобильная женщина

warm bit *n (low)* распутная женщина

warm in the tail *mod (low)* распутный

warm member *n (low obs)* 1. проститутка 2. распутный мужчина

warm shop *n (low obs)* публичный дом

warm show *n (low obs)* warm shop q.v.

warm 'un *n (low obs)* warm member q.v.

waser *n (Cockney sl obs)* девушка (особ. легкого поведения; от искаженного французского oiseau птица) cf. bird

washerie *n (sl)* туалет

Wash Hall *n (college sl)* туалет

washoutette *n (sl)* физически непривлекательная девушка

washroom *n (US euph)* туалет

wasser *n (Cockney sl obs)* waser q.v.

waste *n (euph)* экскременты

waste material *n (euph)* waste q.v.

watch birds *v (sl)* подсматривать за женщинами

water one's dragon *v (low obs)* мочиться

water one's nag *v (low obs)* water one's dragon q.v.

water one's pony *v (UK low)* water one's dragon q.v.

water one's horse *v (UK low)* water one's dragon q.v.

water the horses *v (low)* water one's dragon q.v.

water the lawn *v (US sl)* water one's dragon q.v.

water the lilies *v (US sl)* water one's dragon q.v.

water the stock *v (US sl)* water one's dragon q.v.

water-box *n (low)* женские наружные половые органы

water closet *n (coll rare)* туалет

water-course *n (low)* water-box q.v.

water-engine *n (low)* мочеиспускательные органы

water-gap *n (low)* water-box q.v.

water-gate *n (low)* water-box q.v.

watering place *n (sl)* туалет

water-mill *n (low)* water-box q.v.

water-pipe *n (sl)* уретра, мочеиспускательный канал

water sports *n pl (vulg)* половое удовлетворение, получаемое в результате того, что до или после полового акта партнеры мочатся друг на друга

water-tank *n (sl)* мочевой пузырь

water works *n pl (low)* water-engine q.v.

wax *n (US sl)* экскременты

waz *n (UK sl)* 1. моча 2. мочеиспускание

wazzed *mod (UK sl)* пьяный

weak sister *n (sl)* женоподобный мужчина

weapon *n (sl)* пенис, половой член

wear another man's shoes *v (sl)* ride in another man's old boots q.v.

wear a smile *v (sl)* ходить нагишом

wear a straw in one's ear *v (sl)* (о женщине) стараться выйти замуж

wear one's hair out against the head of the bed *v (sl)* иметь лысину на макушке (подразумеваются частые совокупления)

wear rags *v (vulg)* менструировать

wear somebody's balls for a necktie *v (sl)* жестоко наказать кого-либо

wear the bustle wrong *v (sl)* быть беременной

wear the kilt *v (sl)* быть пассивным гомосексуалистом

wedding kit *n (Army sl)* половые органы

wee *n (baby talk)* 1. моча 2. мочеиспускание

wee *v (baby talk)* мочиться

weed monkey *n (sl rare)* проститутка (особ. дешевая)

week-end on somebody *v (US sl)* проводить уик-энд с другой любовницей

week-ender *n (coll)* любовница на уик-энд

weener *n (sl)* wiener q.v.

weeney *n (sl)* wiener q.v.

weenie *n (sl)* wiener q.v.

wee-poh *n (baby talk obs)* пенис, половой член

wee-wee *n (baby talk)* wee n q.v.

wee-wee *v (baby talk)* wee v q.v.

weight off one's behind *n (low)* дефекация (игра слов на weight off one's chest/back)

weiner *n (sl)* wiener q.v.

weinie *n (sl)* wiener q.v.

well-assembled *mod (sl)* имеющий хорошую фигуру

well-built job *n (sl)* девушка с хорошей фигурой

well-endowed *mod (sl)* 1. (о женщине) имеющая большую грудь 2. (о мужчине) имеющий большие половые органы

well fucked and far from home *mod (vulg)* сильно уставший, морально подавленный

well-hung *mod (sl)* имеющий большой пенис

well set-up *mod (sl)* имеющий хорошую фигуру

well-stacked *mod (sl)* (о женщине) имеющая большую красивую грудь

well-stacked-up *mod (sl)* well-stacked q.v.

well-thumbed girl *n (sl)* дешевая проститутка

well-upholstered *mod (sl)* имеющий хорошую фигуру

well-upholstered article *n (sl)* 1. девушка с хорошей фигурой 2. крупная женщина 3. хорошая фигура

welly *n (low)* распутная женщина (от Wellington boot резиновый сапог)

welt *n (mil sl)* половой член больших размеров

wench *n (sl)* 1. физически привлекательная подвижная девушка 2. любовница

West Central *n (UK sl obs)* туалет

wet *v (euph)* мочиться (обыч. о детях или домашних животных)

wet *mod (sl)* (о женщине) сексуально возбужденная

wet ass and no fish *n (coll)* бесплодная попытка сделать что-либо (первоначально о неудачной рыбалке)

wet deck *n (vulg)* женщина, совершающая несколько совокуплений подряд с разными мужчинами (обыч. о проститутке)

wet·dream *n* (*sl*) 1. эротический сон, вызывающий поллюцию 2. сексапильная девушка

wet hen *n* (*sl*) проститутка

wet one *n* (*low*) выпускание газов из кишечника cf. touching cloth

whack it up *v* (*low*) совокупляться

whack off *v* (*low*) мастурбировать

whack-o-the-diddle-o *mod* (*Austr sl*) (о девушке) чрезвычайно сексапильная

wham *n* (*sl*) 1. момент, когда артистка стриптиза сбрасывает с себя последний предмет одежды 2. wham-bam q.v.

wham-bam *n* (*sl*) 1. совокупление (особ. быстрое, не приносящее удовлетворения женщине) 2. половая потенция

wham-bam *v* (*sl*) совокупляться (особ. быстро, без любовной игры)

wham-bam-thank-you-ma'am *n* (*sl*) wham-bam 1 q.v.

whang *n* (*low*) пенис, половой член

whank *n* (*low*) wank n q.v.

whank *v* (*low*) wank v q.v.

what? *n* (*sl*) 1. женоподобный мужчина 2. гомосексуалист 3. мужеподобная женщина 4. лесбиянка

what-is-it *n* (*coll*) what? q.v.

what-it-takes *n* (*sl*) 1. сексапил 2. половая потенция

whatsis *n* (*US sl*) зад (часть тела)

wheat belt *n* (*sl*) проститутка

wheelbarrow *n* (*sl*) половая позиция: мужчина сзади, поддерживает партнершу за ноги

whelk *n* (*Cockney low*) женские наружные половые органы

when the goose pisseth *mod* (*coll obs*) никогда

where the Queen goes on foot *n* (*low obs*) туалет

where the Queen sends nobody *n* (*low obs*) where the Queen goes on foot q.v.

wherry-go-nimble *n* (*low obs*) расстройство желудка (игра слов на merry-go-round)

whim-wham *n* (*low obs*) женские наружные половые органы

whing-ding *n* (*sl*) половая связь

whisker *n* (*vulg*) 1. женщина, рассматриваемая только как объект совокупления 2. распутная женщина 3. проститутка

whisper *v* (*baby talk*) мочиться

whistle *n* (*coll*) пенис, половой член (особ. у ребенка)

whistle bait *n* (*sl*) сексапильная женщина cf. wolf whistle

white as midnight's ass-hole *mod* (*vulg*) совершенно черный

white blow *n* (*coll*) сперма

white meat *n* (*vulg*) 1. белая женщина, рассматриваемая как объект совокупления 2. влагалище белой женщины

white owl *n* (*sl*) ночной горшок

whitewash *v* (*sl*) совокупляться с женщиной

whiz *v* (*sl*) мочиться

whiz-bitch *n* (*sl*) тяжелая работа, трудная задача

whiz-phiz *n* (*US sl*) красивое лицо

whole bag of tricks *n* (*low*) пенис и яички cf. bag

whole fam damily *n* (*coll*) семья (спунеризм от whole damn family)

whole kit *n* (*low*) whole bag of tricks q.v.

whooper wench *n* (*sl*) проститутка

whoop-it-upper *n* (*sl*) распутный человек

whoops boy *n* (*sl*) женоподобный мужчина

whore *n* (*low*) проститутка

whore cut *n* (*sl*) неровно обрезанная колода карт

whore-hopper *n* (*low*) мужчина, часто пользующийся услугами проституток

whorehound *n* (*low*) whore-hopper q.v.

whorehouse *n* (*low*) публичный дом

whore-master *n* (*low*) whore-hopper q.v.

whore-shop *n* (*low*) 1. публичный дом 2. дом, жильцы которого отличаются развратным поведением

whore's musk *n* (*mil low*) ароматизированная косметика

whoreson *n* (*low*) son of a bitch q.v.

whore's robber *n* (*pros*) непрофессиональная проститутка

whoretel *n* (*sl*) публичный дом (игра слов на whore и hotel)

whorphan *n* (*sl*) ребенок, мать которого занимается проституцией (игра слов на whore и orphan)

wicked female *n* (*sl*) сексапильная молодая женщина

widdle *v* (*baby talk*) мочиться

wide *mod* (*coll*) аморальный, непристойный

wide crack *n* (*sl*) неприличный анекдот

wide crevisse *n* (*sl*) wide crack q.v.

widow Jones *n* (*sl*) туалет

wiener *n* (*sl*) пенис, половой член (особ. в расслабленном состоянии)

wienie *n* (*sl*) wiener q.v.

wife *n* 1. (*pros*) одна из проституток, работающих на сутенера (особ. любимая) 2. (*homos*) пассивный гомосексуалист или лесбиянка 3. (*mil coll*) любовница

wife-in-law *n* (*pros*) проститутка, работающая на сутенера

wife-swapping *n* (*sl*) обмен партнерами во время группового совокупления (обыч. среди женатых пар)

wigga-wagga *n* (*low obs*) пенис, половой член

wiggle-dancer *n* (*sl*) hip-dancer q.v.

wiggler *n* (*sl*) hip-dancer q.v.

wild baby *n* (*sl*) распутный человек

wild girl *n* (*sl*) женщина легкого поведения

wild man *n* (*sl*) 1. распутный мужчина 2. страстный любовник

wild-oats sower *n* (*sl*) бабник, волокита

wild one *n* (*sl*) wild baby q.v.

wild party *n* (*sl*) 1. wild baby q.v. 2. вечеринка, участники которой занимаются петтингом

wild squirt *n* (*low obs*) расстройство желудка

wild 'un *n* (*sl*) wild baby q.v.

willie *n* 1. (*sl*) гомосексуалист 2. (*sl*) женоподобный мужчина 3. (*sl obs*) пенис, половой член (особ. детский)

willie-boy *n* (*sl*) willie 1, 2 q.v.

willy-boy *n* (*sl*) willie 1, 2 q.v.

wimp *n* (*sl*) S.A. girl q.v.

wind *n* (*sl*) газы, выпущенные из кишечника

winding boy *n* (*sl*) 1. мужчина, пользующийся большим успехом у женщин 2. неутомимый любовник

wind-mill *n* (*low obs*) зад (часть тела)

window-blind *n* (*low obs*) женский гигиенический пакет
window-peeper *n* (*sl*) peeker q.v.
window-tapper *n* (*sl*) проститутка
window-tappery *n* (*sl*) публичный дом
windy *mod* (*sl*) 1. (о пище) вызывающая метеоризм 2. страдающий от метеоризма
wing-ding *n* (*sl*) whing-ding q.v.
winger *n* (*homos*) пассивный гомосексуалист (обыч. на морском судне)
winker *n* (*sl*) 1. кокетка 2. бабник, волокита
winking Willie *n* (*sl*) женоподобный мужчина
winkle *n* (*coll*) пенис, половой член
winkle-fishing *n* (*low obs*) ковыряние в носу
wipe *n* (*coll*) туалетная бумага
wipe hell out of somebody *v* (*coll*) 1. разбить или избить кого-либо 2. отругать кого-либо
wipe somebody's ass *v* (*low*) подхалимничать перед кем-либо, пресмыкаться
wire *n* (*low*) пенис, половой член
wise ass *n* (*vulg*) хитрый человек
wise baby *n* (*sl*) любовница
wised-up baby *n* (*sl*) wise baby q.v.
worldly wise *n* (*sl*) 1. женщина, опытная в сексе 2. распутная женщина
witch *n* 1. (*college sl*) физически непривлекательная девушка 2. (*sl*) женщина, доводящая мужчину до сильного полового возбуждения, а затем отказывающая ему в близости 3. (*sl*) любовница 4. (*euph*) bitch 1-6 q.v. 5. (*sl*) сексапильная молодая женщина

witch-piss *n* (*Air Force sl obs*) спиртной напиток плохого качества
witch-whacky *mod* (*US college sl*) (о мужчине) помешанный на женщинах
with a bay window *mod* (*sl*) беременная
with balls on *mod* (*vulg*) 1. одетый с иголочки 2. в прекрасном настроении 3. конечно, определенно, несомненно
with bells on *mod* (*euph*) with balls on q.v.
withdraw *v* (*coll*) практиковать прерванный половой акт
withdrawal *n* (*coll*) прерванный половой акт
with hips to sell *mod* (*low obs*) толстозадый
with knobs on *mod* (*sl*) with balls on q.v.
with more curves than a mountain road *mod* (*sl*) (о женщине) имеющая хорошую фигуру
with more curves than a pretzel *mod* (*sl*) with more curves than a mountain road q.v.
with no more clothes than a frog *mod* (*sl*) обнаженный
with the thumb up one's ass *mod* (*low*) бездельничающий
with tits on *mod* (*low*) with balls on q.v.
wizzer *n* (*Scot sl*) мочеиспускание
wizzy *n* (*Scot sl*) wizzer q.v.
wog gut *n* (*mil sl obs*) расстройство желудка
wolf *n* (*sl*) 1. бабник, волокита 2. страстный любовник 3. активный гомосексуалист 4. бродяга, который путешествует с мальчиком-катамитом 5. похотливый мужчина 6. сексуально агрессивная женщина cf. wolfess 1

wolf *v (sl)* вести распутный образ жизни

wolf somebody *v (sl)* отбить чужую девушку или молодого человека

wolf bait *n (sl)* физически привлекательная молодая женщина

wolfess *n (sl)* 1. сексуально агрессивная женщина 2. сексапильная женщина

wolfette *n (sl)* кокетливая девушка

wolfing *n (sl)* распутный образ жизни

wolf in jeep's clothing *n (mil sl)* солдат, обладающий характеристиками wolf 1 q.v. (игра слов на wolf in sheep's clothing)

wolf in ship's clothing *n (mil sl)* матрос, обладающий характеристиками wolf 1 q.v. (игра слов на wolf in sheep's clothing)

wolf in shop's clothing *n (mil sl)* служащий, обладающий характеристиками wolf 1 q.v. (игра слов на wolf in sheep's clothing)

wolfish *mod (sl)* обладающий характеристиками wolf q.v.

wolf on a scooter *n (sl)* горячий любовник

wolf whistle *n (sl)* свист, выражающий восхищение физической красотой проходящей мимо женщины

Wolver *n (UK sl)* пенис, половой член

wolverine *n (sl)* wolfette q.v.

woman *n* 1. *(coll)* любовница 2. *(sl)* женоподобный мужчина

woman about town *n (sl)* проститутка

woman-chaser *n (sl)* 1. бабник, волокита 2. похотливый мужчина

woman of easy morals *n (coll)* распутная женщина

woman of uneasy morals *n (sl)* woman of easy morals q.v.

woman's home companion *n (sl)* бабник, волокита

woman with round heels *n (sl)* женщина, легко идущая на половую близость

woo *n (sl)* петтинг, страстные ласки (исключая совокупление)

wooftah *n (sl)* гомосексуалист

woo pitcher *n (sl)* человек, любящий петтинг

woo-woo *interj (sl)* выражение восхищения физической красотой проходящей мимо женщины

work *n (vulg)* совокупление (usu get (some) work)

work a door *v (sl)* (о проститутке) предлагать свои услуги, стоя в дверях дома

work a ginger *v (sl)* (о проститутке) ограбить клиента

work like a bastard *v (low)* очень тяжело и много работать

work one's ass off *v (low)* work like a bastard q.v.

work one's bot *v (low)* совокупляться

work one's bottom/bum/butt off *v (low)* work like a bastard q.v.

work oneself off *v (low)* мастурбировать

work one's tail off *v (low)* work like a bastard q.v.

work somebody up *v (low)* (о мужчине) вступить с кем-либо в половую близость

work the badger game *v (sl)* принимать участие в badger game q.v.

work the come-on racket *v (US sl)* 1. (о проститутке) ограбить клиента или заманить его в место, где его ограбят 2. соблаз-

нять мужчину с целью дальнейшего шантажа
work the hairy oracle *v (low)* заниматься проституцией
work the joint *v (sl)* (о проститутке) искать клиента
workable model *n (sl)* женщина легкого поведения
worked up *mod (sl)* сексуально возбужденный
working girl *n (pros)* проститутка (популярное самоназвание)
work of art *n (sl)* физически привлекательная молодая женщина
workout *n (US college sl)* петтинг
works *n pl (US sl)* 1. половые органы 2. совокупление 3. женоподобный мужчина 4. гомосексуалист 5. мужеподобная женщина 6. лесбиянка
worm *n* 1. *(sl)* дешевая проститутка 2. *(cant)* девушка
worship at the altar *v (US sl)* посетить туалет
wow *n (sl)* сексапильная молодая женщина
wow *interj (sl)* выражение восхищения физической красотой проходящей мимо женщины
wreath of roses *n (US sl)* венерическое заболевание (обыч. шанкр)
wreek-tangle *n (sl)* групповой половой акт, в котором участвуют четыре человека (игра слов на tangle и rectangle)
wren *n (sl)* молодая женщина
wrestle *v (sl)* заниматься петтингом
wrestler *n (sl)* человек, занимающийся петтингом
wrestling match *n (sl)* 1. петтинг 2. вечеринка, участники которой занимаются петтингом
wriggle navels *v (sl obs)* совокупляться

wriggling pole *n (sl obs)* пенис, половой член
wring one's sock out *v (euph)* (о мужчине) мочиться
wrinkle-bar *n (homos)* бар для (пожилых) гомосексуалистов
wrinkle-bellied *mod (low)* часто рожавшая
wry mouth and a pissed pair of breeches *n (low obs)* повешенный
wuss *n (US sl)* 1. гомосексуалист (обыч. держащий свои наклонности в секрете) 2. бисексуал
wuzzy *n (Cockney sl obs)* waser q.v.

X

X *n (sl)* 1. поцелуй (обыч. в конце письма) 2. туалет
X-rated *mod (coll obs)* (о фильме) порнографический

Y

yak *n (low)* yuck q.v.
yakum *n (low)* yuck q.v.
yang *n (vulg)* пенис, половой член (от китайского ying-yang инь и ян)
yantsy *mod (sl)* сексуально возбужденный cf. antsy
yard *v (sl)* изменять мужу или жене
yellow bastard *n (sl)* 1. китаец 2. трус
yellow girl *n (Negro sl)* 1. мулатка 2. сексапильная светлокожая негритянка
yen *n (sl)* (половое) желание

Z

yen *v* (*sl*) испытывать (половое) желание
yenny *mod* (*sl*) страстный, похотливый
yes-girl *n* (*sl*) девушка, легко идущая на половую близость (по аналогии с yes-man)
yig-yag *n* (*sl*) совокупление
ying-yang *n* (*vulg*) yang q.v.
yodel *v* (*sl*) заниматься анальным сексом
yoo-hoo *n* (*sl*) женоподобный мужчина
yoo-hoo *mod* (*sl*) женоподобный
you-know-what *n* (*euph*) 1. половые органы 2. совокупление
you-know-where *n* (*euph*) hell q.v. (usu go you-know-where)
young lady *n* (*coll*) любовница
young man *n* (*coll*) ухажер, любовник
yuck *n* (*low*) экскременты
yummy *mod* (*low*) (о женщине) сексапильная
yumph *n* (*sl*) umph q.v.
yum-yum *n* 1. (*sl*) физически привлекательная молодая женщина 2. (*Naval sl*) любовные письма

Z

zaftig *mod* (*sl*) zoftig q.v.
zazzle *n* (*sl*) сексапил, физическая привлекательность
zazzy *mod* (*sl*) физически привлекательный
zig-zag *n* (*sl*) совокупление
zig-zag *v* (*sl*) совокупляться
zig-zig *n* (*mil sl*) zig-zag n q.v.
zig-zig *v* (*mil sl*) zig-zag v q.v.
zing *n* (*sl*) сексапил, физическая привлекательность
zipper-moraled Susie *n* (*sl*) женщина легкого поведения
zipper morals *n* (*sl*) распутность
zoftig *mod* (*sl*) (о женщине) пухленькая
zoo *n* (*sl*) публичный дом, в котором работают проститутки различных национальностей
zook *n* (*sl*) дешевая проститутка
zowie girl *n* (*sl*) молодая страстная женщина
zubrick *n* (*sl*) пенис, половой член (из арабского)

ПРИЛОЖЕНИЕ 1

СОКРАЩЕНИЯ

A *n* (*sl*) 1. adulteress 2. athenaeum q.q.v.
A.B. *n* (*med sl*) abortion (case)
A.B.F. *n* (*sl*) absolutely bloody final (drink)
A.C.-D.C., AC-DC, AC/DC *n mod* (*sl*) бисексуал(ьный)
A.K., a.k. *n, mod* (*vulg*) 1. alter koker 2. ass-kisser 3. ass over kettle q.q.v.
A over T см. словарь
AWOL *n* (*mil sl*) a wolf on the loose (игра слов на absent without official leave) см. wolf
AWOLF *n* (*mil sl*) a wolf q.v.
b *n, mod* (*euph*) 1. bastard 2. bugger 3. bloody q.q.v.
B-19 (*sl*) крупная женщина
B.A. *pron* (*euph*) bugger all q.v.
b.a. *mod* (*vulg*) bare-assed q.v.
B and B *n* (*sl*) breast and buttock q.v.
B.B. *n* (*sl*) bum-boy q.v.
B.B.E.'s *n pl* (*sl*) blondes before eyes q.v.
B.C. *n* (*coll*) birth control q.v.
b.d.t. *n* (*sl*) back-door trot q.v.
B.F. *n* (*sl*) boy-friend q.v.
b.f. *n* (*euph*) bloody fool q.v.
BFD *n* (*vulg*) big fucking deal (что-либо неважное, незначительное) см. Приложение 4
BFE *interj* (*vulg*) bum fuck(s) Egypt см. Приложение 4
b-fool см. словарь
B-girl см. словарь
B.H. *n* (*sl*) bung-hole q.v.
B.J. *n* (*sl*) blowjob q.v.
B.M. *n* (*sl*) bowel movement q.v.
b.n. *n* (*sl*) bloody nuisance q.v.
B.O. *v, n* (*sl*) 1. bugger off q.v. 2. (bad) body odor (неприятный запах тела)
B.O. juice см. словарь
B.O.L.T.O.P. (*sl*) better on lips than on paper (о поцелуе, надпись на письме) cf. S.W.A.K.
B.P.N. *n* (*sl*) bloody public nuisance (назойливый человек)
BS, B.S., b.s. *n* (*vulg*) bullshit(ter) q.v.
b.t.m. *n* (*euph*) bottom q.v.
B.T.O. *n* (*sl*) big-time operator q.v.
B.U. *n* (*sl*) biological urge q.v.
B.U.R.M.A. (*sl*) be undressed ready my angel (надпись на письме)
B.V.D.'s *n pl* (*sl*) мужское нижнее белье (торговая марка Bradley, Voorlies and Day, cf. beeveedees)
B.Y.F. *n* (*mil sl*) bloody young fool (молодой офицер) cf. D.Y.F.
c, C *n* (*vulg*) cunt q.v. cf. open C, red C
C.C. pills см. словарь

C.D.F. *(Naval sl)* common dry fuck q.v.
commfu *n (Army sl)* complete monumental military fuck-up
c.p. *n (sl)* cunt-pensioner q.v.
c-sucker см. словарь
C.T., c.t. *n (vulg)* cock-teaser q.v.
C to C dancing см. словарь
c.y.k. *v (US sl)* consider yourself kissed
D.A. *n (sl)* duck's ass q.v.
d.a., d.a.'s *n (pl) (euph)* domestic afflictions q.v.
D.F. *n (sl)* Dutch fuck q.v.
d.f.m. *n (sl)* dog-fucked mutton q.v.
D.P. *n (sl)* door-pusher q.v.
D.Y.F. *n (Naval sl)* damned young fool (молодой офицер) cf. B.Y.F.
F.A. *pron (sl)* fuck all q.v.
F.I.F.A.S., fifas *v (vulg)* fuck yourself for a start
F.O., f.o. *v (euph)* fuck off q.v.
FTA *(mil sl)* fuck the Army (выражает недовольство уставами, дисциплиной, приказами)
FTW *v (vulg)* fuck the world
F.U. *n (sl)* fuck-up q.v.
fubar *(Army sl)* fucked up beyond all recognition
fubb *(Army sl)* fucked up beyond (all) belief
fubis *(Army sl)* fuck you, buddy, I'm shipping (out)
F.U.J. *(mil sl)* fuck you, Jack (выражение безразличия)
fumtu *(Army sl)* fucked up more than usual
F.Y.F.A.S., fyfas *v (vulg)* fuck yourself for a start
G *n (sl)* Jesus
GAPO, gapo *n (sl)* giant armpit odor (очень неприятный запах из-под мышек)
G.C. *n (med sl)* gonorrhea case
g.d., g.-d. *mod (sl)* god-damn(ed) q.v.
g.d.f. *n (sl)* god-damn fool

G.F. *n (sl)* girl-friend q.v.
G.I.B., GIB *mod (sl)* good in bed
G.I.'s *n (sl)* расстройство желудка
G.I. shits см. словарь
g.t.h. *v (sl)* go to hell
G.Y.N. *n, mod (med sl)* gynecology, gynecologist, gynecological
G.Y.N. man см. словарь
H.B.I. *n (sl)* hot beef injection q.v.
h.m.t. *v (sl)* hug me tight
h.s. *n (sl)* hot stuff q.v.
I.L.U.V.M. *(sl)* I love you very much (надпись на письме)
imbars bidbib *(Army sl obs)* I may be a rotten sod, but I don't believe in bullshit (ответ на откровенную ложь)
I.T.A. *n (sl)* Irish toothache q.v.
I.T.A.L.Y. *(sl)* I trust and love you (надпись на письме)
I.U.D. *n (coll)* intra-uterine device
JAAFU *(mil sl)* joint anglo-american fuck-up
janfu *(Army sl)* joint Army-Navy fuck-up
J.T. *n (euph)* John Thomas q.v.
j.w. *n (mil sl)* junior wolf (молодой волокита)
K *n, mod (sl)* см. словарь
K.O. *n (sl)* knockout q.v.
K.P. *n (low)* common prostitute
L *n (sl)* hell q.v.
L.H.B. *n (sl)* lost heartbeat q.v.
L.T., LT *mod (sl)* living together q.v.
m.f. *n (vulg)* mother-fucker q.v.
m.p. *n (sl)* matrimonial polka q.v.
M.Y.O.B.B. *(sl)* mind your own bloody business
M.Y.O.F.B. *(sl)* mind your own fucking business
N.A.A.F.I. *n (sl)* no aim, ambition or fucking initiative (безвольный человек)
nabu *(mil sl)* non-adjustable ball-up
naffy *n (sl)* N.A.A.F.I. q.v.

NBG *mod* (*sl*) no bloody good

n.n. *n* (*sl*) necessary nuisance (муж)

N.O.R.W.I.C.H. (*sl*) nickers off rea-dy when I come home (надпись на письме)

NWAB *mod* (*sl*) necking with any boy

O.A.O. *n* (*sl*) on and off (lover)

O.B. *n* (*med sl*) obstetric (case)

O.B. man см. словарь

O.G. *interj* (*sl*) 1. oh Jesus 2. oh God

odtaa *n* (*sl*) one damned thing after another (полоса неудач)

O.K. Kathy см. словарь

O.O. *n* (*sl*) once-over q.v.

P, p *n* (*sl*) 1. pimp 2. pee, piss q.q.v.

p.a. *v* (*sl*) play around q.v.

p.c. *mod* (*sl*) post-coital

p.d.q. *mod* (*sl*) 1. prety damn quick 2. pretty damn cute

P.E. *n* (*sl*) premature ejaculation

P.F.D. *n* (*sl*) potential formal date (физически привлекательный человек)

P.F. man см. словарь

P.G., PG *n*, *mod* (*sl*) 1. pretty girl 2. pregnant

P.I. *n* (*sl*) pimp q.v.

P-maker см. словарь

P.O., p.o. *v* (*euph*) piss off q.v.

P.O.Q., p.o.q. *v* (*mil sl obs*) piss off quickly

P.R. *n* (*med sl*) 1. digital examination per rectum (мануальное исследование заднего прохода) 2. sexual intercourse per rectum (анальное половое сношение)

P.T., p.t. *n* (*sl*) prick-teaser q.v.

P.U., p.u. *interj* (*coll*) phew (произносится, когда кто-либо выпускает газы из кишечника)

pug *n* (*sl*) pin-up girl q.v.

Q.B.I. *mod* (*Air Force sl*) quite bloody impossible (to take off) (о погоде: неблагоприятная для полетов)

Q.T. cutie см. словарь

RAF *n* (*sl*) real ale fart (громкое выпускание газов из кишечника после большого количества выпитого пива; игра слов на Royal Air Force)

R and R *n* (*Army sl*) rest and rotation/recreation (отпуск, проведенный в развлечениях, включая выпивку и женщин)

R.F. *n* (*euph*) 1. royal fucking 2. rat-fuck q.q.v.

S.A., s.a. *n* (*sl*) sex appeal q.v.

sabu (*mil sl obs*) self-adjusting balls-up

S.A. come-on см. словарь

S.A. cowboy см. словарь

S.A. girl см. словарь

S and M *n* (*sl*) 1. sadism and masochism, sadist and masochist 2. slave master q.v.

S.A.M.F.U. (*Army sl obs*) self-adjusting military fuck-up

sapfu (*mil sl*) surpassing all previous fuck-ups

S.A. values см. словарь

S.B.D. *n* (*sl*) silent but deadly q.v.

S.F. *mod* (*sl*) shit-faced q.v.

S.F.A. *pron* (*sl*) sweet Fanny Adams q.v.

SM, S/M *n* (*sl*) S and M q.v.

snafu (*sl*) situation normal all fucked up

S.N.E.F.U., snefu (*Army sl*) situation normal evrything fucked up

s'n'f *n* (*sl*) shopping and fucking (романы о богатых женщинах; по аналогии с rock'n'roll)

snoff *n* (*sl*) Saturday night only female friend (любовница на уик-энд)

s.o.b. *n* (*vulg*) 1. son of a bitch 2. shit-or-bust q.q.v.

S.O.B. list см. словарь

S.O.G.O.T.P. *v (sl)* shit or get off the pot (поручение брокеру на бирже: немедленно заключай сделку)

S.O.L., s.o.l. *mod (sl)* shit out of luck q.v.

S.O.S., SOS *n (vulg)* 1. same old shit 2. shit on a shingle q.q.v.

s.p. *n (sl)* silly prick (глупец, идиот)

S.T. *n (coll)* sanitary towel (женский гигиенический пакет)

S.T.O. *n (sl)* small time operator q.v.

susfu *(mil sl)* situation unchanged, still fucked up

s.w. *n (mil sl)* senior wolf (старый развратник)

SWAK, S.W.A.K., swak *(sl)* sealed with a kiss (надпись на письме)

S.W.A.L.C.A.K.W.S. *(sl)* sealed with a lick 'cos a kiss won't stick cf. SWAK (надпись на письме)

SWALK *(sl)* sealed with a loving kiss (надпись на письме)

s.y.t. *n (sl)* sweet young thing (физически привлекательная девушка)

tabu *(mil sl obs)* typical Army balls-up

T and A *n (sl)* tits and ass q.v.

tarfu *(Army sl)* things are really fucked up

t.b. *n (sl)* two beauts (крупная женская грудь красивой формы)

T.C.C.F.U. *(Army sl obs)* typical Coastal Command fuck-up

TL, tl *n (sl)* tokus-licker q.v.

TNT *n (sl)* см. словарь

T.P. *n (coll)* toilet paper

t.s. *n (sl)* tough shit q.v.

tuifu *(Army sl obs)* the ultimate in fuck-ups

TV, T.V. *n (sl)* transvestite

U.B.D.'d *v (sl)* you be damned

U-wear см. словарь

V-8 *n (sl)* фригидная женщина

V.C. *n (med sl)* venereal case

V.D., VD *n (sl)* venereal disease

V-girl см. словарь

V-sign см. словарь

W *n (coll)* см. словарь

W.C. *n (coll)* water closet q.v.

W.F.C. *n (mil sl)* wolf first class (закоренелый развратник; игра слов на Private First Class)

W.H., w.h. *n (coll obs)* whore q.v.

W.O.T.T. *n (mil sl)* wolf on the track (мужчина в поисках женщины)

W.O.W. *n (mil sl)* worn-out wolf (старый развратник)

X *n (sl)* см. словарь

X.Y.Z., XYZ *v (sl)* examine your zipper (у вас расстегнута ширинка)

Y.L. *n (sl)* young lady q.v.

Y.M. *n (sl)* young man q.v.

ПРИЛОЖЕНИЕ 2

ФРАЗЕОЛОГИЗМЫ

After the Lord Mayor's show comes the dust/muck/shit cart 1. ироническое приветствие военнослужащему, вернувшемуся в часть после очередного отпуска 2. ироничный комментарий по поводу любого неприятного события, произошедшего после праздника, удачи и т.п.

After you with... ответ на фразу fuck the...

All hell broke loose произошел большой скандал, были большие неприятности и т.п.

All hell was let loose All hell broke loose q.v.

All there but the most of you фраза, описывающая процесс совокупления

All things to all men and not anything/nothing to one man употребляется о проститутке или распутной женщине

And can you wipe your own ass? ответ на просьбу сделать что-либо простое, что просящий может или должен сделать сам

And did he marry poor blind Nell? комментарий к рассказу о соблазненной женщине poor blind Nell q.v. в словаре

And shall I rub your tits as well And can you wipe your own ass? q.v.

And that goes double ответ на оскорбление

Another country heard from! употребляется, когда кто-либо выпускает газы из кишечника в компании

Another good man gone! о мужчине, собирающемся жениться

Another push and you'd've been a Chink! намек на половую неразборчивость матери собеседника; употребляется в ссоре

Anyone for tennis? фраза, с которой мужчина начинает флирт с незнакомой женщиной

Are there any more at home like you? фраза для заигрывания с проходящей мимо сексапильной девушкой

Are you keeping it for the worms? употребляется по отношению к женщине, отказывающей мужчине в половой близости

As hasty as a sheep: as soon as the tail is up, the turd is out о мужчине, страдающем от преждевременной эякуляции

As long as I can buy milk I shall not keep a cow комментарий холостяка по поводу причин, по которым он не женится; подразумевает возможность пользоваться услугами проституток

Ass-hole Square! грубый ответ на любой вопрос, начинающийся со слова where

as the actress said to the bishop/as the bishop said to the actress/as the girl said to the sailor/as the sailor said to the girl употребляется после фразы, которая может быть истолкована двояко; в зависимости от интонации и контекста общения собеседников может подчеркивать либо затушевывать скабрезное значение e.g. And now I'll show you my bedroom, as the actress said to the bishop...

At night all cats are grey комментарий по поводу предполагаемой половой распущенности женщин

Big conk, big cock/cunt шутливый ответ на замечание о чрезмерной величине чьего-либо носа

Big man - big prick, little man - all prick о низкорослом мужчине, который ведет себя вызывающе, глупо, неприлично

(The) bitch I mean is not a dog фраза, следующая за оскорбительным выражением, в котором фигурирует слово bitch q.v. в словаре

"Book", he says, and can't read a paper yet употребляется, когда кто-либо с треском выпускает газы из кишечника в компании

Bring on the dancing girls! подразумевает, что вечеринка становится скучной

bullshit baffles brain комментарий по поводу явно лживого утверждения

Charlie's dead! У тебя расстегнута ширинка!

Coast is clear! 1. фраза, означающая, что мужа нет дома 2. фраза, означающая, что туалет свободен

Come on, chubbin', start muggin'! предложение заняться петтингом

Come on, goon, wanta spoon? предложение заняться петтингом

Danger signal is up фраза, означающая, что женщина менструирует

Dear mother, it's a bugger! выражает недовольство армейской жизнью

Did she fall or was she pushed? о девушке, потерявшей невинность

Does your mother know you're out? фраза, с которой мужчина обращается к проходящей мимо незнакомой сексапильной девушке

Down in the forest something stirred фраза, подразумевающая совокупление на свежем воздухе

Down in the forest something's turd говорится о человеке, на которого упал птичий помет

Do you like bananas and cream? предложение вступить в половую связь

Do you spit much with that cough? адресуется человеку, с треском выпустившему газы из кишечника

Do you want to buy a battleship? предложение помочиться

"Every little helps", as the old lady/woman said when she pissed in the sea шутливая фраза, сопровождающая небольшой вклад в какое-либо дело, работу

Every night about this time фраза, подразумевающая совокупление; пародирует заключительные слова вечерней радиопередачи

Everything to all men and not anything/nothing to one man All things to all men and not anything/nothing to one man q.v.

Eyes sharp! произносится при приближении сексапильной девушки

Excrementum cerebellum vincit bullshit baffles brain q.v.

Excuse my French (if you're a religious man) извинение за использование вульгарных слов

Fart is the cry of an imprisoned turd! говорится человеку, только что выпустившему газы из кишечника, как шутливый совет посетить туалет

Father keeps on doing it о человеке, имеющем много детей

Finger out! приказание прекратить бездельничать и начать работать; подразумевается get you finger out of your ass!

Flag is up Danger signal is up q.v.

For king and cunt ответ солдата на вопрос "What are you fighting for?"

Foxes always smell their own hole first ответ на обвинение в том, что кто-либо выпустил газы из кишечника

Free of her lips, free of her hips комментарий мужчины по поводу того, что он расстался с женщиной

(A) fuck a day keeps the doctor away перефраз известной пословицы An apple a day keeps the doctor away

"Fuck me!" said the duchess more in hope than in anger развернутый вариант восклицания Fuck me! q.v. в Приложении 3

Get in, knob, it's your birthday! фраза, употребляемая при виде обнаженного женского тела

Getting any? приветствие, употребляемое мужчинами при встрече; подразумевает половую жизнь. Возможные варианты ответа:
   Climbing trees to get away from it!
   Got to swim under water to dodge it!
   So busy I've had to put a man on (to help me)!

Getting any lately? Getting any? q.v.

Getting enough? Getting any? q.v.

Get your mouth washed out! предупреждение о недопустимости употребления вульгарных выражений

Give your ass a chance! фраза, обращенная к человеку, который без умолку говорит

Glue-pot has come unstuck! комментарий по поводу любого неприятного запаха; подразумевает запах грязных половых органов

Go and get your mother to take your nappies off! ответ девушки на приставания молодого человека

Go and get your nappies changed! Go and get your mother to take your nappies off! q.v.

Go and wash your mouth out! Get your mouth washed out! q.v.

(A) good shit would do you more good ответ на хвастливое заявление мужчины I could do with a woman

Hands off cocks, feet in socks! команда "Подъем"

Have a go, Joe (, your mother will never know)! фраза, подбадривающая нерешительного мужчину вступить в половую связь с женщиной

Have you seen anything? вопрос к женщине о том, не менструирует ли она

Have you shit the bed? вопрос к человеку, вставшему раньше обычного

He can put slippers under my bed any time фраза, означающая, что женщина готова вступить в половую связь с данным мужчиной

He had no mother, he hatched out when his dad pissed against the wall one hot day употребляется по отношению к никчемному человеку

He'll never shit a seaman's turd о ком-либо, кто никогда не станет хорошим матросом

Hello, beautiful! фамильярное обращение к сексапильной девушке

Hello, legs! фамильярное обращение к девушке со стройными ногами

Hello, unconscious! фамильярное обращение к сексапильной блондинке

"Hell!" said the duchess развернутый вариант восклицания Hell! q.v. в Приложении 4

"Hell!" said the duchess and flung down her cigar "Hell!" said the duchess q.v.

"Hell!" said the duchess when she caught her tits in the mangle "Hell!" said the duchess q.v.

"Hell!" said the duke, pulling the duchess on like a jackboot "Hell!" said the duchess q.v.

He looks as if he'd pissed on a nettle о человеке со скорбным, удрученным видом

Help! Sharks! Too late! Too late! (первые два слова произносятся нормальным голосом, окончание фразы фальцетом) оскорбительная фраза, употребляющаяся по отношению к женоподобному мужчине; подразумевает изменение мужского голоса после кастрации

Here's my/me head, my/me ass is coming о женщине, неумело носящей туфли на высоких каблуках, из-за чего ее походка становится манерной (таз выставлен далеко назад)

He's a fine fellow, but his muck/shit stinks употребляется о человеке, которого излишне много хвалят

He should be pissed on from a dizzy/great height употребляется о человеке, которого надо поставить на место

He's one of us он гомосексуалист (употребляется гомосексуалистами)

He's so thin you can smell shit through him об очень худом человеке

He thinks it's just to pee through! о сексуально неопытном юноше; под it подразумевается пенис it n 2 q.v. в словаре

He tried it once, but he didn't like it о мужчине, имеющем только одного ребенка

He was so drunk He opened his shirt-collar to piss он был совершенно пьян

He would drink the stuff if he had to strain it through a shitty cloth он безнадежный алкоголик

He would lend his ass and shit through his ribs о человеке, безрассудно дающем в долг

He would lose his ass if it was loose о чрезвычайно беспечном человеке

He wouldn't say "Shit!" (even) if he had his mouth full of it употребляется о человеке, который никогда не использует в речи нецензурные слова

He would skin a turd он чрезвычайно скуп

Hold it, buster! фраза, используемая женщинами по отношению к мужчинам, позволяющим себе слишком много

Hope your rabbit dies! проклятие, подразумевающее потерю половой потенции

How is it hanging? How's your hammer hanging? q.v.

How's your hammer hanging? приветствие, принятое среди мужчин; hammer n 1 q.v. в словаре подразумевает половой член

How to do it and not to get it (by one who did it and got it) шутливое название книг и пособий по сексологии

How we apples swim! ироничная фраза, произносимая в ответ на восторженные восклицания типа "Какие же мы молодцы!"; подразумеваются куски конского кала ("конские яблоки"), плавающие в воде вместе с настоящими яблоками

I bet she goes! о женщине, легко соглашающейся на половую близость

I cannot eat this shit! фраза, выражающая недоверие к сказанному или недовольство происходящим

I cannot shit miracles! ответ на просьбу сделать что-либо очень трудное или невозможное

I could shit through the eye of the needle о состоянии сильного перепоя

I'd hate to cough употребляется человеком, страдающим сильным расстройством желудка

I didn't ask what keeps your ears apart ответ на восклицание Balls! или Bollocks! q.q.v. в Приложении 4 и в словаре

I'd like a pup off that! употребляется при виде сексапильной женщины

I don't want to be a sergeant-pilot anyway! употребляется мужчиной, уличенным в мастурбации

If I kick the shit out of you you'll be transparent! намек на выражение (you're) full of shit q.v.

If I stick a broom up my ass I can sweep the floor at the same time! употребляется, когда чрезвычайно занятого человека просят сделать что-либо еще

If my aunt had been an uncle, she'd have a pair of balls under her ass! ироничный комментарий по поводу бессмысленного заявления

If that's nonsense, I'd like some of it! ответ на заявление, что разговоры о сексе "ерунда"

If they are big enough, they are old enough ответ на опасение, что девушка, с которой мужчина вступает в половую связь, еще не достигла совершеннолетия

If you've gotta go - you've gotta go! ответ на чье-либо заявление о том, что ему необходимо посетить туалет

I haven't laughed so hard since my mother caught her (left) tit in the wringer давно я так не смеялся

I'll be there in a handbasket/with balls on/with bells on/with knobs on/with tits on я буду там вовремя, "как штык"

I'll put you where the rooks won't shit on you ироническая угроза

I may be a whore, but I'm not a bitch! возмущенный ответ женщины, которую оскорбили, назвав ее "bitch"; примерно до середины 20 века слово "bitch" считалось более грубым, чем слово "whore" q.q.v. в словаре

I'm off in a cloud/shower of shit прощальная фраза

I'm so hungry I could eat a shit-sandwich - only I don't like bread! я страшно голоден

I must or I'll bust! мне срочно надо посетить туалет

I need/want a piss so bad I can taste it/my back teeth are floating мне срочно надо помочиться

I need/want a shit so bad my eyes are brown мне срочно надо испражниться

Is that the way to London? произносится одновременно с вытиранием носа рукавом

Is there any gash around? вопрос о том, где можно найти проститутку gash n 4 q.v. в словаре

Is this a proposal or a proposition? вопрос женщины, которой предложили вступить в половую близость: "Ты хочешь на мне жениться или просто переспать со мной?"

I think you need a shit, it's coming out of your mouth намек на выражение (you're) full of shit q.v.

It's all honey or all turd with them они либо закадычные друзья, либо заклятые враги

It's a poor soldier who can't stand his comrade's breath ответ на упрек в том, что кто-либо выпустил газы из кишечника в компании

It's a sore ass that never rejoices It's a poor soldier who can't stand his comrade's breath q.v.

It's a term of endearment among sailors употребляется в ответ на упрек кого-либо в том, что его назвали "bugger" n 1 q.v.

It's bad manners to speak when your ass is full употребляется, когда кто-либо выпускает газы из кишечника в компании

It's half past kissing time and time to kiss again шутливый ответ на вопрос "What's the time?"

It's harder than pulling a soldier off your sister это необычайно тяжелая задача

It sits up and begs употребляется об эрегированном пенисе

It's naughty but it's nice употребляется о совокуплении

It's not the bull they're afraid of - it's the calf фраза, подразумевающая, что девушки боятся не столько потерять девственность, сколько забеременеть

It's one o'clock (at the waterworks) у вас расстегнута ширинка; вместо one может стоять two, three etc., что означает количество расстегнутых пуговиц

It's shit or bust with her/him употребляется о человеке, любящем прихвастнуть

It's sitting up and begging It sits up and begs q.v.

It's snowing down South у тебя видно нижнее белье

It's the beer speaking употребляется человеком, выпустившим газы из кишечника, особенно в пивной

It takes two to tango фраза, употребляемая женщиной, которая не желает вступать в половую связь с мужчиной

I've got something to do (that) nobody can do for me мне надо посетить туалет

I've gotta go мне надо срочно посетить туалет

I was (doing something) before you were itching in your daddy's pants употребляется, когда молодой или неопытный человек пытается давать советы старшему по возрасту

I wish I had a man - I wouldn't half love him! шутливая фраза, якобы употребляемая одинокими женщинами

I won't be shat upon! я не позволю так обращаться со мной

I work like a horse - so I may as well hang my prick out to dry! ответ мужчины на упрек (жены) в том, что у него видны половые органы

I wouldn't bet a pound to a pinch of shit я на это гроша ломаного не поставлю

I wouldn't give you the sweat of my balls or the steam of my shit отказ дать что-либо кому-либо

I wouldn't kick her out of my bed (even) if she farted употребляется об очень сексапильной девушке

I wouldn't like you (even) if you grew on my ass употребляется по отношению к крайне неприятному человеку

I wouldn't stick my stick where you stick your prick употребляется врачом по отношению к мужчине, больному венерическим заболеванием

I wouldn't trust her/him with our cat употребляется по отношению к человеку с извращенными половыми вкусами

I would rather sleep one night with her than three weeks with you! ответ мужчины на упрек жены в том, что он заглядывается на молоденьких девушек

Johnny's out of jail! у тебя расстегнута ширинка

Keep him/it in - he/it will get pecking if you let him/it out! Johnny's out of jail! q.v.

Keep your hands to yourself! не распускай руки! (употребляется женщинами)

Les be friends! искаженная фраза let's be friends с намеком на лесбиянство les q.v. в словаре

Let her cry, she'll piss the less! не утешай ее! (совет мужчины своему товарищу, доведшему жену до слез)

Like your tail, nightingale! приветствие проходящей мимо сексапильной девушке

(A) little bullshit goes a long way иногда полезно польстить нужному человеку или немного приврать

Live and let live адресуется человеку, который страдает педикулезом и в результате этого постоянно чешется

Living with mother now! ответ на предложение вступить в половую связь

A long nose is a lady's liking ответ на шутку о чьем-либо длинном носе; подразумевается, что чем длиннее нос, тем больше размеры полового члена

Looks like a wet week-end! употребляется молодым человеком, который накануне уик-энда замечает в квартире своей девушки какой-либо сверток, внешне напоминающий гигиенический пакет, и шутливо предполагает, что из-за менструации половое сношение, запланированное на уик-энд, не состоится

Luck, fuck and a fiver! тост, используемый проститутками

Mafeking is relieved! восклицание после окончания дефекации

May I pee in your cap/hat? адресуется человеку, страдающему поносом

May your prick and your purse never fail you! тост в мужской компании

Men are interested in one thing only комментарий женщин по поводу похотливости мужчин

Money will make the pot boil though the devil piss in the fire поговорка по поводу всесилия денег

More hair there than anywhere скабрезная загадка, подразумевающая женские наружные половые органы; обычный шутливый ответ: on a cat's back

Mother, I can't dance shit! бессмысленный комментарий по поводу любого события

Muck for luck! употребляется как утешение для человека, испачкавшего обувь собачьими экскрементами muck n 2 q.v. в словаре

Mum, me bum's numb! шутливое замечание по поводу того, что кто-либо очень долго сидит на месте

My ass is dragging! я страшно устал

My belly-button is playing hell with my backbone я голоден

My name is Benjamin Brown, Ben Brown! повторение имени подразумевает фразу bend down с гомосексуальным подтекстом

My name is 'Unt, not Cunt! не принимайте меня за идиота! cf. Joe Hunt в Приложении 3

The nearer the bone the sweeter the meat употребляется мужчинами по отношению к стройным женщинам

Ninety-nine, a hundred, change hands! употребляется по отношению к мастурбации

No harm in looking! используется мужчинами в ответ на замечание жены, что во время прогулки они заглядываются на молоденьких девушек

No matter how much you can wriggle and dance, the last drop invariably falls in your pants употребляется мужчинами по отношению к мочеиспусканию

Nothing below the waist комментарий по поводу женщины, не позволяющей петтинг ниже талии

Nothing like leather под leather подразумеваются женские половые органы или совокупление

Not today, Baker! употребляется женщинами, не желающими вступать в половое сношение с данным мужчиной

Not tonight, Josephine! употребляется мужчинами, не желающими вступать в половое сношение с данной женщиной

Now she knows all about it употребляется по отношению к невесте после первой брачной ночи

(The) old man has got his Sunday clothes on намек на эрекцию полового члена; подразумеваются накрахмаленные воротнички воскресного костюма

Old soldiers, old cunts употребляется по отношению к старым опытным солдатам; о молодом солдате могут добавить You ain't even that, a cunt is useful!

One in the bush is worth two in the hand половое сношение предпочтительнее мастурбации cf. bush в словаре

Only a little clean shit! ироничный комментарий по отношению к человеку, который испачкал одежду экскрементами

Pardon my French (if you are a religious man) Excuse my French (if you are a religious man) q.v.

Pick up your snot! ответ на невежливый переспрос "What?" вместо вежливого "Pardon?" или аналогичных ему

Please, mother, open the door! фраза, с которой мужчины обращаются к проходящей мимо сексапильной девушке

Pull down the blind! шутливое обращение к паре, занимающейся любовью в общественном месте

(A) push in the bush is worth two in the hand One in the bush is worth two in the hand

Queen Anne is dead (and her ass is cold) ироничный комментарий по поводу устаревших новостей

Read my lips! сейчас я скажу что-то грубое

Safe sex attend you! шутливый перефраз известного пожелания Success attend you!

(The) same to you with brass knobs on! ответ на оскорбление

Shall I whistle for it? употребляется, когда кто-либо долго не может начать мочеиспускание

She goes as if she cracked nuts with her tail комментарий по поводу вихляющей женской походки

She is so innocent that she thought fucking is a town in China! ироничный комментарий по поводу чьей-либо наивности в вопросах секса

She'll die wondering! употребляется о старой девственнице

She put the S.A. in the U.S.A. употребляется по отношению к сексапильной девушке cf. S.A. в Приложении 1

She sails употребляется по отношению к легко доступной женщине

She's as good a virgin as her mother выражает сомнение по поводу чьей-либо девственности

She's been fucked more times than she's had hot dinners употребляется по отношению к очень распутной женщине

She's got legs up to her bum, too женщина тоже человек

She's got two of everything комментарий по поводу физической красоты какой-либо женщины

She's had more stuffs than you've had twins употребляется об очень распутной женщине

She should be sawed off at the waist употребляется по отношению к очень глупой женщине; имеется в виду, что такая женщина не годится ни на что, кроме использования в качестве объекта полового удовлетворения

She's so cold she could spit ice-cubes употребляется об очень фригидной женщине

She's very good to the poor употребляется по отношению к проститутке, которая снижает цены за свои услуги

She was so innocent she thought fucking was a town in China She is so innocent... q.v.

She wouldn't know if someone was up her она необычайно глупа; подразумевается половое сношение

(A) shit a day keeps the doctor away перефраз известной пословицы An apple a day keeps the doctor away

Shit and sugar mixed! раздраженный ответ на любой вопрос об ингредиентах, входящих в состав какого-либо известного блюда, e.g. How do you make the fried eggs?

"Shit!" said the king распространенный вариант восклицания shit q.v.

"Shit!" said the king, and all his loyal subjects strained in unison "Shit!" said the king q.v.

"Shit!" said the king, and ten thousand loyal subjects shat "Shit!" said the king q.v.

Shit weighs heavy! употребляется по отношению к хвастунам

Shoot the target to me, honey! предложение заняться петтингом

Shot himself! (If he is not careful, he'll shit himself) употребляется, когда кто-либо выпускает газы из кишечника в компании

Showing next week's washing? употребляется по отношению к человеку, у которого из-под одежды видно нижнее белье

Shut up and give your ass a chance предложение болтуну замолчать

Silence in the court, the cat is pissing! употребляется, когда кто-либо без особой необходимости требует полной тишины

Sling the muggin' to me, chubbin'! предложение заняться петтингом

Slip ahoy! предупреждение о том, что у кого-либо из-под одежды видно нижнее белье

Sock it to me! Whip it to me! q.v.

Some say good old (e.g. Smith) - I say blast/fuck old (Smith)! употребляется, когда кто-либо хвалит (по мнению говорящего незаслуженно) кого-либо

So's your Aunt Susie/your old man/your sister's cat's grandmother! ответ на оскорбление

Speak up, Brown! употребляется, когда кто-либо громко выпускает газы из кишечника

"Stand always!" as the girl said шутливое обращение к эрегированному половому члену

A standing prick has no conscience шутливая пословица, оправдывающая половую распущенность

Still alive and kissing шутливый перефраз известного ответа на вопрос "Как дела?"; still alive and kicking

Stop it - I like it! намек на поведение молодых неопытных девушек во время петтинга

Subject normal! шутливое одобрение непристойной темы разговора

Such a reason pisses my goose! это неуважительная причина

Telegram from asshole: "Shit expected!" употребляется, когда кто-либо выпускает газы из кишечника в компании

Tennis, anyone? Anyone for tennis? q.v.

That'll be the bloody day, boy! выражение недоверия в том, что то, о чем говорит собеседник, произойдет

That remains to be seen, as the monkey said when he shat in the sugar-bowl! это мы еще посмотрим!

That's a bad cough you have! You've a bad cough! q.v.

That's a bit under! употребляется о чересчур вольной шутке

That's the way the elephant farts/the frogs fuck/ the mothers fuck/the cookie crumbles/the ball bounces/the bread rises/the doughnut rolls/the fishfry/the ink spills/the owls hoot/the pill breaks/the stars shine/the wine spills такова жизнь; ироничный комментарий по поводу жизненных трудностей

That will teach them to fart in chapel! употребляется по отношению к любому наказанию за непристойное поведение

Then the shit('ll) hit the fan When the shit hit(s) the fan q.v.

Then the town-bull is a bachelor! выражает сомнение в чьей-либо невинности

The one that got away употребляется о мужчине, избежавшем нежелательной женитьбы

There'll be hell to pay! будет большой скандал /наказание /неприятности

There're gentlemen present, ladies! шутливая просьба не употреблять нецензурные выражения

There's a smell of gun-powder! употребляется, когда кто-либо выпускает газы из кишечника

There she blows! употребляется о толстой женщине, принимающей ванну или купающейся в открытом водоеме; термин из китобойного промысла

There's many a good tune played on an old fiddle пожилая женщина может быть хорошей любовницей

There's shit not far behind that! употребляется, когда кто-либо громко выпускает газы из кишечника

They don't yell, they don't tell and they're grateful употребляется молодыми мужчинами по отношению к пожилым любовницам

This training really toughens you: you get muscles in your shit комментарий по поводу трудностей армейской жизни

Tight cunts and easy boots! тост, используемый в мужской компании

Timber! употребляется девушками как предупреждение о приближении волокиты

The tin-whiffin is when you can't shit for pissin(g) бессмысленная фраза, используемая во время мочеиспускания

Tonight's the night! предвкушение полового сношения

Too old and too cold шутливое оправдание мужа, не желающего вступать в половое сношение с женой

To the well-wearing of your muff, mort! тост, используется мужчинами по отношению к женщине см. muff в словаре

Two can play at that game! ответ на оскорбление

Virgin for short, but not for long! употребляется по отношению к женщинам по имени Виргиния

Warm in winter and cool in summer шутливая поговорка о женщинах

Watch my lips! Read my lips! q.v.

Weak eyes - big tits комментарий по поводу непривлекательной внешности близоруких женщин

We didn't come here to talk, as the man/sailor said to the girl in the park фраза, поощряющая женщину быстрее приступить к половому сношению

What a funny little place to have one! комментарий по поводу родинки или прыщика, расположенного в интимном месте

What a tail our cat's got! комментарий по поводу вихляющей походки проходящей мимо сексапильной девушки

Whatever turns you on! я готов на все, чтобы доставить тебе (половое) удовольствие

When my wife is here, she is my right hand; when my wife is away, my right hand is my wife намек на мастурбацию

When roses are red... намек на то, что по достижении 16-летнего возраста девушки готовы для половой жизни; первая строчка стихотворения:

> When roses are red
> They are ready for plucking,
> When girls are sixteen
> They are ready for...high school

(подразумевается for fucking)

When the shit hit(s) the fan употребляется о возможном скандале, особенно если станет достоянием гласности какая-либо секретная информация

Where the deception took place употребляется по отношению к женитьбе; пародирует выражение из раздела светской хроники where the reception took place

Which way do you hang? вопрос портного: "В какую сторону повернут Ваш пенис?" (это принимается в расчет при раскрое брюк)

Whip it to me! фраза, используемая женщинами для поощрения мужчины во время полового акта

Why buy a book when you can join a library? намек на то, что мужчине необязательно жениться для удовлетворения своих половых потребностей, если можно воспользоваться услугами проститутки

Why buy a cow just because you like milk? Why buy a book when you can join a library? q.v.

Wish in one hand and shit in the other and see which (hand) gets full first ироничный ответ на любую просьбу, выраженную собеседником

Yes - but in the right place! ответ женщины на фразу "You're cracked!" q.v.

Yes - but not the inclination! ответ женщины на вопрос "Have you got the time?", подразумевающий возможность ухаживания и полового сношения

Yes, she's with us! ответ женщины на вопрос "Does your mother know you're out?" q.v.

You couldn't touch her with a ten-foot pole употребляется по отношению к женщине, не позволяющей мужчинам вольности

You could piss from one end of the country to the other намек на небольшие размеры Великобритании

You'd be/get killed in the rush! ответ мужчины на фразу женщины "I wouldn't marry you if you were the last man in the world!"

You don't have to buy a cow merely because you are fond of/like/need milk Why buy a book when you can join a library? q.v.

You don't look at the mantelpiece when/while you're poking the fire комментарий по поводу полового сношения с некрасивой женщиной

You have grown a big girl since last Christmas! фраза, с которой мужчина обращается к проходящей мимо сексапильной девушке

You know what thought did! ответ на оправдание типа "Я думал..."; возможные варианты ответа на последующее "What?": Ran away with another man's wife или Lay in bed and beshit himself and thought he was up

You'll be smoking next! фраза, выражающая шутливый ужас по поводу чьей-либо распущенности

You'll get something you don't want подразумевается либо венерическое заболевание, либо нежелательная беременность

"You must draw the line somewhere!" as the monkey said, peeing across the carpet надо подвести итог, прекратить что-либо и т.п.

You never get a satisfied cock without a wet pussy "зоологическая" поговорка, подразумевающая половое сношение см. cock и pussy в словаре

You play like I fuck! ты хорошо играешь в карты

You put your prick where I wouldn't put my walking stick шутливый упрек врача больному, зараженному венерическим заболеванием

Your ass and my face! оскорбительная реплика, подразумевающая, что слушающий чрезвычайно уродлив (его лицо похоже на ягодицы говорящего)

Your ass(-hole) is sucking blue mud/wind ты говоришь чепуху

Your booby trap is sprung! у тебя расстегнулся лифчик

Your cock is out a foot ты говоришь чепуху

You're all about ..... like a shit in a field ты молодец ..... не думаю!

You're another! ответ на оскорбление

You're cracked! фраза, с которой мужчина обращается к проходящей мимо женщине, намекая на ее вихляющую походку

You're so full of shit your eyes are brown! развернутая форма выражения (to be) full of shit q.v.

You're wearing your medals today! у тебя расстегнута ширинка

Your mother does it! фраза, которой мужчина подбадривает женщину вступить в половое сношение

Your mum! оскорбительная фраза, обычно реконструируемая как Your mother is a bitch/whore!

Your nose is bleeding! у тебя расстегнута ширинка; иногда за этой фразой следует lower, lower...

Your place or mine? предложение женщине вступить в половую близость

Your shop-door is open! у тебя расстегнута ширинка

You still wouldn't like it on your face for a wort! ответ мужчины на заявление, что у него пенис небольшого размера

You still wouldn't like it to grow on your face! You still wouldn't like it on your face for a wort! q.v.

You've a bad cough! употребляется, когда кто-либо выпускает газы из кишечника в компании

You've been doing naughty things! шутливая фраза, употребляющаяся по отношению к молодой женатой паре, когда жена беременна

You've got a one-track mind (and that's a dirty track)! замечание человеку, проявляющему болезненный интерес к вопросам секса

You weren't born - you were pissed up against the wall and hatched in the sun пренебрежительный ответ на фразу "Before I was born..."

ПРИЛОЖЕНИЕ 3

РИФМОВАННЫЙ СЛЕНГ

Рифмованный сленг впервые начал употребляться в районе восточного Лондона, населенном Кокни, то есть коренными лондонцами, родившимися в пределах слышимости колоколов церкви прихода Бау. Этот шифрованный язык возник в связи с необходимостью общаться без свидетелей (особенно полиции), что в перенаселенных кварталах бедняков было довольно трудно осуществимо.

В этой форме сленга слово заменяется рифмующейся с ним фразой. Так, например, слово suit превращается в whistle and flute. Чтобы еще больше запутать постороннего слушателя, вторая зарифмованная часть фразы часто опускается, а вместо зашифрованного слова употребляется только первая часть фразы, например, whistle обозначает suit. Устоявшиеся употребления этого типа включены в словарь как отдельные статьи с соответствующей ссылкой на настоящее приложение.

almond rock	cock
Alphonse	ponce
apple and pip	sip (перевертыш от piss)
Beattie and Babs	crabs
Beecham's pills	testikills=testicles
beef-heart	fart
beggar-boy's ass	brass=money
Berkeley Hunt	cunt
Berkshire Hunt	cunt
big hit	shit
Birchington Hunt	cunt
blue moon	spoon (заниматься петтингом)
Bob my pal	gal=girl
bottle and glass	ass
boys on ice	lice
brace and bits	tits
Brahms and Liszt	pissed=drunk
brass-nail	tail=prostitute
Bristol Cities	titties
bullock's heart	fart

Burlington Hunt	cunt
cabman's rest	(female) breast
candle-sconce	ponce
carving knife	wife
cash and carried	married
cattle truck	fuck
Charley Hunt	cunt
Charley Ronce	ponce
Charley Wheeler	sheila=girl
cheese and kisses	missus=wife
coachman on the box	pox=syphilis
cobbler awls	balls
cobbler's curls	balls
cobbler's stalls	balls
coffee stalls	balls
Colleen Bawn	horn=erection
cows and kisses	missus=wife
cuddle and kiss	miss=girl
cut and carried	married
dibs and dabs	crabs
Dickey diddle	piddle
dickory dock	cock
dillpot	twat
dillypot	twat
ding dong bell	hell
dot and carried	married
drum and fife	wife
Duchess of Fife	wife
early door	whore
east and west	breast
elephant and castle	ars'le=anus
Ellen Terry	jerry=chamber pot
the excuse me	w.c.=water closet
Egyptian Halls	balls
the family tree	w.c.=water closet
Farmer Giles	piles=haemorrhoids
fife and drum	bum
fish and shrimp	pimp
five to four	whore
flowers and frolics	ballicks=balls
fork and knife	wife
forty-four	whore
Friar Tuck	fuck
fun and frolicks	ballicks=balls
gasp and grunt	cunt
gear	queer=homosexual
George the Third	turd
ginger beer	queer=homosexual
grasp and grunt	cunt
groan and grunt	cunt
growl and grunt	cunt
grumble and grunt	cunt

goose and duck	fuck
gooseberry pudden	old woman
gooseberry puddin'	old woman
heart and dart	fart
heavenly bliss	kiss
heavens above	love
Hector's pecking	necking
Henry Melvill	devil
hit or miss	kiss
horse and trap	clap; crap
horse's hoof	poof=homosexual
iron hoof	poof=homosexual
ivory pearl	girl
jack-in-the-box	pox=syphilis
Jenny Hills	pills=balls
Jerry Riddell	piddle
Jerry Riddle	piddle
Jimmy Britts	shits=diarrhoea
Jimmy Riddle	piddle
Jimmy Rollocks	bollocks=balls
Joe Buck	fuck
Joe Hunt	cunt
Joe Ronce	ponce
Johnny Rollocks	bollocks=balls
Johnny Ronce	ponce
joy of my life	wife
Khyber Pass	ass
King Lear	queer=homosexual
lemon and dash	wash=toilet
Lionel Bart	fart
Levy and Frank	whank=masturbation
Lewis and Witties	titties
love and kisses	missus=wife
Mac Gimp	pimp
mad Mick	dick=penis
Mae West	breast
malee root	prostitute
Manchester City	titty
Maria Monk	spunk=semen
Marquess of Lorn	horn=erection
McGimp	pimp
merry heart	tart=prostitute
Mick(e)y Bliss	piss
Mike Bliss	piss
Miss Fitch	bitch
mother of pearl	girl
Mozart and Liszt	pissed=drunk
Mrs. Duckett	fuck it
muffin-baker	quaker (faeces)
Niagara Falls	balls
North Pole	asshole
no Robin Hood	no bloody good

ocean pearl	girl
orchestra stalls	balls
Pall Mall	gal=girl
Pat and Mick	prick
peas in the pot	hot (см. словарь)
plates and dishes	missus=wife; kisses
pony and trap	crap
push in the truck	fuck
raspberry tart	fart
Richard the Third	turd; bird=girl
rob my pal	gal=girl
Rory o'More	whore
Russian duck	fuck
Sammy Halls	balls
saveloy	boy
Scotch mist	pissed=drunk
sharp and blunt	cunt
silver spoon	hoon=pimp
six to four	whore
sixty-four	whore
skinner	in her=copulating
snake's hiss	piss
song and dance	Nance=homosexual
storm and strife	wife
struggle and strife	wife
take and give	live (with somebody)
Tale of Two Cities	titties
taxicabs	crabs
that and this	piss
thirty-first of May	gay=homosexual
thousand pities	titties
threepenny bits	shits=diarrhoea
tickle your fancy	Nancy=homosexual
Tommy Dodd	sod=sodomite
Tommy Rollocks	bollocks=balls
Tom Tart	sweetheart
tom-tits	shits=diarrhoea
towns and cities	titties
tray-bits	tits
trolley and truck	fuck
trouble and strife	wife
twist and twirl	girl
two-by-four	whore
Uncle Dick	prick
upon my life	wife
Victoria Monk	spunk=semen
Walter Scott	pot=chamber pot
war and strife	wife
Wentworth Falls	balls
white mice	lice
worry and strife	wife
you and me	pee=piss

ПРИЛОЖЕНИЕ 4

ЭКСПЛЕТИВЫ

1. Многие эксплетивы в английском языке построены на богохульном употреблении слов, связанных с именем Бога, Иисуса Христа или дьявола. В связи с тем, что такое употребление запрещено церковью и не поощряется общественным мнением, развилась разветвленная система эвфемизмов, что безгранично расширяет возможности в плане варьирования используемых эксплетивов и чрезвычайно затрудняет их классификацию. Авторы сочли возможным привести список наиболее распространенных эвфемизмов, которые в подавляющем большинстве случаев можно подставлять вместо заменяемого слова в соответствующем эксплетиве (см. список эксплетивов в п.2 настоящего приложения).

GOD

Dad, dad	godamighty	gorry
Gad, gad	God-a-mighty	gosh, Gosh
Gar, gar	Godfrey, godfrey	goshen, Goshen
garden seed	Gol, gol	Gott
gattings	Golly, golly	gub
Gawd, gawd	goramighty	gum
Gawsh, gawsh	Gor-a-mighty	gummy
godalmighty	Gord, gord	gun
God Almighty	gorra	

JESUS

chee	jacks	jiggers
cheese	jaises	jim
cheesy	jaisus	jiminy
cheez	jeepers	jing
cheezy	jeepers-creepers	jinglebells
chiz	jees	jingo
G	jeez	jingoes
gee	jeeze	jings
gee-my-knee	jeezy	jink

geez	Jehoshaphat	jinks
geminy	jeminy	Joe
George	jerry	John
gigs	Jerusalem	Jove
ginger	Jerusalem slim	Judas Priest
giraffes	Jesus H. Christ	Jupiter
jabbers	Jesus H. Particular Christ	Jupiter Pluvius

Часто к более коротким эвфемистическим вариантам Jesus добавляется одно из следующих слов (напр. jees-whillikins).

-fishhooks	-whilligas	-whiz
-hollikens	-whillikens	-whizzard
-hollikins	-whillikins	-whizzle
-hollikers	-whillikers	-wizzard

CHRIST

cracky	Christ Almighty	crickey
creation	Christmas	cricky
creepers	Cristopher Columbus	criminy
Chris	cricket	cringe
Chrisamighty	crickets	cripes
Chris-a-mighty	crickety	

LORD

Law	Laws	Lordy God
Lawd	Lawsy	Lorsy
Lawdy	Lor'	
Lawks	Lordy	

HELL

Billy Hell	heckolorum	Holy H. Smoke
Blazes	HE double L	hot place
Blue Blazes	HE double toothpicks	Jericho
Hail Columbia	help	L
Halifax	Himmel	Llanfairfechan hell
hallelujah	Hoboken	something something
heck	holy hell	

DEVIL

(Old) Bendy	(Old) Henry	(Old) Roundfoot
(Old) Cain	(Old) Man Satan	(Old) Sam Hill
(Old) Clootie	(Old) Ned	(Old) Scratch
the (Old) deuce	(Old) Nick(y)	(Old) Scratcher
the (Old) dickens	(Old) One	(Old) Serpent
the (old) divel	(Old) Poker	(Old) Splitfoot
(Old) Harry		

Ниже приведен список часто встречающихся фонетических искажений, используемых в эксплетивах.

a-	have, e.g. a-massy–have mercy
be-	by, e.g. begolly–by golly–by God
blim(e)y	bless me
Chrisake(s)	Christ's sake(s)
golly	holy
gossake(s)	God's sake(s)
gully	holy
hully	holy
massiful	merciful
massy	mercy
me	my, e.g. megad–my God
mussiful	merciful
mussy	mercy
snum, swan, swum	swear

2. Ниже приведен список эксплетивов, любой из которых может в зависимости от ситуации выражать самые различные эмоции, начиная с негодования и кончая радостью. Большинство из приведенных здесь выражений являются мягкими эксплетивами и соответствуют русским выражениям типа "Ёлки-палки!", "ЕКЛМН!", "Черт побери!", "Блин!", "Господи!" и т.п.

Вместо слов God, Jesus, Christ, Lord, hell, devil могут употребляться их эвфемистические варианты, приведенные в п.1 настоящего приложения, напр. вместо by Jesus могут быть использованы by chee, by cheese, by cheesy и т.д. Грубые эксплетивы отмечены знаком "*" (звездочка). Вместо damn и однокоренных с ним слов могут вставляться слова, приведенные в приложении Б.

ach (to) Louie
asshole(s)*
asshole set fire*
balls*
balls, bees and buggery*
balls, picnics and parties*
blankety-blank-blank
bless me
bless my ass*
bless my happy home
bless my heart
bless my lucky stars
bless my soul (to hell)
bless my stars
bless my suspender buttons
bless Pat
bless the devil
blooey

blow me down
blue-bottles
botheration
brother
bugger (it/me)*
bugger me dead*
bugs
bum fuck(s) Egypt*
by Christ
by damn
by fuck*
by God
by grabs
by gracious
by granny
by gravy
by heavens
by hell
by hooky
by Jesus
by Lord
by the great horn spoon
by the devil
by the leaping caterpillars
caramba
cats
Christ
Christ all Jesus
Christ on a crutch
Christ's sake(s)
cono
coo
cor blimey
cor lumme
cor stone the crows
crap(s)*
curse(s)
damn
damn, damn, double damn
damn it
damn it all
damn it hell
damn me
damn my ass*
damn my barnacles
damn my binnacles
damn my eye(s)
damn my sakes (alive)

damn my stars
damn my timbers
dear heart (alive)
dear(ie) me
devil
devil horn it/me
devil take it/me
did-deary
ding the ding-ding
donner un blitzen
fevensake(s)
for cat's sake(s)
for Christ's sake(s)
for crap's sake(s)*
for crooning low
for crooning out loud
for crying out loud
for fuck's sake(s)*
for God('s sake(s)
for goodness sake(s)
for heaven's sake(s)
for hell's sake(s)
for Lord's sake(s)
for mercy's sake(s)
for Pat's sake(s)
for Pete's sake(s)
for pity's sake(s)
for shit's sake(s)*
for the love of God
for the love of Christ
for the love of Jesus
for the love of Lord
for the love of Mike
for the love of money
for the love of Pete
for the love of tripe
for titty's sake(s)
fuck*
fuck a duck*
fuck'em all*
fuckerino*
fuck it (all)*
fuck me*
fuck me gentle/pink*
fuck my old boots*
fucko*
fuckola*
fuck the world*

fudge
funny how these things happen
gadzooks
gadzookers
galloping gelatin
gentle shit*
glory
glory be
glory hallelujah
glory me
glory sakes (alive)
gnats
God
God above
God sakes (alive)
God save the mark
good God
good gracious
good gracious me
good gracious to Betty/Betsy
good grief
good heavens
good land of Goshen
good Lord
goodness
goodness gracious
goodness gracious me
goodness me
goodness sake(s)
goodness sakes alive
good night
good night nurse
gorblimey
gorblimy
gosh all fish-hooks
gosh all hemlock
gosh oh gee
Gott und Himmel
gracious (alive)
gracious heavens
gracious me
gracious sakes (alive)
great Caesar('s ghost)
great Gods
great heavens
great jumping grasshoppers
great jumping hop-toads
great jumping Jesus

284

great jumping mother of Jesus
great Lord
great sakes (of Scott)
great Scott/snakes
heart alive
heavens above
heaven's sake (alive)
heavens to Betsy/Elizabeth
heifer dust
hell
hell and Tommy
hell and whiskers
hell fire
hell's bells (and buckets of blood)
hell's delight
hell's peckerneck
hell's teeth
hell's whiskers
the hell with it
himmel
hoity-toity
holy bilge water
holy bull
holy bullshit*
holy cat(s)
holy Christ
holy cow
holy fuck*
holy God
holy hell
holy hop-toads
holy Jesus
holy jumping hop-toads
holy jumping Jesus
holy jumping mother of Jesus
holy mackerel
holy macky-eye
holy moley
holy Moses
holy shit*
holy smoke(s)
holy snake(s)
holy snooks
holy sock(s)
hop-toads
horse's ass* см. также словарь
horseshit*
I declare

I God
I'll be
I'll be a Chinaman
I'll be a Dutchman
I'll be a damned gazelle
I'll be a damned gazook
I'll be a dirty name
I'll be a dirty word
I'll be a monkey's uncle
I'll be a ship-killing dog
I'll be a son of a bitch* см. также словарь
I'll be a whatchamacallit
I'll be damned
I'll be dipped in shit*
I'll be go-to-hell
I'll be jumped up
I'll be kicked by a cow
I'll be shot for a jack-rabbit
I'll declare to God
I'll swear
I'm damned
in hell's name
I swear
jeezy-peezy
Jesus
Jesus bless me
Jesus Christ
Jesus-please-us
Jesus wept
jumping grasshoppers
jumping hop-toads
jumping Jesus
jumping Moses
jumping mother of Jesus
keelhaul me for a swab
kinell
land of Goshen
lands
land sakes (alive)
leaping lizards
Lord (above)
Lord Almighty
Lord be merciful
Lord bless me
Lord deary
Lord God
Lord goodness
Lord have mercy (on me)

286

Lord have mercy upon my soul
Lord love
Lord love a duck
Lord me
Lord mercy (me)
Lord sakes (alive)
Lord's creation
Lord's mercy (on me)
Lord's mercy upon my soul
Lord's salvation
lumme
Mein Gott
merciful
merciful Lord
merciful sakes
merciful sakes alive
mercy
mercy be thankful
mercy me
mercy sakes
mercy sakes alive
mine Gott
Mon Dieu
Mrs. Duckett
my ass*
my Christ
my conscience
my eye(s) (and Betty Martin)
my foot
my giddy aunt
my God
my Godfathers
my good God
my goodness
my hat
my holy aunt
my land(s)
my Lord
my me alive
my sakes (alive)
my socks and shoes
my stars (alive)
nerts
nuts
of all the...
O.G.
oh boy
oh dear

oh dolly
oh God
oh Lord
oh my God·
pickles
piss*
piss-pots*
plague take me/it
rat(s)
sakes (alive)
sakes aliving
save the mark
scuttle me and strike me down
seduce my ancient footwear
shaw
shiddle-cum-shite
shit*
shit a brick*
shit and corruption*
shit and derision*
shitletidee
shit on it*
shits*
shittle-cum-shaw
shittle-cum-shite
shiver my timbers
shoot
shoot a weasel
shot
shucks
smoley holey(s)
Sodom and Gemorrah
sonarumbeetch
son of a bitch* см. также словарь
stone the crows
strewth
strike a light
strike me pink
suffering catfish
suffering cats
suffering Christ
suffering giraffes
suffering goldfish
suffering Jesus
suffering sassafras
suffering sea serpents
suffering sea weeds
suffering snakes

288

suffering spaghetti
suffering sunfish
suffering wangdoodles
suffering whangdoodles
sugar
s'welp me God
swoggle my eyes
tahell
t'ell
t'ell with it/that
thunder
thunder and lightning
thunderation
to hell
to hell with it/that
tripes
turd(s)*
what in Christ's name
what in God's name
what in heaven('s name)
what in hell('s name)
what in the name of hell
what in the name of Lord
what in thunder
what on earth
what the...
what the buggery*
what the devil
what the fuck(ing hell)*
what the fun
what the hell('s name)
what the mischief
what the something-something
what t'ell
wotinell
ye Gods (and little fishes)
yumping yeesus
zounds

3. Ряд эксплетивов выражает более определенные эмоции или выполняет конкретные коммуникативные функции. Ниже дан их список с примерным вариантом перевода. Вместо данного варианта перевода может быть использовано любое другое выражение с аналогичным значением, например, ass-holes можно перевести как "Чепуха!", "Чушь собачья!", "Фигня!" и т.п. Грубые выражения помечены знаком "*" (звездочка).

ass-holes!*	чепуха
ass-holes to you/him etc. !*	да пошел ты/он и т.д...

ask my ass*/behind/elbow/foot!	я не знаю
balls!*	чепуха
balls to you/him etc.!*	ass-holes to you/him etc.!
balls to you, love!*	да пошел ты...
balls to that lark!*	да пошло оно все...
bet your ass*/cock*/fur!	честное слово!
big fucking deal!*	ну и что! подумаешь!
blow it out (your ass*)!	1. да пошел ты... 2. я тебе не верю! 3. не будь идиотом
bugger this for a lark/for a game of soldiers!*	как все надоело!
bum fuck(s) Egypt! *	бог его знает!
Christ knows!	бог его знает!
damfino	понятия не имею!
damn clever these Armeninians/Chinese!	молодцы ребята!
damned if I know!	понятия не имею!
damn you/him etc.!	чтоб тебя!
damn your/his etc. buttons/hide!	damn you/him etc.! q.v.
don't shit the troops!*	я тебе не верю!
(a) fart for you/him etc.!*	да пошел ты/он!
fucking-A!*	совершенно верно!
fuck knows!*	черт его знает!
fuck my/your luck!*	какая жалость!
fuck you/him etc.!*	да пошел ты/он!
fuck you, Charley!*	да пошел ты!
fuck you, Jack, I'm alright!*	отцепись от меня!
fuck you, Jack, I'm fireproof!*	fuck you, Jack, I'm alright! q.v.
Get your tits out (for the lads!)*	давай, давай!
God knows!	бог его знает!
goodness knows!	бог его знает!
hard shit/tits/titties/titty!*	не везет!
heavens know!	бог его знает!
(the) hell I/you etc. was/am/will/do/did etc.!	черта с два! как бы не так!
(the) hell you say/yell!	я тебе не верю!
hell knows!	черт его знает!
hot-damn!	прекрасно!
hot dog!	hot-damn! q.v.
hot-diggity-damn!	hot-damn! q.v.
hot-diggity-dog!	hot-damn! q.v.
hot-diggity-doggity!	hot-damn! q.v.
I'll be damned if I do it!	я не буду этого делать!
hubba, hubba!	смотри какая девочка!

I can't be assed/fagged (to do it)!*	я не буду этого делать!
in a horse's ass*/neck!	я тебе не верю!
in a pig's ass*/eye!	я тебе не верю!
in your hat!	да пошел ты!
I shit on you/him etc.!*	де пошел ты/он!
like hell/buggery*/fuck*/fun/ the devil!	черта с два! не верю!
Lord knows!	бог его знает!
no shit!*	в самом деле!
nuts!	balls! q.v.
nuts to you/him etc.!	balls to you/him etc.! q.v.
orchids to you, dear!	да пошел ты!
pickles to you/him etc.!	balls to you/him etc.! q.v.
smell my finger!	да пошел ты!
shit, eh?*	ну надо же!
shit in it!*	заткнись!
shit in your hat!*	да пошел ты!
shit in your teeth!*	shit in your hat! q.v.
shit knows!*	черт его знает!
shit on you/him etc.!*	да пошел ты/он!
so is my ass! *	я тебе не верю!
testicles to you/him etc.!	balls to you/him etc.! q.v.
too (bloody) Irish/true!	совершенно верно!
too damn tooting!	совершенно верно!
too fucking true!*	совершенно верно!
tough shit/tits/titties/titty*	какая жалость!
(a) turd for you/him etc.!*	да пошел ты/он!
Will I buggery*/fuck*/fun/ hell!	черта с два!
Yeah, you could shit a brick!*	я тебе не верю!
you can axe my ass!*	да пошел ты!
You're damn tooting!	ты совершенно прав!
You wouldn't fuck*/rob it!	You're damn tooting! q.v.
You wouldn't shit me!*	я тебе не верю!

ПРИЛОЖЕНИЕ 5

ПРИЛАГАТЕЛЬНЫЕ И НАРЕЧИЯ ТИПА "DAMN(ED)"

В настоящем приложении в средней колонке дан список прилагательных, соответствующих по значению русскому прилагательному "чертов, проклятый", которые могут использоваться вместо damned. В левой колонке указано, от каких глаголов образованы эти прилагательные, а в правой для эвфемеистических прилагательных даны те слова, которые они заменяют. Грубые слова отмечены знаком "*" (звездочка).

	all-fired	hell-fired
	apple-eyed	
	ass-crawling*	
	ass-creeping*	
	ass-fucking*	
ass	assing*	
	ass-kissing*	
	ass-licking*	
	ass-sucking*	
	ass-wiping*	
ball	balled, balling	
	bally	bloody
bash	bashed, bashing	damn
beggar	beggared, beggaring	bugger
bigger	biggered, biggering	bugger
bitch	bitched, bitching*	
	bespattered	bloody
blame	blame(d)	bloody
blank	blank(ed)	bloody
	blankety	bloody
blankety-blank	blankety-blank(ed)	bloody
	blanky	bloody
blarm	blarmed, blarming	bloody
blast	blasted	bloody
blaze	blazed, blazing	bloody

292

bleed	bleedinng	bloody
bless	blessed, blest	bloody
blight	blighted	bloody
blind	blind(ed)	bloody
	blinkety	bloody
blinkety-blank	blinkety-blank(ed)	bloody
blink	blinking	bloody
blister	blistering	bloody
blither	blithering	bloody
bloat	bloated	bloody
blonk	blonked	bloody
	bloody*	
	bloody-blooming	
	blooming	bloody.
blow	blowed	bloody
	bluggy	bloody
	blurry	bloody
	blushing	bloody
bonk	bonking	
bother	bothered	
	bound	
	bow-legged	
	box-ankled	
bugger	buggered, buggering*	
burn	burned, burnt	
bust	busted	
	cock-eyed	
	cock-sucking*	
consarn	consarn(ed)	curse
	cork-sacking	cock-sucking
	cow-kicked	
crap	crapping*	
crop	cropping	crap
curse	cursed	
cuss	cussed	curse
cuss-fire	cuss-fired	curse
cunt	cunting*	
dad-bing	dad-bing(ed)	damn
dad-blame	dad-blame(d)	damn
dad-blank	dad-blank(ed)	damn
dad-blast	dad-blast(ed)	damn
dadboggle	dadboggled	damn
dad-burn	dad-burn(ed)	damn
dad-bust	dad-bust(ed)	damn
dad-damn	dad-damn(ed)	damn
dad-dang	dad-dang(ed)	damn
dad-darn	dad-darn(ed)	damn
dad-dash	dad-dash(ed)	damn
dad-dern	dad-dern(ed)	damn

dad-dim	dad-dim(med)	damn
dad-ding	dad-ding(ed)	damn
dad-drat	dad-drat(ted)	damn
dad-durn	dad-durn(ed)	damn
dad-fetch	dad-fetch(ed)	damn
dad-fire	dad-fired	damn
dad-gast	dad-gast(ed)	damn
dad-gone	dad-gone(d)	damn
dad-gum	dad-gum(med)	damn
dad-rot	dad-rot(ted)	damn
dad-rum	dad-rum(med)	damn
dad-shame	dad-shamed	damn
dad-slap	dad-slapped	damn
dad-snatch	dad-snatch(ed)	damn
dagnab	dagnab(bed)	damn
damnation	damnationed	damn
damn	damn(ed)	
dang	dang(ed)	damn
darn	darn(ed)	damn
darnation	darnation(ed)	damnation
darn	darn(ed)	damn
dash	dash(ed)	damn
dee	dee('d)	damn
dern	dern(ed)	damn
deuce	deuce(d)	
diddle-damn	diddle-damn(ed)	damn
diddly-dadburn	diddly-dadburn(ed)	damn
diddly-damn	diddly-damn(ed)	damn
ding	ding(ed)	damn
ding-bust	ding-bust(ed)	damn
ding-dang	ding-dang(ed)	damn
ding-ding	ding-ding(ed)	damn
ding-gone	ding-gone(d)	damn
ding-swaggle	ding-swaggle(d)	damn
ding-swazzle	ding-swazzle(d)	damn
ding-swizzle	ding-swizzle(d)	damn
ding-swoggle	ding-swoggle(d)	damn
	disconnected	
dod-bing	dod-bing(ed)	damn
	see dad-verbs for more versions	
dog	dogged	damn
doggone	doggone(d)	damn
	dogswasted	
	double-clutching	
double-damn	double-damn(ed)	damn
drag	dragged, dragging	
drat	drat(ted)	damn
dumb	dumb(ed)	damn

dum-squizzle	dum-squizzled	damn
durn	durn(ed)	damn
eff	effed, effing	fuck
fart	farting*	
ferk	ferked, ferking	fuck
firk	firked, firking	fuck
flame	flaming	fuck
flick	flicked, flicking	fuck
flip	flipped, flipping	fuck
flop	flopped, flopping	fuck
flub	flubbed, flubbing	fuck
fork	forked, forking	fuck
frame	framed, framing	fuck
freak	freaked, freaking	fuck
frick	fricked, fricking	fuck
frig	frigged, frigging	fuck
friz	frizzed, frizzing	fuck
frock	frocked, frocking	fuck
fuck	fucked, fucking, fucky*	
fug	fugged, fugging	fuck
funk	funked, funking	fuck
fuss	fussed, fussing	fuck
futter	futtered, futtering	fuck
futz	futzed, futzing	fuck
gast	gasted	
g.d.	g.d.('ed)	damn
gee-dee	gee-dee(d)	damn
godam	godam(med)	damn
godamn	godamn(ed)	damn
godarn	godarn(ed)	damn
	God-awful	
god-dam	god-dam(med)	damn
god-damn	god-damn(ed)	damn
goddarn	goddarn(ed)	damn
goddern	goddern(ed)	damn
goddurn	goddurn(ed)	damn
godern	godern(ed)	damn
	God-forsaken	
godurn	godurn(ed)	damn
goldam	goldam(med)	damn
goldamn	goldamn(ed)	damn
gol-dang	goldang(ed)	damn
goldarn	goldarn(ed)	damn
goldern	goldern(ed)	damn
goldurn	goldurn(ed)	damn
golgast	golgast(ed)	damn
golding	golding(ed)	damn
gone	goned	
	gosh-awful	God-awful

gosh-damn	gosh-damn(ed)	damn
gosh-dang	gosh-dang(ed)	damn
gosh-darn	gosh-darn(ed)	damn
gosh-dern	gosh-dern(ed)	damn
gosh-durn	gosh-durn(ed)	damn
hang	hanged, hanging	
	hell-fired	
horn	horned	
horn-swiggle	horn-swiggled	
horn-swoggle	horn-swoggled	
hot-damn	hot-damn(ed)	damn
jigger	jiggered, jiggering	
jig-swigger	jig-swiggered	
jim-john	jim-johned	
	john(ny)-browned	
	knock-kneed	
knacker	knackered	
	lop-eared	
	mother-fucking	
naff	naffed, naffing	fuck
phutz	phutzed, phutzing	fuck
piddle	piddled, piddling	
	pigeon-toed	
pimp	pimping	
	pink	bloody
piss	pissed, pissing*	
plague	plagued	
plague-gone	plague-gone(d)	
pleg	plegged	plague
	plurry	bloody
pot-belly	pot-bellied	
pot-gut	pot-gutted	
putz.	putzed, putzing	fuck
rat	ratted, ratting	
rattle	rattled, rattling	
	rosy-colored	bloody
screw	screwed, screwing	
shit	shat, shitted, sehitten,* shitting*	
shot	shot	shit
sizzle	sizzled, sizzling	
	slab-footed	
sod	sodden, sodding	
spank	spanked, spanking	
stink	stinking	
stone	stoned	
stow	stowed	
swaggle	swaggled, swaggling	
swazzle	swazzled, swazzling	

swigger	swiggered, swiggering	
swiggle	swiggled, swiggling	
swing	swinging	
switch	switched, switching	
swoggle	swoggled, swoggling	
	tarnal	
tarn	tarned	damn
tarnation	tarnationed	damnation
	triple-clutching	mother-fucking
	wall-eyed	

ПРИЛОЖЕНИЕ 6

ВЫРАЖЕНИЯ ТИПА "GO AWAY!"

1. В настоящем приложении дан список выражений, аналогичных по значению русским выражениям типа "Пошел ты к черту!", "Убирайся!", "Вали отсюда!" и т.п. Если выражению предшествует (go), то начало выражения может варьироваться, например, (go) bag your face имеет следующие варианты употребления:

>bag your face!
>go bag your face!
>go and bag your face!
>you can go and bag your face!

Грубые выражения отмечены знаком "*" (звездочка).

ass off*
ass out*
bag it
(go) bag your face
(go) bag your head
(go) bark up another tree
beat it
beat it while the beating is good
be off
be off with you
blow
blow it out your (own) ass*
(go) blow your (own) nose
bog off
(go) boil your head
(go) boil yourself
bug off
bugger off*
(go) bust yourself
butt out

(go) button your nose
(go) butt your head against a rock
buzz off
(go) chase yourself
cinga tu madre*
clear off
(go) climb a tree
(go) climb over the moon
come to hell
(go) cook a radish
(go) crawl up a hole
creep away and die
(go) crow up another alley
do as my jeans do=kiss my ass
do as my pants do=kiss my ass
do as my shirt does=kiss my ass
drop dead
dry up and blow away
(go) eat coke and shit cinders*
fart off*
(go) fish
(go) fly a kite
forget you
frig off
(go) fry an egg
(go) fry ice
(go) fry your face
(go) fuck a duck*
fuck off*
fuck right off*
(go) fuck your mother*
(go) fuck yourself*
get along
(go) get cut
(go) get fucked*
(go) get joined
(go) get knackered
(go) get knotted
(go) get lost
get off
get off my back
(go) get on your bike
get out of town
(go) get rooted
(go) get stuffed
(go) get the hell out of here

(go) get to hell out of here
(go) get worked
(go) get your brains examined
(go) get your head shaved
go plumb to
go to
go to and stay till
go to Bath and get your head shaved
go to Billy Hell
go to blazes
go to blue blazes
go to buggery*
go to fuck*
go to grass
go to Hail Columbia
go to Halifax
go to HE double L
go to HE double toothpicks
go to Helen B. Happy
go to hell
go to hell and help your mother to make a bitch pie
go to hell and pump thunder
go to hell or Connaught
go to Hoboken
go to Jericho
go to Jerusalem
go to L
go to Old Billy Hell
go to Old Sam Hill
go to the deuce
go to the devil
go to the dickens
go to you know where
go you know where
go way back and sit down
(go) hang
(go) hang yourself
(go) have a roll
(go) have a scratch
(go) hem a hanky
(go) hide your head
(go) hoe your potatoes
hop off
(go) hump yourself
jerk off*
(go) join the Navy

300

(go) jump at yourself
(go) jump in the drink
(go) jump in the lake
(go) jump in the ocean
(go) jump in the river
(go) jump in the sea
(go) jump off a cliff
(go) kill yourself
kiss my ass*
kiss my ear
kiss my foot
kiss my tail
kiss off
(go) lay a brass doorknob
(go) lay a brick
(go) lay an egg
(go) lay down
make yourself scarce
(go) milk a coconut
(go) milk a duck
on your bike
(go) peddle your fish
(go) peddle your papers
(go) peddle your peanuts
(go) peddle your violets
(go) peel a grape
(go) pick a daisy
(go) pick a pickle
piss off*
piss off and go to bed*
(go) piss up a shutter*
(go) piss up a stake*
(go) piss up your kilt*
(go) play on the railroad lines
(go) play trains
(go) play with the traffic
(go) play with the trains
(go) pound salt up your ass*
pretend you are a bee and buzz
push off
(go) put your head in a bucket
(go) ride yourself
(go) roll your hoop
run away and play (with the) trains
scat
(go) scrape yourself

(go) see a taxidermist
(go) shit a brick*
(go) shit cinders*
(go) shit in it*
(go) shit in your hat*
(go) shit yourself*
shoot
(go) shoot yourself
(go) sleep it off
(go) soak your head
(go) soak yourself
sod off
(go) stand in a corner
(go) stick your head in a (coal) bucket
(go) stick your head in a slop bucket
(go) stick your head in a snow bank
(go) stick your nose up my ass*
(go) suck your dick*
(go) suck yourself*
(go) take a banana*
(go) take a carrot*
(go) take a crawling jump at yourself
(go) take a creeping jump at yourself
(go) take a flying fuck*
(go) take a flying fuck at a galloping goose*
(go) take a flying fuck at a rolling doughnut*
(go) take a flying fuck at a running rabbit*
(go) take a flying fuck over the moon*
(go) take a long walk on a short pier
(go) take a run against the wind
(go) take a run at yourself
(go) take a running jump at the moon
(go) take a running jump at yourself
(go) take a running jump in the drink
(go) take a running jump in the lake
(go) take a running jump in the ocean
(go) take a running jump in the river
(go) take a running jump in the sea
(go) tear a herring
(go) wash an elephant
you know where to go
your nose up my ass*

2. Таблица вариаций выражения **up yours**
(употребляется в ответ на вопросы типа *What shall I do with it?* или *Where shall I put it?*, а также в ответ на оскорбление или как оскорбление; cf. shove something up one's ass в словаре)

put it ram it shove it stick it stuff it	where the monkey puts the nuts rams shoves sticks stuffs	

	up thine with turpentine
	up your own anal canal
	        ass
	        brown
	        cunt
	        geegee
	        gi-gi
	        gigi
	        giggy
	        gonga
	        jacksie
	        jacksy
	        jumper
	        kahsi
	        pipe
	        rinctum
		and rotate on it
		and twist
		and twist on it
		with a crooked stick
		with a hard-wire brush
		with a red-hot poker
		with gauze
		with salt
		with sandpaper
		with turpentine

up you up yours		

Александр Юрьевич
КУДРЯВЦЕВ

Григорий Демьянович
КУРОПАТКИН

**АНГЛО-РУССКИЙ
СЛОВАРЬ-СПРАВОЧНИК
ТАБУИЗИРОВАННОЙ
ЛЕКСИКИ
И ЭВФЕМИЗМОВ**

Зав. редакцией
Протасов С. А.

Редактор
Панфёров М. И.

Худ. редактор
Протасов С. А.

Тех. редактор
Романов О. И.

Подписано в печать 06.08.93.
Формат 84×108/32. Бумага офсетная № 1.
Гарнитура Сенчури. Печать высокая
(с готовых диапозитивов).
Усл. печ. л. 15,96. Уч. изд. л. 17,8.
Тираж 100 000 экз. Заказ 1578.

Издательство «КОМТ».
113093, г. Москва,
1-й Щиповский пер., дом 3.

Отпечатано с пленок в Московской типографии № 11
Министерства печати и информации РФ.
113105, Москва, Нагатинская ул., д. 1.

Издание выполнено при содействии издательств
«Нива России» и «Бук, лтд».